全国交通高级技工学校通用教材

Gonglu Gailun

公路概论

（公路施工与养护专业用）

王文辉 主编
高连生 主审

人民交通出版社

内容提要

本书对公路工程的基本知识作了全面介绍，内容包括：绪论、公路线形、路基工程、路面工程、桥涵工程、公路交叉和公路沿线设施。

本书是全国交通高级技工学校公路施工与养护专业教学用书，也可供有关人员学习参考，或作为公路行业职工培训教材。

图书在版编目（CIP）数据

公路概论/王文辉主编．—北京：人民交通出版社，2005.12（重印 2007.8）
ISBN 978-7-114-05885-1

Ⅰ.公… Ⅱ.王… Ⅲ.道路工程－技工学校－教材 Ⅳ.U41

中国版本图书馆 CIP 数据核字（2005）第 152199 号

全国交通高级技工学校通用教材
书　　名：**公路概论**（公路施工与养护专业用）
著 作 者：王文辉
责任编辑：夏　迎（读者信箱：yf@ccpress.com.cn）
出版发行：人民交通出版社股份有限公司
地　　址：（100011）北京市朝阳区安定门外外馆斜街 3 号
网　　址：http://www.ccpress.com.cn
销售电话：（010）59757973
总 经 销：人民交通出版社股份有限公司发行部
经　　销：各地新华书店
印　　刷：北京市密东印刷有限公司
开　　本：787×1092　1/16
印　　张：16.25
插　　页：2
字　　数：405 千
版　　次：2006 年 1 月第 1 版
印　　次：2016 年 7 月第 11 次印刷
书　　号：ISBN 978-7-114-05885-1
印　　数：28001-29000 册
定　　价：30.00 元

交通职业教育教学指导委员会公路类（技工）学科委员会
和交通技工教育研究会公路专业委员会

前言

FOREWORD

为了适应交通新的跨越式发展，积极推进一体化教学改革，进一步加快高级技工学校公路类专业教材建设，交通职业教育教学指导委员会公路类(技工)学科委员会和交通技工教育研究会公路专业委员会组织制定了高级技工学校公路施工与养护和公路工程机械使用与维修两个专业的教学计划与教学大纲，并依此确定了教学改革和教材改革的模式。2004年3月启动教材的编写工作，2005年7月交稿。

本套教材用于培养公路类专业高级技工和技师，具有以下特点：

1. 教材内容与高级工等级标准、考核标准相衔接，适应现代化施工与养护的基本要求，教材全部采用最新的标准和规范，符合先进性、科学性和实用性的要求。

2. 教材编写满足理实一体化和模块式的教学方式，以操作技能为主，体现职业教育特色，使学生具备较高的实用技能。

3. 教材与作业、题库配套。各课程均编写了"习题集和答案"，汇成题库和题解，供学生做作业和练习，也可供命题参考。

本套教材由柯爱琴担任责任编委。

《公路概论》是全国交通高级技工学校通用教材之一，内容包括：绪论、路基工程、路面工程、桥涵工程、公路交叉和公路沿线设施。

参加本书编写工作的有：山西省交通高级技工学校刘金凤(编写绪论，单元一、五、六)，河南南阳公路技工学校时红燕(编写单元二、三)，广东省交通高级技工学校王文辉(编写单元四)。全书由王文辉担任主编，北京市路政局技工学校高连生担任主审。

本套教材在交通技工教育研究会理事长卢荣林的指导下进行，在编写过程中得到了全国16个省市的高级技工学校领导的大力支持和帮助，共有60余名公路类专业教师参与了教材的编审工作，在此表示感谢。

由于我们的业务水平和教学经验有限，书中有不妥之处，恳切希望使用本书的教师和读者批评指正。

交通职业教育教学指导委员会公路类(技工)学科委员会

交通技工教育研究会公路专业委员会

二〇〇五年八月

目 录

CONTENTS

绪 论

【内容提要】 1. 公路的特点和发展;2. 公路的基本组成;3. 公路的分级与技术标准;4. 公路基本建设程序和设计阶段。

【学习目标】

应知:1. 公路的组成;

2. 公路的分级与技术标准;

3. 公路基本建设程序和设计阶段。

一、公路的特点和发展

1. 公路运输的特点

交通运输事业是国民经济的重要组成部分,是国民经济的命脉。它担负着国家建设中原材料与产品的集散、城乡间的物资交流、战备物资运输任务,以满足人们物质文化生活上的需要和国防建设的要求。它在国家的政治、经济、军事、文化建设中具有重要作用。现代交通运输方式包括公路运输、铁路运输、水运运输、航空运输和管线运输等几种。这些运输方式在技术经济上各有特点。与其他几种运输方式相比较,公路运输具有以下特点:

(1)机动灵活,能做到人流、货物直达运输,不需中转;可以实现直接"门到门"的运输,节约时间和费用,减少货损;

(2)适应性强,受地形、地物和地质条件的影响小;

(3)服务面广,可服务到山区、农村、城市、机关、学校、工矿企业,直至家庭;

(4)公路运输投资少,资金周转快,社会效益高;

(5)对短距离运输,公路运输最迅速、最方便;

(6)与铁路、水运比较,由于汽车燃料较贵,服务人员多,单位运量少,故运输成本相对较高。

由于公路运输的上述特点,使公路得以快速发展。到20世纪70年代,经济发达国家大多改变了以铁路运输为中心的局面,公路运输在各种运输方式中起了主导作用。特别是现代高等级公路的迅速发展和里程的增加,使公路运输在经济建设中发挥更加重要的作用,并显示出广阔的发展前景。

2. 公路的发展

我国道路建设历史悠久,已有2000余年的历史。从秦始皇的"车同轨"法令、公元前

2世纪的通往中亚及欧洲的丝绸之路开始，到清代已形成了层次分明、功能比较完善的道路系统——“官马大路”、“大路”、“小路”。但真正能行驶汽车的道路是20世纪初修建的。

1902年，我国上海出现第一辆汽车。1913年中国修筑了第一条汽车道路，湖南长沙—湘潭，全长45km，揭示了我国现代交通运输的新篇章。抗日战争时期完成的滇缅公路，为沥青表处路面，全长100km，是中国最早修建的沥青路面道路。直至1949年全国解放时，中国能通行汽车的道路才8.07万公里（不包括台湾，以下同）。

新中国成立后，道路交通运输事业得到大力发展。到1957年，我国完成的重要道路干线有青藏线、康藏线、青新线、川黔线、昆洛线等，全国道路里程达到30万公里；1958～1965年全国道路里程达到52万公里；1966～1975年，全国道路里程发展到78万公里，与此同时，我国石油工业崛起，沥青得到了较广泛的应用，共修建了10万公里的渣油和沥青路面，加速了黑色路面的发展；1976～1985年，全国道路里程发展到85万公里，同时公路等级和质量也有较大的提高，一、二级公路达21194km。

改革开放后，公路建设更是飞跃式发展，截止到2003年底，全国公路总里程达到181万公里，其中高速公路3.0万公里，二级以上公路里程达到27万公里，路网密度18.9km/百平方公里。将在“十五”期末基本形成由高等级公路组成的，纵贯东西和横穿国境南北的“五纵七横”的公路主骨架。同时，在公路科技方面也取得了很大成就，全球卫星定位系统GPS、三维测量技术、航测遥感、计算机辅助设计技术已转化为生产力，使道路测量设计走向现代化。在新建、改建、养护和营运管理方面应用了大量信息数据，为建立和开发大区域集成网的道路数据库，提供了现代科学管理的依据。大批新材料、新工艺的开发和推广应用，明显降低了工程造价、提高了道路服务水平和延长了路桥的使用寿命。

二、公路的基本组成

公路是一种建筑在大地上的一条线形的带状空间结构物，它主要承受各种汽车车轮荷载的重复作用和经受各种自然因素的长期影响。因此，公路不仅要有平顺的线形、缓和的纵坡，而且还要有坚固稳定的路基、平整和抗滑性好的路面、牢固可靠的桥涵以及必要的防护工程和附属设施，以满足公路交通的要求。

公路工程由路线工程和结构工程两大部分组成。

1. 路线组成

公路路线即公路的中心线。公路为平面上有曲线、纵面上有起伏的立体空间线形。

平面线形由直线和平曲线组成，而平曲线又包括圆曲线和缓和曲线。

纵面线形由直线坡段和竖曲线两大部分组成。

公路路线的平面、纵断面和横断面是公路的几何组成部分。

2. 结构组成

公路的结构组成主要包括：路基、路面、桥涵、隧道、排水工程（边沟、截水沟、排水沟、跌水、急流槽、盲沟、过水路面、渗水路堤、渡水槽等）、防护工程（护栏、挡土墙、护脚等）、路线交叉工程及公路沿线设施。高等级公路为进行交通组织，保证交通安全，提高服务质量，发挥公路效能，还设置了较完善的公路安全设施、管理服务设施、通信系统、监控系统、收费系统、供电

照明系统、环境绿化工程等。

1）路基

路基是公路的重要组成部分，是线形构造物的主体。路基是路面的基础，它与路面共同承受车辆荷载的作用，所以，路基必须具有足够的强度和整体稳定性。由于路基通常由天然土石材料修筑而成，因此要求路基应具有足够的水稳定性。路基构造的基本形式如图0-0-1所示。

2）路面

路面是公路与汽车车轮直接接触的结构层，主要承受车轮荷载和磨损。它是用各种不同的材料铺筑于路基顶面的单层或多层结构（图0-0-2），因此要求路面具有足够的强度、稳定性、平整度和粗糙度，以利车辆在其表面安全而舒适地行驶。路面工程的质量直接影响到公路的使用性能和服务质量。

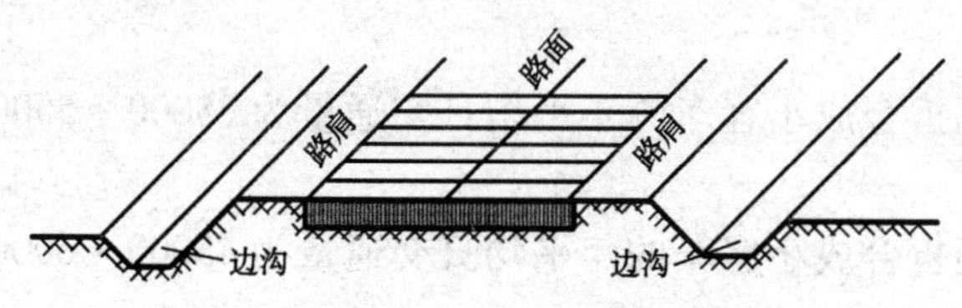

图0-0-1　路基构造的基本形式

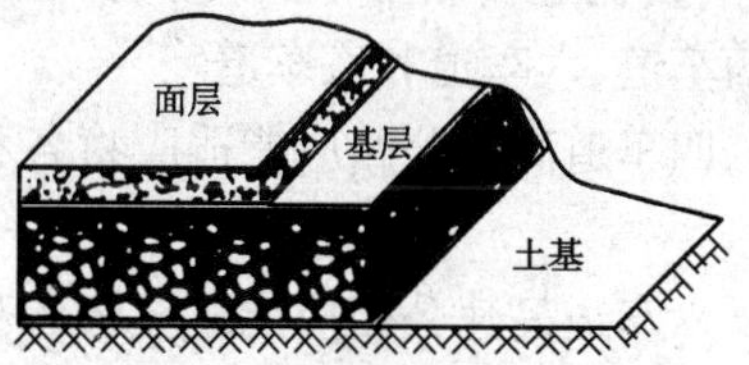

图0-0-2　路面结构示意图

3）桥梁、涵洞

公路路线常常需要跨越大小不同的障碍物（如河流、山谷、铁路、公路），故需要修筑桥梁和涵洞。我国《公路工程技术标准》（JTG B01—2003）（以下简称《标准》）规定：凡单孔跨径大于或等于5m或多孔跨径总长大于或等于8m者，都称之为桥梁，当小于上述值时则称为涵洞，如图0-0-3所示。

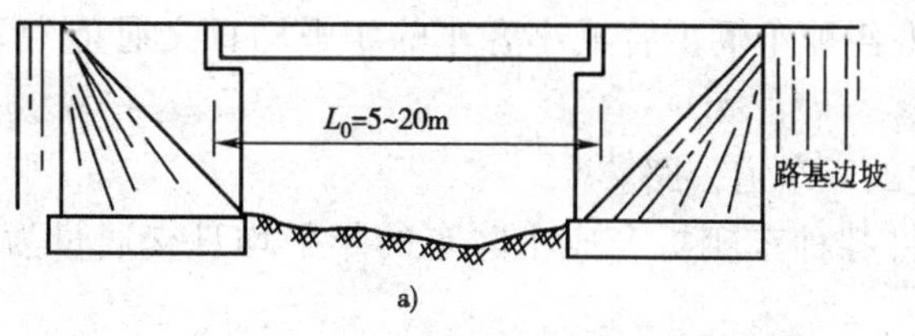

图0-0-3　桥梁与涵洞示意图

a）小桥；b）涵洞

4）隧道

山区公路，路线往往要翻越垭口或穿越山梁，为了获得较高的路线线形标准，减少过大的土石方开挖工程量，往往以隧道方式通过，如图0-0-4所示。隧道在施工技术和工程造价上比一般路基要高一些，但它可以避免路线在平面上绕行，改善平面线形，减缓纵坡，缩短路线里程，提高路线标准，降低运输成本。山区高等级公路常常选取隧道方案。

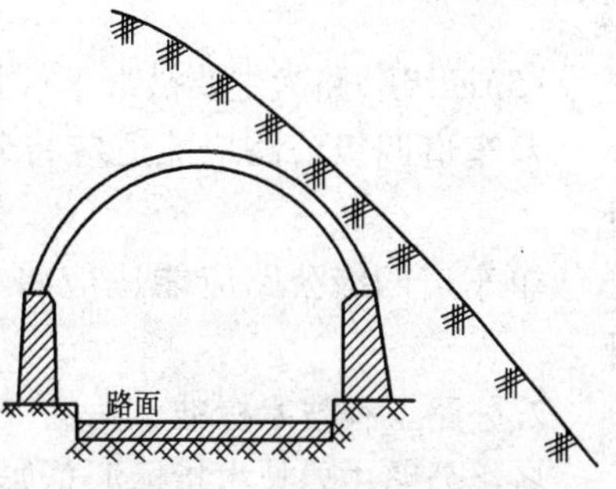

图0-0-4　公路隧道示意图

除上述各种基本构造物外，为了保证行车安全、舒适

和公路美观，公路的组成还包括交通安全设施、交通管理设施、防护设施、停车设施、公路养护和营运房屋等设施及公路绿化等。

三、公路的分级及技术标准

1. 公路分级

公路等级是反映公路上汽车的通行能力和公路的服务水平、技术水平的指标。一般地讲，公路等级愈高，适应的交通量和车辆荷载愈大，允许汽车安全行驶的速度愈高，公路的服务水平和技术水平愈高。反之，公路等级愈低，公路的通行能力和行车速度也都愈低。《标准》中根据功能和适应的交通量将公路分为高速公路、一级公路、二级公路、三级公路、四级公路五个等级。

(1)高速公路为专供汽车分向、分车道行驶并全部控制出入的多车道公路，按行车道数量有四车道、六车道和八车道。

四车道高速公路应能适应将各种车辆折合成小客车的年平均日交通量为25000～55000辆。

六车道高速公路应能适应将各种车辆折合成小客车的年平均日交通量为45000～80000辆。

八车道高速公路应能适应将各种车辆折合成小客车的年平均日交通量为60000～100000辆。

(2)一级公路为供汽车分向、分车道行驶，并可根据需要控制出入的多车道公路，按行车道数量有四车道和六车道。

四车道一级公路应能适应将各种车辆折合成小客车的年平均日交通量为15000～30000辆。

六车道一级公路应能适应将各种车辆折合成小客车的年平均日交通量为25000～55000辆。

(3)二级公路为供汽车行驶的双车道公路。

双车道二级公路应能适应将各种车辆折合成小客车的年平均日交通量为5000～15000辆。

(4)三级公路为主要供汽车行驶的双车道公路。

双车道三级公路应能适应将各种车辆折合成小客车的年平均日交通量为2000～6000辆。

(5)四级公路为主要供汽车行驶的双车道或单车道公路。

双车道四级公路应能适应将各种车辆折合成小客车的年平均日交通量为2000辆以下。

单车道四级公路应能适应将各种车辆折合成小客车的年平均日交通量为400辆以下。

2. 公路工程技术标准

各级公路主要技术指标汇总如表0-0-1所示。

各级公路主要技术指标汇总表 表 0-0-1

<table>
<tr><td colspan="3">公路等级</td><td colspan="9">高速公路、一级公路</td><td colspan="6">二级公路、三级公路、四级公路</td></tr>
<tr><td colspan="3">设计速度(km/h)</td><td colspan="3">120</td><td colspan="3">100</td><td colspan="2">80</td><td>60</td><td>80</td><td>60</td><td>40</td><td>30</td><td colspan="2">20</td></tr>
<tr><td colspan="3">车道数</td><td>8</td><td>6</td><td>4</td><td>8</td><td>6</td><td>4</td><td>6</td><td>4</td><td>4</td><td>2</td><td>2</td><td>2</td><td>2</td><td colspan="2">2 或 1</td></tr>
<tr><td rowspan="2">路基宽度(m)</td><td colspan="2">一般值</td><td>45.00</td><td>34.50</td><td>28.00</td><td>44.00</td><td>33.50</td><td>26.00</td><td>32.00</td><td>24.50</td><td>23.00</td><td>12.00</td><td>10.00</td><td>8.50</td><td>7.50</td><td>6.50(双车道)</td><td>4.50(单车道)</td></tr>
<tr><td colspan="2">最小值</td><td>42.00</td><td>—</td><td>26.00</td><td>41.00</td><td>—</td><td>24.50</td><td>—</td><td>21.50</td><td>20.00</td><td>10.00</td><td>8.50</td><td>—</td><td>—</td><td colspan="2">—</td></tr>
<tr><td rowspan="4">圆曲线最小半径(m)</td><td colspan="2">一般值</td><td colspan="3">1000</td><td colspan="3">700</td><td colspan="2">400</td><td>200</td><td>400</td><td>200</td><td>100</td><td>65</td><td colspan="2">30</td></tr>
<tr><td colspan="2">极限值</td><td colspan="3">650</td><td colspan="3">400</td><td colspan="2">250</td><td>125</td><td>250</td><td>125</td><td>60</td><td>30</td><td colspan="2">15</td></tr>
<tr><td rowspan="2">不设超高值</td><td>路拱≤2%</td><td colspan="3">5500</td><td colspan="3">4000</td><td colspan="2">2500</td><td>1500</td><td>2500</td><td>1500</td><td>600</td><td>350</td><td colspan="2">150</td></tr>
<tr><td>路拱>2%</td><td colspan="3">7500</td><td colspan="3">5250</td><td colspan="2">3350</td><td>1900</td><td>3350</td><td>1900</td><td>800</td><td>450</td><td colspan="2">200</td></tr>
<tr><td rowspan="4">竖曲线半径(m)</td><td rowspan="2">凸形</td><td>一般</td><td colspan="3">17000</td><td colspan="3">10000</td><td colspan="2">4500</td><td>2000</td><td>4500</td><td>2000</td><td>700</td><td>400</td><td colspan="2">200</td></tr>
<tr><td>极限</td><td colspan="3">11000</td><td colspan="3">6500</td><td colspan="2">3000</td><td>1400</td><td>3000</td><td>1400</td><td>450</td><td>250</td><td colspan="2">100</td></tr>
<tr><td rowspan="2">凹形</td><td>一般</td><td colspan="3">6000</td><td colspan="3">4500</td><td colspan="2">3000</td><td>1500</td><td>3000</td><td>1500</td><td>700</td><td>400</td><td colspan="2">200</td></tr>
<tr><td>极限</td><td colspan="3">4000</td><td colspan="3">3000</td><td colspan="2">2000</td><td>1000</td><td>2000</td><td>1000</td><td>450</td><td>250</td><td colspan="2">100</td></tr>
<tr><td colspan="3">竖曲线最小长度(m)</td><td colspan="3">100</td><td colspan="3">85</td><td colspan="2">70</td><td>50</td><td>70</td><td>50</td><td>35</td><td>25</td><td colspan="2">20</td></tr>
<tr><td colspan="3">停车视距(m)</td><td colspan="3">210</td><td colspan="3">160</td><td colspan="2">110</td><td>75</td><td>110</td><td>75</td><td>40</td><td>30</td><td colspan="2">20</td></tr>
<tr><td colspan="3">最大纵坡(%)</td><td colspan="3">3</td><td colspan="3">4</td><td colspan="2">5</td><td>6</td><td>5</td><td>6</td><td>7</td><td>8</td><td colspan="2">9</td></tr>
<tr><td colspan="3">最小坡长(m)</td><td colspan="3">300</td><td colspan="3">250</td><td colspan="2">200</td><td>150</td><td>200</td><td>150</td><td>120</td><td>100</td><td colspan="2">60</td></tr>
<tr><td colspan="3">路基设计洪水频率</td><td colspan="9">1/100</td><td colspan="2">1/50</td><td colspan="2">1/25</td><td colspan="2">按情况确定</td></tr>
</table>

3. 公路等级与设计速度选用的基本原则

1）公路等级的选用

（1）公路等级的选用应根据公路的功能、路网规划、交通量，并充分考虑公路所在地区的综合运输体系、远景发展等，经论证后确定。

（2）一条公路，可分段选用不同的公路等级或同一公路等级不同的设计速度、路基宽度；但不同公路等级、设计速度、路基宽度间的衔接应协调，过渡应顺适。

（3）不同设计路段相互衔接的地点，应选在交通量发生变化处，或用路者能够明显判断前方需要改变行车速度处。高速公路、一级公路宜设在互通式立体交叉或平面交叉处；二、三、四级公路宜设在交叉路口、桥梁、隧道、村镇附近，或地形明显变化处。

（4）不同设计车速的路段相互衔接处前后一定范围内，应结合地形的变化，其路线线形主要技术指标亦随之逐渐过渡，设计速度高的一侧应采用较低的平、纵技术指标，反之则应采用较高的平、纵技术指标，使平、纵线形技术指标较为均衡，避免出现突变。

（5）预测的设计交通量介于一级公路与高速公路之间时，若拟建公路为干线公路时，宜选用高速公路；若拟建公路为集散公路时，宜选用一级公路。

（6）干线公路宜选用二级及二级以上公路。

2）设计速度的选用

（1）各级公路的设计速度应根据公路的功能、等级、交通量，并结合沿线地形、地质等状况，经论证后确定。

（2）高速公路特殊困难的局部路段，且因新建工程可能诱发工程地质病害时，经论证并报主管部门批准，该局部路段的设计速度可采用60km/h，但长度不宜大于15km，或仅限于相邻两互通式立体交叉之间的路段，但相邻路段的设计速度不应大于80km/h。

（3）一级公路作为干线公路，且纵、横向干扰小时，其设计速度宜采用100km/h或80km/h。

（4）一级公路作为集散公路时，根据混合交通量、平面交叉间距等因素，设计速度应采用60km/h或80km/h。

（5）二级公路作为干线公路时，设计速度宜采用80km/h。

（6）二级公路作为集散公路时，混合交通量较大、平面交叉间距较小的路段设计速度宜采用60km/h。

（7）二级公路位于地形、地质等自然条件复杂的山区，经论证该路段的设计速度可采用40km/h。

四、公路基本建设程序和设计阶段

1. 公路基本建设程序

基本建设项目在整个建设过程中各项工作的先后顺序，称为基本建设程序。这个程序是由基本建设进程的客观规律（包括自然规律和经济规律）决定的。

根据我国《公路工程基本建设管理办法》的规定，公路基本建设程序如下：

（1）根据国民经济长远规划及布局所规定的公路网规划，提出项目建议书；

（2）经过调查，进行预可行性研究和工程可行性研究，编制工程可行性研究报告；

(3)根据批准的可行性研究报告,编制计划任务书(也称设计计划任务书);

(4)根据批准的计划任务书,进行现场勘测,编制初步设计文件和工程概算;

(5)根据批准的初步设计文件和工程概算,编制施工图和施工图预算(两阶段设计);

(6)施工图和施工图预算经批准后,列入年度基本建设计划;

(7)进行施工前的各项准备工作;

(8)组织精心施工;

(9)完工后,编制竣工图表和工程决算,竣工验收,交付使用。

公路工程基本建设从计划到竣工交付使用的全过程大致可分为规划与研究阶段、设计阶段、施工阶段、交付使用阶段。公路工程基本建设程序如网络图0-0-5所示。

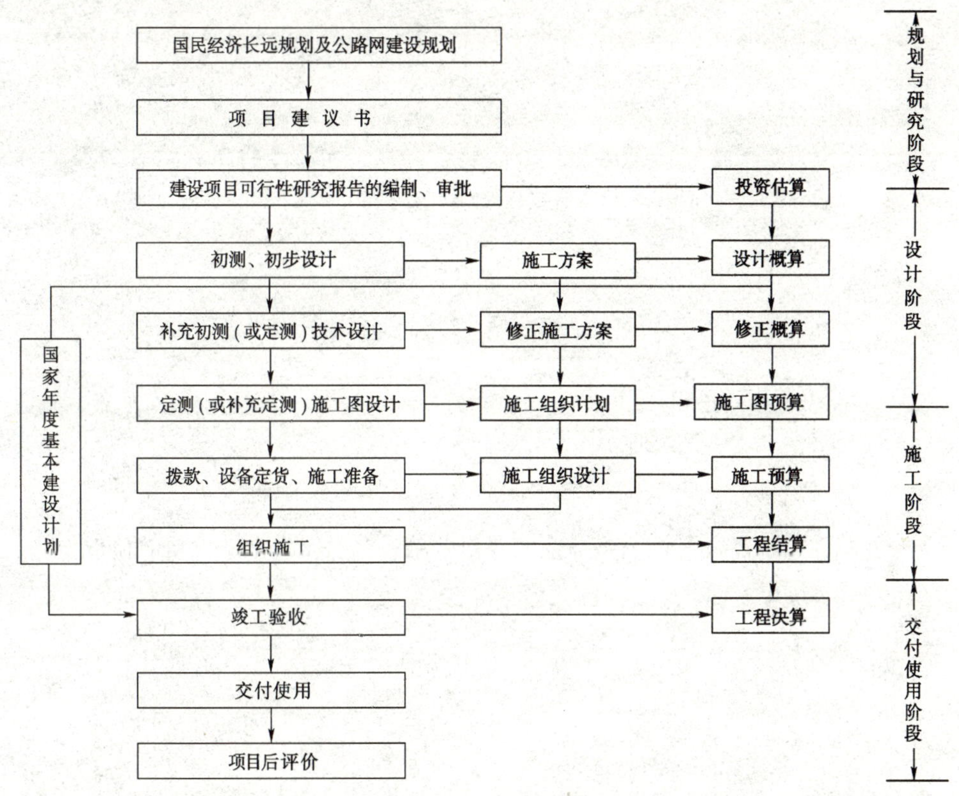

图0-0-5　公路工程基本建设程序

2. 设计阶段的划分

公路工程基本建设项目,根据路线性质和要求,可分为一阶段设计、两阶段设计和三阶段设计。

(1)两阶段设计:即初步设计和施工图设计。它是公路设计的主要程序,即一般公路所采用的设计程序。其步骤为:根据批准的工程可行性研究报告和计划任务书,先进行初测,编制初步设计文件和工程概算;经上级批准初步设计后,再进行定测,编制工程施工图和工程施工图预算。

(2)一阶段设计:即一阶段施工图设计。它适用于技术简单、方案明确的小型工程。其步骤为:根据批准的计划任务书,进行一次详细的定测,据以编制施工图设计文件和工程预算。

(3)三阶段设计:即初步设计、技术设计和施工图设计。对于技术复杂又缺乏经验的建设项目或建设项目中的个别路段、特大桥、互通式立体交叉、隧道等,必要时应采用三阶段设计。其步骤为:根据批准的计划任务书,进行初测,编制初步设计文件和工程设计概算;经上级部门批准初步设计后,对重大、复杂的技术问题,通过科学试验、专题研究,解决初步设计中未能解决的问题,落实技术方案,提出修改方案,编制修正设计概算;经批准后,进行定测,编制施工图文件和施工图预算。

单元一　公路线形

汽车在公路上行驶，若从高空向下俯视，汽车就像一个质点在大地这个平面上运动。汽车在公路表面上沿着公路中心线的方向行驶，公路的中心线就是汽车运动的轨迹。这一条轨迹在大地平面和高程方面的变化，可以看作是一条三维空间曲线。我们所设计的公路线形，就是沿着公路中心线的平面投影和竖面投影。公路线形包括平面线形、纵断面线形和横断面线形。

课题一　平面设计

【内容提要】 1. 圆曲线；2. 公路超高；3. 公路加宽；4. 缓和曲线；5. 平曲线最小长度；6. 行车视距；7. 路线平面图。

【学习目标】

应知：1. 平曲线的组成及其标准要求；

2. 平曲线超高、加宽设置的目的、要求及方法；

3. 路线平面图的内容。

应会：路线平面设计和平曲线要素的计算。

公路的中心线在水平面上的投影称为公路路线的平面。公路平面线形受地形、地质、地物等障碍的限制而转折时，在公路转折处，就需要设置曲线来连接相邻两直线。因此，公路平面线形是由直线和平曲线组合而成的。而平曲线又分为曲率半径为常量的圆曲线和曲率半径为变量的回旋线两种。《标准》规定：高速公路和一级公路、二级公路、三级公路平面线形要素包括直线、圆曲线、缓和曲线三种，而四级公路平面线形要素包括直线、圆曲线两种。公路路线的平面组成形式如图 1-1-1 所示。

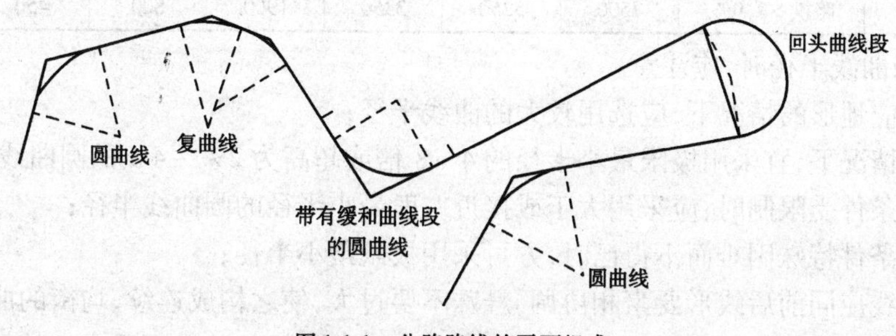

图 1-1-1　公路路线的平面组成

一、圆曲线

各级公路不论转角大小均应设置平曲线，而圆曲线是平曲线中的主要组成部分。圆曲线具有易与地形相适应、线形美观简捷、易于测设等优点，故使用十分普遍。

1. 圆曲线半径

圆曲线的主要技术指标就是圆曲线半径。半径一旦确定，则圆的大小和曲率就完全确定了。

汽车以一定的速度 v 沿着半径为 R 的圆曲线行驶时，受到离心力 $C = mv^2/R$ 的作用(图 1-1-2)，可能会使汽车有向外滑移或倾覆的危险，为了保证汽车在曲线上的行车安全、舒适，必须对离心力加以限制。限制离心力的方法之一是降低车速，但是公路等级既定，计算行车速度为定值，不能改变；另一个方法则是对半径的限制，半径越大，离心力就越小，汽车在曲线上行驶就越稳定。

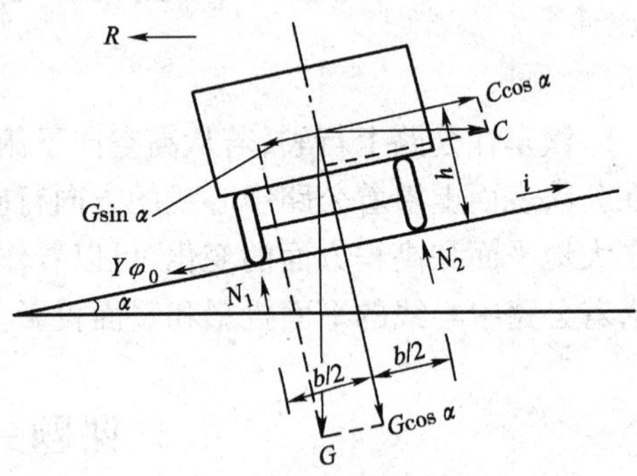

图 1-1-2　汽车在弯道内侧行驶时的受力图

因此，为了保证汽车在圆曲线上行驶的稳定性，要求圆曲线半径不宜过小。《标准》规定了三种类型的最小半径，即极限最小半径、一般最小半径、不设超高的最小半径。

(1)极限最小半径是指圆曲线半径采用的最小极限值；当受地形条件限制或其他条件限制时方可采用，一般尽可能不采用或少采用极限最小半径。

(2)一般最小半径是指在一般情况下能安全、经济、舒适地行驶的圆曲线最小半径。它介于极限最小半径与不设超高的最小半径之间。

(3)不设超高的最小半径是指在满足设计速度的条件下，汽车能在双向路面横坡的外侧安全、经济、舒适地行驶的圆曲线最小半径。

各级公路圆曲线最小半径见表 1-1-1 所示。

圆曲线最小半径　　表 1-1-1

设计速度(km/h)		120	100	80	60	40	30	20
一般值(m)		1000	700	400	200	100	65	30
极限值(m)		650	400	250	125	60	30	15
不设超高最小半径(m)	路拱≤2.0%	5500	4000	2500	1500	600	350	150
	路拱>2.0%	7500	5250	3350	1900	800	450	200

在确定圆曲线半径时，应注意：

(1)在适应地形的情况下，应选用较大的曲线半径；

(2)一般情况下，宜采用极限最小半径的 4～8 倍或超高为 2%～4% 的圆曲线半径；

(3)地形条件受限制时，应采用大于或接近一般最小半径的圆曲线半径；

(4)地形条件特殊困难而不得已时，方可采用极限最小半径；

(5)圆曲线应同前后线形要素相协调，悬殊不要过大，使之构成连续、均衡的曲线线形；

(6)圆曲线应同纵断面线形相配合，必须避免小半径曲线与陡坡相重合；

在选用圆曲线半径时应与计算行车速度相适应,并应尽可能选用较大的圆曲线半径,以提高公路的使用质量。但太大的半径也无实际意义,所以圆曲线最大半径不宜超过10000m。

2. 圆曲线的几何元素

四级公路可以不设缓和曲线,其他各级公路当曲线半径大于或等于“不设超高的圆曲线半径”时,也可不设缓和曲线,即为单圆曲线,其几何元素的计算及关系如图1-1-3所示。

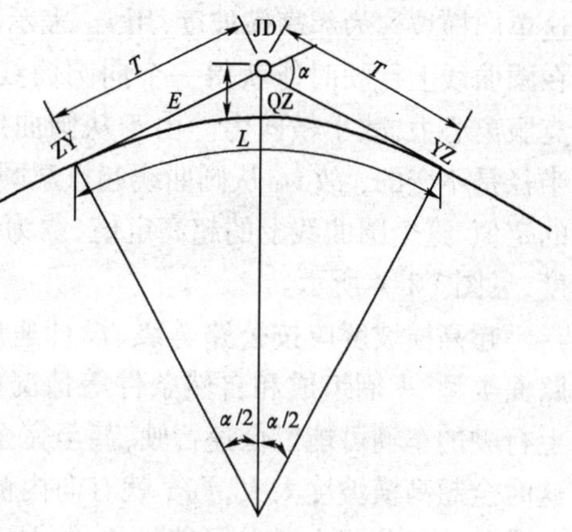

图1-1-3　圆曲线几何元素

切线长：$$T = R \times \tan\frac{\alpha}{2} \tag{1-1-1}$$

曲线长：$$L = \frac{\pi}{180^\circ}\alpha R \tag{1-1-2}$$

外距：$$E = R\left(\sec\frac{\alpha}{2} - 1\right) \tag{1-1-3}$$

超距：$$J = 2T - L \tag{1-1-4}$$

式中:T——切线长(m);

L——曲线长(m);

E——外距(m);

J——校正数或超距(m);

R——圆曲线半径(m);

α——转角(°)。

【例1】　已知交点的里程桩号为K3+182.76,测得路线转角$\alpha_{右} = 25°48'$,圆曲线半径$R = 300$m,试计算圆曲线元素。

解:圆曲线元素的计算:

$$T = R\tan\frac{\alpha}{2} = 300 \times \tan\frac{25°48'}{2} = 68.71\text{m}$$

$$L = \frac{\pi}{180^\circ}\alpha R = \frac{\pi}{180^\circ} \times 25°48' \times 300 = 135.09\text{m}$$

$$E = R\left(\sec\frac{\alpha}{2} - 1\right) = 300 \times \left(\sec\frac{25°48'}{2} - 1\right) = 19.09\text{m}$$

$$D = 2T - L = 2 \times 68.71 - 135.09 = 2.33\text{m}$$

二、公路超高

1. 超高横坡度

当圆曲线半径小于不设超高的最小半径时,为了使汽车能安全、稳定、满足设计行车速度和经济、舒适地通过圆曲线时,必须将圆曲线部分的路面做成与内侧路面同坡度的单向横坡,这单向横坡称为超高横坡度，用 $i_{超}$ 表示。其目的是为了使汽车在圆曲线上行驶时能获得一个向圆曲线内侧的横向分力，用以克服离心力，减小横向力。由于从圆曲线起点至圆曲线终点的半径是不变的，故 $i_{超}$ 从圆曲线起点至圆曲线终点也是一个不变的定值，这个圆曲线上的超高定值，称为该圆曲线的全超高横坡度，见图 1-1-4 所示。

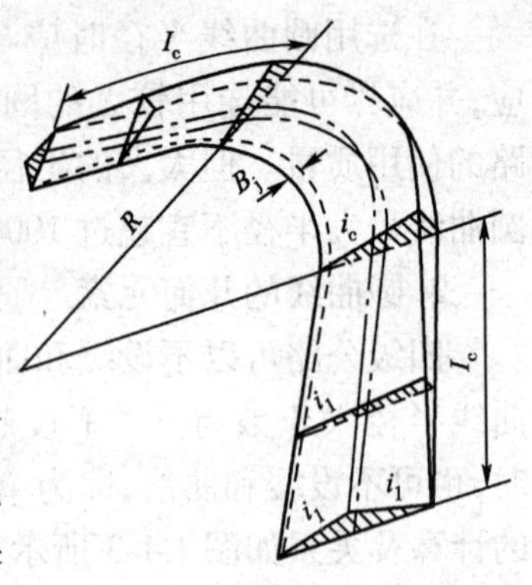

图 1-1-4　圆曲线上的超高设置

超高横坡度应按公路等级、设计速度、圆曲线半径，并结合路面类型、车辆组成和自然条件等情况确定。考虑到在圆曲线上行驶的车辆可能以低速行驶，甚至完全停止在圆曲线上，如果这时全超高横坡度太大，汽车就有向内侧滑移的可能，特别是在冬季结冰的公路上这种可能性更大，所以圆曲线上的超高不能太大。我国《标准》规定了各级公路圆曲线部分的最大超高值，见表 1-1-2。

各级公路圆曲线最大超高值　　表 1-1-2

公路等级	高速公路、一级公路	二、三、四级公路
一般地区(%)	10 或 8	8
积雪冰冻地区(%)	6	

当圆曲线半径介于最小半径与不设超高的半径之间时，其超高横坡度应根据设计速度、圆曲线半径、自然条件等，按表 1-1-3 选用。

当计算超高横坡度小于路拱坡度时，应设置等于路拱坡度的超高。

2. 超高缓和段长度

全超高横断面应设置在圆曲线范围内。当由直线段的双坡横断面变为圆曲线段的单坡横断面时，为了行车的平顺和线形的美观，中间需要设置一段逐渐过渡段，称为超高缓和段。

在超高缓和段上设置超高时，路面是绕一条固定不动的轴线向前推进并旋转变化的。由于在超高缓和段上逐渐超高，引起行车道外侧边缘线或内侧边缘线的纵坡度逐渐增大或减小，使边缘线纵坡与旋转轴线设计纵坡(即原路线设计纵坡)不一，这个由于超高而引起的旋转轴线与行车道(设路缘带时为路缘带)外侧边缘线之间的相对坡度称为超高渐变率。

超高渐变率的大小对线形的美观、驾驶员和乘客的舒适程度及路线纵向排水都有一定影响，其数值应控制在一定范围内。各种设计速度下的超高渐变率如表 1-1-4 所示。

超高渐变率　　表 1-1-4

设计速度(km/h)	超高旋转轴位置		设计速度(km/h)	超高旋转轴位置	
	中线	边线		中线	边线
120	1/250	1/200	40	1/150	1/100
100	1/225	1/175	30	1/125	1/75
80	1/200	1/150	20	1/100	1/50
60	1/175	1/125			

超高缓和段的长度与最大超高值、超高的过渡方式及渐变率有关。

3. 超高过渡方式

1) 无中间带的公路

(1) 超高横坡度等于路拱坡度时，将外侧车道绕路中线旋转，直至超高横坡度。

(2) 超高横坡度大于路拱坡度时，可分别采用以下三种过渡方式：

①绕路面内边缘旋转。先将外侧车道绕路中线旋转，待达到与内侧车道构成单向横坡后，整个断面再绕未加宽前的内侧车道边缘旋转，直至超高横坡值，如图 1-1-5a) 所示。一般新建公路应采用此种方式。

②绕中线旋转。先将外侧车道绕路中线旋转，待达到与内侧车道构成单向横坡后，整个断面一同绕路中线旋转，直至超高横坡值，如图 1-1-5b) 所示。一般改建公路应采用此种方式。

③绕路面外边缘旋转。先将外侧车道绕外边缘线旋转，与此同时，内侧车道随中线的降低而相应降低，待达到单向横坡后，整个断面仍绕外侧车道边缘旋转，直至超高横坡值，如图1-1-5c) 所示。此种方式仅在特殊设计（如强调路容美观，或高路堤时为节省工程数量）时采用。

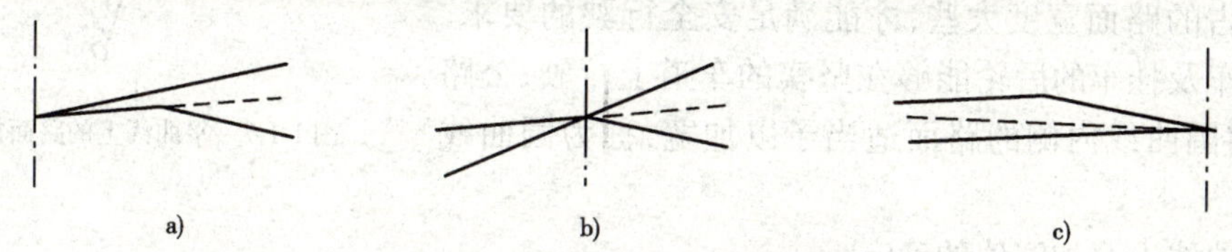

图 1-1-5　无中间带公路超高设置方式

a) 绕内侧边缘旋转；b) 绕中线旋转；c) 绕外侧边缘旋转

2) 有中间带的公路

(1) 绕中间带的中心线旋转。将超高前的中间分隔带中线保留在原来位置不动。这种旋转方式是先将外侧行车道绕中间带的中心线旋转，待达到与内侧行车道构成单向横坡后，整个断面一同绕中间带的中心线旋转，直至超高横坡度值。此时中央分隔带呈倾斜状，如图 1-1-6a) 所示。

中间带宽度≤4.5m 的公路可采用此种方式。

(2) 绕中央分隔带的边缘旋转。将分隔带保留在原来位置不动。这种旋转方式是将两侧行车道分别绕中央分隔带边缘旋转，使之各自成为独立的单向超高断面，此时中央分隔带维持原水平状态，如图 1-1-6b) 所示。

各种宽度中间带的公路均可采用此种方式。

(3) 绕各自行车道中线旋转。将超高前中央分隔带两边的行车道中心线保留在原来位置不动。这种旋转方式是将两侧行车道分别绕各自的中心线旋转，使之各自成为独立的单向超高断面，此时中央分隔带两边缘分别升高或降低而成为倾斜断面，如图 1-1-6c) 所示。

四车道以上的公路可采用此种方式。

对于采用分离式断面的高等级公路，其超高过渡方式可视

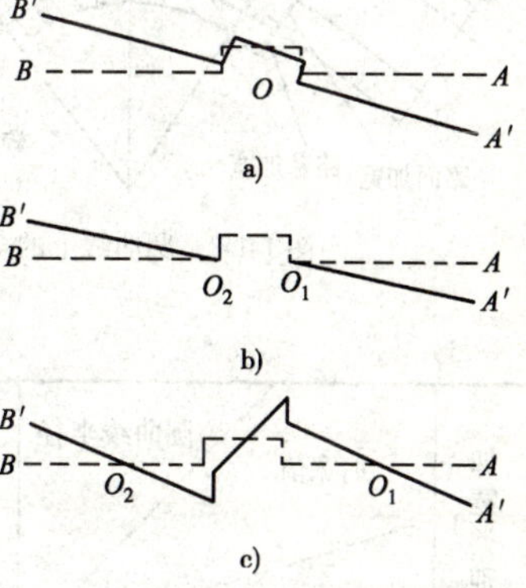

图 1-1-6　有中间带公路的超高过渡方式

a) 绕分隔带中心旋转；b) 绕分隔带两侧边缘旋转；c) 绕分隔带两侧路面中心旋转

为两条无中间带的公路分别予以处理。

当高速公路、一级公路的上、下行车道位于坡度较大处时，可采用不同的超高值。其他等级的分道行驶公路，必要时亦可按此处理。

三、公路加宽

1. 设置加宽的原因

当汽车在平曲线上行驶时，各个车轮的轨迹半径是不同的，如图 1-1-7 所示。后轴内侧车轮的行驶轨迹半径最小，前轴外侧车轮的行驶轨迹半径最大。驾驶员在圆曲线部分操纵汽车使前轮轮轴中心沿着车道中线行进，后轮轮轴中心就会向内侧偏移，后轴内轮常超出车道内侧边缘。圆曲线半径愈小，或汽车轴距愈长，后轮的偏移值越大。由此可知，在弯道上行驶的汽车所占的路面宽度，要比在直线上所占的路面宽度大些，才能满足安全行驶的要求。为了使汽车及挂车的后轮能够在坚实的车道上行驶，公路设计时，将圆曲线内侧的路面适当予以加宽，称为圆曲线加宽。

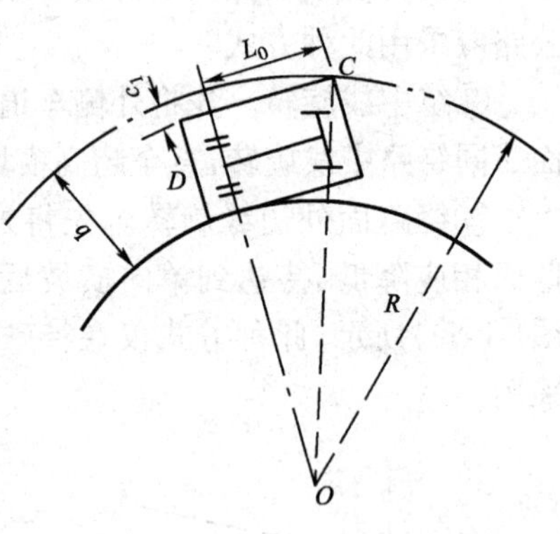

图 1-1-7　平曲线上的路面加宽

2. 圆曲线上全加宽值的确定

在圆曲线上，其曲线半径为定值。一般情况下，汽车从圆曲线起点至圆曲线终点的车轮转向角也是保持不变的，则圆曲线起点至圆曲线终点的路面加宽也就是一个不变的定值，这个定值称为圆曲线上的全加宽值，简称加宽值，如图 1-1-8 所示。

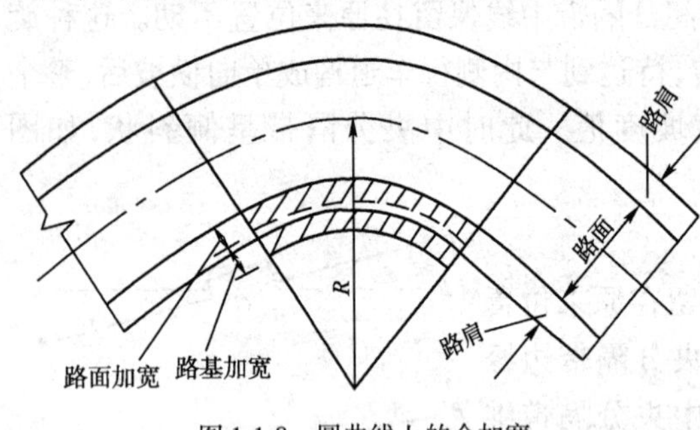

图 1-1-8　圆曲线上的全加宽

圆曲线上的路面全加宽值，是根据会车时两辆汽车之间及汽车与路面边缘之间所需的间距决定的，它与圆曲线半径、车型和行车速度等因素有关。

3. 设置加宽的规定和要求

《标准》规定，当平曲线半径等于或小于 250m 时，应在平曲线内侧设置加宽，双车道路面的加宽值规定见表 1-1-5。

双车道路面的加宽值（m）　　表 1-1-5

加宽类别	加宽值 圆曲线半径 / 汽车轴距加前悬	250~200	<200~150	<150~100	<100~70	<70~50	<50~30	<30~25	<25~20	<20~15
I	5	0.4	0.6	0.8	1.0	1.2	1.4	1.8	2.2	2.5
II	8	0.6	0.7	0.9	1.2	1.5	2.0	—	—	—
III	5.2+8.8	0.8	1.0	1.5	2.0	2.5	—	—	—	—

单车道公路的路面加宽值取表列数值的一半;三条以上车道构成的公路,其路面加宽值应另行计算。

我国根据轴距的不同,将加宽分为三类。其轴距加前悬的长度分别为5m、8m和5.2m+8.8m。四级公路和山岭重丘区的三级公路应采用第I类加宽值;其余各级公路应采用第III类加宽值;对不经常通行集装箱运输的半挂车公路,可采用第II类加宽值。

4.加宽过渡方式

从平面线形看,在圆曲线部分进行加宽会使路基、路面宽度产生突变,影响路容的美观,而且这部分加宽也不能很好地发挥作用。为此,需在直线和圆曲线间设置一段加宽的过渡段,来完成加宽的逐渐变化,此过渡段称为加宽缓和段。加宽缓和段长度采用与回旋线或超高缓和段长度相同的数值。

加宽缓和段的设置应根据公路等级采用相应的过渡方法。

(1)二、三、四级公路的加宽缓和段的设置,应采用在相应的回旋线或超高、加宽缓和段全长范围内按其长度成比例增加的方法。即加宽缓和段上任一点的加宽值 B_{jx} 与该点到加宽缓和段起点的距离 x 同加宽缓和段全长 L 的比率($K=x/L$)成正比,如图1-1-9a)所示,即

$$B_{jx} = KB_j \tag{1-1-5}$$

式中:B_j——圆曲线部分路面加宽值(m)。

(2)高速公路、一级公路设加宽缓和段时,应采用高次抛物线过渡。

高速公路、一级公路及二级公路的下列路段,也可采用插入回旋线的方法,如图1-1-9b)所示。即:

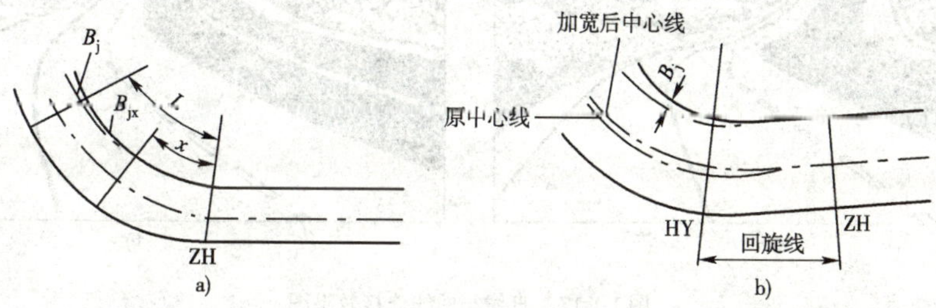

图1-1-9 加宽过渡方式

①位于大城市近郊的路段;

②桥梁、高架桥、挡土墙、隧道等构造物处;

③设置各种安全防护设施的地段。

(3)四级公路可不设缓和曲线,其加宽缓和段是在直线上设置的,这样在圆曲线起、终点内侧边缘有突出的转折,小半径的弯道尤为明显,使路容很不美观,施工也不方便。因此,在设计位于此处的挡土墙等人工构造物时,可采用路面加宽边缘线与圆曲线上路面加宽后的边缘圆弧相切的方法予以处理,如图1-1-10所示。

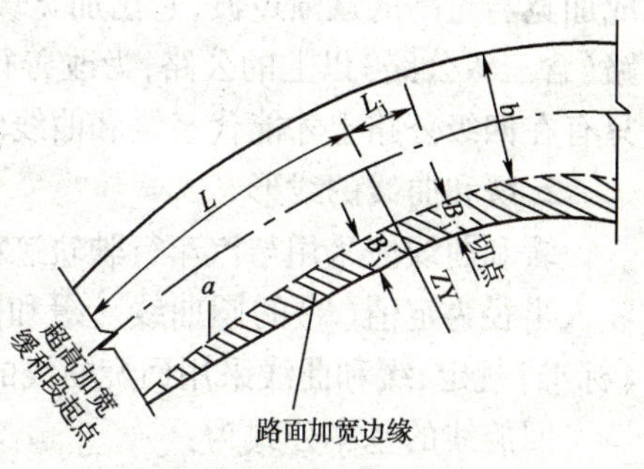

图1-1-10 加宽缓和段内侧边缘转折的处理方式

四、缓和曲线

缓和曲线是道路平面线形要素之一，它是设置在直线与圆曲线之间或半径相差较大的两个转向相同的圆曲线之间的一种曲率连续变化的过渡曲线。它是协调平面线形的主要线形要素，如图 1-1-11 所示。

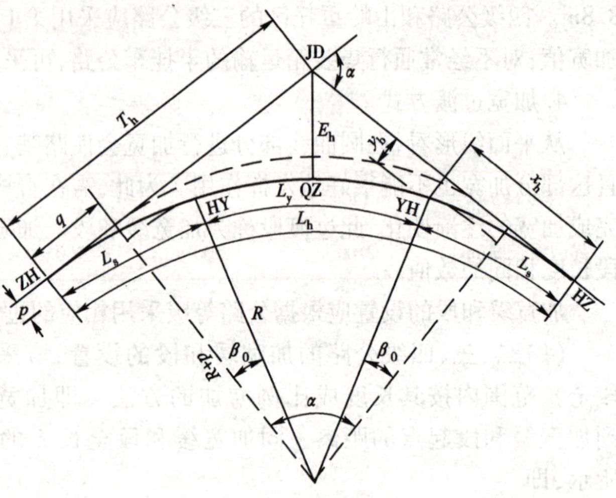

图 1-1-11　缓和曲线图

1. 设置缓和曲线的目的

(1) 有利于驾驶员操纵转向盘；

(2) 离心加速度逐渐变化，使旅客感觉舒适；

(3) 完成超高和加宽的过渡，即行车道的超高或加宽应在缓和曲线内逐渐过渡到圆曲线部分的全超高或全加宽。

(4) 与圆曲线配合得当，增加线形美观，如图 1-1-12 所示。

a)

b)

图 1-1-12　直线与曲线连接效果图

a) 不设缓和曲线——路线扭曲；b) 设置缓和曲线——路线平顺美观

由上可知，缓和曲线既能满足转向角和离心力逐渐变化的要求，同时又能在缓和曲线内完成加宽与超高的逐渐过渡，它比加宽缓和段及超高缓和段更加完美。故《标准》规定，三级公路(含三级公路)以上的公路，为改善行车条件，均需设缓和曲线。加宽缓和段和超高缓和段只有在四级公路上才能代替缓和曲线。

2. 缓和曲线的线形

缓和曲线应采用与汽车行驶轨迹相一致的形式，即满足汽车从直线上无穷大的半径逐渐驶入半径为定值(R)的圆曲线。缓和曲线可采用回旋线、三次抛物线、双纽线等线形。我国《标准》规定，缓和曲线采用回旋曲线的形式。

回旋线的基本公式为：

$$rl = A^2 \tag{1-1-6}$$

式中：r——回旋线上某点的曲线半径（m）；

l——回旋线上某点到原点的曲线长（m）；

A——回旋线参数（m）。

半径不同的同向圆曲线衔接处，应设置回旋线。但符合下述条件时可不设回旋线。

（1）小圆半径大于表1-1-1所列的不设超高的圆曲线半径时。

（2）小圆半径大于表1-1-6中所列半径，且符合下列条件之一时：

复曲线中的小圆临界曲线半径　　表1-1-6

设计速度（km/h）	120	100	80	60	40	30
临界曲线长度（m）	2100	1500	900	500	250	130

①小圆曲线按规定设置相当于最小回旋线长的回旋线时，其大圆与小圆的内移值之差不超过0.10m；

②设计速度≥80km/h时，大圆半径（R_1）与小圆半径（R_2）之比小于1.5；

③设计速度<80km/h时，大圆半径（R_1）与小圆半径（R_2）之比小于2。

3. 缓和曲线元素

圆曲线设置缓和曲线后，圆曲线的位置发生了变化，它和直线的衔接是通过缓和曲线实现的。这样就必须将原来的圆曲线向内移动，才能保证缓和曲线起点切于直线上，而缓和曲线终点又与圆曲线上某一点相切。

缓和曲线元素有：

切线长：
$$T_H = (R+p)\tan\frac{\alpha}{2} + q \tag{1-1-7}$$

曲线长：
$$L_H = R(\alpha - 2\beta)\frac{\pi}{180^\circ} + 2l_s \tag{1-1-8}$$

外距：
$$E_H = (R+p)\sec\frac{\alpha}{2} - R \tag{1-1-9}$$

切曲差：
$$D_H = 2T_H - L_H \tag{1-1-10}$$

其中：原有圆曲线内移值：
$$p = \frac{l_s^2}{24R} \tag{1-1-11}$$

切线增长值：
$$q = \frac{l_s}{2} - \frac{l_s^3}{240R^2} \tag{1-1-12}$$

缓和曲线角：
$$\beta = \frac{180^\circ}{\pi} \times \frac{l_s}{2R} \tag{1-1-13}$$

【例2】　已知平原微丘区三级公路，交点JD的里程桩号为K15+476.21，转角$\alpha_{右}=37°16'$，圆曲线半径$R=300$m，缓和曲线长$l_s=60$m，试计算缓和曲线元素。

解：（1）计算缓和曲线基本要素：

$$\beta = \frac{180°}{\pi} \times \frac{l_s}{2R} = \frac{180° \times 60}{3.1416 \times 2 \times 300} = 5°43'46''$$

$$p = \frac{l_s^2}{24R} = \frac{60^2}{24 \times 300} = 0.5\text{m}$$

$$q = \frac{l_s}{2} - \frac{l_s^3}{240R^2} = 29.99\text{m}$$

(2)计算缓和曲线元素值:

$$T_H = (R+p)\tan\frac{\alpha}{2} + q = 300.5 \times \tan 18°38' + 29.99 = 300.5 \times 0.337 + 29.99 = 131.31\text{m}$$

$$L_H = R(\alpha - 2\beta)\frac{\pi}{180°} + 2l_s = 300 \times (37°16' - 2 \times 5°43'46'') \times \frac{3.1416}{180°} + 2 \times 60$$

$$= 135.12 + 120 = 255.12\text{m}$$

$$E_H = (R+p)\sec\frac{\alpha}{2} - R = 317.12 - 300 = 17.12\text{m}$$

$$D_H = 2T_H - L_H = 2 \times 131.31 - 255.12 = 7.50\text{m}$$

4.缓和曲线的最小长度

由于车辆要在缓和曲线上完成由直线段平顺地过渡到圆曲线段,所以要求缓和曲线有足够的长度,以使驾驶员能从容地操纵转向盘,乘客感觉舒适,线形美观流畅,圆曲线上的加宽和超高的过渡也能在缓和曲线内完成。因此,应对缓和曲线的最小长度加以限制。

缓和曲线最小长度可从以下几个方面考虑:

(1)乘客感觉舒适。汽车行驶在缓和曲线上,其离心加速度将随着缓和曲线曲率的变化而变化,若变化太快,会使旅客有不舒适的感觉,我国公路设计中采用 $\alpha_s = 0.6\text{m/s}^2$。

(2)行驶时间不过短。为防止产生行车事故,应使车辆在缓和曲线上的行驶时间不过短。

在缓和曲线上行驶时,驾驶员操纵转向盘最合理的行程时间经实验测定为3~5s,我国采用3s。

(3)超高渐变率适中。考虑了上述影响缓和曲线长度的各项因素,我国《标准》制定了各级公路缓和曲线最小长度,见表1-1-7。

各级公路缓和曲线最小长度 表1-1-7

设计速度(km/h)	120	100	80	60	40	30	20
最小长度(m)	100	85	70	60	40	30	20

注:四级公路为超高、加宽缓和段长度。

确定缓和曲线最小长度时,应注意:

(1)缓和曲线长度应随圆曲线半径的增大而增大。

(2)当圆曲线部分按规定需要设置超高时,缓和曲线长度还应大于超高过渡段长度。

五、平曲线最小长度

汽车在曲线上行驶时,如果曲线长度较短,则驾驶员需频繁操作转向盘,这在高速行驶

的情况下是很危险的。同时,如果不设置足够长度的曲线使离心加速度的变化率小于一定数值,从乘客心理状况来看也是不好的。另外,当路线转角较小时(小于7°),曲线长度往往显得比实际短,引起曲线半径很小的错觉,对行车安全不利。因此,平曲线应满足最小长度的要求。

平曲线的最小长度应考虑下列四方面的因素而定:

1. 满足驾驶员操纵转向盘的需要

同缓和曲线最小长度一样,平曲线最小长度也应使驾驶员操纵转向盘不感到困难,一般按6s行程长度设置。

各级公路平曲线最小长度见表1-1-8。

各级公路平曲线最小长度　　表1-1-8

设计速度(km/h)	120	100	80	60	40	30	20
一般值(m)	1000	850	700	500	350	250	200
最小值(m)	200	170	140	100	70	50	40

2. 满足离心加速度变化率的要求

根据经验,乘客感到不舒适的离心加速度变化率为0.6m/s^{2}以上。而表0-0-1规定的一般最小半径的离心加速度变化率都在0.5m/s^{2}以下,乘客是感到舒适的。

3. 满足平曲线转向角过小而影响视觉的要求

当平曲线转角$\alpha<7°$时,容易使驾驶员产生错觉,不易识别出曲线,曲线长将被误认为比实际的小。故为使驾驶员不产生错觉,应使$\alpha<7°$的平曲线外矢距E与7°时平曲线的外视距相等,即采用较长的平曲线,如图1-1-13所示。

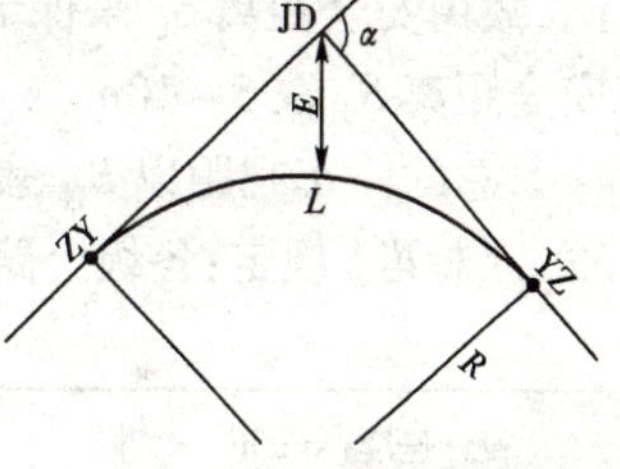

图1-1-13　平曲线外矢距

《公路路线设计规范》规定:当路线转角$\alpha<7°$时,应设置较长的平曲线,其长度应大于表1-1-9中规定的一般值。当受地形及其他特殊情况限制时,平曲线长度可采用表1-1-9中的低限值。

公路转角等于或小于7°时的平曲线长度　　表1-1-9

设计速度(km/h)	120	100	80	60	40	30	20
一般值(m)	1400/α	1200/α	1000/α	700/α	500/α	350/α	280/α
最小值(m)	200	170	140	100	70	50	40

注:表中的α角为路线转角值(°),当$\alpha<2°$时,按$\alpha=2°$计算。

4. 满足设置缓和曲线和圆曲线的要求

平曲线在一般情况下,应具有设置缓和曲线和一段圆曲线的长度。平曲线最小长度必须大于2倍缓和曲线长。

六、行车视距

为了确保行车的安全,应使驾驶员能看到前方一定距离的公路路面,以便在发现路面上的障碍物或迎面来车时,能在一定的车速下及时制动或绕过它们而在路上行驶所必需的安全距离，称为行车视距。

行车视距是否满足要求，直接关系行车的安全与迅速，它是道路使用质量的重要指标之一。

行车视距包括停车视距、会车视距和超车视距。

1. 停车视距

汽车在公路上行驶时，从驾驶员发现前方障碍物时起，立即采取制动措施，汽车沿着行驶路线至障碍物前安全停车所需的最短距离称为停车视距。停车视距由反应距离、制动距离和安全距离三部分组成，见图1-1-14所示。

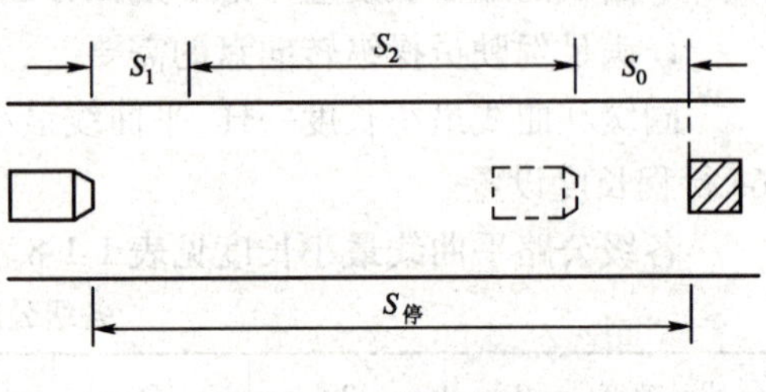

图1-1-14 停车视距

从驾驶员发现障碍物开始，经判断决定采取制动措施所需的时间，称为反应时间。汽车在这段时间内所走过的距离称为反应距离，用 S_1 表示。反应距离 S_1 一般取1～2s的反应时间汽车所走过的距离。

制动距离是指汽车从制动生效到汽车完全停止，这段时间内所走过的距离，用 S_2 表示。

因各种车辆的制动性能不同，驾驶员的反应也有快慢，实际行车速度与设计速度也有不同，故用安全距离 S_0 来保证车辆在障碍物前安全停车，这段距离称为安全距离，用 S_0 表示。安全距离 S_0 取5～10m。

总的停车视距以 $S_{停}$ 表示，则：$S_{停} = S_1 + S_2 + S_0$

《标准》规定：各级公路的停车视距应满足表1-1-10和表1-1-11的规定要求。

高速公路、一级公路停车视距　表1-1-10

设计速度(km/h)	120	100	80	60
停车视距(m)	210	160	110	75

二、三、四级公路的停车视距、会车视距与超车视距　表1-1-11

设计速度(km/h)	80	60	40	30	20
停车视距(m)	110	75	40	30	20
会车视距(m)	220	150	80	60	40
超车视距(m)	550	350	200	150	100

由于高速公路和一级公路均采用分隔带的多车道或单车道，每一车道上只有同向行驶的车辆，而无对向行驶的车辆，所以只需考虑停车视距。而二、三、四级公路，由于一般不做分隔带，在单车道、双车道或多车道上有对向行驶车辆，故还需考虑超车视距和会车视距。

2. 会车视距

在同一车道上两对向汽车相遇，从相互发现时起，至同时采取制动措施使两车安全停止，所需的最短距离称为会车视距。会车视距由反应距离、制动距离和安全距离三部分组成，如图

1-1-15 所示。

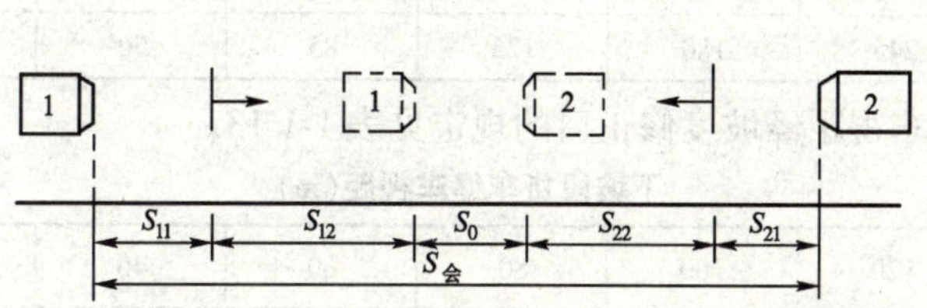

图 1-1-15　会车视距

《标准》规定：二、三、四级公路应满足会车视距的要求，其长度不应小于停车视距的 2 倍。二、三、四级公路的会车视距见表 1-1-11。

3. 超车视距

在双车道公路上，后车超越前车时，从开始驶离原车道之处起，至可见逆行车并能超车后安全驶回原车道所需的最短距离称为超车视距，如图 1-1-16 所示。

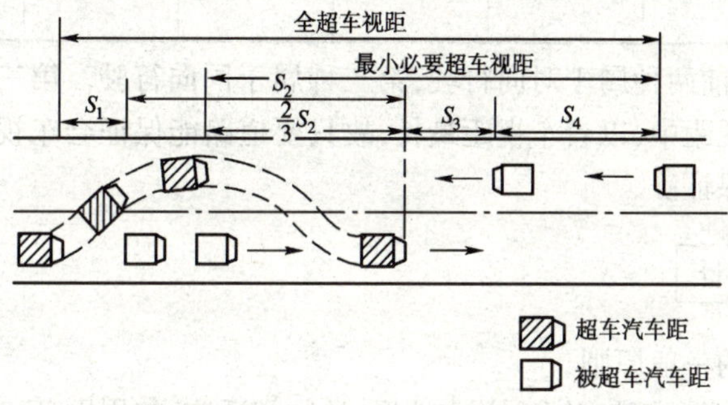

图 1-1-16　超车视距

超车视距由四部分组成：即加速行驶的距离 S_1；超车汽车在对向车道上行驶距离 S_2；超车结束时，超车汽车与对向汽车之间的安全距离 S_3；超车汽车从开始加速到超车结束时对向汽车的行驶距离 S_4。

超车视距以 S 表示，则：$S = S_1 + S_2 + S_3 + S_4$

《标准》规定：对向行驶的双车道公路，应根据需要并结合地形，在适当的距离内设置具有超车视距的路段。《标准》规定：二级公路、三级公路、四级公路的超车视距值应满足表 1-1-11 的要求。

《标准》和路线规范规定：

(1) 高速公路、一级公路应满足停车视距的要求，其他各级公路一般应满足会车视距的要求；工程特殊困难或受其他条件限制采用分道行驶措施的地段，可采用停车视距。

(2) 在二级公路、三级公路中，宜在 3min 的行驶时间里，提供一次满足超车视距要求的超车路段。一般情况下，超车路段的总长度不小于路线总长度的 10%～30%，并应结合地形，力求做到均匀。

以大型车为主的公路，应按货车停车视距进行检验。平坡段货车停车视距的规定见表 1-1-12。

平坡段货车停车视距 表 1-1-12

设计速度(km/h)	120	100	80	60	40	30	20
货车停车视距(m)	245	180	125	85	50	35	20

下坡段的货车停车视距经坡度修正后的规定见表 1-1-13。

下坡段货车停车视距(m) 表 1-1-13

设计速度(km/h)		120	100	80	60	40	30	20
纵坡坡度(%)	0	245	180	125	85	50	35	20
	3	265	190	130	89	50	35	20
	4	273	195	132	91	50	35	20
	5		200	136	93	50	35	20
	6			139	95	50	35	20
	7				97	50	35	20
	8						35	20
	9							20

上述三种视距中,前两种属于对向行驶,第三种属于同向行驶。第三种需要距离最长,需单独研究。而前两种视距中,以会车视距最长,故只要道路能保证会车视距,则停车视距和错车视距也就可以得到保证。

七、平面线形设计

1. 平面线形组合的一般原则

(1)平面线形应直捷、连续、均衡,并与地形、地物相适应,与周围环境相协调。

(2)各级公路不论转角大小均应敷设曲线,并尽量选用较大的圆曲线半径。公路转角过小时,应设法调整平面线形,当不得已而设置小于 7°的转角时,则必须按规定设置足够长的曲线。

(3)两反向圆曲线间夹有直线段时,不得以短直线长度相连,否则应调整线形或运用回旋线而组合成 S 形曲线;《标准》规定:当设计速度≥60km/h 时,其反向曲线间的最小直线长度(以 m 计)以不小于设计速度的 2 倍为宜。

(4)三、四级公路两相邻反向圆曲线无超高、加宽时可径向衔接;无超高有加宽时,中间应设置长度不小于 10m 的加宽缓和段;工程特殊困难的路段设置超高时,中间直线长度不得小于 15m。

(5)两相邻的同向曲线间不得以短直线相连,否则容易产生把直线和两端的曲线看成为反向曲线的错觉,当直线过短时甚至把两个曲线看成是一个曲线,如图 1-1-17 所示。组合中应尽量避免,否则应调整线形,使之成为一个单曲线或复曲线或运用回旋线组合成卵型、凸型、复合型等曲线。《标准》规定:当设计速度≥60km/h 时,同向曲线

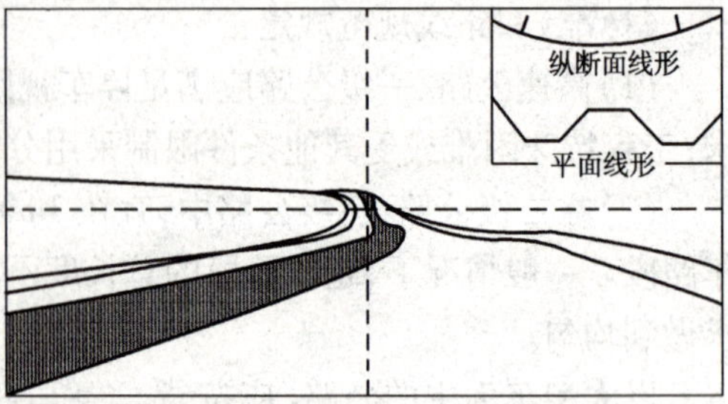

纵断面线形
平面线形

图 1-1-17 同向曲线间插入短直线

间的最小直线长度(以 m 计)以不小于设计速度的 6 倍为宜。当设计速度≤40km/h 时,同向曲线间当地形条件及其他特殊情况限制时,其最小直线长度可适当减短,但不得小于设计速度的 3 倍。

(6)曲线线形应特别注意技术指标的均衡与连续性。

(7)应避免连续急弯的线形,可在曲线间插入足够长的直线或回旋线。

2. 平面线形的组合类型

直线、圆曲线、缓和曲线(回旋线)可依地形、地物等具体情况进行合理的组合。一般有如下几种组合形式。

1)基本型

按直线—回旋线—圆曲线—回旋线—直线的顺序组合,如图 1-1-18 所示。

基本型中的回旋线参数、圆曲线最小长度及圆曲线最小半径都应符合有关规定。从线形的协调性看,宜将回旋线—圆曲线—回旋线的长度之比尽量设计成1:1:1或大致接近为宜。两回旋线参数值可以根据地形条件设计成对称的或非对称型曲线。若为非对称的曲线,则回旋线参数 A_1、A_2 应满足下式要求:

$$\frac{A_1}{A_2} \leqslant 2.0 \qquad (1\text{-}1\text{-}14)$$

2)S 形

将两个反向圆曲线用两个反向回旋线连接起来的组合形式,称为 S 形,如图 1-1-19 所示。

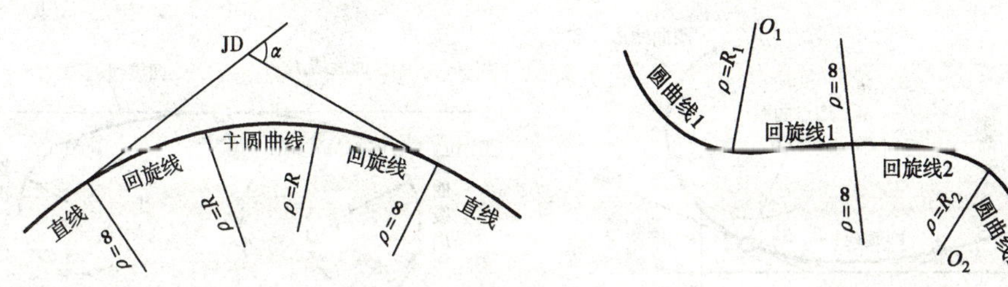

图 1-1-18　基本型组合

图 1-1-19　S 形

S 形相邻两个回旋线参数 A_1 与 A_2 宜相等。S 形的两个反向回旋线以径向衔接为宜。

S 形两圆曲线半径之比不宜过大,应满足下式要求:

$$\frac{R_1}{R_2} \leqslant 2 \qquad (1\text{-}1\text{-}15)$$

式中:R_1——大圆曲线半径(m);

R_2——小圆曲线半径(m)。

3)卵形

用一个回旋线连接两个同向圆曲线的线形组合,称为卵形曲线,如图 1-1-20 所示。

4)凸形

在两个同向回旋线间不插入圆曲线而径相衔接的组合形式,称为凸形曲线,如图 1-1-21。

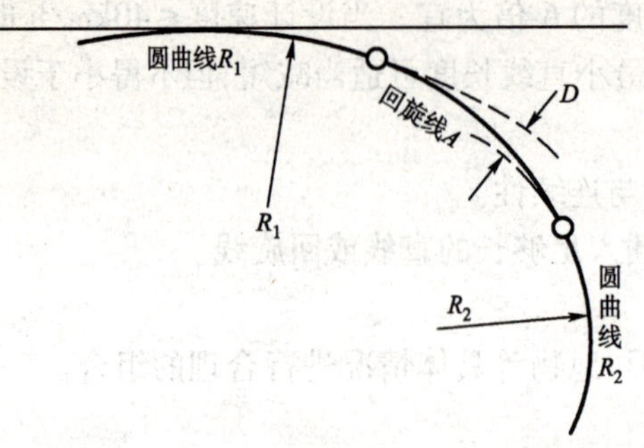

图 1-1-20　卵形

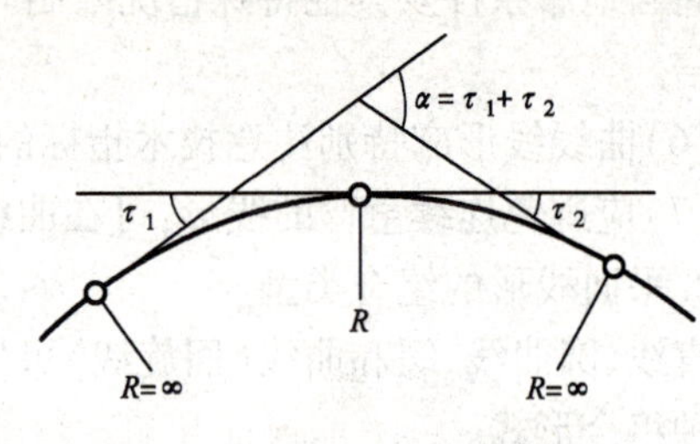

图 1-1-21　凸形

凸形线形在连接处突然改变方向,使线形不圆滑舒顺,故一般情况下不宜采用,只有在路线严格受地形、地物限制时方可采用这种型式。凸形的回旋线参数及其连接点的曲率半径,应分别符合容许最小回旋线参数和圆曲线一般最小半径的规定。在连接点附近不小于 0.3V 的长度范围内,应保持以连接点的曲率半径确定的路拱横坡度。

5)复合型

两个以上同向回旋线间在曲率相等处相互连接的形式,称为复合型,如图 1-1-22。

复合型的两个回旋线参数之比以小于 1:1.5 为宜。复合型除了受地形和其他特殊限制的地方外一般很少使用,多出现在互通式立体交叉的匝道线形设计中。

6)C 形

同向曲线的两个回旋线在曲率为零处径相衔接(即连接处曲率为 0,$R=\infty$)的形式称为 C 形,如图1-1-23。

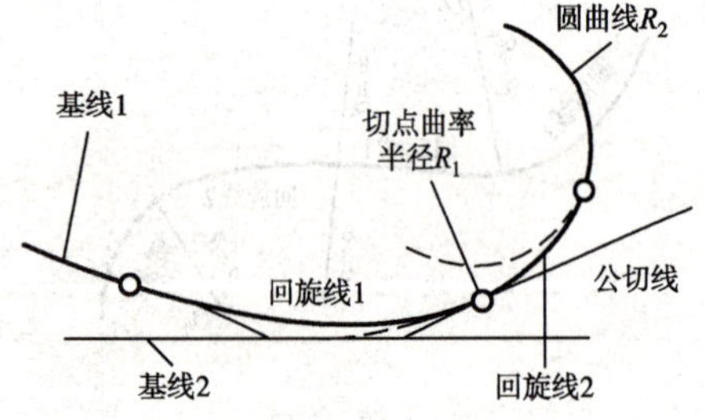

图 1-1-22　复合型

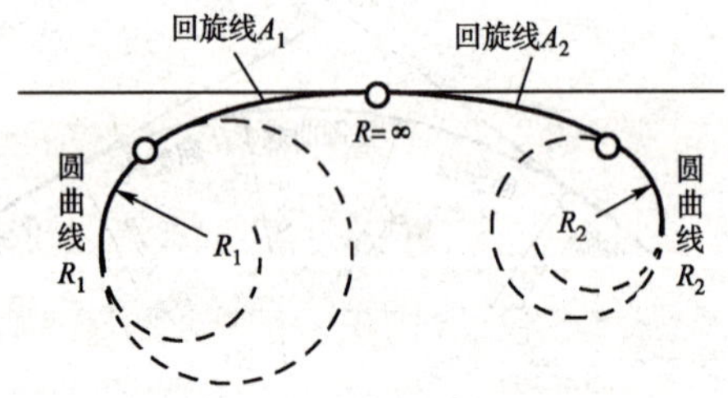

图 1-1-23　C 形

C 形曲线相当于两个基本型的同向曲线中间直线长度为 0,这对行车和线形都带来一些不利影响,所以 C 形只有在特殊地形情况下方可采用。

3. 平面设计成果

路线平面设计的主要内容包括:根据实测的路线位置与走向,进一步研究路线改善的可能性,特别应注意那些受地形、地物制约较严的定线部分有无问题? 要不要进行纸上移线调整? 有无可能改善桥头引道? 居民点的接线以及与铁路、公路的交叉处理是否合适? 对弯道设计及其连接有无更好的措施? 核对平曲线要素,研究曲线布置是否合理,确定超高、加宽的方式以及哪些弯道需要设超高、加宽,检查视距是否满足要求,对安全设施、公路绿化、沿线排水、桥涵及其他人工构造物作出平面布置,最后按确定的方案,根据直线、曲线、转角一览表和其他勘测资料绘制路线平面图。

1）直线、曲线、转角一览表

直线、曲线、转角一览表全面地反映了路线的平面位置和路线平面线形的各项指标，它是道路平面设计的主要成果之一。它是通过测角、丈量中线和设置曲线后经设计计算而获得的成果，反映了设计者对平面线形的布设意图，也是绘制路线平面图的依据，其格式详见《公路设计文件编制办法》。

2）逐桩坐标表

高等级公路的线形指标高，表现在平面上是圆曲线半径较大，缓和曲线较长，在测设和放样时须采用坐标法，方能保证其测量精度。所以，计算一份"逐桩坐标表"是十分必要的。

逐桩坐标即各个中桩的坐标，其计算和测量的方法是按"从整体到局部"的原则进行的。根据目前常用的测量方法，其一般步骤是：

（1）计算导线点坐标；

（2）计算交点坐标；

（3）计算各中桩坐标（即逐桩坐标）。

逐桩坐标表的格式如表1-1-14。

逐桩坐标表　　表1-1-14

桩号	坐标（m）		方位角	桩号	坐标（m）		方位角
	N	E			N	E	

3）路线平面图

路线平面图是设计文件的重要组成部分，通过路线平面图可以体现出路线平面位置、走向和高程，还可反映沿线的人工构造物和工程设施的布设以及它们与地形、地物的关系。路线平面图是直线、曲线、转角一览表的形象化和具体化。从路线平面图上可以清楚地、全面地分析路线方案的优缺点，从而提出路线改善方案。路线平面图的绘制步骤如下：

（1）选定比例尺（可选1:2000或1:5000，通常用1:2000，人烟稀少的平原微丘区可选用1:5000）；

（2）依据直线、曲线、转角一览表按比例绘制公路中线图；

（3）在公路中线图上注出公路起、终点、里程桩、百米桩、曲线主点桩、桥涵桩及位置；

（4）根据水平记录，用铅笔注出各桩处的高程；

（5）依照横断面图较正确地勾绘出横断面范围内的地形等高线；

（6）按比例实地勾绘横断面图范围以外路中线左右各100～200m范围内的地形等高线，标注地物、建筑物的位置和名称；

（7）修饰、整理等高线和地形、地物符号；

（8）画表列出本页图例、平曲线要素、编注页码；

（9）绘制指北针；

（10）描图出版。

以上（5）、（6）条若是实地测绘地形图，则可直接到现场在事先展绘好的导线图上绘制。

路线平面图实例参见图1-1-24。

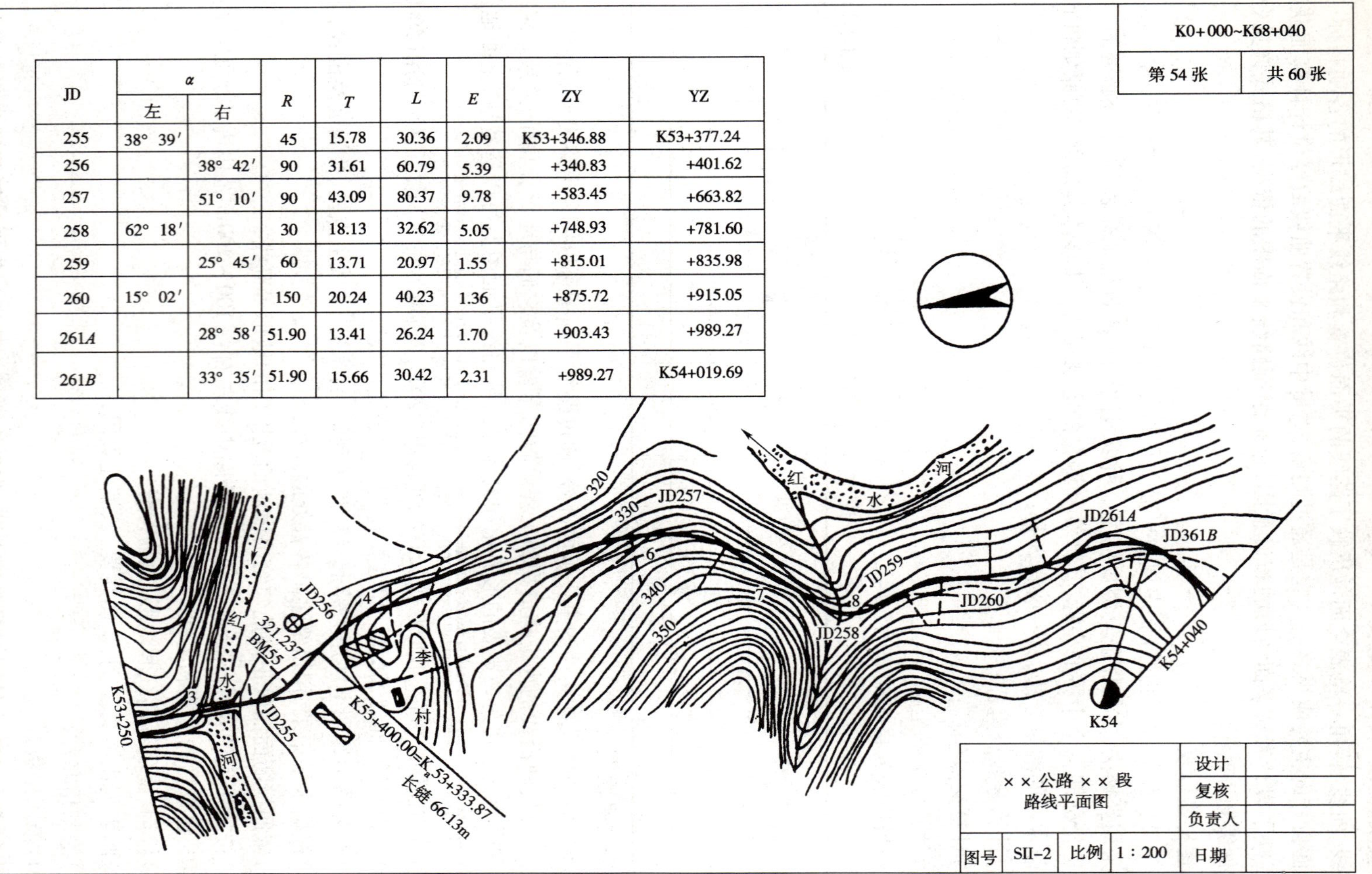

JD	α		R	T	L	E	ZY	YZ
	左	右						
255	38° 39′		45	15.78	30.36	2.09	K53+346.88	K53+377.24
256		38° 42′	90	31.61	60.79	5.39	+340.83	+401.62
257		51° 10′	90	43.09	80.37	9.78	+583.45	+663.82
258	62° 18′		30	18.13	32.62	5.05	+748.93	+781.60
259		25° 45′	60	13.71	20.97	1.55	+815.01	+835.98
260	15° 02′		150	20.24	40.23	1.36	+875.72	+915.05
261A		28° 58′	51.90	13.41	26.24	1.70	+903.43	+989.27
261B		33° 35′	51.90	15.66	30.42	2.31	+989.27	K54+019.69

图1-1-24 路线平面图

课题二　纵断面线形

【内容提要】 1. 纵坡确定;2. 竖曲线;3. 公路平、纵线形组合;4. 路线纵断面图。

【学习目标】

应知:1. 纵坡设计技术标准;

2. 竖曲线技术标准与要求;

3. 路线纵断面图的内容。

应会:1. 路线纵断面设计;

2. 竖曲线要素的计算。

由于地形、地物、地质、水文等因素的影响,公路路线在平面上不可能从起点至终点是一条直线,在纵断面上也不可能从起点至终点是一条水平线,而是有起伏的空间线。公路的纵断面即沿着中心线竖直剖切公路,并沿路线长度方向展开成平整的竖面,称为路线纵断面,如图 1-2-1 所示。

图 1-2-1　公路纵断面示意图

公路纵断面线形就是根据汽车的动力性能、公路的性质、等级、交通组成及当地的气候、地形、地质、水文、土质条件,考虑路基稳定、排水及工程量等的要求,来研究和确定这条空间曲线在纵断面方向上的最佳布置方案。公路纵断面线形直接影响到行车的安全与速度、工程造价、营运费用和乘客的舒适程度,它是公路线形设计的主要内容之一。

在纵断面图上(图 1-2-2),有两条主要的线:一条是地面线,它是根据中线上的各个桩号高程而点绘的一条不规则折线,它基本上反映了沿着路中线地面的起伏变化情况;另一条是设计线,它是根据公路等级、汽车的爬坡性能、地形条件、路基临界高度及视觉等方面的要求,并通过技术、经济以及美学上多方面的比较后定出的一条规则形状的几何线。

纵断面设计线是由直线段(匀坡线)和竖曲线组成的。坡线的坡度即路线纵向坡度,简称纵坡,用符号 i 表示,其值以高差 h 与水平距离 l 之比的百分数来表示,即 $i = h/l(\%)$。理想的纵坡度应当是均匀平缓的纵坡,各种车辆都能最大限度地接近设计速度行驶。但这样的设计往往受到地形和投资的限制,而且线形与周围景观也难以协调,这是纵断面设计需要解决的主要问题。

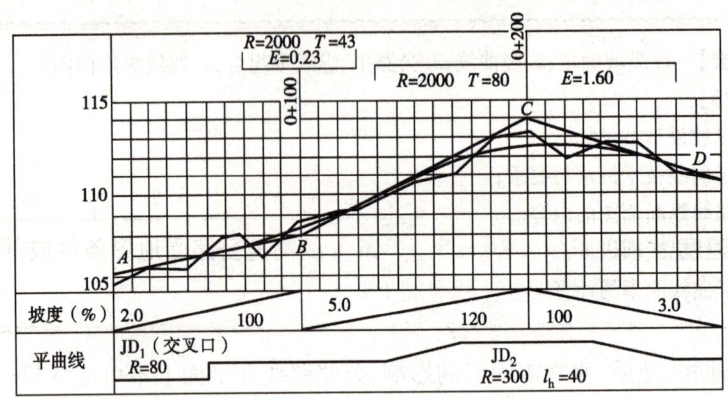

图 1-2-2　路线纵断面简图

在直线的坡度转折处,为平顺过渡需要设置竖曲线。

纵断面图还有一条重要的线是在纵断面图下方的图样中标明的路中线(平面线形)示意图。路中线示意图对纵坡设计时确定平纵线形组合、转坡点位置和纵坡的大小都起到十分重要的作用。

一、纵坡确定

1. 纵坡确定的一般规定与要求

纵坡确定除必须满足《标准》的各项规定外,还应满足下列要求:

(1)各级公路应避免采用最大纵坡值和纵坡限制长度。只有在越岭线中为争取高度、缩短路线长度或避开工程艰巨地段等不得已时方可采用。

(2)纵坡以平、缓坡为宜,路堑地段最小纵坡不宜小于0.3%。

(3)为保证车辆能以一定速度安全舒适地行驶,平原地区的纵坡应均匀、平缓。

(4)丘陵地区的纵坡应避免过分迁就地形而造成起伏过大。

(5)山区的沿河线,应采用平缓的纵坡,坡长不宜超过规定的限值,其纵坡不宜大于6%。

(6)山区的越岭线其纵坡应力求均匀,不应采用极限或接近极限的纵坡,更不宜连续采用极限长度的陡坡夹短距离缓和坡段的纵坡线形。越岭线不应设置反坡。

(7)山区的山脊线和山腰线,除结合地形不得已时采用较大的纵坡外,在可能的条件下,应采用平缓的纵坡。

(8)一般情况下,纵坡确定应考虑填挖平衡,以降低造价和节省用地。

(9)平原微丘区,地下水埋深较浅,纵坡除应满足最小纵坡要求外,还应满足最小填土高度要求,保证路基稳定。

2. 最大纵坡和最小纵坡

1)最大纵坡

最大纵坡是指在纵断面设计中,各级公路允许采用的最大纵坡值。它是路线纵断面设计

中的一项重要控制指标，特别是山岭区，最大纵坡直接影响着公路路线的长短、公路的使用质量、行车安全及运输成本和工程造价。

在确定公路的最大纵坡时，应综合考虑汽车的动力特性、公路的等级、自然条件，并应保证车辆安全行驶及工程运营经济等因素。

我国《标准》规定的各级公路的最大纵坡值见表1-2-1。

各级公路最大纵坡 表1-2-1

设计速度(km/h)	120	100	80	60	40	30	20
最大纵坡(%)	3	4	5	6	7	8	9

(1)当设计速度为120km/h、100km/h、80km/h的高速公路受地形条件或其他特殊情况限制时，经技术经济论证，其最大纵坡值可增加1%。

(2)公路改建中，设计速度为40km/h、30km/h、20km/h的利用原有公路的路段，经技术经济论证，其最大纵坡值可增加1%。

(3)位于市镇附近非汽车交通比例较大的路段，纵坡可根据具体情况适当放缓：平原、微丘区宜不大于2%～3%；山岭、重丘区宜不大于4%～5%。

(4)位于海拔2000m以上或积雪冰冻地区的四级公路，其最大纵坡不应大于8%。

(5)在海拔3000m以上的高原地区，因空气稀薄而使汽车发动机功率降低，相应地降低了汽车的爬坡能力。此外，在高原地区行车，汽车水箱的水容易沸腾，破坏冷却系统。故《标准》规定：在海拔3000m以上的高原地区，各级公路的最大纵坡应按表1-2-2的规定折减。最大纵坡折减后，若小于4%，则仍应采用4%。

高原纵坡折减值 表1-2-2

海拔高度(m)	3000～4000	4000～5000	5000以上
纵坡折减(%)	1	2	3

《公路路线设计规范》对桥上及桥头路线的纵坡规定如下：

(1)小桥与涵洞处的纵坡应按路线规定进行设计。

(2)桥梁及其引道的平、纵、横技术指标应与路线总体布设相协调。大、中桥上的纵坡不宜大于4%，桥头引道的纵坡不宜大于5%；引道紧接桥头部分的线形应与桥上线形相配合，其长度不宜小于设计车速行驶3s的行程长度。

(3)位于市镇附近非汽车交通较多的地段，桥上及桥头引道纵坡均不得大于3%。

《公路路线设计规范》对隧道部分路线的纵坡有如下规定：

(1)隧道内的纵坡应大于0.3%，并小于3%。但长度短于100m的隧道，其纵坡不受此限制。

(2)高速公路、一级公路的中短隧道，当条件受限制时，经技术经济论证后其最大纵坡可适当加大，但不宜大于4%。

(3)隧道内的纵坡可设置成单向坡；地下水发育的隧道及特长、长隧道可设置成人字坡。

(4)隧道洞口内侧不小于设计车速行驶3s的行程长度与洞口外侧不小于设计车速行驶3s的行程长度范围内的平、纵线形应一致。洞口外与之相连接的路段应设置距洞口不小于设计车速行驶3s的行程长度，且不小于50m的过渡段，以保持横断面过渡的顺适。

2）最小纵坡

规范对最大纵坡加以限制，并不等于说纵坡愈小愈好。为了保证挖方路段、设置边沟的低填方路段和横向排水不畅路段的排水，以防止积水渗入路基而影响路基的稳定性，一般在这些路段避免采用水平纵坡，否则将导致边沟采用排水纵坡而使边沟挖得过深。所以《标准》规定：在各级公路的长路堑路段，以及其他横向排水不畅的路段，均应采用不小于0.3%的纵坡。当必须设计平坡或小于0.3%的纵坡时，其边沟应作纵向排水设计。

3. 坡长限制和缓坡段

坡长限制主要是对较陡纵坡的最大长度和一般纵坡的最小长度加以限制。

1）最短坡长限制

为保证汽车行驶的安全与平顺，其纵坡坡长不宜过短。最短长度以不小于设计速度行驶9～12s的行程为宜。我国《标准》对各级公路的最短坡长规定见表1-2-3。

各级公路最小坡长　　表1-2-3

设计速度(km/h)		120	100	80	60	40	30	20
最小坡长(m)	一般值	400	350	250	200	160	130	80
	最小值	300	250	200	150	120	100	60

注：表中所列“一般值”为正常情况下的采用值；“最小值”为条件受限制时可采用的值。

2）最大坡长限制

大量资料表明当连续纵坡大于5%的坡段过长，会产生下列危害：汽车需克服升坡阻力而降低车速，提高动力因数而造成水箱开锅，产生气阻，致使汽车爬坡无力，甚至熄火。下坡时制动次数太多，易造成车祸，故《标准》规定各级公路不同纵坡的最大坡长应满足表1-2-4。

不同纵坡的最大坡长　　表1-2-4

设计速度(km/h) / 最大纵坡(m) / 纵坡坡度(%)	120	100	80	60	40	30	20
3	900	1000	1100	1200	—	—	—
4	700	800	900	1000	1100	1100	1200
5	—	600	700	800	900	900	1000
6	—	—	500	600	700	700	800
7	—	—	—	—	500	500	600
8	—	—	—	—	300	300	400
9	—	—	—	—	—	200	300
10	—	—	—	—	—	—	200

3）缓和坡段

缓和坡段的作用主要是为了改善汽车在大于5%的坡道上行驶的紧张状态，避免汽车长时间使用低挡爬坡或下坡而使汽车行驶不安全的可能，减轻汽车机件负荷（上坡）和降低制动

器过高的温度(下坡)。所以《标准》规定:二级公路、三级公路、四级公路,当连续纵坡大于5%时,应在不大于表1-2-4所规定的长度处设置缓和坡段。其缓和坡段的纵坡应不大于3%,其长度应符合表1-2-3的规定。

4. 平均纵坡与合成坡度

1)平均纵坡

平均纵坡是指某一路段的起、终点高差与水平距离之比,以%计。它是衡量线形设计质量的重要指标之一。

为了保证行车安全与平顺,避免过多地使用最大纵坡和缓和坡段,纵断面设计时,还应控制平均纵坡。既要保证路线越岭地段总长度的平均纵坡不要过陡,也应避免局部路段使用过大的平均纵坡。

平均纵坡与坡道长度有关,还与路线的相对高差有关。《标准》规定:二级公路、三级公路、四级公路越岭路线连续上坡或下坡路段,相对高差为200~500m时,平均纵坡不应大于5.5%;相对高差大于500m时,平均纵坡不应大于5%;且任意连续3km路段的平均纵坡不应大于5.5%。

2)合成坡度

公路在平曲线路段,若纵向有纵坡并横向有超高时,则最大坡度既不在纵坡上,也不在超高上,而是在纵坡和超高的合成方向上,这时的最大坡度称为合成坡度。若合成坡度过大,在弯道上慢驶或静止的车辆有可能沿合成坡度的方向滑移或倾覆,造成事故,所以要对合成坡度加以限制。

我国《标准》规定:在设有超高的平曲线上,超高与纵坡的合成坡度值不得超过1-2-5的规定。

合成坡度值　　表1-2-5

公路等级	高速公路				一级公路		二级公路		三级公路		四级公路	
设计速度(km/h)	120	100	80	60	100	60	80	40	60	30	40	20
合成坡度值(%)	10.0	10.0	10.5	10.5	10.0	10.5	9.0	10.0	9.5	10.0	9.5	10.0

二、竖曲线

纵断面上相邻两条坡度线相交处,就会出现变坡点和变坡角。在变坡处,用一段曲线予以连接,以利于车辆平顺行驶,这就是竖曲线。

变坡角用 ω 表示,ω 的大小近似等于相邻两纵坡坡度的代数差,如下式:

$$\omega = i_1 - i_2 \tag{1-2-1}$$

式中:i_1、i_2——变坡点前后坡线的纵坡,以小数计,上坡取"+",下坡取"-"。

当 ω 为正时,为凸形竖曲线,反之为凹形竖曲线,如图1-2-3所示。

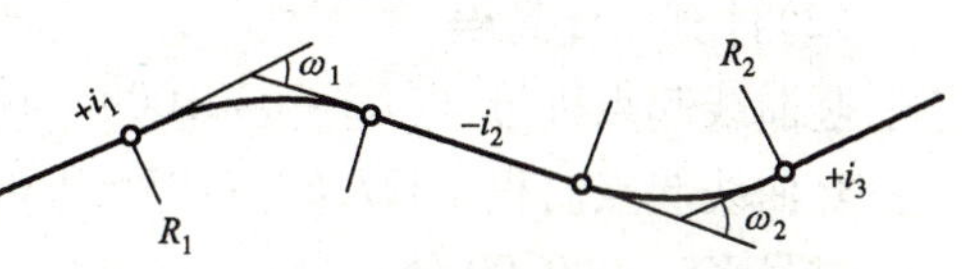

图1-2-3　竖曲线的形式

《公路路线设计规范》规定:各级公路在纵坡变更处均应设置竖曲线。竖曲线的形式可采用抛物线或圆曲线。我国常采用二次抛物线作为竖曲线。

1. 竖曲线要素计算

竖曲线要素，主要包括竖曲线长度 L、切线长 T 和外距 E，如图 1-2-4 所示。其计算公式为：

竖曲线长：$L = R \cdot \omega$ (1-2-2)

切线长：$T = \frac{L}{2} = \frac{R \times \omega}{2}$ (1-2-3)

外距：$E = \frac{T^2}{2R}$ (1-2-4)

式中：L——竖曲线长度(m)；

T——切线长度(m)；

E——外距(m)；

R——竖曲线半径(m)；

ω——两相邻纵坡线的转坡角，以小数计，在竖曲线要素计算时取其绝对值。

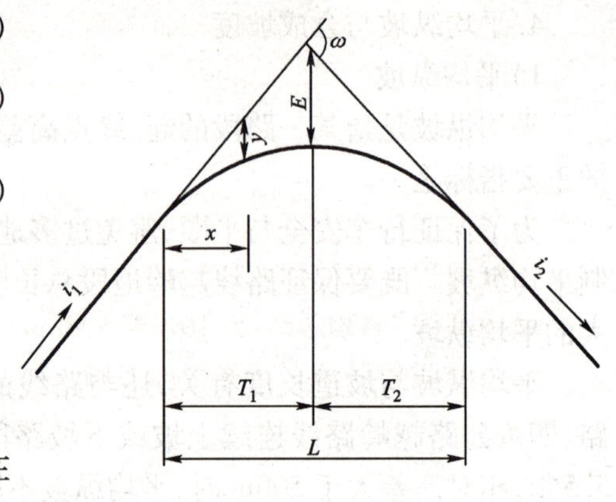

图 1-2-4 竖曲线要素

为具体敷设竖曲线，在施工中竖曲线上各点纵坐标 x、y 值可按下式计算：

$$y = \frac{x^2}{2R} \quad (1\text{-}2\text{-}5)$$

式中：x——竖曲线上各点计算的横坐标；

y——竖曲线各点的纵距，凸形竖曲线时为正值；凹形竖曲线为负值；当 $x = T$ 时，$y = E$；

对于凸形竖曲线，其设计标高 = 未设竖曲线时的坡道标高 $-y$ 。

对于凹形竖曲线，其设计标高 = 未设竖曲线时的坡道标高 $+y$。

【例 1】 某二级公路，设计速度为 $v = 60\text{km/h}$，相邻两坡段纵坡为 $i_1 = +4\%$，$i_2 = -3\%$，竖曲线半径 $R = 3000\text{m}$，变坡点里程桩号为 K5 +030.00，高程为 427.68m。试计算竖曲线各要素及桩号为 K5 +000.00 和 K5 +100.00 处的设计高程。

解：(1)计算竖曲线要素

$\omega = i_1 - i_2 = 0.04 - (-0.03) = 0.07$，为凸形竖曲线。

曲线长：$L = R\omega = 3000 \times 0.07 = 210\text{m}$

切线长：$T = \frac{L}{2} = 105\text{m}$

外距：$E = \frac{T^2}{2R} = \frac{105^2}{2 \times 3000} = 1.84\text{m}$

(2)计算设计高程

竖曲线起点桩号 =(K5 +030.00) - 105 = K4 +925.00

竖曲线起点高程 = 427.68 - 105 × 0.04 = 423.48m

桩号 K5 +000.00 处：

横距 x_1 =(K5 +000.00) - (K4 +925.00) = 75m

竖距 $$y_1 = \frac{x_1^2}{2R} = \frac{75^2}{2 \times 3000} = 0.94\text{m}$$

切线高程 = 423.48 + 75 × 0.04 = 426.48m

设计高程 = 426.48 − 0.94 = 4.54m

桩号 K5 + 100.00 处:

横距 $$x_2 = (\text{K5} + 100.00) - (\text{K4} + 925.00) = 175\text{m}$$

竖距 $$y_2 = \frac{x_2^2}{2R} = \frac{175^2}{2 \times 3000} = 5.10\text{m}$$

切线高程 = 423.48 + 175 × 0.04 = 430.48m

设计高程 = 430.48 − 5.10 = 425.38m

2. 竖曲线的最小半径和最小长度

凸形竖曲线半径的选定应能提供汽车行驶所需要的视距,以保证汽车能安全、迅速地行驶。

凹形竖曲线主要是为了缓和行车时汽车的颠簸和振动而设置。汽车沿凹形竖曲线路段行驶时,在重力方向会受到离心力的作用而发生颠簸和引起弹簧负荷增加,因此,凹形竖曲线最小半径及最小长度的主要控制因素是离心力不致过大。

《标准》将竖曲线半径分为极限最小半径与一般最小半径两种。极限最小半径是汽车在纵坡变更处行驶时,为缓和冲击和保证视距所需的最小半径计算值,该值在受地形等特殊情况约束时方可采用。

《标准》规定:各级公路竖曲线最小半径见表 1-2-6,通常应采用大于或等于表列一般最小半径值。

竖曲线最小半径 表 1-2-6

设计速度(km/h)		120	100	80	60	40	30	20
凸形竖曲线半径(m)	一般值	17000	10000	4500	2000	700	400	200
	极限值	11000	6500	3000	1400	450	250	100
凹形竖曲线半径(m)	一般值	6000	4500	3000	1500	700	400	200
	极限值	4000	3000	2000	1000	450	250	100

《标准》还规定:满足超车视距路段的凸形竖曲线半径应不小于表 1-2-7 的规定。

满足超车视距的凸形竖曲线半径 表 1-2-7

设计速度(km/h)	80	60	40	30	20
凸形竖曲线半径(m)	31500	12800	4200	2400	1100

竖曲线的长度较小时,汽车在其上倏忽而过,则冲击较大而不舒适,且驾驶员在视觉上感觉纵断面线形突然转折而增加不安全感。因此,《标准》规定了最小竖曲线长度,它是以设计速度行驶 3s 的行驶距离而确定的。

我国《标准》对各级公路竖曲线最小长度规定见表 1-2-8。为了行车安全舒顺,实际设计时,应采用表列数值的 1.5 ~2.0 倍或更大值。

各级公路竖曲线最小长度　　表 1-2-8

设计速度(km/h)		120	100	80	60	40	30	20
竖曲线长度(m)	一般值	250	210	170	120	90	60	50
	极限值	100	85	70	50	35	25	20

注:表中所列“一般值”为正常情况下的采用值;“极限值”为条件受限制时,可采用的值。

3. 竖曲线设计

竖曲线设计的主要内容是选定半径和做好相邻竖曲线的衔接。

1)确定竖曲线半径时,应满足下列要求:

(1)竖曲线确定时,应尽量选用较大的竖曲线半径;

(2)当地形条件受限制时,应采用大于或接近于竖曲线最小半径的“一般值”;当地形条件困难不得已时方可采用“极限值”;

(3)有条件时,宜采用大于等于表 1-2-9 所列视距所需要的最小竖曲线半径值。

视距所需要的最小竖曲线半径值　　表 1-2-9

设计速度(km/h)	竖曲线半径(m)		设计速度(km/h)	竖曲线半径(m)	
	凸形	凹形		凸形	凹形
120	20000	12000	60	9000	6000
100	16000	10000	40	3000	2000
80	12000	8000			

2)相邻竖曲线衔接应符合下列要求:

(1)相邻两个同向凹形或凸形竖曲线间,特别是同向凹形竖曲线之间,当竖曲线半径小于 10000m 时,如直线坡段不长,为有利于行车,宜合并设置为单曲线或复曲线,避免出现断背曲线,如图 1-2-5a)所示。

(2)相邻两个反向竖曲线之间,为使增重和减重间缓和过渡,中间最好插入一段直线坡段,直线段的长度应大于设计速度行驶 3s 的行程长度;当半径较大时,亦可直接连接,见图 1-2-5b)所示。

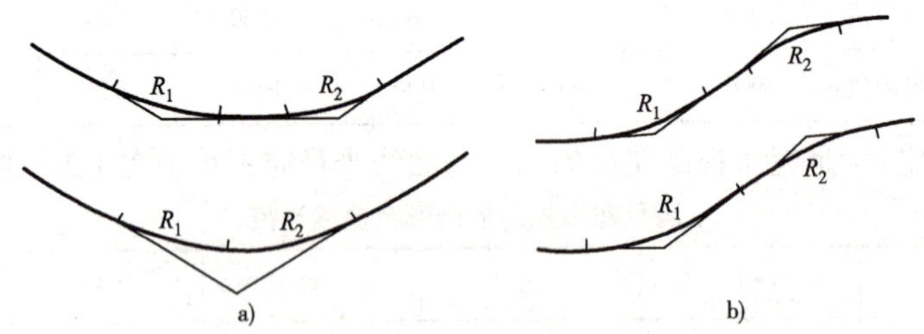

图 1-2-5　相邻竖曲线的衔接

三、公路平、纵线形组合

公路的各几何要素虽符合技术指标的要求,但不一定是合理的,还应该结合地形、景观、视觉、经济性等进行协调和组合,使公路达到更合理的水平。故我国《标准》规定:设计速度大于

或等于 60km/h 的公路线形设计,必须注重平、纵面的合理组合及驾驶者对视觉和心理方面的要求。

1. 组合原则

(1)应使线形能自然地诱导驾驶员的视线,并保持视觉的连续性。

(2)平、纵面线形的技术指标应大小均衡,不要悬殊太大,使线形在视觉上、心理上保持协调。

(3)合成坡度应组合得当,以利于路面排水和行车安全。

2. 平、纵线形组合的基本要求

(1)平曲线与竖曲线两者应相互重合,且平曲线宜稍长于竖曲线(俗称"平包竖"),这是平、纵面最好的组合。图 1-2-6 所示为平曲线与竖曲线相互重合的透视形状。

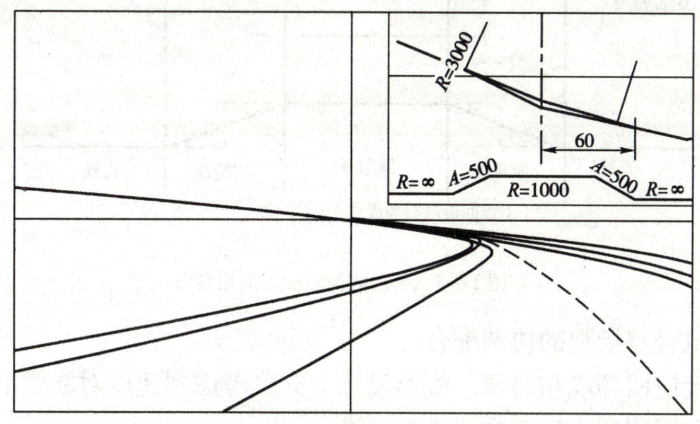

图 1-2-6 平曲线与竖曲线相重合(尺寸单位:m)

(2)合成坡度的设计应与线形组合相结合。有条件时,最大合成坡度不宜大于 8%,最小合成坡度不小于 0.5%。

(3)平、纵面线形组合设计应使线形与自然环境和景观相配合、协调。

(4)平曲线与竖曲线大小应均衡。平曲线应缓而长,且竖曲线坡差小于 1% 时,平曲线中可包含几个竖曲线。

(5)竖曲线半径宜大于平曲线半径的 10 ~ 20 倍以上。且随着平曲线半径的增大,竖曲线半径的增大倍数也宜增加。

3. 平、纵线形组合中应避免的组合

(1)小半径的平曲线起、讫点不得设在或接近凸形竖曲线的顶部和凹形竖曲线的底部。

(2)长平曲线内不得设置短的竖曲线;长竖曲线内不得设置短的平曲线。

(3)凸形竖曲线的顶部和凹形竖曲线的底部,不得与反向平曲线的拐点重合。

(4)直线上的纵面线形应避免出现驼峰、暗凹、跳跃、断背等使驾驶者视觉中断的线形。

(5)直线段内不得插入短的竖曲线。

(6)小半径竖曲线不宜与回旋曲线相互重合。

(7)避免在长直线上设置坡陡或曲线长度短、半径小的凹形竖曲线。

(8)应避免急弯与陡坡相重合。

(9)应避免短的平曲线与短的凸形竖曲线组合;并应避免使驾驶者在行驶视野内看到两个或两个以上的平曲线或竖曲线。

(10)应避免平曲线与竖曲线错位的组合。

为了便于实际应用,把平曲线与竖曲线的组合形象地表示为图1-2-7所示。

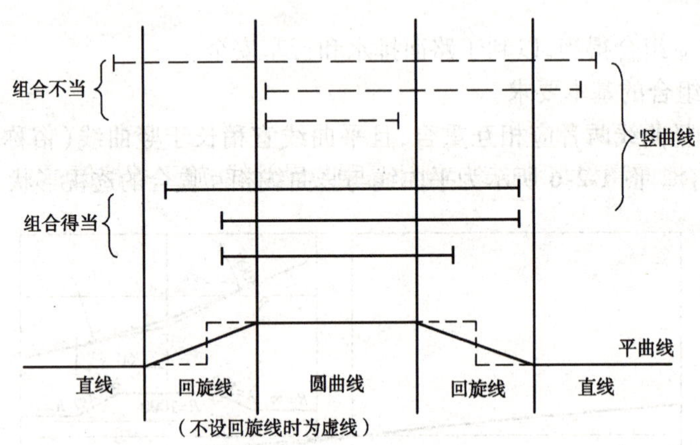

图1-2-7　平曲线与竖曲线的组合

4. 平、纵线形组合与景观的协调配合

平、纵线形设计应同环境相协调。线形设计应充分考虑到速度对视觉的影响,设计速度高的公路,线形设计和周围环境配合的要求应更高。

线形设计时,应充分利用自然风景,如湖泊、大树、孤山或人工构造物,人工构造物如水坝、桥梁、农舍,或在路旁设置的一些设施等,以消除景观单调感,使公路与大自然融为一体。

实践证明,线形与景观的配合应遵循以下原则:

(1)线形设计应利用地形,尽量少改变公路周围的地形、地貌、天然森林、建筑物等景观。横断面设计应使边坡造型和绿化同原有景观相适宜,以弥补挖方和填方对自然景观的破坏。

(2)当公路以挖方穿越山脊或通过宽阔林地时,路线应布设成曲线,以保持自然景观的连续。

(3)为减轻在长直线上行驶的单调感,应使驾驶者能看到前方显著的景物。

(4)应根据技术和景观要求合理选定构造物的造型,使公路构造物成为自然景观的一部分。

(5)公路两侧的绿化应避免形式和品种的单一,应将绿化作为诱导视线、点缀风景以及改造环境的一种措施而进行专门设计。

四、路线纵断面图

纵断面设计的主要内容是根据道路等级、沿线自然条件和构造物控制标高等,确定路线合

适的标高、各坡段的纵坡度和坡长,并设计竖曲线。基本要求是纵坡均匀平顺、起伏和缓、坡长和竖曲线长度适当、平面与纵面组合设计协调以及填挖经济、平衡。

纵断面设计图是路线纵断面设计的成果,也是公路设计的主要文件之一,它反映路线所经过的中心地面起伏情况与设计标高之间的关系。纵断面线形与平面线形结合起来,就能反映出公路路线在空间的位置。

纵断面图一般采用直角坐标来表示。以横坐标表示水平距离,纵坐标表示垂直高程。为了明显地反映沿着中线的地面起伏情况,通常横坐标的比例尺采用 1:2000,纵坐标采用 1:200。

1. 路线纵断面图的主要内容

(1)桩号里程、地面高程与地面线、设计高程与设计线、施工填挖值;

(2)设计线的纵坡度和坡长;

(3)竖曲线及其要素;

(4)平曲线资料;

(5)沿线桥涵及人工构造物的位置、结构类型及孔径,涵洞可只示出位置;

(6)与铁路、其他公路交叉的桩号及路线名称;

(7)沿线跨越河流的名称、桩号、现有水位及最高洪水位;

(8)水准点位置、编号和高程;

(9)沿线土质、地质分布情况;

(10)断链桩位置、桩号及长、短链关系(断链:因改移路线而引起里程桩号的变动和中断)。

其中:沿线土质、地质分布情况、地面高程、坡度及坡长、直线与平曲线(包括缓和曲线)、里程桩号等应在图的下部各栏中示出。

对高等级公路,其纵断面设计图中,水平比例尺采用 1:1000 或 1:2000,垂直比例尺也相应地采用 1:100 或 1:200,且下部栏目中应增加超高过渡方式一栏。

如图 1-2-8 为路线纵断面图的实例。

2. 绘制纵断面图的步骤

(1)按一定的比例,在纵断面图纸上标出横向坐标和纵向坐标,横向坐标标出百米桩号,纵向坐标标出高程(纵向坐标在首页表示即可);

(2)按水准测量提供的各桩号地面高程与相应的桩号,点绘在坐标图上,将各坐标点用直线依次连接后就成为纵断面图的地面线;

(3)在坐标图上绘出各水准点的位置、编号,并注明高程;

(4)将桥涵位置绘在坐标图上,并注明孔数、孔径、结构类型、桩号等;

(5)在纵断面设计图下部表内分别注明土壤地质资料、绘出直线、平曲线的位置、转向(平曲线以开口矩形表示,开口向上表示平曲线为左转,开口向下表示平曲线为右转),并注明平曲线的有关资料(一般只需注明交点编号和圆曲线半径);

(6)纵坡和竖曲线确定后,将设计线(包括直线和竖曲线)绘出,并注明纵坡度、坡长(以分式表示,分子为纵坡度,分母为坡长),在各竖曲线范围内注明各竖曲线的基本要素(包括转坡点桩号、竖曲线半径、切线长、外矢距)。

1-5m 石拱涵
K86+004
1-2.5m 盖板涵
K86+110
1-3m 盖板涵
K86+400
1-4m 盖板涵
K86+530
146
144
142
140
138
136
134
132
130
128
126
124
122
120
118
116
地质情况
表层为中液限粉质粘土、基岩、硅质砂岩偶夹粉砂岩
设计高程（m）
133.250 133.328 133.450 133.650 133.770 133.950 134.082 134.223 134.350 134.528 134.650 134.758 134.950 135.150 135.350 135.495 135.650 135.850 136.050 136.280 136.450 136.650 136.850 137.050 137.250 137.450 137.570 137.650 137.850 137.900 138.050 138.250 138.450 138.650 138.850 139.050 139.250 139.350 139.480 139.550 139.619 139.650 139.850 140.038
地面高程（m）
129.50 129.93 129.37 127.19 119.73 127.73 127.73 135.01 137.31 134.63 130.13 125.46 135.94 142.30 138.48 133.18 140.00 145.84 146.41 136.52 141.95 144.08 141.49 138.46 134.84 132.04 127.59 130.79 133.41 128.41 129.49 141.57 143.88 143.66 133.25 138.27 141.02 140.62 134.62 140.12 140.99 141.06 143.91 142.86
坡度 (%)
坡长 (m)
+1
1540
里程桩号
K85+947.7 60 67.81 80 K86 12 30 43.2 57.3 70 87.81 1 10.76 30 50 70 84.5 2 20 40 63 90 3 20 40 60 80 92 4 20 25 40 60 80 5 20 40 60 70 83 90 ZY+596.94 6 20 40 647.70
直线及平曲线
R=∞
L_s=120
超高
5%
5%
0%
-2%
-2%

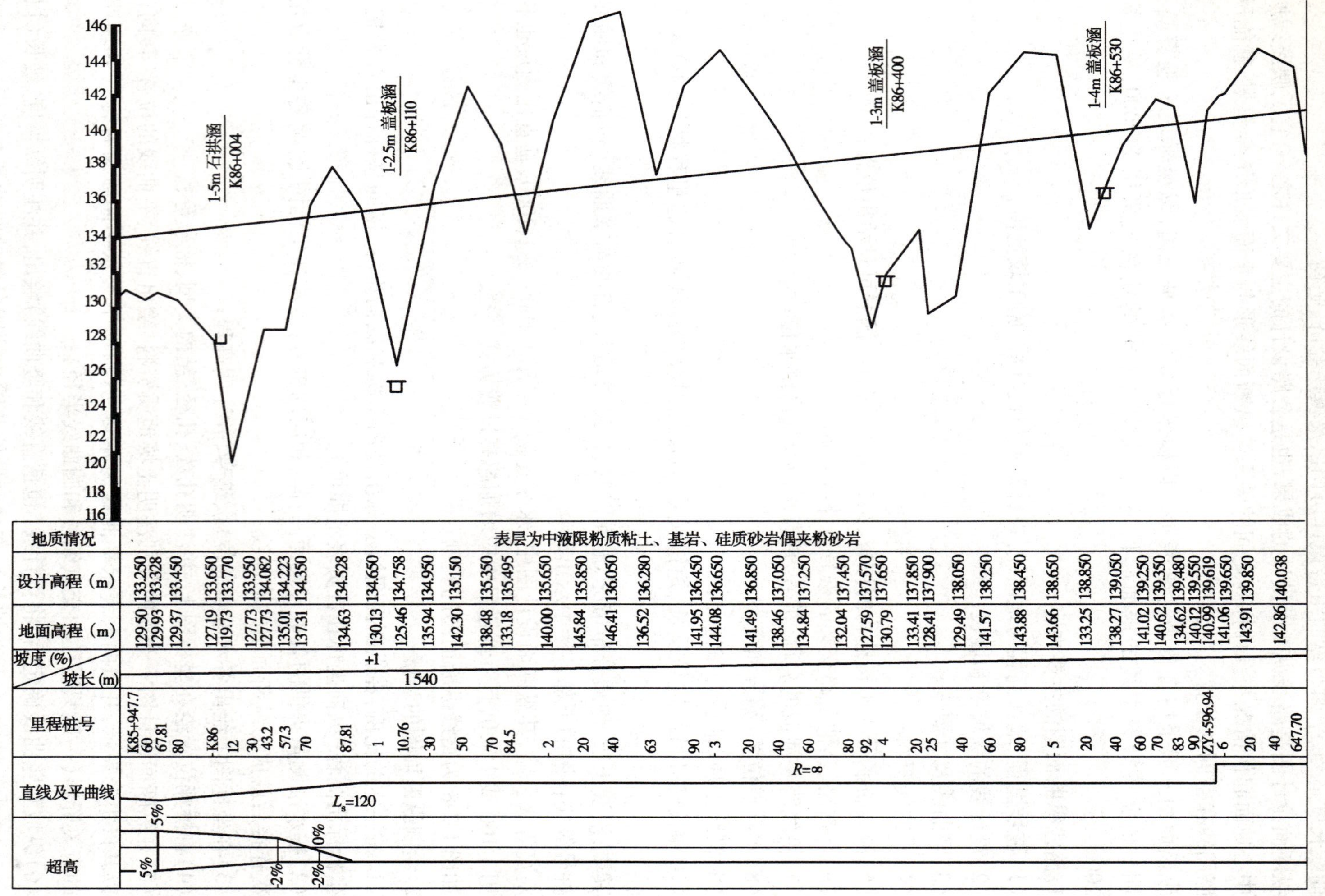

图 1-2-8　路线纵断面图

课题三　横断面设计

【内容提要】 1. 公路典型横断面;2. 路基宽度、高度、边坡度;3. 取土坑、弃土堆、护坡道;4. 横断面图及土石方数量表。

【学习目标】

应知:1. 公路横断面技术标准;

2. 取土坑、弃土堆、护坡道的作用与设置要求;

3. 路线横断面图的内容。

应会:1. 路线横断面设计;

2. 横断面面积计算;

3. 土石方计算与调配。

公路中心线的法线方向的剖面图称为公路横断面图,简称横断面。公路横断面设计即根据行车对该公路的要求,结合当地的地形、地质、气候、水文等自然因素,确定公路横断面的形式,各组成部分的位置和尺寸。横断面设计的目的是保证公路具有足够的断面尺寸、强度和稳定性,使之经济合理,同时为路基土石方工程数量计算、公路的施工和养护,提供依据。

通常横断面设计是在平面设计、纵断面设计完成后进行的。

一、公路的典型横断面

1. 横断面的组成

公路横断面一般包括路面、路基(边坡)、路肩、中央分隔带、人行道以及在用地范围内设置的标志、照明设备、防护栏和取土坑、弃土堆、树木等整个断面。

《公路路线设计规范》对公路路基横断面组成规定:高速公路、一级公路的路基横断面分为整体式和分离式两类。其中整体式断面包括行车道、中间带(中央分隔带及左侧路缘带)、路肩(硬路肩及土路肩)以及紧急停车带、爬坡车道、加(减)速车道等组成部分,如图 1-3-1 所示;分离式断面包括行车道、路肩(硬路肩及土路肩)以及紧急停车带、爬坡车道、加(减)速车道等组成部分,如图 1-3-2 所示。

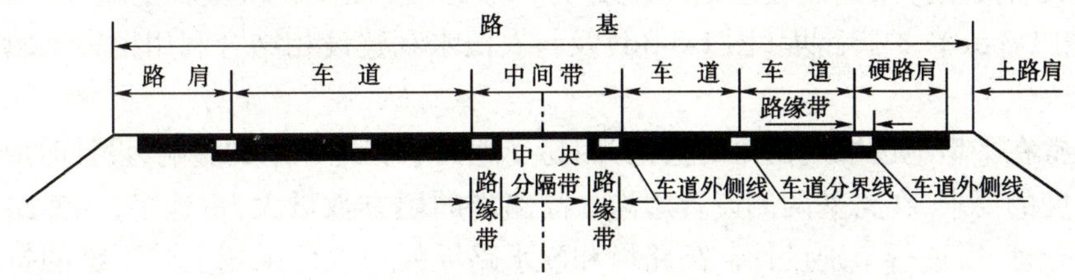

图 1-3-1　整体式公路横断面

二级公路的路基横断面包括行车道、路肩、爬坡车道等组成部分。

二级公路位于中、小城市城乡结合部、混合交通量大的连接线路段，实行快、慢车道分开行驶时，可根据当地经验设置右侧硬路肩，并符合规定要求。

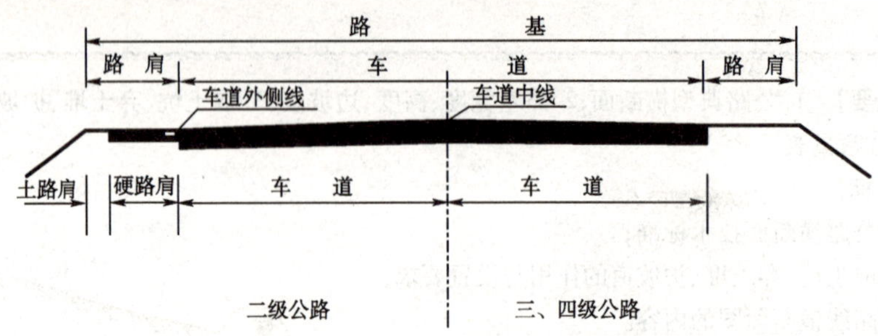

图 1-3-2 二、三、四级公路路基标准横断面

三、四级公路的路基横断面包括行车道、路肩以及错车道等组成部分。

二、三、四级公路路基标准横断面如图 1-3-2 所示。

2. 路基典型横断面

经常采用的横断面称为典型横断面，典型的路基横断面有路堤、路堑、填挖结合及零填零挖等四种类型。

1）路堤

高于原地面的填方路基称为路堤。路堤按其填土高度的不同可划分为：矮路堤、高路堤和一般路堤。填土高度低于 1.0m 者，属于矮路堤；填土高度大于表 1-3-1 所规定值的路堤，属于高路堤；当填土高度高于 1.0m 而低于表 1-3-1 所规定的值，为一般路堤。

路 堤 高 度 表 1-3-1

填料类型	路堤最小高度(m)		
	全部高度	上部高度	下部高度
粘质土、粉质土、砂类土	20	8	12
砂、砾	12		
碎(块)石土、卵石土	20	12	8
不宜风化石块	20	8	12

路堤按其所处条件及加固类型的不同分为一般路堤（图 1-3-3a）、软土路堤（图 1-3-3b）、沿河路堤（图 1-3-3c）、护脚路堤（图 1-3-3d）及与农田水利建设相结合利用挖渠土填筑的路堤等形式。

矮路堤常在平坦地区取土困难时选用，因易受地面水和地下水的影响，设计时应注意满足最小填土高度的要求，在路基两侧设置边沟。高路堤的填方数量大，占地多，为使路基稳定和横断面经济合理，需进行个别设计。高路堤和浸水路堤的边坡可采用上陡下缓的折线形式或台阶形式。

路堤高于天然地面，一般通风良好，易于排水，路基经常处于干燥状态；路基为人工填筑，对填料的性质、状态和密实度可以按要求加以控制。因此，路堤病害少，强度和稳定性较易保

证,是经常采用的路基形式。

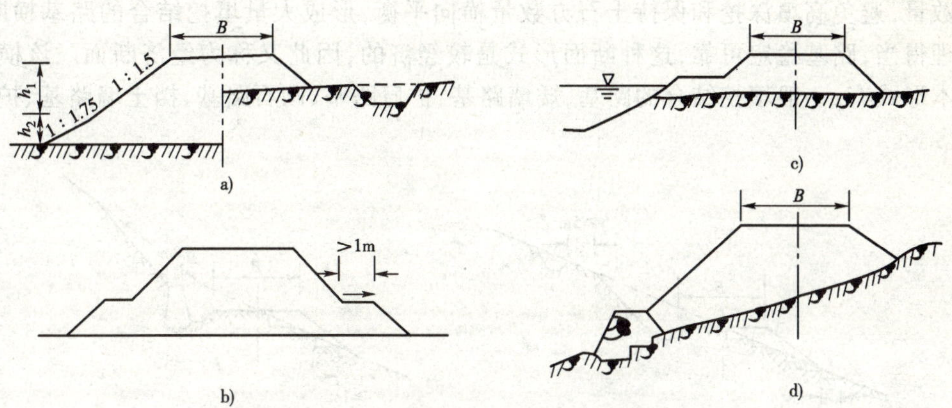

图 1-3-3　路堤横断面图

a)一般路堤;b)软土路堤;c)沿河路堤;d)护脚路堤

2)路堑

低于原地面的挖方路基称为路堑。挖方路基的基本形式有:全挖路基(1-3-4a)、台口式路基(图 1-3-4b)及半山洞路基(图 1-3-4c)等。

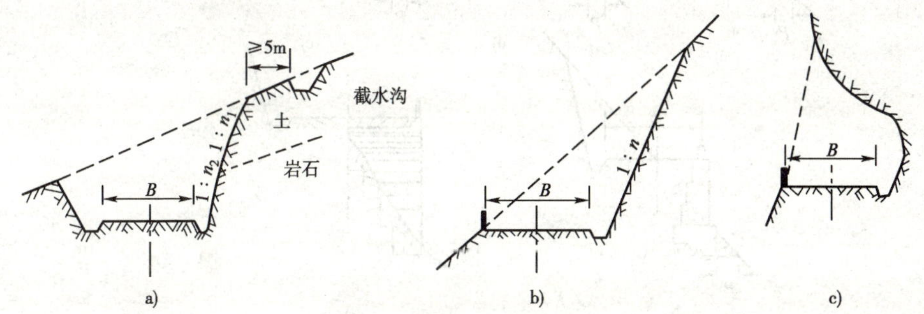

图 1-3-4　路堑的几种横断面形式

a)全挖路基;b)台口式路基;c)半山洞路基

路堑路段均应设置边沟,以汇集和排除边坡表面及路基范围内的地表水。为拦截和排除上侧地面水以保证边坡稳定,应在路堑坡顶上方不小于 5m 的距离外,设置一道或多道截水沟。开挖路堑的弃土可堆放在下侧坡顶外并做成规则形状。当挖方高度大于 6m 或土质变化处,边坡应随之做成折线形以保证稳定,如图 1-3-4a)所示。

对陡峻山坡上的半路堑,其路中线宜向内移动,为避免局部填方,尽量采用台口式路基,如图 1-3-4b)所示。在整体坚硬的岩层上,为节省土石方工程,有时可采用半山洞路基,如图 1-3-4c)所示。但要确保安全可靠,不得滥用,免成后患。

路堑低于天然地面,通风和排水不畅,故路堑的病害比路堤多。

3)填挖结合路基

在一个断面内,一部分为路堤,另一部分为路堑的路基称为填挖结合的路基。如图 1-3-5 所示为几种填挖结合的路基横断面。

位于山坡上的路基，通常采用路中心的设计标高即原地面标高。其目的是为减少土石方数量，避免高填深挖和保持土石方数量横向平衡，形成大量填挖结合的路基横断面。若处理得当，路基稳定可靠，这种断面形式是较经济的，因此又称为经济断面。该横断面的基本形式有：一般填挖结合的路基、矮墙路基、护肩路基、砌石路基、挡土墙路基、护脚路基等。

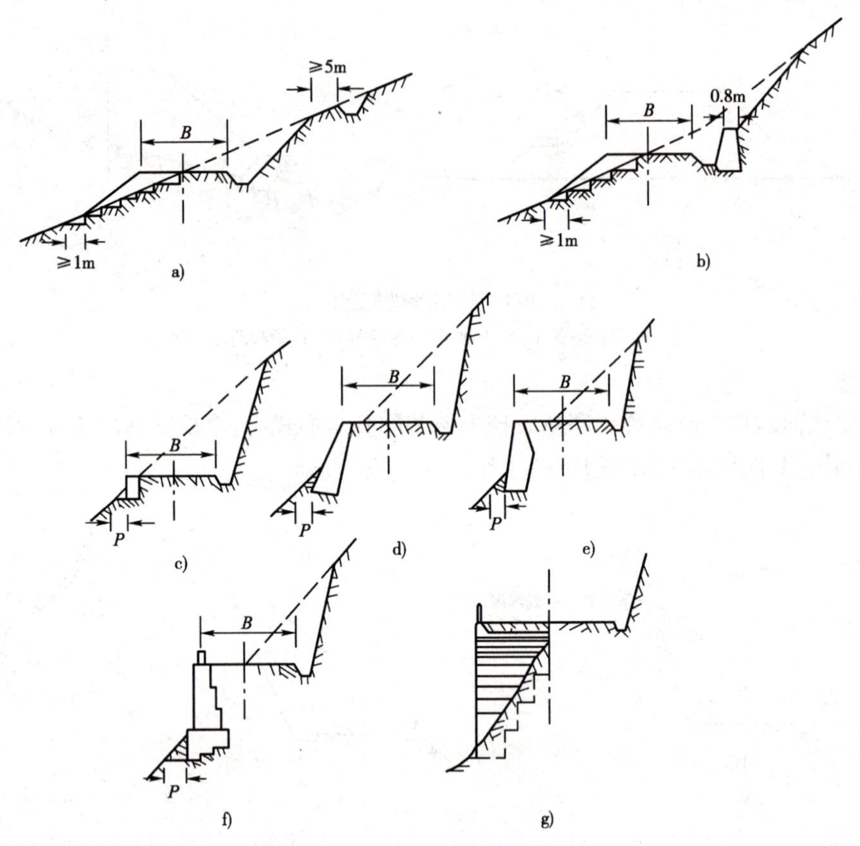

图 1-3-5 填挖结合的几种路基横断面

a）一般填挖路基；b）矮挡土墙路基；c）护肩路基；d）砌石护坡路基；e）砌石护墙路基；f）挡土墙支撑路基；g）半山桥路基

原地面的横坡度关系到填挖结合的路基横断面的形式和稳定性，为使填方部分和原地面很好地结合，增强接触面的抗滑能力，要求在填筑之前，清除松土和杂草，拉毛原地面；当原地面陡于 1:5 时，填方部分的基底应挖成台阶，台阶宽度不得小于 1m，台阶底应有 2% ~4% 向内倾斜的坡度。

填挖结合的路基横断面，兼有路堤和路堑两者的特点，上述对路堤和路堑的要求均应满足。

4）零填零挖路基

其原地面与路基标高基本相同，即构成了零填零挖的路基断面形式，如图 1-3-6 所示。

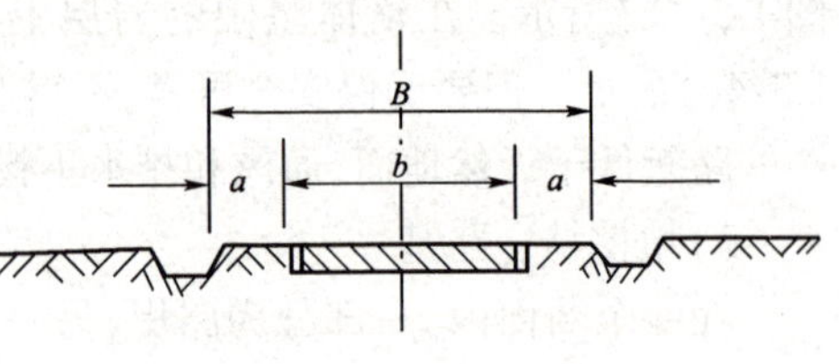

图 1-3-6 零填零挖路基

这种形式的路基，虽然节省土石方，但对排水非常不利，容易发生水淹、雪埋等病害，只适用于

干旱的平原区、地下水位较低的丘陵区、山岭区的山脊线以及城镇街道和受地形限制处的路段。

二、路基宽度

1.公路用地

公路用地是指修建、养护公路及其沿线设施等，依照国家规定所征用的地幅。确定公路及沿线设施的用地，既应根据公路建设的需要保证所必需的用地，也应考虑农业生产及沿线群众利益，尽可能从设计和施工方面节约用地。

《公路路线设计规范》规定的公路用地范围为：

新建公路路堤两侧排水沟外边缘（无排水沟时为路堤或护坡道坡脚）以外，或路堑坡顶截水沟外边缘（无截水沟为坡顶）以外不少于1m的土地为公路用地范围，如图1-3-7所示。在有条件地段，高速公路、一级公路不小于3m，二级公路不小于2m范围内的土地为公路用地范围。

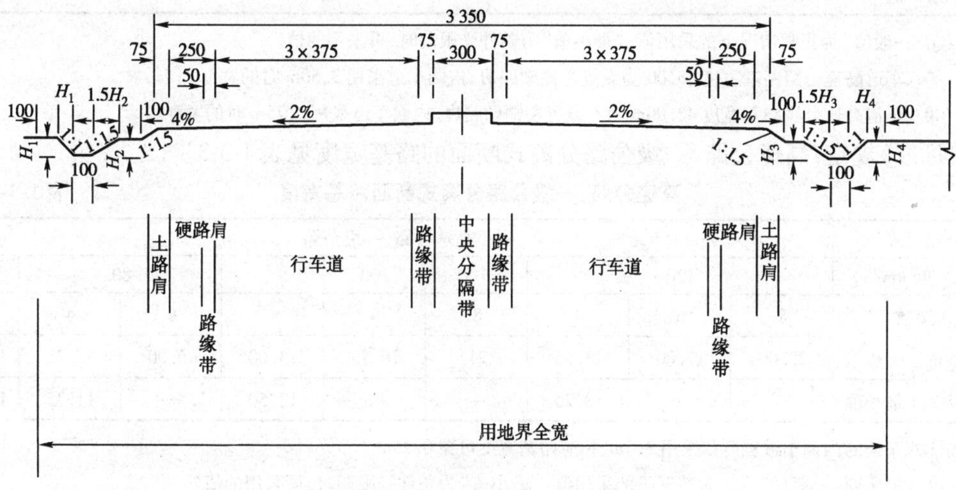

图1-3-7　公路用地范围（尺寸单位：cm）

高填深挖路段，为保证路基的稳定，应根据计算确定用地范围；

在风沙、雪害及特殊地质地带，需设置防护林、种植固沙植物、安装防沙或防雪栅栏以及设置反压护道等设施，应根据实际需要确定用地范围；

行道树应种植在排水沟或截水沟外侧的公路用地范围内。有条件或根据环保要求种植多行林带的路段，应根据实际情况确定用地范围；

桥梁、隧道、互通式立体交叉、平面交叉、交通安全设施、服务设施、管理设施以及料场、苗圃、绿化等工程设施用地应根据实际需要确定用地范围；

公路用地范围内不得修建非路用建筑物，如开挖渠道、埋设管道、电缆、电杆及其他设施；

公路用地的征用，必须严格按《中华人民共和国土地管理法》的规定办理，并按国务院及各省、市、自治区制定的实施条例和实施办法执行。

2.路基宽度

公路路基宽度为车道宽度和路肩宽度之和。当设有中间带、紧急停车带、爬坡车道、加

(减)速车道、错车道时,还应包括这些部分的宽度。如图1-3-1、图1-3-2所示。

《标准》规定,各级公路整体式断面的路基宽度见表1-3-2。

各级公路整体式断面路基宽度　表1-3-2

公路等级		高速公路、一级公路								
设计速度(km/h)		120			100		80		60	
车道数		8	6	4	8	6	4	6	4	4
路基宽度(m)	一般值	45.00	34.50	28.00	44.50	33.50	26.00	32.00	24.50	23.00
	最小值	42.00	—	26.00	—	—	24.50	—	21.50	20.00

公路等级		二级公路、三级公路、四级公路					
设计速度(km/h)		80	60	40	30	20	
车道数		2	2	2	2	2或1	
路基宽度(m)	一般值	12.00	10.00	8.50	7.50	6.50(双)	4.50(单)
	最小值	10.00	8.50	—	—	—	

注:①"一般值"为正常情况下的采用值;"最小值"为条件受限制时,可采用的值。

②八车道高速公路路基宽度45.00为设置左侧硬路肩、内侧车道采用3.50m时的宽度。

③八车道高速公路路基宽度42.00m为不设置左侧硬路肩、内侧车道采用3.75m时的宽度。

《标准》规定:高速公路、一级公路分离式断面的路基宽度见表1-3-3。

高速公路、一级公路分离式断面路基宽度　表1-3-3

公路等级		高速公路、一级公路								
设计速度(km/h)		120			100			80		60
车道数		8	6	4	8	6	4	6	4	4
路基宽度(m)	一般值	22.00	17.00	13.75	21	16.75	13.00	16.00	12.25	11.25
	最小值	—	—	13.25	—	—	12.50	—	11.25	10.25

注:①八车道的内侧车道宽度如采用3.5m,相应路基宽度可减0.25m。

②表中所列"一般值"为正常情况下的采用值;"最小值"为条件受限制时,可采用的值。

确定路基宽度时,应将中央分隔带、路缘带、路肩等宽度的"一般值"、"最小值"同类项相加,不得任意抽换组合。

3.车道宽度和车道数

1)车道宽度

行车道是公路上供各种车辆行驶部分的总称,包括快车行车道、慢车行车道、非机动车道。行车道宽度直接影响道路的通行能力、行车速度、行车安全、工程造价等。行车道宽度必须有能满足对向车辆错车、超车或并列行驶以及车辆与路肩之间所必需的宽度。

《标准》规定的各级公路行车道宽度见表1-3-4。

车　道　宽　度　表1-3-4

设计速度(km/h)	120	100	80	60	40	30	20
车道宽度(m)	3.75	3.75	3.75	3.50	3.50	3.25	3.00(单车道时为3.50)

注:①设计速度为20km/h且为单车道时,车道宽度应采用3.50m。

②八车道公路,其内侧车道的宽度可采用3.50m。

2)车道数

高速公路、一级公路的各路段应根据预测交通量、服务水平等确定其车道数。

(1)高速公路、一级公路的车道数应为四车道,四车道以上应按双数增加;

(2)二、三级公路应为双车道;

(3)四级公路宜采用双车道,工程艰巨且交通量小的路段可采用单车道。

4. 爬坡车道

《标准》规定:高速公路、一级公路以及二级公路在连续上坡路段,当载重汽车对运行速度、通行能力、安全等受到影响时,宜设置爬坡车道,爬坡车道宽度应为3.5m。

高速公路的爬坡车道应紧靠车道的外侧设置,可利用硬路肩宽度,爬坡车道的外侧可只设土路肩,如图1-3-8所示。

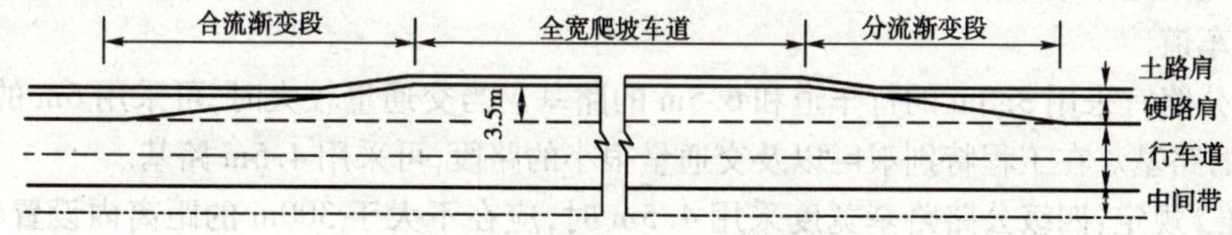

图1-3-8 高速公路的爬坡车道(半幅平面)

一级公路、二级公路的爬坡车道应紧靠车道的外侧设置,原来供混合车辆行驶的硬路肩部分移至爬坡车道的外侧,如图1-3-9、图1-3-10所示。

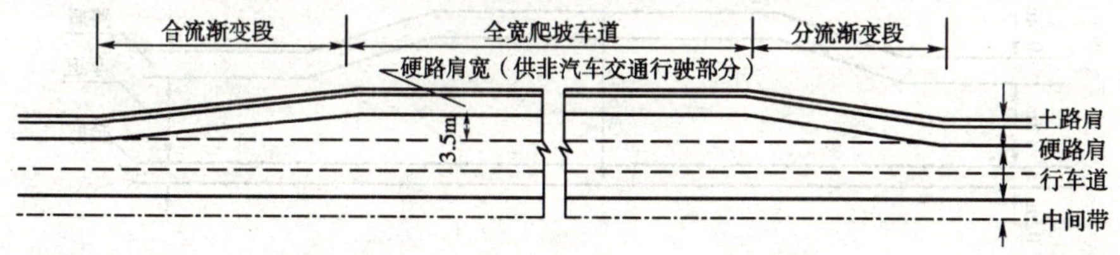

图1-3-9 一级公路的爬坡车道(半幅平面)

图1-3-10 二级公路的爬坡车道(半幅平面)

爬坡车道的右侧应设0.50m宽的路缘带。分流与合流渐变段的位置如图1-3-8、图1-3-9和图1-3-10所示,其长度规定如表1-3-5。

渐变段长度 表1-3-5

公路等级	分流渐变段长度(m)	合流渐变段长度(m)
高速公路、一级公路	100	150~200
二级公路	50	90

5. 加减速车道

高速公路、一级公路的互通式立体交叉、服务区、停车区、公共汽车停靠站、管理与养护设

施等与主线衔接的出入口处，均应设置加减速车道，其宽度应为3.50m。枢纽互通式立体交叉的加减速车道宽度宜为3.75m。

加减速车道横断面组成规定如图1-3-11所示。

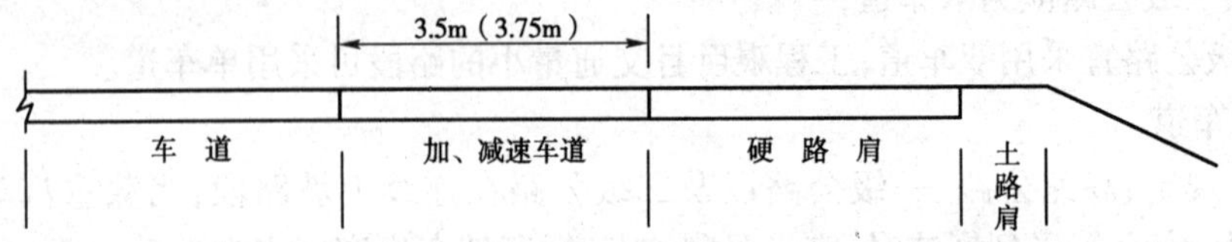

图1-3-11　加减速车道横断面组成

设置加减速车道路段，其路基应相应加宽，但不得占用硬路肩宽度。

6. 错车道

四级公路宜采用3.0m的行车道和6.5m的路基。当交通量较大时，可采用6m的行车道和6.5m的路基。在工程特别艰巨以及交通量很小的路段，可采用4.5m路基。

《标准》规定：四级公路路基宽度采用4.5m时，应在不大于300m的距离内设置错车道。错车道应设在有利地点，并使驾驶者能看到相邻两错车道之间驶来的车辆。设置错车道路段的路基宽度应不小于6.5m，有效长度应不小于20m，如图1-3-12所示。

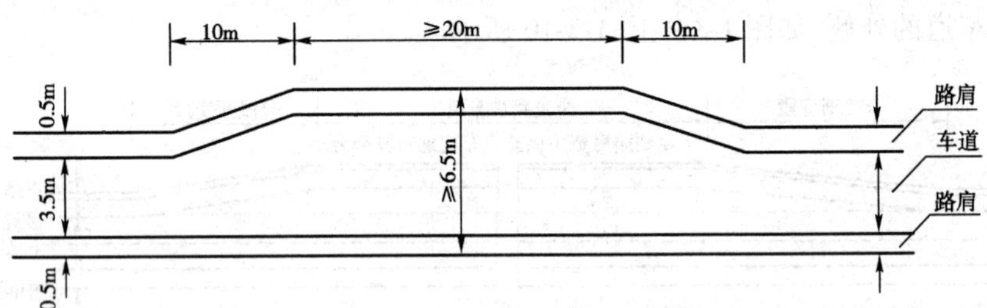

图1-3-12　错车道

7. 中间带

中间带是指在两个不同行驶方向车道之间的地带。中间带是由两条左侧路缘带和中央分隔带组成。如图1-3-13所示。路缘带的设置应起到诱导视线等作用。

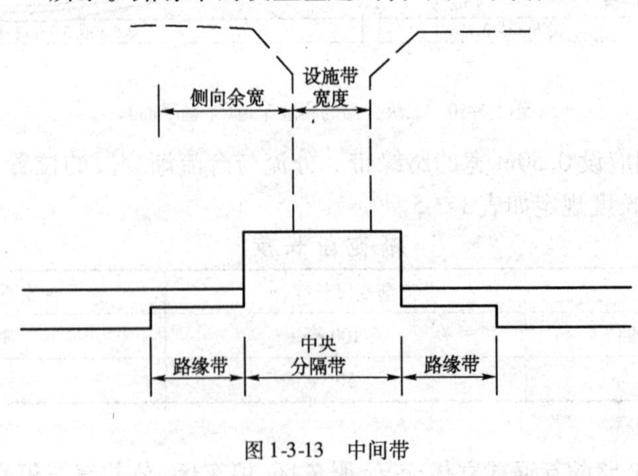

图1-3-13　中间带

《标准》规定：高速公路、一级公路整体式断面必须设置中间带，其宽度规定见表1-3-6。

中间带宽度　　表1-3-6

设计速度(km/h)		120	100	80	60
中央分隔带宽度(m)	一般值	3.00	2.00	2.00	2.00
	最小值	2.00	2.00	1.00	1.00
左侧路缘带宽度(m)	一般值	0.75	0.75	0.50	0.50
	最小值	0.75	0.50	0.50	0.50
中间带宽度(m)	一般值	4.50	3.50	3.00	3.00
	最小值	3.50	3.00	2.00	2.00

注：表中所列"一般值"为正常情况下的采用值；"最小值"为条件受限制时，可采用的值。

一级公路作为集散公路且地形条件及其他特殊情况限制时，中央分隔带可采用宽度不小于0.60m的混凝土防撞护栏，并按规定设置左侧路缘带。

8. 路肩

路肩是位于行车道外缘至路基边缘具有一定宽度的带状结构物。它通常包括右侧路缘带（高速公路、一级公路设置）、硬路肩和土路肩三部分，如图1-3-14所示。

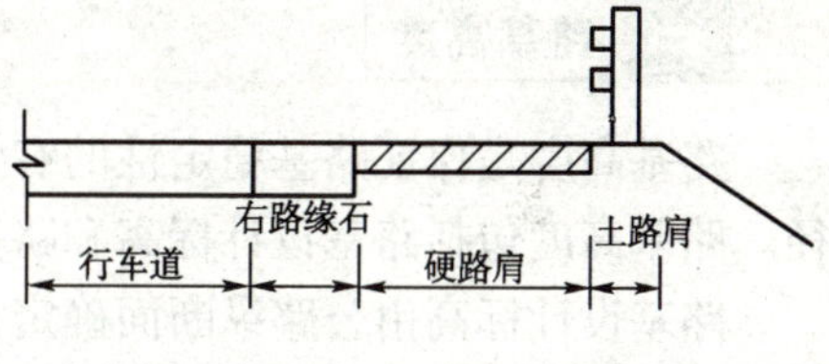

图1-3-14　路肩组成

《标准》规定：各级公路右侧路肩宽度见表1-3-7。

右侧路肩宽度　　表1-3-7

设计速度(km/h)		高速公路、一级公路				二、三、四级公路				
		120	100	80	60	80	60	40	30	20
右侧硬路肩宽度(m)	一般值	3.00 3.50	3.00	2.50	2.50	1.50	0.75	—	—	—
	最小值	3.00	2.50	1.50	1.50	0.75	0.25			
土路肩宽度(m)	一般值	0.75	0.75	0.75	0.50	0.75	0.75	0.75	0.50	0.25(双车道) 0.50(单车道)
	最小值	0.75	0.75	0.75	0.50	0.50	0.50			

注：表中所列"一般值"为正常情况下的采用值；"最小值"为条件受限制时，可采用的值。

高速公路、一级公路采用分离式断面时，应设置左侧硬路肩，其左侧路肩宽度规定见表1-3-8。左侧硬路肩宽度包含左侧路缘带宽度。

高速公路、一级公路分离式断面左侧路肩宽度　　表1-3-8

设计速度(km/h)	120	100	80	60
左侧硬路肩宽度(m)	1.25	1.00	0.75	0.75
左侧土路肩宽度(m)	0.75	0.75	0.75	0.50

9. 紧急停车带

《标准》规定：高速公路、一级公路，当右侧硬路肩的宽度小于2.5m时，应设紧急停车带。紧急停车带的设置间距不宜大于500m，紧急停车带的宽度包括硬路肩在内为3.50m，有效长度不小于30m，如图1-3-15所示。

(1)二级公路为避免急需停靠的车辆占道,根据需要可设置紧急停车带,其间距不宜大于500m。

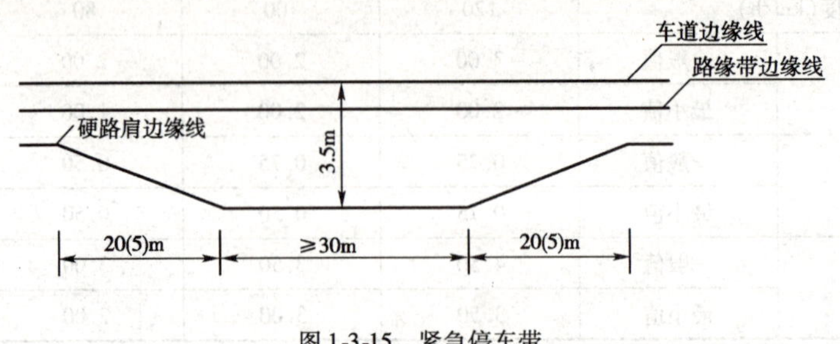

图 1-3-15　紧急停车带

(2)高速公路和一级公路的特长桥梁、隧道,可根据需要设置紧急停车带,其间距为 750m 左右。

三、路基高度

路基高度是保证路基稳定性的有效措施,也是保证路面强度、稳定性和降低造价的重要途径。路基高度包括路基设计标高和路基填挖高度两个内容。

路基设计标高由公路纵断面确定,无中央分隔带的公路,应为路基边缘高度;有中央分隔带的公路,应为中央分隔带外侧边缘的高度;在设置超高、加宽的路段,则为设计超高、加宽前的路基边缘高度。

路基填挖高度是指路基设计标高和路基中心自然地面标高之差。它是综合考虑路线纵坡、路基稳定性和工程经济等因素,通过纵坡设计确定。

四、路基边坡

路基边坡即路肩的外边缘与坡脚或路堑的边沟外侧沟底与坡顶所构成的坡面,它是支撑路基主体、保证路基稳定的重要组成部分。路基边坡坡度的大小,直接影响路基的稳定性和工程量大小。因此,正确合理地确定边坡坡度,是公路横断面设计的主要内容之一。

边坡坡度以边坡的高度 H 与边坡宽度 b 的比值来表示。为方便起见,常将其比值换算为 1:n(路堑)或 1:m(路堤),如图 1-3-16 所示。

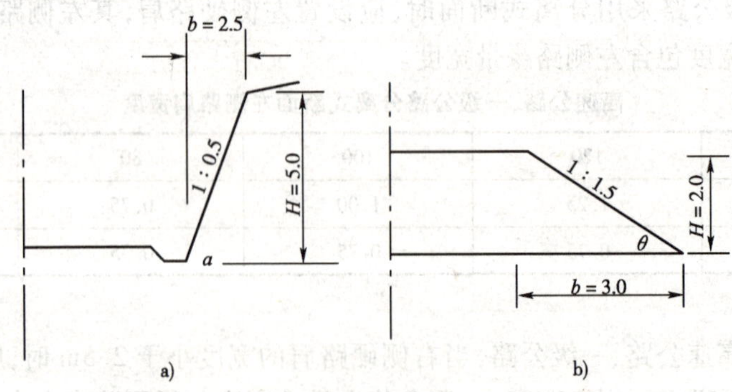

图 1-3-16　路基边坡坡度及路基高度示意图(尺寸单位:m)

路基边坡坡度的大小,取决于当地自然条件、岩土的性质、填挖类型、边坡高度、使用要求及施工方法等。

1. 路堤边坡

一般路堤边坡坡度,可根据填料的种类和边坡的高度按表1-3-9所列的坡度选用。

路堤边坡坡度表

表1-3-9

填料种类	边坡最大高度(m)			边坡坡度		
	全部高度	上部高度	下部高度	全部高度	上部高度	下部高度
粘性土、粉质土、砂类土	20	8	12	—	1:1.5	1:1.75
砂、砾	20	12	8	—		
漂(块)石土、卵石土、砾(角砾)类土、碎石土	20	8	12	—	1:1.5	1:1.75
不宜风化的石块	20	8	12	—	1:1.3	1:1.5

当路堤边坡高度超过表列数值时,属高路堤,应进行单独设计。

沿河浸水路堤的边坡坡度,在设计水位以下,应视填料情况可采用1:1.75~1:2.0,在常水位以下部分可采用1:2.0~1:3.0。

陡坡地面的路堤,可分别采用石砌护肩、护坡、护墙或护脚并根据边坡高度、石料规格及操作方法,分别采用1:0(直立)~1:0.75的边坡。填石路堤边坡,一般可取1:1的坡度。

2. 路堑边坡

土质路堑边坡,应根据边坡高度、土类及其密实程度等因素确定,见表1-3-10。

路堑边坡坡度

表1-3-10

土石种类		边坡高度(m)	
		<20	20~30
一般土	较松	1:1.0~1:1.5	1:1.5~1:1.75
	中密、密实	1:0.5~1:1.0	1:0.75~1:1.15
	胶结	1:0.3~1:0.5	1:0.5~1:0.75
黄土		1:0.1~1:1.25	1:0.4~1:1.25
岩石	岩浆岩、厚层灰岩或硅钙质砂砾岩、片麻岩、石英岩、大理岩	1:0.1~1:0.75	1:0.1~1:1.0
	中薄层砂砾岩、中薄层灰岩、较硬的板岩	1:0.1~1:1.0	1:0.2~1:1.25
	薄层砂页岩、千枚岩、云母、绿泥、滑石片岩、碳质页岩	1:0.2~1:1.25	1:0.3~1:1.5

深路堑根据土石类型的不同,边坡可根据土层分布及深度采用折线和台阶等形式。

五、取土坑、弃土堆、护坡道

1. 取土坑

在公路沿线挖取土方填筑路基或作为养护采用所留下的整齐土坑,称为取土坑。取土坑分为路侧取土和路外集中取土两种。

设置取土坑时应根据所需取土的数量、地面排水要求、农田基本建设规划,并结合施工方

法、取土地点的地形和土质情况，还应考虑将来路基加宽及放缓边坡的可能性等，作好整体规划布置，其一般规定如下：

(1)地面横坡不大于1:10的平坦地区，可在路基两侧设置取土坑，如图1-3-17所示。

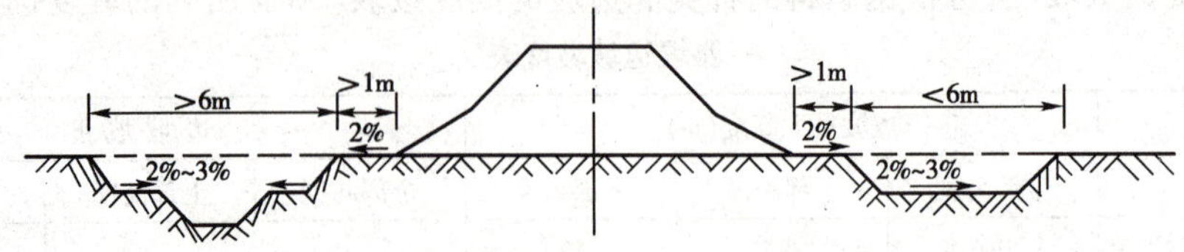

图1-3-17　路堤两侧取土坑布置图

(2)当地面横坡大于1:10时，其取土坑最好设在地势较高的一侧，此时取土坑可兼作截水沟。

(3)如农田水利建设需要利用取土坑作蓄水池(塘)时，其位置应在不影响路基稳定处。

(4)取土坑的深度与宽度：应根据所需填土数量、施工方法和排水要求而定。

一般情况下，为保证路堤边坡稳定，取土坑深度建议不大于1.0m。当取土坑的宽度小于6m时，坑底应做成有2%～3%的向外横坡，如图1-3-17所示。当取土坑宽度大于6m时，应做成坑的中间有排水沟、坑底有2%～3%的双向横坡，如图1-3-17所示。或做成向中间倾斜的2%～3%的双向横坡，如图1-3-18所示。

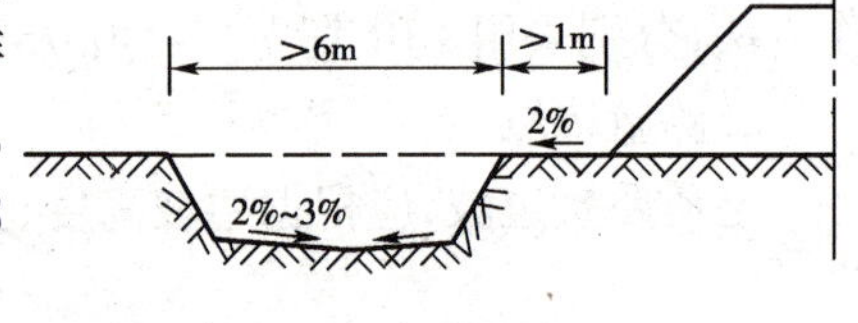

图1-3-18　宽取土坑断面图

(5)取土坑的边坡坡度，一般内侧可采用1:1.5，外侧不陡于1:1。

(6)为保证排水需要，取土坑的纵坡，一般底面应设不小于0.2%的平顺纵坡，同时注意取土坑出水口处的标高不应低于所流入桥涵或河流的进口处标高，以利排水顺畅。

(7)对路外集中取土的取土坑，应尽量设在荒山、荒地和高地上，取土坑的范围和深度，应与当地联系，统筹规划布置。

2. 弃土堆

由挖方路基所剩余的土或不宜筑路而废弃的土堆积而成有规则形状的土堆，称为弃土堆。

设置弃土堆的一般要求与规定：

(1)弃土堆一般设在路堑下方的荒地或低洼处；当地面横坡小于1:5时，可在路堑两侧设置，如图1-3-19所示；若上方需设截水沟，则截水沟应设在弃土堆外。弃土堆内侧坡脚与路堑

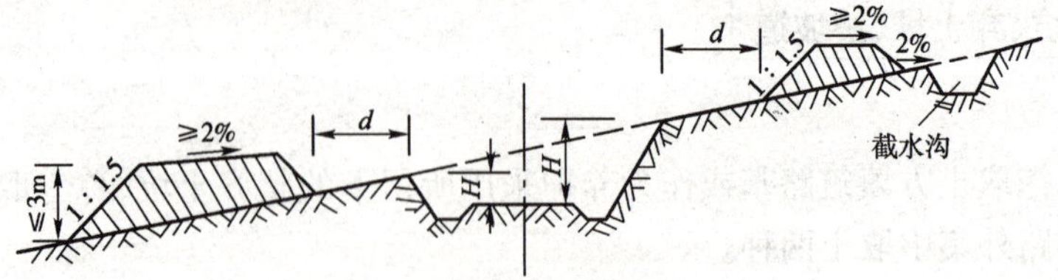

图1-3-19　路堑两侧弃土堆的布置

边坡坡顶的距离(图1-3-19中的d):当土质干燥坚硬时,d不小于3m,当土质潮湿软弱时d不小于(H+5)m。

(2)弃土堆的形状应规则整齐,其顶宽视弃土数量而定,顶面应设2%的向外横坡,高度一般不超过3m,边坡坡度不陡于1:1.5。

(3)当路堑坡顶与弃土堆坡脚间距较大,需排除其间的地面水时,可在路堑坡顶1m外设三角形土台和排水沟,如图1-3-20所示。三角形土台的高度不大于0.6m,向路堑一侧的横坡不陡于1:1.5,向弃土堆一侧的横坡不小于2%。

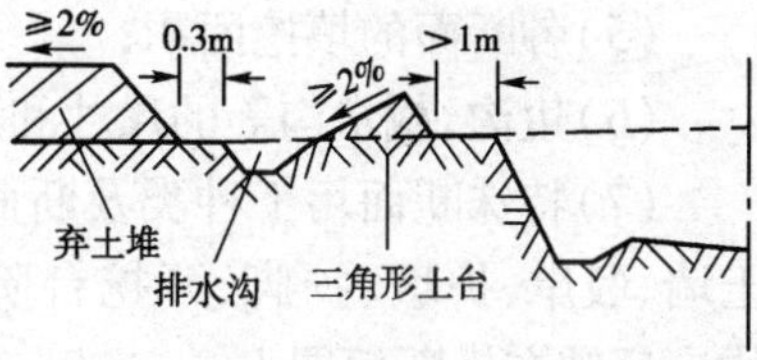

图1-3-20 设有三角形土台和排水沟的路堑

3. 护坡道

当路堤较高时,为保证边坡稳定,在取土坑与路堤坡脚之间,或在边坡坡面上,沿纵向保留或筑成有一定宽度的平台,称为护坡道,如图1-3-21所示。

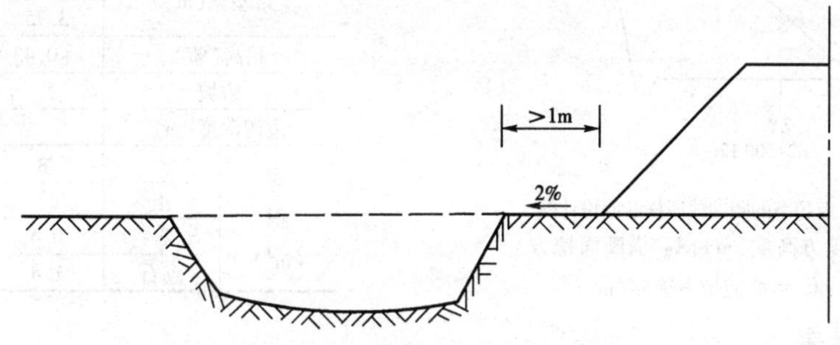

图1-3-21 护坡道示意图

护坡道的作用是加宽边坡横距,减缓路堤边坡的平均坡度。设置护坡道是保证路堤稳定的技术措施之一。

一般情况下,当路基边缘与取土坑内侧底面的高差小于或等于2m时,可不设护坡道。可使取土坑内侧坡顶与路堤坡脚径相衔接,并采用路堤边坡坡度;当高差大于2m时,应设置宽度为1m的护坡道;当高差大于6m时,应设置宽度为2m的护坡道。为利于排水,护坡道表面应做成2%的向外横坡。

六、横断面图及土石方数量计算表

1. 横断面设计图

横断面设计俗称“戴帽子”或“戴帽”,即在横断面测量所得各桩号的横断面图(地面线)上,按纵断面设计所确定的路基填挖高度和平面设计所确定的路基宽度、超高加宽值、边坡坡度、边沟尺寸等,并结合当地的地形、地质等自然条件,参照典型路基横断面图式,逐桩号绘出路基横断面图。

横断面设计图的主要内容包括:

(1)横断面图的比例,通常采用1:100~1:200;

(2)横断面图所处的里程桩号;

(3)横向地面线和横断面设计线;

(4)各桩号的填(T)、挖(W)高度,路基宽度(包括加宽)和超高的数值;

(5)各断面的填挖面积;

(6)边沟、截水沟等的尺寸和边坡坡度;

(7)特殊断面圬工种类及断面尺寸,如挡土墙、驳岸、护坡、护脚、开挖台阶、视距台等均应反映在横断面图上。

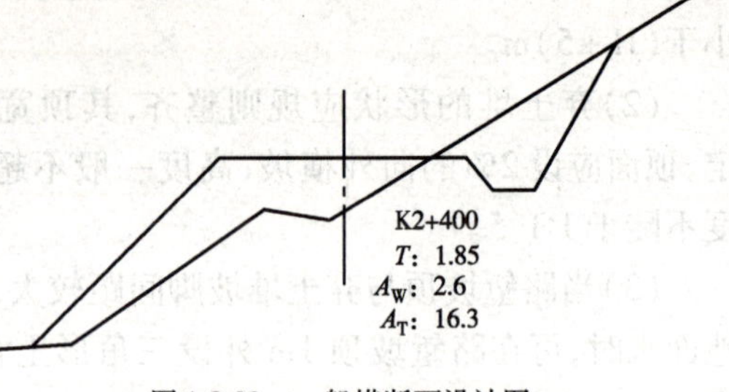

图 1-3-22 一般横断面设计图

一般横断面设计图如图 1-3-22 所示。

有超高的圆曲线段横断面设计图,如图 1-3-23 和表 1-3-11 所示。

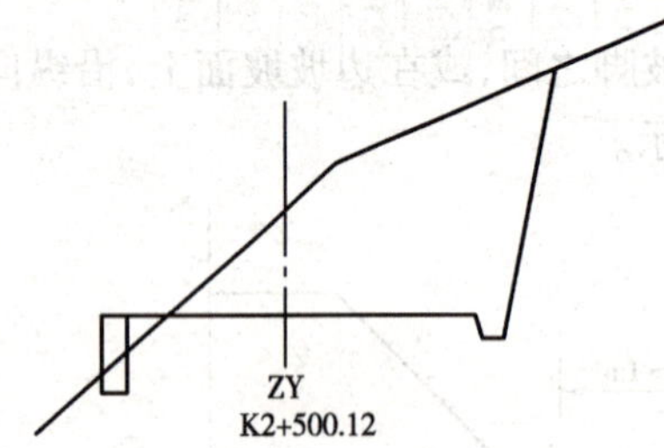

图 1-3-23 有超高的圆曲线段横断面设计图
T-中桩的填方高度(m);A_W-横断面挖方面积(m^2);A_T-横断面填方面积(m^2)

桩号 K2+500.12(ZY) 表 1-3-11

填		挖	1.56
路基宽(m)		左	右
		3.75	5.55
超高(%)		+0.43	-0.13
边坡			1:0.5
边沟深度(m)			0.40
面积(m^2)		填	挖
	土		41.0
	石	0.4	
	砌石	1.4	

2. 路基设计表

路基设计表是公路设计文件的组成内容之一,它是平、纵、横等主要测设资料的综合。表中填列所有整桩、加桩及填挖高度、路基宽度、超高值等有关资料,为路基横断面设计提供依据,也是公路施工的主要依据之一。

路基设计表见表 1-3-12。

3. 土石方计算与调配

1)土石方计算

路基土石方工程是公路工程的主要工程项目之一,土石方工程数量是进行公路路线设计方案比选时的主要技术经济指标之一。公路土石方的数量及其调配,关系着取土或弃土的地点和公路用地范围,同时还影响公路的工程造价、所需的劳动力、机具设备和施工期限。

路基土石方计算与调配的主要任务是:计算每公里路段的土石方数量,确定全路段总土石方工程数量,并提出利用情况和填方的土、石来源及运距,为编制工程概(预)算、确定施工方法和施工机具、安排施工进度、进行施工质量检查、进行财务结算和支付工资等提供依据。

表 1-3-13 为某路段(K14+000~K14+200)的路基土石方数量计算实例。表中反映了该路段内土石方的填挖数量及调配情况。

土石方数量计算通常采用近似方法,计算精度按工程要求而定。一般情况下,横断面的面积取小数后一位,体积则取至整数。

一般每页“路基土石方数量计算表”应作本页小计,每公里应作本公里合计,以便复核和统计。

路基设计表

表 1-3-12

桩号	平曲线		纵坡（%）及坡长（m）	竖曲线		未设竖曲线之设计标高（m）	距切点距离（m）	改正值（m）		设计标高（m）	地面标高（m）	填挖高度（m）		路基宽度（m）		路基边缘及中桩与设计标高之高差（m）			施工时中桩填挖高度（m）		备注
	左	右		凸	凹			+	−			填	挖	左	右	左	中	右	填	挖	
1	2	3	4	5	6	7	8	9	10	11	12	13	14	15	16	17	18	19	20	21	22
K13+225										215.65	217.92		2.27	3.75	3.75	0	0.08	0		2.19	表列为三级公路（设计速度为30 km/h），路拱坡度2%，路肩坡度3%。
+236			+1.3　270	+240						215.79	216.57		0.78	3.75	3.75	0	0.08	0		0.70	
+250						215.97	10	0.02		215.99	217.77		1.78	3.75	3.75	0	0.08	0		0.70	
+263			216.23			216.14	23	0.09		216.23	217.17		0.94	3.75	3.75	0	0.08	0		0.86	
+279			+270	R–3000 T–30 E–0.15		216.53	21	0.07		216.60	220.23		3.63	3.75	3.75	0	0.08	0		3.55	
+291						216.92	9	0.01		216.93	219.83		2.90	3.75	3.75	0	0.08	0		2.82	
+300										217.22	221.49		4.27	3.75	3.75	0	0.08	0		4.19	
+315				+300						217.72	221.55		3.83	3.75	4.11	0.05	0.08	0		3.75	
ZY+321.97										217.95	221.47		3.52	3.75	4.95	0.16	0.08	−0.02		3.44	
+342			+3.3　170							218.61	219.71		1.10	3.75	4.95	0.16	0.08	−0.02		1.02	
QZ+362.01										219.27	221.90		2.63	3.75	4.95	0.16	0.08	−0.02		2.55	
+386		$JD_{170}R$—60			+399					220.06	222.07		2.01	3.75	4.95	0.16	0.08	−0.02		1.93	
+400						220.52	1		0	220.52	222.40		1.88	3.75	4.95	0.16	0.08	−0.02		1.80	
YZ+402.05						220.59	3.05		0	220.59	222.37		1.78	3.75	4.95	0.16	0.08	−0.02		1.70	
+418			221.84			221.11	19		0.12	220.99	221.35		0.36	3.75	3.75	0	0.08	0		0.28	
+435			+440		R–1500 T–41 E–0.56	221.68	36		0.43	221.25	220.98	0.27		3.96	3.75	0	0.08	0.07	0.35		
ZY+452.05						221.57	28.95		0.28	221.29	220.42	0.87		5.15	3.75	−0.11	0.20	0.43	1.07		
QZ+469.64	JD_{171} R—40		−2.2　280			221.19	11.36		0.04	221.15	218.30	2.85		5.15	3.75	−0.11	0.20	0.43	3.05		
YZ+487.22					+481					220.82	220.95		0.15	5.15	3.75	−0.11	0.20	0.43	0.05		

2)土石方调配

(1)土石方调配的目的:是将路堑的挖方合理地调运于路堤填方或适当的位置弃土,并合理地布置取土坑和弃土堆。从而减少公路用地,并尽量使运量最小,搬运最便利。土石方的调配见表1-3-12。

(2)土石方调配的一般要求

①土石方调配应尽可能在本桩位内移挖作填,即横向调配,以减少废方和借方数量。

②综合考虑不同的施工方法、运输条件、地形情况等因素,选用合理的经济运距。

③废方要作妥善处理,尽量不占或少占耕地,防止乱堆乱弃。

④填方如需路外借土时,应根据借方数量,结合附近的地形、地质,综合考虑借土还田、整地造田进行调配。

⑤调配土石方时应考虑桥涵位置,一般不作跨沟调运;并考虑地形情况,一般也不宜往上坡方向调运。

⑥不同性质的土石方应分别调配,以做到分层填筑。

⑦土石方工程集中的路段,可单独进行调配。

⑧土石方调配一般在本公里内进行,必要时也可跨公里调配但需将调配的方向及数量分别注明,以免混淆。

单元二 路基工程

课题一 概 述

【内容提要】 1. 路基的作用和对路基的基本要求;2. 路基的干湿类型;3. 路基的强度和稳定性;4. 路基的常见病害。

【学习目标】

应知:1. 路基的基本要求;

2. 保证路基强度与稳定性的措施。

应会:土基干湿类型的判断。

路基是按照路线位置和一定技术要求修筑的带状构造物,承受由路面传递下来的行车荷载,并承受自然因素的作用。路基横断面示意图如图 2-1-1 所示。

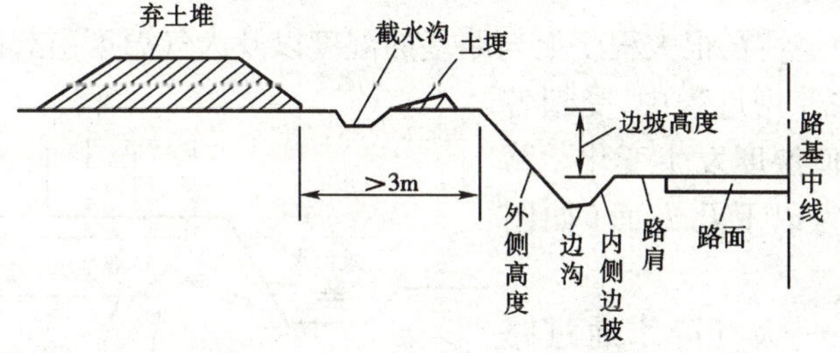

图 2-1-1 路基横断面示意图

一、路基的作用和要求

路基是公路线形的主体,它贯穿公路全线,与沿线的桥梁、涵洞和隧道等相连接。因此,路基是公路的重要组成部分,它的质量好坏,关系到整个公路的质量。

路基是路面的基础,它与路面共同承担汽车荷载的作用。实践证明,没有坚固、稳定的路基,就没有稳固的路面。路基的强度和稳定性是保证路面强度和稳定性的先决条件,提高路基的强度和稳定性,可以适当减薄路面的结构层厚度,从而使造价降低。

路基在一条公路建设项目中,不仅工程数量和投资巨大,而且是占用土地最多、使用劳动力数量最大、牵涉面最广的工程。特别是工程量集中、地质与水文地质条件复杂的地段,遇到的技术问题更多、更难,常常成为公路建设的关键。

路基应满足如下基本要求:

1)路基横断面形式及尺寸应符合《标准》有关的规定要求

2)具有足够的整体稳定性

路基是直接在地面上填筑或挖去一部分地面建成的。路基修建后,改变了原地面的天然平衡状态。在工程地质不良的地区,修建路基可能加剧原地面的不平衡状态,从而导致路基发生各种破坏现象。因此为防止路基结构在行车荷载及自然因素的作用下,不致发生不允许的变形或破坏,必须因地制宜地采取一定的措施来保证路基整体结构的稳定性。

3)具有足够的强度

路基的强度是指在行车荷载作用下,路基抵抗变形与破坏的能力。因为行车荷载及路基路面的自重使路基下层和地基产生一定的压力,这些压力可使路基产生一定的变形,直接损坏路面的使用品质。为保证路基在外力作用下,不致产生超过容许范围的变形,要求路基应具有足够的强度。

4)具有足够的水温稳定性

路基的水温稳定性主要是指路基在水和温度的作用下保持其强度的能力。路基在地面水和地下水的作用下,其强度将会显著地降低。特别是季节性冰冻地区,由于水温状况的变化,路基将发生周期性冻融作用,形成冻胀和翻浆,使路基强度急剧下降。因此,对于路基,不仅要求有足够的强度,而且还应保证在最不利的水温状况下,强度不致显著降低,这就要求路基应具有一定的水温稳定性。

二、路基的干湿类型

1.路基湿度的来源

路基的强度与稳定性在很大程度上与路基的湿度以及大气温度引起的路基的水温状况有密切的关系。路基在使用过程中,受到各种外界因素的影响,使湿度发生变化。路基湿度的水源可分为以下几方面(如图2-1-2):

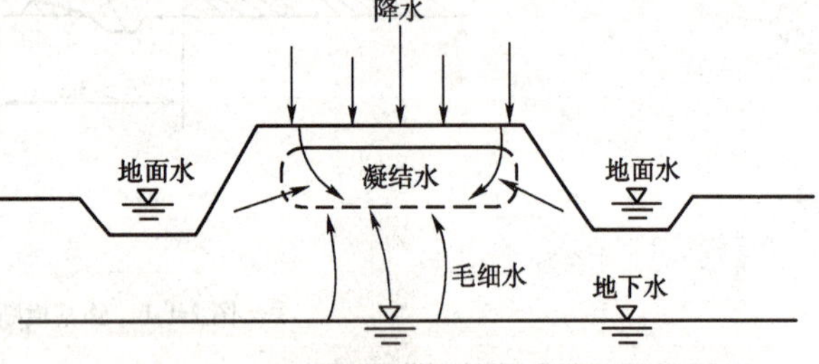

图2-1-2 路基湿度来源示意图

(1)大气降水——大气降水通过路面、路肩和边沟渗入路基。

(2)地面水——边沟的流水、地表径流水因排水不良,形成积水、渗入路基。

(3)地下水——路基下面一定范围内的地下水浸入路基。

(4)毛细水——路基下的地下水,通过毛细管的作用,上升到路基。

(5)水蒸气凝结水——在土的空隙中流动的水蒸气,遇冷凝结成水。

(6)薄膜移动水——在土的结构中水以薄膜的形式从含水量较高处向较低处流动,或由温度较高处向冻结中心周围流动。

上述各种导致路基湿度变化的水源,其影响程度随当地自然条件和气候特点以及所采取的工程措施等而不同。

2. 路基的干湿类型

路基按其干湿状态不同，分为四类：干燥、中湿、潮湿和过湿。为了保证路基路面结构的稳定性，一般要求路基处于干燥或中湿状态。过湿状态的路基必须经过处理后方可铺筑路面。

3. 路基干湿类型的划分方法

1）根据平均相对含水量划分

对原有公路，在不利季节，在路槽（为铺筑路面，在路基上按设计要求修筑的浅槽称为路槽）底面以下80cm深度内，每10cm取一土样，测定其天然含水量及液限含水量。相对含水量算术平均值按式（2-1-1）和式（2-1-2）求算。

$$w_{xi} = \frac{w_i}{w_l} \tag{2-1-1}$$

$$\overline{w}_x = \sum_{i=1}^{8} w_{xi}/8 \tag{2-1-2}$$

式中：w_i——路槽底面以下80cm深度内，每10cm为一层，第i层土的天然含水量（%）；

w_l——同一层土的液限含水量（%）；

w_{xi}——第i层土的相对含水量（%）；

$\overline{w}_x$——路槽底面以下80cm深度内土的算术平均相对含水量。

各公路自然区划内（公路自然区划划分见表2-1-5），不同土组的分界相对含水量如表2-1-1所示。路基干湿类型应根据实测的$\overline{w}_x$按表2-1-1和表2-1-2确定。

分界相对含水量建议值 表2-1-1

自然区划 \ 分界相对含水量 \ 土组	砂性土			粘性土			粉性土			附件
	w_1	w_2	w_3	w_1	w_2	w_3	w_1	w_2	w_3	
$Ⅱ_{1,2,3}$ $Ⅱ_{1a}$，$Ⅱ_{2a}$	0.70	0.75	0.80	$\frac{0.50}{0.55}$	$\frac{0.60}{0.65}$	$\frac{0.70}{0.75}$	$\frac{0.55}{0.60}$	$\frac{0.60}{0.65}$	$\frac{0.70}{0.75}$	粘性土：分母适用于$Ⅱ_{1,2,3}$区；粉性土：分母适用于$Ⅱ_{2a}$副区
$Ⅱ_4$，$Ⅱ_5$	0.75	0.80	0.85	0.50	0.60	0.70	0.55	0.65	0.75	
Ⅲ	0.70	0.78	0.85				$\frac{0.50}{0.55}$	$\frac{0.60}{0.65}$	$\frac{0.70}{0.75}$	分子适用于粉土地区；分母适用于粉质来粘土地区
Ⅳ	0.65	0.75	0.80	0.60	0.65	0.75	0.60	0.65	0.75	
Ⅴ				0.57	0.70	0.75	0.60	0.70	0.75	
Ⅵ	0.70	0.78	0.85	0.55	0.63	0.70	0.55	0.65	0.75	
Ⅶ	0.65	0.73	0.80	0.55	0.63	0.70	0.55	0.65	0.75	

注：w_1-干燥和中湿状态的分界相对含水量；w_2-中湿和潮湿状态的分界相对含水量；w_3-潮湿和过湿状态的分界相对含水量。

路基干湿类型 表 2-1-2

路基干湿类型	平均相对含水量 $\overline{w}_x$ 与分界相对含水量关系	平均稠度 B_m	一般特征
干燥	$\overline{w}_x < w_1$	>1.00 $B_m \geqslant w_{c1}$	路基干燥、稳定，路基上部土层的强度不受地下和地面积水的影响。$H > H_1$
中湿	$w_1 \leqslant \overline{w}_x < w_2$	0.75~1.0 $w_{c1} > B_m \geqslant w_{c2}$	路基上部土层处于地下水或地表积水影响的过渡带区内。$H_2 < H \leqslant H_1$
潮湿	$w_2 \leqslant \overline{w}_x < w_3$	0.5~0.75 $w_{c2} > B_m \geqslant w_{c3}$	路基上部土层处于地下水或地表积水的毛细影响区内。$H_3 < H \leqslant H_2$
过湿	$\overline{w}_x \geqslant w_3$	<0.5 $B_m < w_{c3}$	路基极不稳定，冰冻区春融翻浆，非冰冻区雨季软弹。$H \leqslant H_3$

注：H-路槽底面距地下水位或地表水位高度（m）；H_1、H_2、H_3-分别为路基干燥、中湿、潮湿状态的临界高度（m）；w_{c1}、w_{c2}、w_{c3}-分别为沥青路面路基干燥、中湿、潮湿状态的分界高度。

2）根据平均稠度划分

我国现行公路水泥混凝土路面和沥青路面设计规范中规定，路基干湿类型根据实测不利季节路槽底面以下 80cm 深度内的平均稠度 B_m 按表 2-1-2 确定。

土的平均稠度按式（2-1-3）计算：

$$B_m = (w_l - w_m)/(w_l - w_p) \tag{2-1-3}$$

式中：w_l——土的液限含水量（液塑限联合测定仪测定）（%）；

w_p——土的塑限含水量（液塑限联合测定仪测定）（%）；

w_m——土的平均含水量（%）。

由于在相对含水量的定义中只涉及到土的液限 w_l 一项指标，而各种土的液限又相差很大，所以，用于划分土基处于干燥、中湿、潮湿和过湿的三个分界相对含水量也必然存在着较大的差异。甚至对于相同的土类，在不同的气候区，其分界相对含水量也有所不同，不便于记忆、应用，给实际设计工作带来一定的麻烦和困难。以平均稠度作为划分土基干湿类型的指标，既考虑了土的液限，又考虑了土的塑限，更加合理和科学，而且分界稠度值也非常简单、明了。

3）根据临界高度划分

对于设计中的新建公路，路基尚未建成，路槽底面以下 80cm 深度内的平均相对含水量 $\overline{w}_x$ 和平均稠度 B_m 均无法确定，此时应根据自然区划、土质类型、排水条件以及路槽底面距地下水位或地表积水位的高度（与临界高度相比）按表 2-1-2 确定路基干湿类型。

地下水位或地表长期积水水位，通过公路勘测设计野外调查获得，路基高度从路线纵断面图或路基设计表中查得，扣除预估的路面厚度，即可得到路槽底面距地下水位或地表水位的高度 H。

路基临界高度是指在不利季节当路基处于某种干湿状态时，路槽底面距地下水位或地面长期积水位的最小高度，可根据土质、气候因素按当地经验确定。不同气候区及土质的临界高度参考值见表 2-1-3、表 2-1-4。公路自然区划名称见表 2-1-5。

路基临界高度参考值　　表2-1-3

公路自然区划	砂性土			粘性土			粉性土		
	H_1	H_2	H_3	H_1	H_2	H_3	H_1	H_2	H_3
Ⅱ									
$Ⅲ_{1、4}$									
$Ⅲ_{2、3}$	1.1~1.3	0.9~1.1	0.6~0.9	1.6~2.2	1.2~1.6	0.9~1.2	1.8~2.4	1.4~1.8	1.0~1.4
$Ⅳ_{3}$				0.8~0.9	0.5~0.6	0.3~0.4	0.9~1.0	0.6~0.7	0.3~0.4
$Ⅳ_{5、6}$				0.9~1.1	0.5~0.7	0.3~0.4			
$Ⅴ_{1}$	1.1~1.3	0.9~1.1	0.6~0.9	1.6~2.0	1.2~1.6	0.8~1.2	1.7~2.2	1.3~1.7	0.9~1.3
$Ⅴ_{2、3、4、5}$									
$Ⅵ_{1、3、4}$	1.6~1.9	1.2~1.5	0.9~1.2	1.9~2.1	1.4~1.7	1.1~1.4	2.1~2.4	1.6~1.9	1.1~1.4
$Ⅵ_{2}$	1.1~1.4	0.9~1.1	0.6~0.9	1.6~2.2	1.2~1.6	0.7~1.2	1.8~2.3	1.4~1.8	0.9~1.4
$Ⅶ_{1、4}$	1.8~2.1	1.4~1.6	1.0~1.3	1.8~2.1	1.4~1.6	1.1~1.2	2.1~2.4	1.6~1.8	1.1~1.3
$Ⅶ_{2、6}$				1.8~2.5	1.4~1.8	1.1~1.4	2.2~2.7	1.6~2.1	1.1~1.5
$Ⅶ_{3}$	1.2~1.5	0.9~1.2	0.6~0.9	1.7~2.3	1.3~1.7	0.7~1.3	2.0~2.4	1.6~2.0	1.0~1.6
$Ⅶ_{5}$	2.2~2.6	1.8~2.2	1.4~1.8	2.2~2.6	1.8~2.2	1.4~1.8	2.7~3.1	2.0~2.4	1.3~1.7

注：①公路自然区划按现行的《公路自然区划标准》执行。

②表中数值为距地表长期积水位的临界高度(m)。

路基临界高度参考值　　表2-1-4

公路自然区划	砂性土			粘性土			粉性土		
	H_1	H_2	H_3	H_1	H_2	H_3	H_1	H_2	H_3
$Ⅱ_{1、2}$				2.7~3.0	2.0~2.2		3.4~3.8	2.6~3.0	1.9~2.2
$Ⅱ_{3}$	1.9~2.2	1.3~1.6		2.3~2.7	1.6~2.0		2.8~3.2	2.0~2.4	1.4~1.8
$Ⅱ_{4}$				2.4~2.6	1.9~2.1	1.2~1.4	2.6~2.8	2.1~2.3	1.4~1.6
$Ⅱ_{5}$	1.1~1.5	0.7~1.1		2.1~2.5	1.6~2.0		2.4~2.9	1.8~2.3	
$Ⅲ_{1、4}$							2.4~3.0	1.7~2.4	
$Ⅲ_{2、3}$	1.3~1.7	1.1~1.3	0.9~1.1	2.1~2.7	1.6~2.1	1.2~1.6	2.4~2.8	1.8~2.4	1.4~1.8
$Ⅳ_{1、2、3、5}$				1.5~1.9	1.1~1.4	0.8~1.0	1.7~2.1	1.2~1.5	0.8~1.1
$Ⅳ_{4}$	1.0~1.1	0.7~0.8		1.7~1.8	1.0~1.2	0.8~1.0			
$Ⅳ_{6}$	1.0~1.1	0.7~0.8		1.6~2.0	1.1~1.5	0.7~1.1	1.8~2.2	1.3~1.6	0.9~1.1
$Ⅳ_{7}$				1.7~1.8	1.4~1.5	1.1~1.2			
$Ⅴ_{1}$	1.3~1.6	1.1~1.3	0.9~1.1	2.0~2.4	1.6~2.0	1.2~1.6	2.2~2.6	1.7~2.2	1.3~1.7
$Ⅴ_{2、3、4、5}$				1.7~2.2	0.7~1.1	0.3~0.6	1.9~2.5	1.3~1.6	0.5~0.7
$Ⅵ_{1、3、4}$	1.9~2.2	1.5~1.8	1.1~1.4	2.2~2.4	1.7~2.0	1.4~1.6	2.4~2.6	1.9~2.2	1.4~1.6
$Ⅵ_{2}$	1.4~1.7	1.1~1.4	0.9~1.1	2.2~2.7	2.6~2.2	1.2~1.6	2.3~2.7	1.8~2.3	1.4~1.8
$Ⅶ_{1、4}$	2.1~2.2	1.6~1.9	1.3~1.6	2.1~2.2	1.6~1.9	1.3~1.6	2.3~2.5	1.8~2.0	1.3~1.5
$Ⅶ_{2、6}$				2.3~2.8	1.9~2.3	1.6~1.9	2.5~2.9	2.1~2.5	1.6~1.8
$Ⅶ_{3}$	1.5~1.8	1.2~1.5	0.9~1.2	2.3~2.8	1.7~2.3	1.3~1.7	2.4~3.1	2.0~2.4	1.6~2.0
$Ⅶ_{5}$	2.8~3.2	2.2~2.6	1.7~2.1	3.1~3.5	2.4~2.8	1.9~2.3	3.6~4.0	2.0~2.4	1.4~1.8

注：①公路自然区划按现行的《公路自然区划标准》执行。

②表中数值为距地下水位的临界高度(m)。

公路自然区划名称表 表 2-1-5

I 北部多年冻土区	III_{1} 山西山地、盆地中冻区	IV_{7} 华南沿海台风区	VI_{1a} 河套副区
I_{1} 连续多年冻土区	III_{1a} 雁北张宣副区	IV_{7a} 台湾山地副区	VI_{2} 绿洲、荒漠区
I_{2} 岛状多年冻土区	III_{2} 陕北典型黄土高原中冻区	IV_{7b} 海南岛西部润干副区	VI_{3} 阿尔泰山地冻土区
II 东部温润季冻区	III_{2a} 榆林副区	IV_{7c} 南海诸岛副区	VI_{4} 天山、界山山地区
II_{1} 东北东部山地润湿冻区	III_{3} 甘东黄土山地区	V 西南潮暖区	VI_{4a} 塔城副区
II_{1a} 三江平原副区	III_{4} 黄渭间山地、盆地轻冻区	V_{1} 秦巴山地润湿区	VI_{4b} 伊犁河谷副区
II_{2} 东北中部山前平原重冻区	IV 东南湿热区	V_{2} 四川盆地中湿区	VII 青藏高寒区
II_{2a} 辽河平原冻融交替副区	IV_{1} 长江下游平原润湿区	V_{2a} 雅安、乐山过湿副区	VII_{1} 祁连、昆仑山地区
II_{3} 东北西部润干冻区	IV_{1a} 盐城副区	V_{3} 三西、贵州山地过湿区	VII_{2} 柴达木荒漠区
II_{4} 海滦中冻区	IV_{2} 江淮丘陵、山地润湿区	V_{3a} 滇南、桂西润湿副区	VII_{3} 河源山原草甸区
II_{4a} 冀北山地副区	IV_{3} 长江中游平原中湿区	V_{4} 川、滇、黔高原干湿交替区	VII_{4} 羌塘高原冻土区
II_{4b} 旅大丘陵副区	IV_{4} 浙闽沿海山地中湿区	V_{5} 滇西横断山地区	VII_{5} 川藏高山峡谷区
II_{5} 鲁豫轻冻区	IV_{5} 江南丘陵过湿区	V_{5a} 大理副区	VII_{6} 藏南高山台地区
II_{5a} 山东丘陵副区	IV_{6} 武夷南岭山地过湿区	VI 西北干旱区	VII_{6a} 拉萨副区
III 黄土高原干湿过渡区	IV_{6a} 武夷副区	VI_{1} 内蒙草原中干区	

以临界高度判断路基干湿类型，同样是以分界相对含水量为依据的，干湿状态、临界高度及分界相对含水量的关系可参见图 2-1-3。

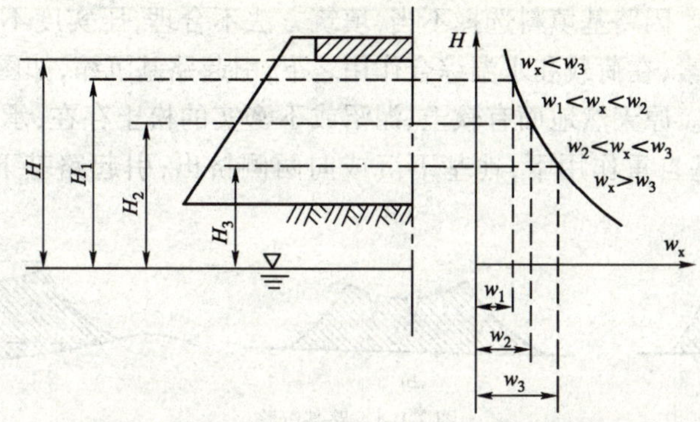

图 2-1-3　路基高度（对地下水位）及路基土干湿类型

H-路槽底距地下水位的高度（m）；H_1-干燥状态的路基临界高度（m）；H_2-中湿状态的路基临界高度；H_3-潮湿状态的路基临界高度（m）；w-规定深度内路基土的相对含水量；$w_1 w_2 w_3$-各种状态的路基土分界相对含水量

三、保证路基强度和稳定性的措施

路基的强度和稳定性，受水温、土质等影响，因此在一年内，经常出现显著的季节性变化。在季节性冰冻地区，由于负温差的影响，土基下层较暖的水分向上层较冷的土层移动，产生水分积聚和冻结，引起路基土冻胀；春融时，土基又因过湿而发生翻浆现象。在非冰冻地区，雨季时，会造成土基过分湿软，从而使路基上层的强度与稳定性在个别时期降低，导致路面在行车作用下发生破坏。因此，设计人员必须深入进行野外调查和资料收集，认真分析各种自然因素对路基的影响，从而抓住影响路基强度和稳定性的关键所在，采取有效措施，保证路基的强度和稳定性，保证路基强度与稳定性一般采取以下几种措施：

（1）正确设计路基横断面；

（2）选用工程性质良好的土填筑路基；

（3）适当提高路基，保证要求的最小填土高度或路基临界高度路基最小填土高度是指为保证路基稳定，根据气候、土质、水文、地质条件所规定的路肩边缘距原地面的最小高度；

（4）充分压实路基，保证达到规定的压实度；

（5）正确地进行地面和地下排水设计；

（6）设置隔离层，用以隔绝毛细水上升；

（7）设置防冻区，保证路基的强度和稳定性；

（8）采取边坡加固措施，提高路基边坡的稳定性。

四、路基的常见病害

路基裸露在大气中，经受土体自重、行车荷载和各种自然因素的作用，路基的各个部位将产生变形。路基的变形分为可恢复的变形和不可恢复的变形，路基的不可恢复的变形将引起路基标高和边坡坡度、形状的改变。严重时，造成土体位移，危及路基的整体性和稳定性，造成路基各种破坏。

路基的主要病害有以下几种：

1. 路基沉陷

路基沉陷是指路基表面在垂直方向产生较大的沉落，如图 2-1-4a）所示。路基的沉陷可以有两种情况：

一是路基的沉缩。因路基填料选择不当,填筑方法不合理,压实度不足,在路基堤身内部形成过湿的夹层等因素,在荷载和水温综合作用之下,引起路基沉缩,如图2-1-4b)所示。

二是地基的沉陷。原天然地面有软土、泥沼或不密实的松土存在,承载能力极低,路基修筑前未经处理,在路基自重作用下,地基下沉或向两侧挤出,引起路基下陷,如图2-1-4c)所示。

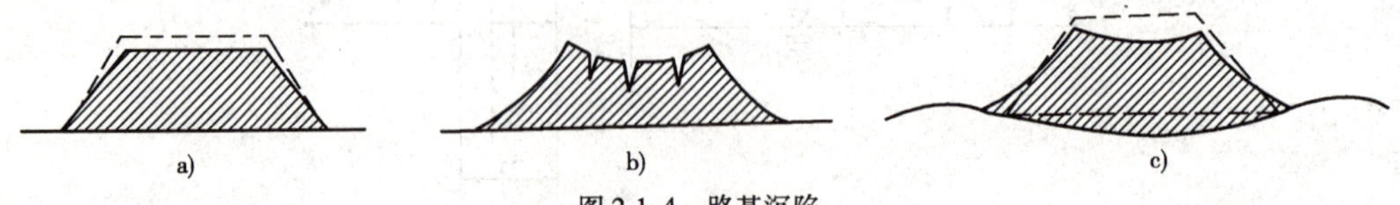

图2-1-4 路基沉陷
a)路基沉陷;b)路基沉缩;c)地基沉陷

2. 边坡滑塌

路基边坡滑塌是最常见的路基病害,根据边坡土质类别,破坏原因和规模的不同,可分为溜方与滑坡两种情况。

(1)溜方:溜方通常指的是边坡上表面薄层土体下溜。主要是由于流动水冲刷边坡或施工不当而引起的,如图2-1-5a)、b)所示。

(2)滑坡:一部分土体在重力作用下沿某一滑动面滑动。滑坡主要是由于土体的稳定性不足所引起的,如图2-1-5c)所示。

路堤边坡坡度过陡,或边坡坡脚被冲刷淘空,或填土层次安排不当是路堤边坡发生滑坡的主要原因。

路堑边坡滑坡的主要原因是边坡高度和坡度与天然岩土层次不相适应。粘性土层和蓄水的砂石层交替分层蕴藏,特别是有倾向于路堑方向的斜坡层理存在时,就容易造成滑动。

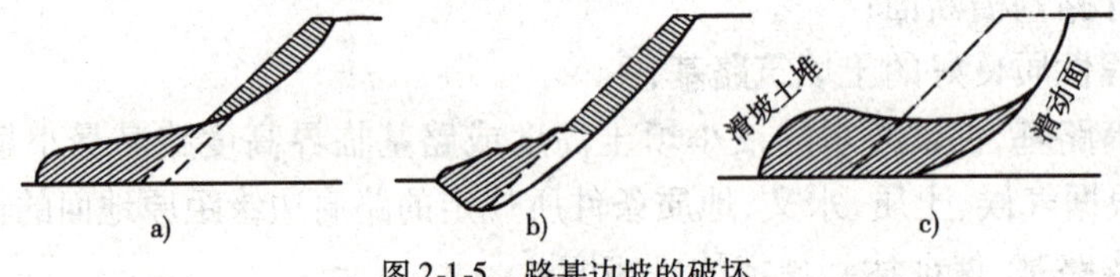

图2-1-5 路基边坡的破坏
a)、b)溜方;c)滑坡

3. 剥(碎)落和崩塌

剥落是指路堑边坡风化岩层表面,受大气温度与湿度的交替作用,以及雨水冲刷和动力作用,表层岩石从坡面上剥落下来,向下滚落。碎落是坡面岩石成碎块的一种剥落现象,其规模与危害程度比剥落严重。大的石块或土块脱离原有岩体或土体沿边坡滚落称为崩塌,如图

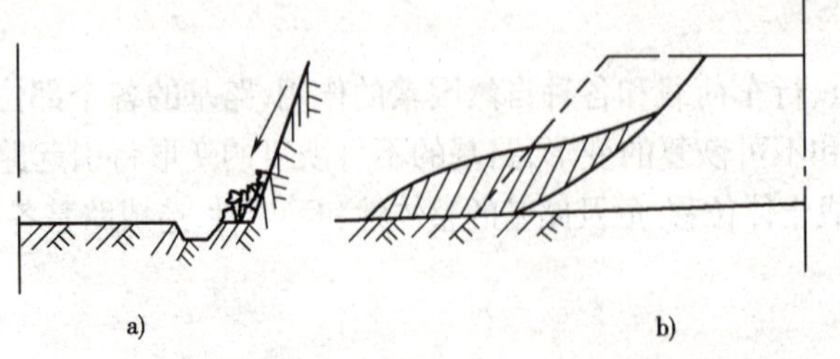

图2-1-6 路基边坡坍方示意图
a)剥(碎)落;b)滑塌;c)崩塌

2-1-6 所示。

4. 路基沿山坡滑动

在较陡的山坡填筑路基，若路基底部被水浸湿，形成滑动面，坡脚又未进行必要的支撑，在路基自重和行车荷载作用下，整个路基沿倾斜的原地面向下滑动，路基整体失去稳定，如图2-1-7 所示。

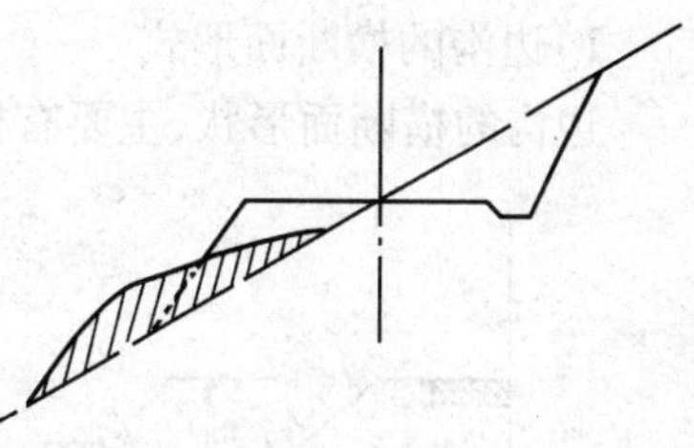

图 2-1-7　路堤沿山坡滑动示意图

5. 不良地质和水文条件造成的路基破坏

公路通过不良地质和水文地带，或遇较大自然灾害，如滑坡、岩堆、错落、泥石流、雪崩、岩溶、地震及特大暴雨等，均可能导致路基结构的严重破坏。

课题二　路基排水

【内容提要】 1. 排水设计的重要性；2. 地表排水设施；3. 地下排水设施。

【学习目标】

应知：地表排水和地下排水设施的作用、构造及布置要求。

一、排水设计的重要性

水是造成路基及其沿线构造物病害的主要原因。危害路基的水可分为地面水和地下水两大类。

地面水包括大气降水（雨或雪）后，在地表形成的径流、低洼积水和路基上侧流向路基的地表水。地面水对路基产生冲刷和渗透。冲刷可能导致路基整体稳定性受损害，形成水毁现象；渗入路基土体的水分，使土体过湿而降低路基强度。

地下水是指地表以下岩石或土层的孔隙、裂隙中的水，包括上层滞水、潜水、层间水等。它们对路基的危害程度因埋藏情况、流量大小而异，轻者能使路基湿软，降低强度；重者会引起路基冻胀、翻浆或边坡滑坍，甚至整个路基沿倾斜基底滑动。

路基排水系统是指为保证路基稳定而采取的汇集、排除地表水或地下水的措施。其目的在于确保路基始终处于干燥、坚实和稳定状态。其任务就是将路基范围内的土基湿度降低到一定的范围。路基排水工作应贯穿设计、施工及养护的全过程。

二、地表排水设施

路基地表排水结构物（统称沟渠）常见的类型有边沟、截水沟、排水沟、跌水、急流槽、拦水带、蒸发池、倒虹吸等。高速公路、一级公路应有自身的地表排水设施。各种沟渠分别设置在路基的不同部位，各自的主要功能、布置要求或构造形式，均有所差异。

1. 边沟

边沟一般设置在路堑、矮路堤、零填零挖路基及陡坡路堤边缘外侧或坡脚外侧，主要用来汇集和排除路基范围之内和流向路基的少量地面水。边沟的排水量不大,一般不需要进行水力水文计算,依沿线具体条件,选用标准横断面形式。

1)边沟的横断面形式

边沟的横断面形状,主要有梯形、矩形、三角形和流线型几种,如图 2-2-1 所示。

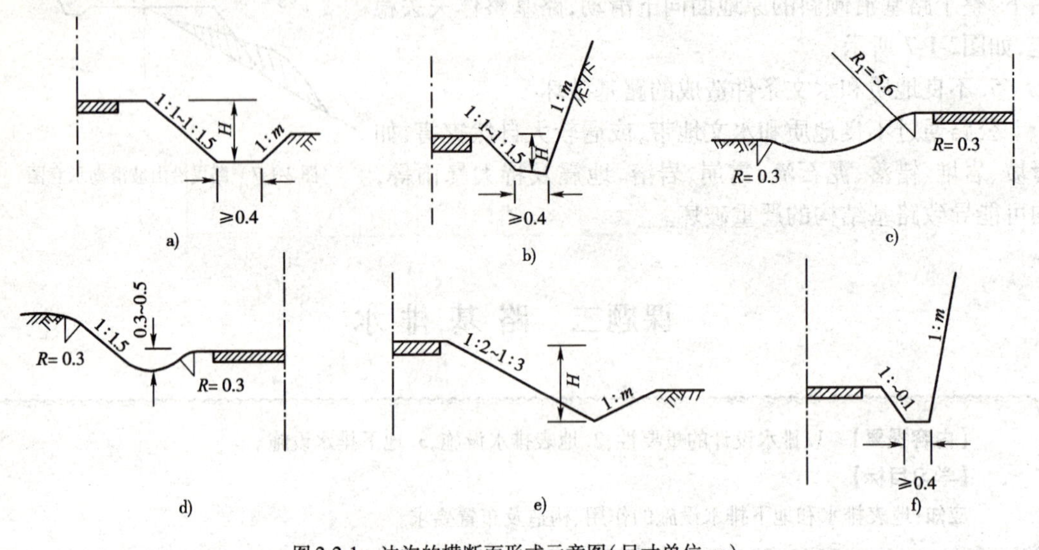

图 2-2-1 边沟的横断面形式示意图(尺寸单位:m)

a)、b)梯形;c)、d)流线型;e)三角形;f)矩形

一般情况下,土质边沟宜采用梯形;石质边沟宜采用矩形;矮路堤或机械化施工时可采用三角形。流线型边沟是将路基边缘的边角整修圆滑,防止路基旁侧积砂或积雪,并可改善道路的景致,增进美观、舒顺。因此,流线型断面在国外公路较为普遍。

2)边沟的断面尺寸

高速公路、一级公路边沟的底宽、深度不应小于 0.6m,其他等级公路不应小于 0.4 m。当流量较大时,应根据流量大小加大边沟断面尺寸。

梯形边沟的内侧边坡一般为 1:1 ~1:1.5;岩石边坡为 1:0 ~1:0.5;浆砌边沟内侧边坡可直立;三角形边沟内侧边坡一般为 1:2 ~1:3。各种沟渠外侧边坡与挖方边坡一致。

3)边沟的纵坡与长度

边沟的沟底纵坡宜与路线纵坡一致,并不宜小于 0.3%,以防淤积,在特殊情况下容许减至 0.1%。当边坡纵坡过大,且有冲刷可能时,应采取加固、设置跌水或急流槽等措施。路线纵断面设计时,各级公路的长路堑路段,以及其他横向排水不畅的路段,均应采用不小于 0.3% 的纵坡,从而兼顾边沟设置的需要。

为防止边沟水流漫溢或冲刷,边沟的单向排水长度一般不宜超过 300 ~500m。若超过此值,则增设排水沟或涵洞,将水引出路基范围以外。

4)边沟出水口处理

在由路堑过渡到路堤,边沟沟底到填土坡脚高差过大处;山坡路基在坡下的回头曲线处;边沟水引向桥涵进口处等,水流均有冲刷路基边坡,或使桥涵进口淤塞,或冲毁构造物的危险,必须采取妥善措施予以解决。目前常用排水沟、跌水或急流槽将边沟所汇集的水

引至低洼地、天然河流处。在回头曲线处，应顺着原来边沟方向沿山坡开挖排水沟，将水引出路基外。

图 2-2-2 是路堑与高路堤衔接处的边沟排水示意图。

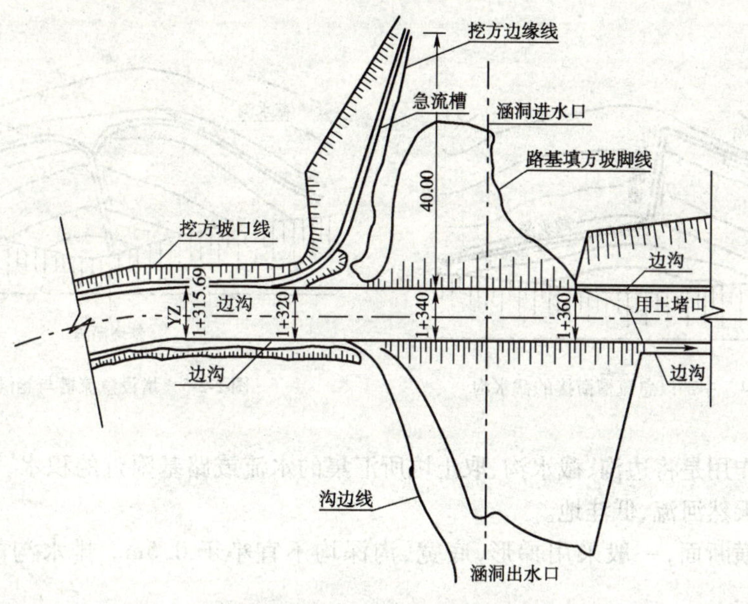

图 2-2-2 路堑与高路堤的边沟出口布置图

2. 截水沟

截水沟又称天沟，一般设置在挖方路基上侧边坡坡顶以外，或山坡路堤上方的适当地点。其主要作用是拦截山坡上方流向路基的地表水，保护挖方边坡和填方坡脚不受流水冲刷。降雨量较大、暴雨频繁，植被较差的山区路段，必要时可设置两道或多道截水沟。

图 2-2-3 为路基边坡上方设置的截水沟示意图。截水沟断面形式一般为梯形，底宽、深度一般不宜小于 0.5m，必要时按设计流量确定。其边坡坡度视土质而定，常采用 1:1 ~1:1.5。为保证迅速排除地面水，沟底纵坡不应小于0.3%。

截水沟的位置，应尽量与绝大多数地面水流方向垂直，以提高截水沟效能和缩短沟的长度。

截水沟离路堑坡顶的距离 d，视土质而定，一般土质 $d \geqslant 5$m；黄土地区 $d \geqslant 10$m；软弱层地段 $d \geqslant H+5$m，其中 H 为挖方边坡高度，但不应小于 10m。山坡填方路段若需要设截水沟应保证截水沟与坡脚之间有 2m 的间距。截水沟挖

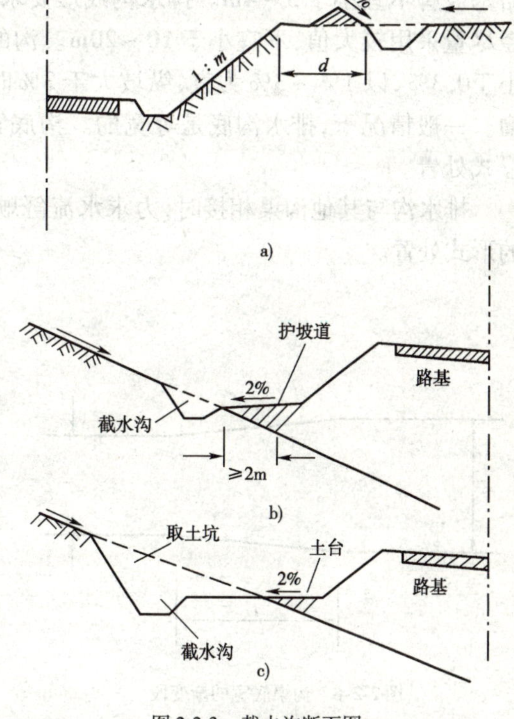

图 2-2-3 截水沟断面图

a）路堑截水沟；b）山坡路堤截水沟；c）设有取土坑的截水沟

出的土,可在路堑与截水沟之间修成土台,台顶应筑成2%倾向截水沟的横坡,土台坡脚离路基坡顶应有大于1m的距离。截水沟在转弯处应以曲线连接,使水流畅通。截水沟的出水口,可用排水沟或跌水、急流槽相连接(如图2-2-4),将水引至山坡一侧的自然沟中或桥涵进水口处(如图2-2-5)。

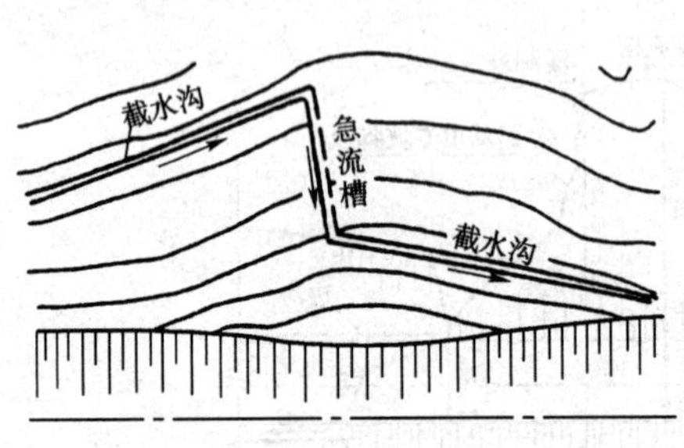

图2-2-4 中部以急流槽衔接的截水沟

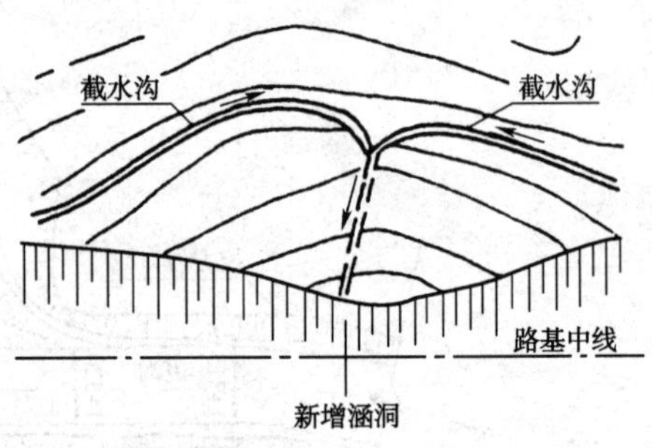

图2-2-5 增设急流槽与涵洞

3. 排水沟

排水沟的作用是将边沟、截水沟、取土坑所汇集的水流或路基附近的积水,引至桥涵或路基范围以外的天然河流、低洼地。

排水沟的横断面,一般采用梯形,底宽、沟深均不宜小于0.5m。排水沟的边坡坡度为1:1～1:1.5。

排水沟位置灵活性很大,可根据需要并结合当地地形条件而定,离路基尽可能远些,距路基坡脚不宜小于3～4m。排水沟线形要求平顺、直捷,需要转弯时转弯处做成弧形,其半径尽量采用较大值,不宜小于10～20m。沟的连续长度一般不宜超过500m。沟底纵坡应不小于0.3%,以1%～3%为宜,纵坡大于3%时,需要加固,大于7%时,则应改为跌水或急流槽。一般情况下,排水沟底是等宽的。沟底宽度不同时,要求徐缓相接,如图2-2-6所示的形式处置。

排水沟与其他沟渠相接时,力求水流舒顺,因地形限制成直角相交时,可按图2-2-7所示的形式处置。

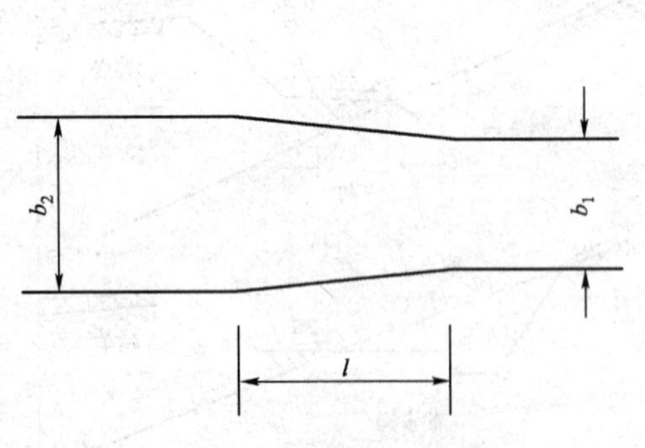

图2-2-6 沟渠底宽的渐变段

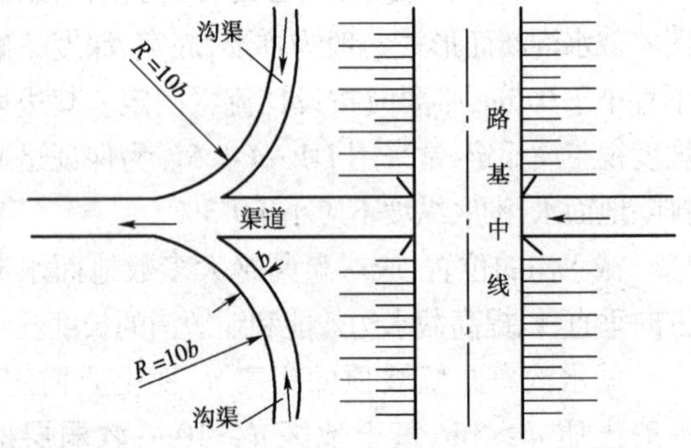

图2-2-7 排水沟与河道或渠道的衔接示意图

4. 跌水与急流槽

两者均为人工排水沟渠的特殊形式,用于陡坡地段。在陡坡或深沟地段设置的沟底为阶

梯,水流呈瀑布跌落式通过的沟槽称为跌水。其作用是在较短的距离内,降低水流流速,消减水流能量。在陡坡或深沟地段设置的坡度较陡,水流不离开槽底的沟槽称为急流槽。其作用是将上下游水位差较大的水流引至桥涵进口或路基下方。跌水、急流槽的形式、断面尺寸和位置的确定,必须保证渲泄全部水流。两者既可单独采用,也可以与其他排水构造物联合采用,形成完整的排水系统。

跌水、急流槽纵坡大、水流湍急、冲刷作用严重。因此,两者一般需用浆砌石块或水泥混凝土砌筑,且基础应埋设牢固。

1)跌水的一般构造与布置

按照水力计算特点,跌水的构造可分为进水口、消力池和出水口三个组成部分,如图 2-2-8 所示。跌水有单级和多级之分。单级跌水适用于连接沟渠的水位落差较大,需要消能或改善水流方向。图 2-2-9 所示为路基边沟水流入涵洞前设单级跌水的窨井。当陡坡较长时,为减缓水流速度,并予以消能,可采用多级跌水,如图 2-2-10 所示。

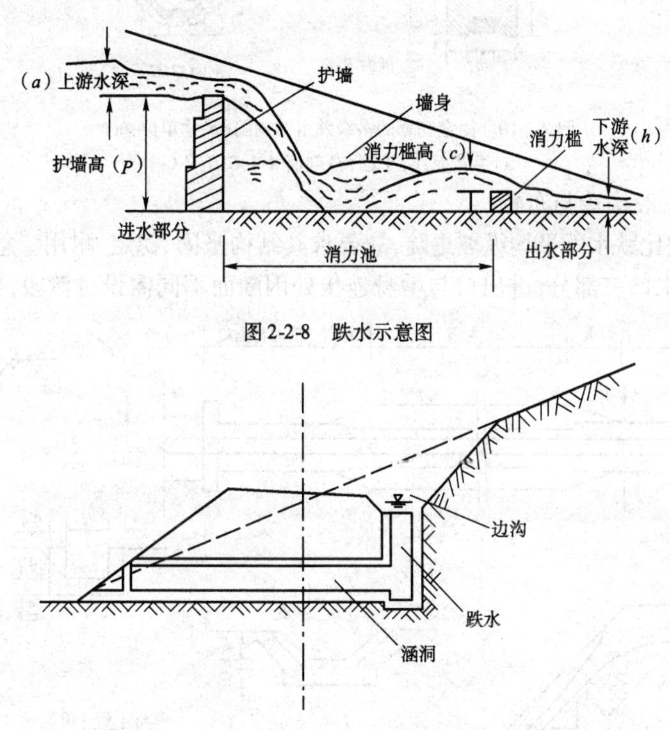

图 2-2-8 跌水示意图

图 2-2-9 边沟水流流入涵洞的单级跌水

各个组成部分的尺寸,由水力计算而定。一般情况下,如果地质条件良好,地下水位较低,设计流量小于 1.0 ~ 2.0m^3/s,跌水台阶(护墙)高度 P,最大不超过 2.0m。常用简易多级跌水,P 值约为 0.3 ~ 0.6m。护墙要求石砌或混凝土浇筑。墙基埋置深度约为水深 a 的 1.0 ~ 1.2 倍,并不得小于 1.0m,且埋入冰冻线以下;石砌墙厚不小于 0.4m,混凝土为 0.25 ~ 0.30m。消力池起消能作用,要求坚固耐用,槽底且有 2% ~ 3% 的纵坡,底厚 0.2 ~ 0.4m,槽壁高出计算水深的 0.2m 以上,壁厚与护墙相类似;消力池末端设消力槛,其高度 c 依计算而定,比池内水深低些,约为 0.2 ~ 0.3P,一般取 0.15 ~ 0.20m;槛顶厚度约为 0.3 ~ 0.4m,底部预留

5~10cm 孔径的泄水孔,间距 1~2m,以便断流时池内不致积水。跌水两端的土质沟渠,宜适当加固,保持水流畅通,不致使跌水产生淤塞或冲刷。

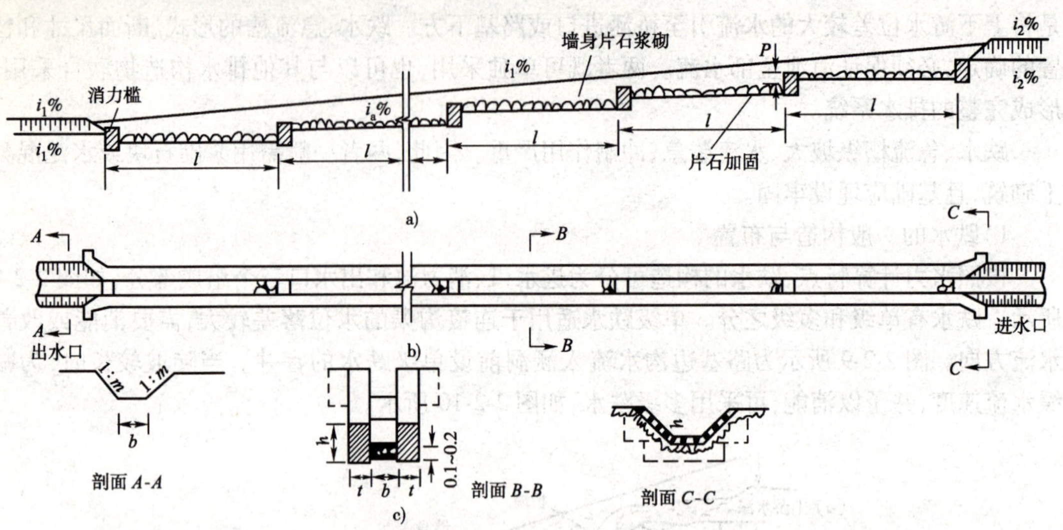

图 2-2-10　固定底宽的多级跌水结构图(尺寸单位:m)

a)纵断面;b)平面;c)剖面 A-A,B-B,C-C

2)急流槽的一般构造与布置

急流槽的纵坡比跌水的平均纵坡更陡,故要求其结构坚固、稳定、耐用。急流槽的结构可分为进口、槽身和出水口三部分,进出口与槽身连接处因断面不同需设过渡段,如图 2-2-11 所示。

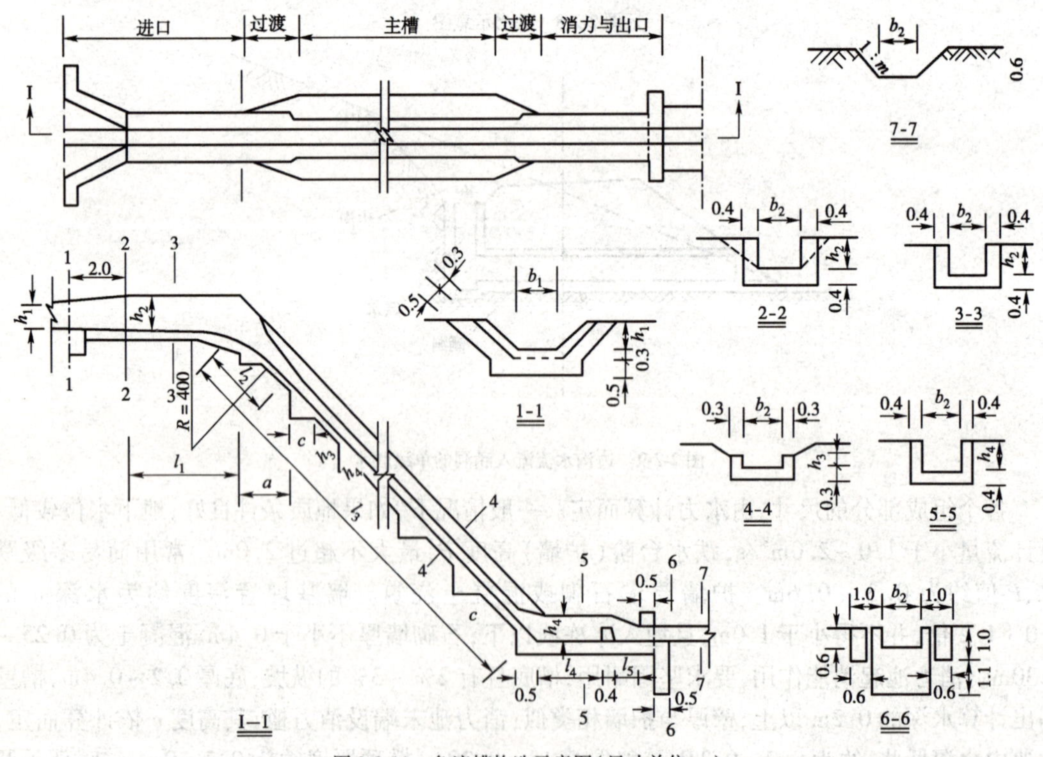

图 2-2-11　急流槽构造示意图(尺寸单位:m)

为使出水口水流流速与下游的容许流速相适应,槽底可用几个坡度,上段陡,向下逐渐放缓,以达到降速、消能作用。若急流槽末端流速过大,可在出口处设置消力池,或与跌水联合使用。

急流槽要求用石砌或混凝土修筑,甚至在岩石坡面上开槽。临时使用时,可用竹木结构做成竹(木)槽。

急流槽的主要尺寸,由水力计算而定。若设计流量小于 $1.0m^3/s$ 及槽底纵坡 1:1 ~ 1:1.5,可参照图 2-2-11 及有关设计手册选用。

急流槽应牢固设于地面上,端部及槽身设阶梯形的耳墙(凸榫),间隔约为 2 ~ 5m,嵌入基底以防止滑动。进水口与出水口应予以加固。槽身较长时,应分段砌筑,每段长度不宜超过 5 ~ 10m,预留伸缩缝,接头处用防水材料填缝。

为防止或减缓路面水对高路堤边坡的冲刷,可在路堤边坡上设急流槽,如图 2-2-12 所示。

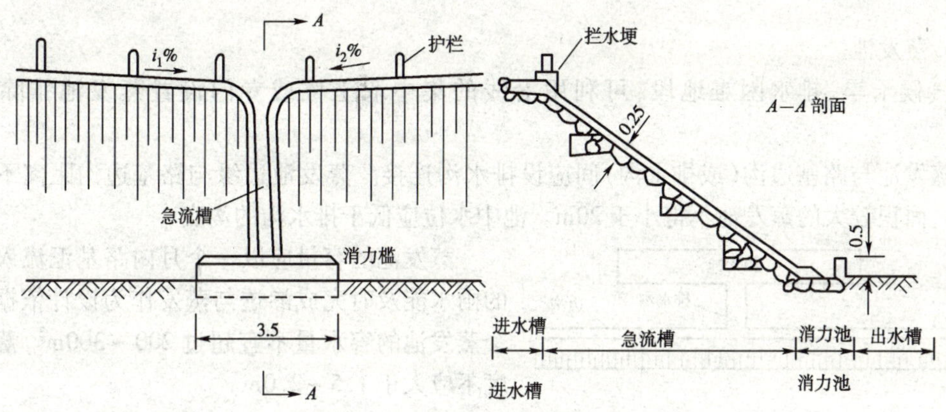

图 2-2-12　高路堤地段边坡急流槽(尺寸单位:m)

5. 倒虹吸与渡水槽

当水流需要横跨路基,同时受到设计标高的限制,可以采用管道或沟槽,从路基底部或上部架空跨越,前者称倒虹吸,后者为渡水槽,分别相当于涵洞和渡水桥,两者属于路基地面排水的特殊结构物,并且多半是配合农田水利所需而采用。

倒虹吸的设置往往是因路基横跨原有沟渠,且沟渠水位高于路基设计标高,不能按正常条件下设置涵洞,此时采用倒虹吸是可行的方案之一,图 2-2-13 是其布置图式的一种。

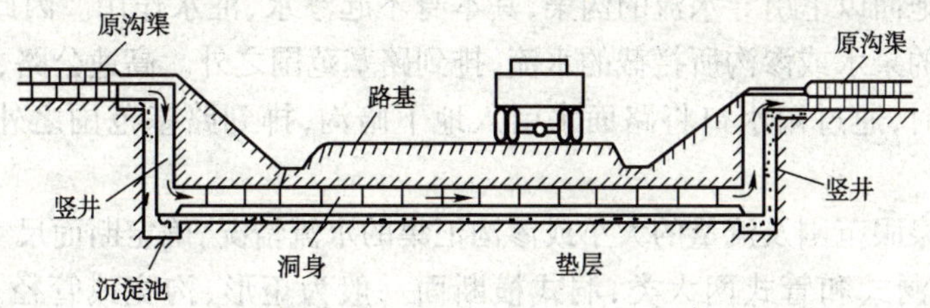

图 2-2-13　竖井式倒虹吸布置图

倒虹吸的水流条件较差,结构要求较高,容易漏水,经常淤塞,且难以清理和修复,应尽量不用或少用。

渡水槽相当于渡水桥，如图 2-2-14 所示。原水道与路基设计标高相差较大，如果路基两侧地形有利，或当地确有必要，可设简易桥梁，架设水槽或管道，从路基上部跨越，以沟通路基两侧的水流。

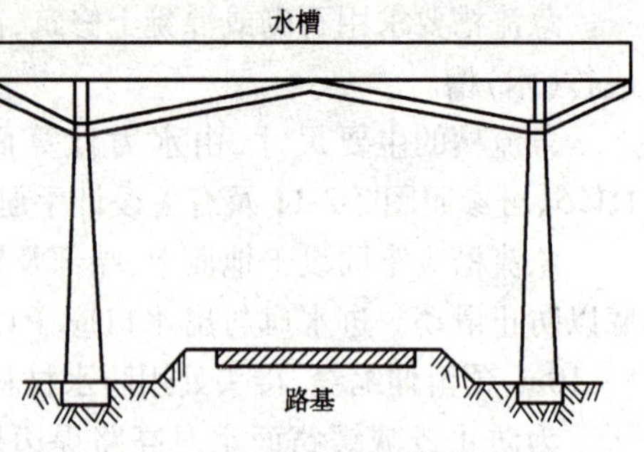

图 2-2-14　渡水槽图例

渡水槽由进出水口、槽身和下部支承三部分组成。

水槽的架设应满足道路对净空与美化的要求，其构造与桥梁相似，但主要作用是沟通水流，故除应在结构上具有足够强度外，在效能上应适合排水的要求，其中包括进出口的衔接，以及防止冲刷和渗漏等。

6. 蒸发池

气候干旱、排水困难地段，可利用沿线的集中取土坑或专门设置蒸发池排除地表水。

蒸发池与路基边沟（或排水沟）间应设排水沟连接。蒸发池边缘与路基边沟距离不应小于 5m，面积较大的蒸发池不得小于 20m。池中水位应低于排水沟的沟底。

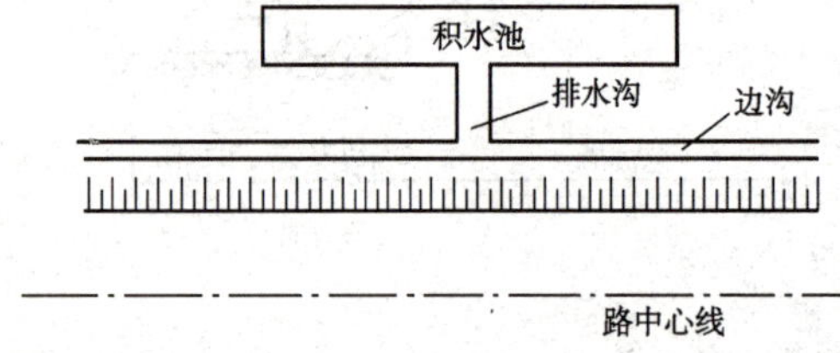

图 2-2-15　蒸发池平面布置

蒸发池的容量应以一个月内路基汇流入池中的雨水能及时完成渗透与蒸发作为设计依据。每个蒸发池的容水量不宜超过 200 ~ 300m^3，蓄水深度不应大于 1.5 ~ 2.0m。

蒸发池的设置不应使附近地面形成盐渍化或沼泽化。

蒸发池平面布置如图 2-2-15 所示。

三、地下排水设施

常用的地下排水设施有：暗沟、渗沟和渗井等，其特点是排水量不大，主要是以渗流方式汇集水流，并就近排出路基范围以外。对于流量较大的地下水，应设置专用地下管道予以排除。

1. 暗沟

暗沟是设在地面以下引导水流的沟渠，其本身不起渗水、汇水作用。因此，暗沟主要作用是把路基范围内的泉水或渗沟所拦截的水流，排到路基范围之外。高速公路、一级公路中央分隔带有雨水浸入时，通过雨水口将路面水引入地下暗沟，排到路基范围之外，如图 2-2-16 所示。

暗沟应按照泉眼范围及流量的大小或渗沟汇集的水流情况，确定断面尺寸。

暗沟可分为洞式和管式两大类，洞式横断面一般为矩形，沟宽或管径 b 按泉眼范围或流量大小决定，一般为 20 ~ 30cm，净高 h 约为 20cm。若两侧沟壁为石质，盖板可直接放在两侧石壁上。为防止泥土淤塞，盖板周围用碎（砾）石做成反滤层。沟底纵坡不小于 1%，条件困难时亦不得小于 0.5%，出口处沟底应高出地表排水沟常水位 0.2m 以上，不

容许出现倒灌现象。冰冻地区暗沟的埋置深度应大于当地的冰冻深度,以保证一年四季排水畅通。

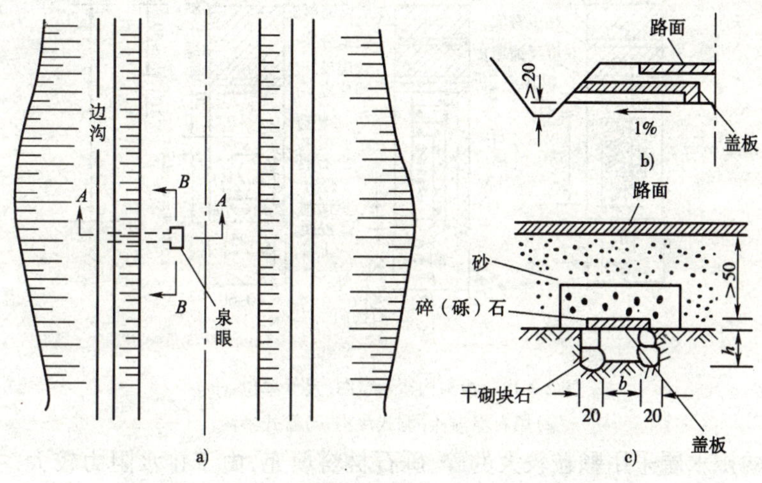

图 2-2-16 疏导路基泉水的暗沟构造(尺寸单位:cm)

a)平面;b)*A-A* 剖面;c)*B-B* 剖面

2. 渗沟

渗透主要用来降低地下水位,汇集和拦截流向路基的地下水,并将其排出路基范围之外。它是公路路基最常见的一种地下排水沟渠,尤其适用于地下水蕴藏量大、面积分布广的路段。根据地下水位分布情况,渗沟可设置在边沟、路肩、路基中线以下或路基上侧山坡适当位置,如图 2-2-17 所示。

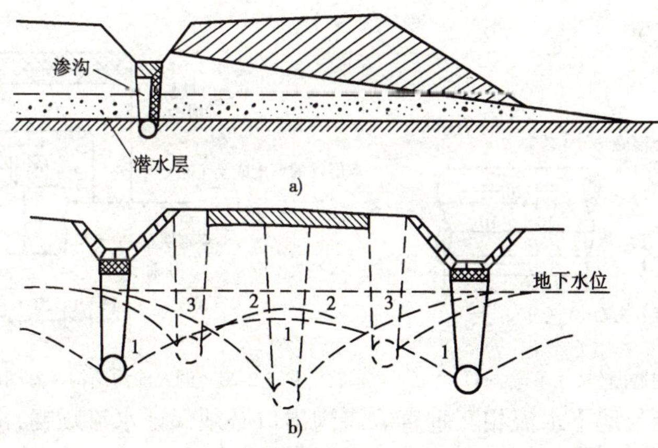

图 2-2-17 渗沟布置图

a)拦截潜水流向路堤的渗沟;b)降低地下水位的渗沟

渗沟由碎(砾)石或管(洞)排水层、反滤层和封闭层所组成。反滤层用于汇集、吸收水流,防止土或砂石材料挤入相邻层内,堵塞排水层;一般用碎石及砂砾材料分层填埋,颗粒粒径由上而下,自外而内逐渐增大,相邻层的粒径一般不小于 1:4,每层厚度不小于 15cm。为避免地面水进入渗沟,渗沟顶部应设置封闭层。封闭层可用双层反铺草皮或沥青纸材料,铺筑在反滤层顶面,上面为厚度不小于 50cm 的夯实粘土层,或用浆砌片石。

按排水层的形式,渗沟可分为三种:填石渗沟、管式渗沟和洞式渗沟,如图2-2-18所示。

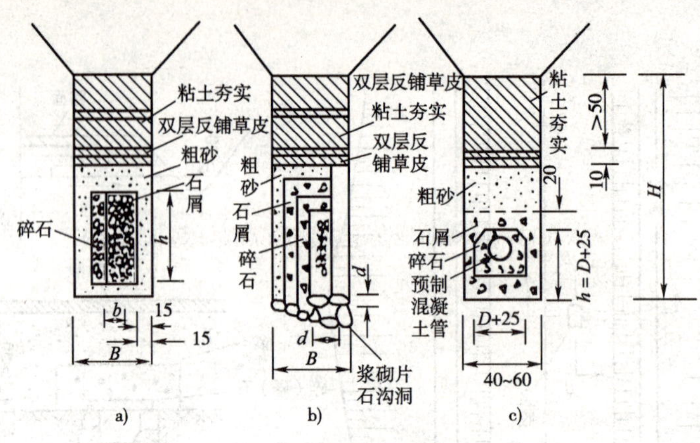

图2-2-18 渗沟构造示意图(尺寸单位:cm)

a)填石渗沟;b)洞式渗沟;c)管式渗沟

填石渗沟的排水层采用颗粒较大的碎、砾石材料填充,由于排水阻力较大,一般适宜于流量不大,渗沟不长的地段。沟底纵向坡度不小于1%。

当地下水流量较大且范围较广,或排水距离较长时,可考虑采用管式渗沟或洞式渗沟。管式渗沟底部埋设的管道,一般为陶土或混凝土的预制管,管壁上半部交错留有渗水孔,管径D由水力计算而定,一般为0.4~0.6m,管底设基座,纵坡应采用1%~3%,如图2-2-19所示。洞式渗沟的盖板用条石或混凝土预制板,并预留渗水孔,洞底宽度b约20cm,洞高约20~30cm,盖板长度约为$2b$,板厚P不小于15cm;洞身一般设在不透水层内,以利洞内的水排出路基,如果基础软弱,应设置砂石基础;洞身应具有大于0.5%的纵坡,如图2-2-20所示。

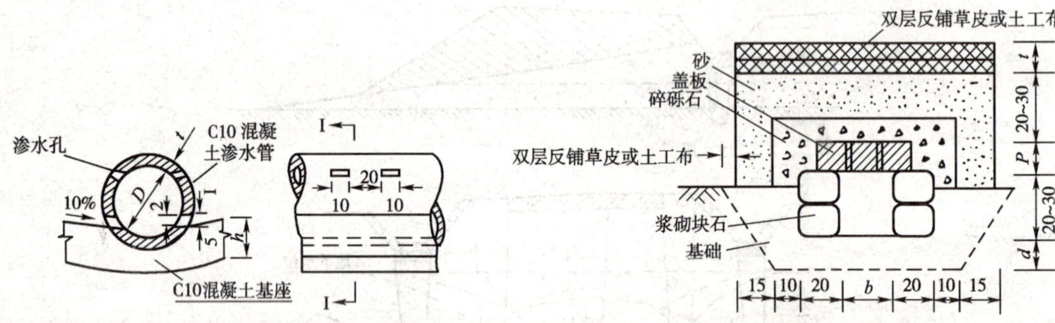

图2-2-19 管式渗沟构造图(尺寸单位:cm)

图2-2-20 洞式渗沟结构示意图(尺寸单位:cm)

渗沟走向尽可能与地下水流相互垂直。渗沟出口必须保证水流顺畅,出口如在路基附近,需防止水流停滞或冲刷路基边坡;冰冻地区的渗沟出口应采取措施,如加大出口沟底纵坡,设保温层等,以保证水流不致冻结。

3.渗井

渗井属于立式地下排水设备,当地下存在多层含水层,其中影响路基的上部含水层较薄,排水量不大,且平式渗沟难以布置,采用立式(竖向)排水,设置渗井,穿过不透水层,将路基范围内的上层地下水,引入更深的含水层中去,以降低上层的地下水位或全部予以排除。图2-2-21为圆形渗井的结构与布置图例。

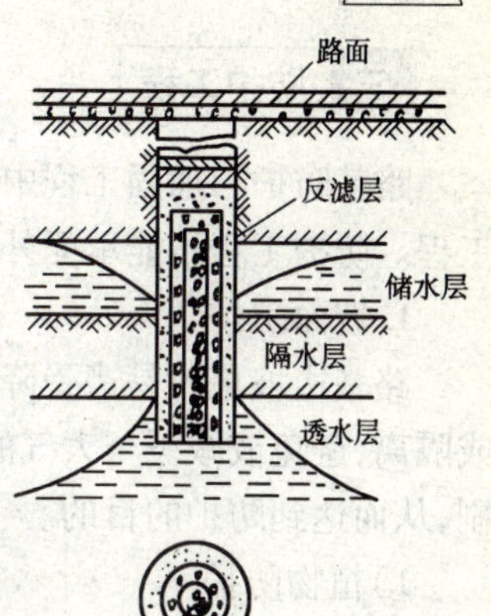

图 2-2-21　渗井结构与布置图例

渗井的平面布置，以及孔径与渗水量，按水力计算而定，一般采用为直径 1.0 ~ 1.5m 的圆柱形。亦可是边长为 1.0 ~ 1.5m 的方形。井深视地层构造情况而定，井内由中心向四周按层次，分别填入由粗而细的砂石材料，粗料渗水，细料反滤。填充料要求筛分冲洗，施工时需用铁皮套筒分隔填入不同粒径的材料，要求层次分明，不得粗细材料混杂，以保证渗井达到预期排水效果。

鉴于渗井施工不易，单位渗水面积的造价高于渗沟，一般尽量少用。当土基含水量较大，路面翻浆严重影响路基、路面的强度，彻底解决地面、地下水又困难时，经与其他技术措施相比较，有条件地选用。

课题三　路基防护与加固

【内容提要】 1. 路基防护与加固工程的分类；2. 防护工程设施；3. 加固工程设施。

【学习目标】

应知：1. 防护工程的作用、布置要求及适用条件；

2. 加固工程的作用、布置要求及适用条件。

一、防护与加固工程的基本概念

由岩、土填挖而成的路基，改变了原地层的天然平衡状态，并大面积裸露于空间，在各种错综复杂的自然因素、行车的长期作用下，路基可能产生各种变形和破坏。为保证路基的稳定和防治路基病害，除做好路基排水外，还必须对路基采取有效的防护与加固措施。

路基防护与加固的目的，在于防止自然因素所引起的路基破坏和过量变形；同时稳定路基美化路容，提高公路的使用品质。防护与加固工程重点在于路基边坡防护及湿软地基的加固，应与路基稳定性及路基排水紧密结合，以保证路基的强度与稳定性。

二、防护与加固工程的分类

路基防护与加固工程设施按其作用不同，可分为：

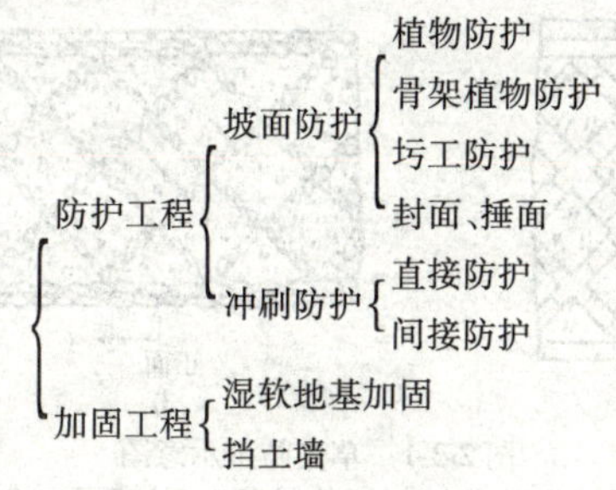

三、防护工程

路基防护与加固工程中，一般把防止风化和冲刷，主要起隔离、封闭作用的措施称为防护工程。防护工程不能承受外力作用，所以要求路基本身必须是稳定的。

1. 坡面防护

路基边坡最容易遭受降水的冲刷、冰冻的损毁和风沙的吹蚀。因此通过对坡面封闭隔绝或隔离，避免或减缓与大气的接触，阻止岩土进一步风化，防止或减缓降水对边坡的冲刷和淘刷，从而达到防护的目的。

1）植物防护

植物防护主要适用于较缓的土质边坡，依靠成活植物的发达根系，深入土层，使表土固结。植物根、茎、叶可以调节表土的湿度，阻滞地表径流，防止或减缓冲刷，防洪保堤。沙漠或积雪地区路基两侧植树，可成为防沙栅和防雪栅。不同的植被，还可起到交通诱导、安全、防眩、吸尘、隔音作用，同时美化路容，协调环境，因此，被视为“生命”防护的植物防护，在一定程度上优于无机物防护。

（1）植被防护

①种草　适用于不陡于1∶1 的适宜草类生长的土质边坡。一般选用根系发达、叶茎低矮的多年生草种，并尽量用几种草籽混种。种草时将草籽加土拌和，均匀撒播在翻松的坡面表土，必要时加铺不小于10cm 厚的种植土层。草籽入土深度不少于5cm，种完后拍实松土，洒水湿润，并注意管理。

②铺草皮　适用于需要快速绿化，且坡率缓于 1∶1 的土质边坡和严重风化的软质岩石边坡。草皮应选择根系发达、茎矮、叶茂、耐旱的草种。草皮规格以不过于损坏根系，便于成活及运输而定，一般为 20cm × 40cm，厚约 6 ~ 10cm。铺草皮前应将坡面整平，必要时加铺 6 ~ 10cm 种植土层。草皮铺砌形式有平铺、水平叠铺、垂直叠铺、斜交叠铺及网格式等，如图 2-3-1 所示。每块草皮钉 2 ~ 4 根竹木梢桩，使草皮与坡面固结。

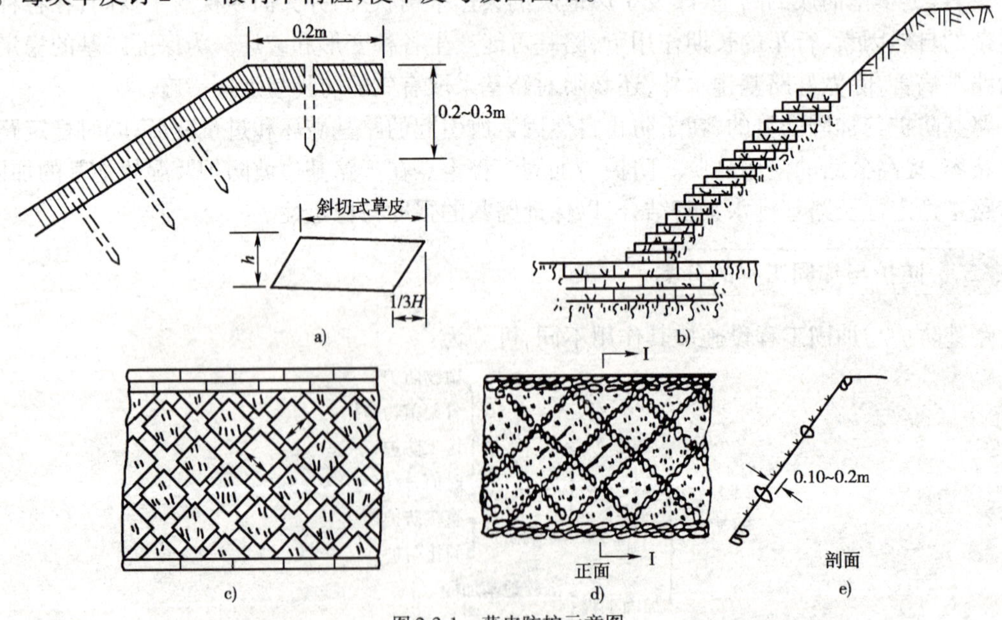

图 2-3-1　草皮防护示意图

a）平铺草皮；b）平铺叠置草皮；c）方格式草皮；d）卵石方格草皮；e）I-I 剖面

③植树 适用于坡率缓于1:1.5的边坡,或在边坡以外的河岸及漫滩外。植树品种应选用根深枝密的低矮灌木类。沿河路堤植树,则以喜水、根深、杆粗的树种,并多排成行栽种,以起到导流、拦流、挑水、促使泥沙淤积,加固堤岸的作用。公路弯道内侧边坡严禁栽植高大树木。植树的平面布置,应根据植树品种、作用,结合当地经验而定,如图2-3-2所示。城市或风景区的植物防护,应与有关部门协调配合。

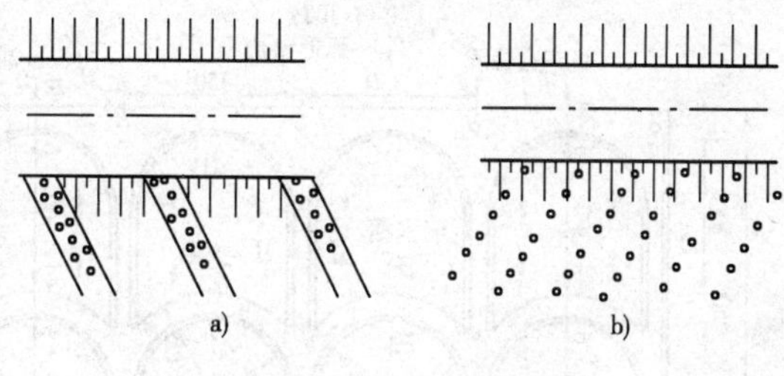

图2-3-2 植树的平面布置

a)带式;b)连续式

(2)三维植被网防护

三维植物网以热塑树脂为原料制成,其结构分为上下两层,组成网包。由于网包能降低雨滴的冲蚀能量,阻断坡面雨水,并能很好地固定填充物(土、营养土、草籽)使其不被雨水冲走,为植被生长创造良好条件。另外,三维网固定在坡面上,直接对坡面起固筋作用。当植物生长茂盛后,根系与三维网盘错、连接、纠缠在一起,坡面和土相接,形成一个固定的绿色复合防护整体,起到复合护坡的作用。

三维植被网中的回填土采用客土或土及含腐殖质土的混合物。

三维植被网适用于砂性土、土夹石及风化岩石,且坡率缓于1:0.75的边坡防护。

(3)湿法喷播

湿法喷播是一种以水为载体的机械化植被建植技术。它采用专门的设备(喷播机)施工。种子在较短时间内萌芽、生长成株、覆盖坡面,达到迅速绿化、稳固边坡的目的。

湿法喷播适用于土质边坡、土夹石边坡、严重风化岩石且坡率缓于1:0.5的路堑和路堤边坡及中央分隔带、立交区、服务区及弃土堆绿化防护。

(4)客土喷播

客土喷播是将客土(提供植物生长的基盘材料)、纤维(基盘辅助材料)、侵蚀防止剂、缓效肥料和种子按一定比例,加入专门设备中充分混合后,喷播到坡面,使植物获得必要的生长基础,达到快速绿化的目的。

客土喷播适用于风化岩石、土壤较少的软质岩石、养分较少的土壤、硬质土壤、植物立地条件差的高大坡面和受侵蚀显著的坡面。当坡率陡于1:1时,宜设置挂网或混凝土框架。

2)骨架植物防护

(1)浆砌片石(混凝土块)骨架植草护坡

浆砌片石(混凝土块)骨架植草防护适用于缓于1:0.75的土质边坡和强风化的岩石边坡。主要用于防止边坡受雨水侵蚀,避免土质坡面上产生沟槽。骨架形式主要有拱形骨架(图2-3-3)、菱形(方格)骨架、人字形骨架、多边形混凝土空心块(图2-3-4)等,应视边坡坡率、土质和当地情况合理选用,并应与周围景观相协调。框架内应采用植物或其他辅助防护措施。

浆砌片石(混凝土块)骨架植草防护既稳定路基边坡,又能节省材料,造价较低,施工方便,造型美观,能与周围环境自然融合,是目前高速公路边坡防护的主要形式之一,值得广泛推广应用。

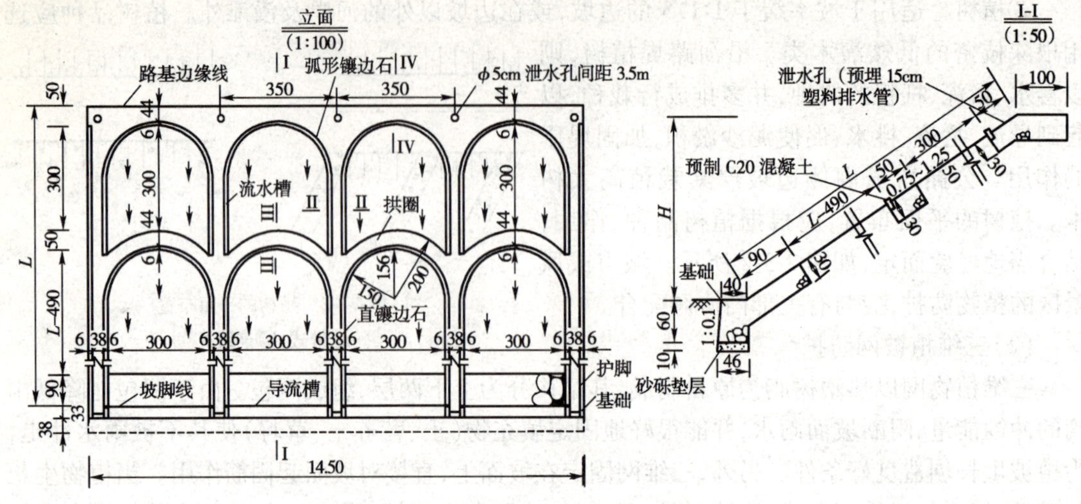

图 2-3-3　拱形骨架护坡(尺寸单位:cm)

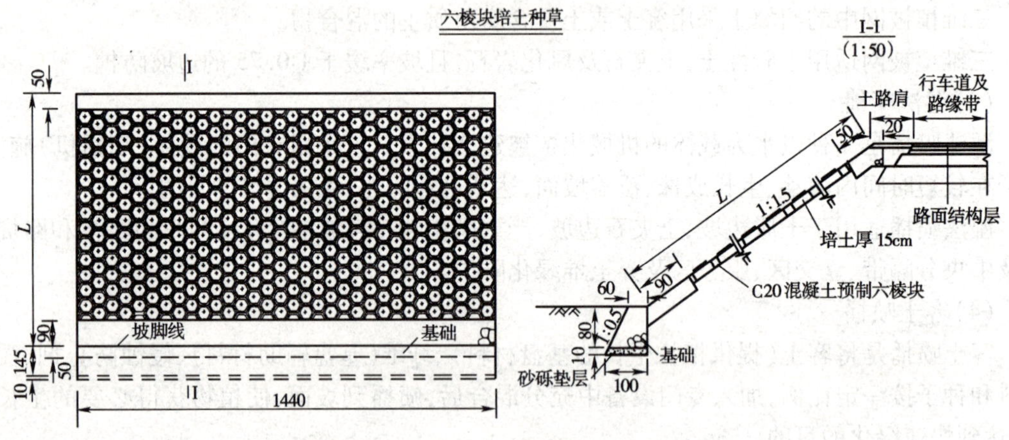

图 2-3-4　六菱块培土种草(尺寸单位:cm)

(2)锚杆混凝土框架植物防护

锚杆混凝土框架植物防护适用于土质边坡和坡体中无不良结构面、风化破碎的岩石路堑边坡。锚杆采用非预应力的全长粘结型锚杆,其间距、长度应根据边坡地质情况确定。锚杆保护层厚度不应小于 20mm。框架应采用钢筋混凝土,混凝土强度不应低于 C25,框架几何尺寸应根据边坡高度和地层情况确定。

锚杆混凝土框架植物防护形式有多种组合:锚杆混凝土框架 + 喷播植草、锚杆混凝土框架 + 挂三维土工网 + 喷播植草、锚杆混凝土框架 + 土工格室 + 喷播植草、锚杆混凝土框架 + 混凝土空心块 + 喷播植草。

3)圬工防护

(1)喷护和锚杆挂网喷浆(混凝土)

喷护适用于坡率缓于 1:0.5、易风化但未遭强风化的岩石边坡。喷浆防护厚度不宜小于 50mm,采用的砂浆强度不应低于 M10。喷射混凝土防护厚度不宜小于 80mm,混凝土强度不应

低于 C15。

当坡面为碎裂结构的硬质岩石或层状结构的不连续地层以及坡面岩石与基岩分开并有可能下滑的挖方边坡，可采用锚杆挂网喷浆（混凝土）。锚杆挂网喷浆（混凝土）是在混凝土内设置钢筋网，并通过锚杆或锚固钉固定于岩石边坡上。混凝土强度不应低于 C15，厚度宜为 100 ~250mm。

喷护和锚杆挂网喷浆（混凝土）坡面应设置泄水孔和伸缩缝。

(2)护坡

砌石护坡有干砌片石护坡和浆砌片石护坡，如图 2-3-5 所示。干砌片石护坡适用于坡度缓于 1:1.25 的土（石）质路堑边坡，厚度不宜小于 250mm，一般可分为单层铺砌和双层铺砌两种。

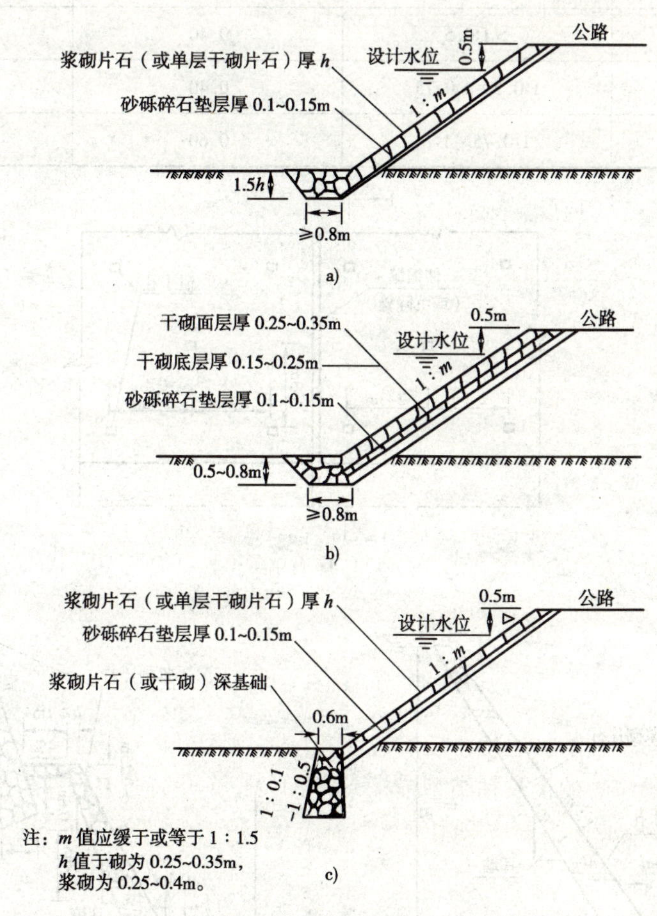

图 2-3-5　石砌护坡图

a)单层石砌护坡；b)双层石砌护坡；c)深基础石砌护坡

浆砌片（卵）石护坡适用于坡度缓于 1:1 的易风化岩石和土质路堑边坡。浆砌片（卵）石护坡的厚度不宜小于 250mm，砂浆强度不应低于 M5，护坡应设置伸缩缝和泄水孔。

无论是干砌还是浆砌，均应在铺砌层下设置碎石或砂砾垫层，厚度不宜小于 100mm。

在缺乏石料的地区，可采用水泥混凝土预制块防护路基。预制块的混凝土强度不应低于 C15，在严寒地区不应低于 C20。

(3)护面墙

护面墙适用于防护易风化或风化严重的软质岩石或较破碎岩石的挖方边坡,以及坡面易受侵蚀的土质边坡,边坡不宜陡于1:0.5。护面墙除自重外,不承受其他载重,也不承受墙后土压力,所以护面墙所防护的边坡应该是稳定的。其构造与布置如图2-3-6所示。墙高与厚度及路堑边坡的关系,参见表2-3-1。

护面墙的厚度参考表　表2-3-1

护面墙高度 H (m)	路堑边坡	护面墙厚度(m)	
		顶宽 b	底宽 d
≤2	1:0.5	0.40	0.40
≤6	>1:0.5	0.40	$0.40+H/10$
$6<H\leq10$	1:0.5~1:0.75	0.40	$0.40+H/20$
$10<H\leq16$	1:0.75~1:1	0.60	$0.60+H/20$

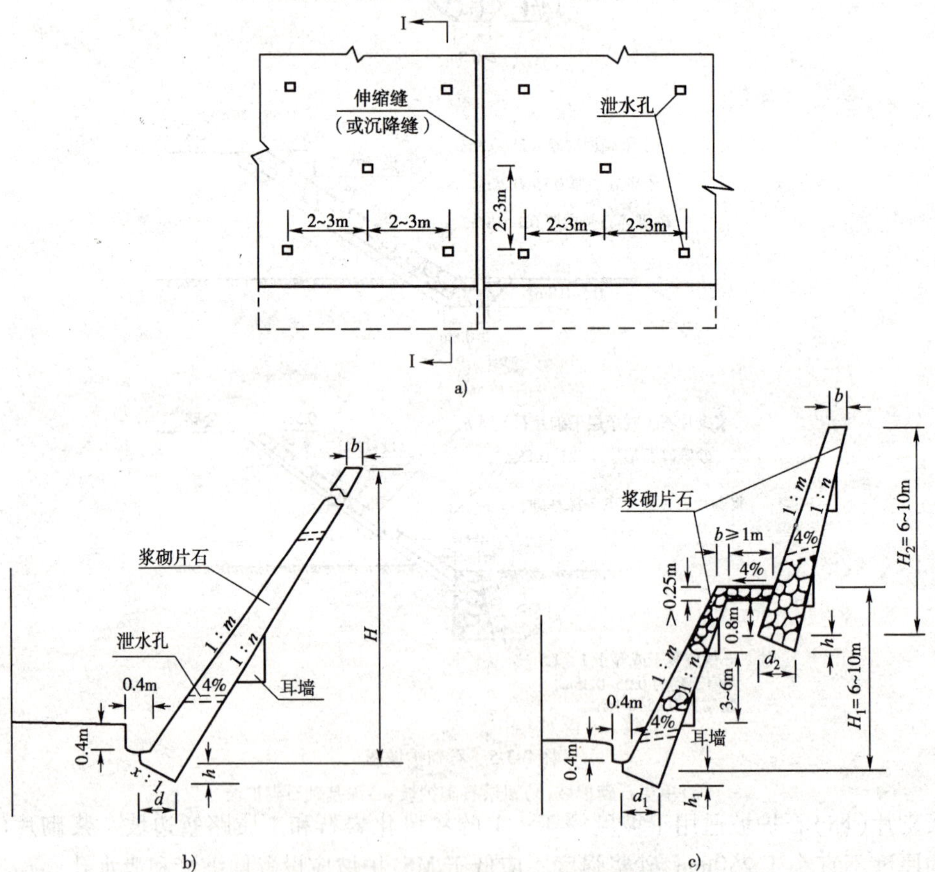

图2-3-6　护面墙示意图(尺寸单位:m)
a)正面;b)剖面I-I;c)两级护面墙

单级护面墙的高度不宜超过10m,对于较高或有松散夹层的护面墙,可以分级并设

≥1.0m平台，如图2-3-6c)、图2-3-7所示。护面墙的墙顶应封闭，墙背可设耳墙，纵向每10m设一伸缩缝，墙身应预留泄水孔。基础应设置在稳定的地基上，埋置深度应根据地质条件确定。冰冻地区，应埋置在冰冻线以下不小于250mm。护面墙前趾应低于边沟铺砌的底面。

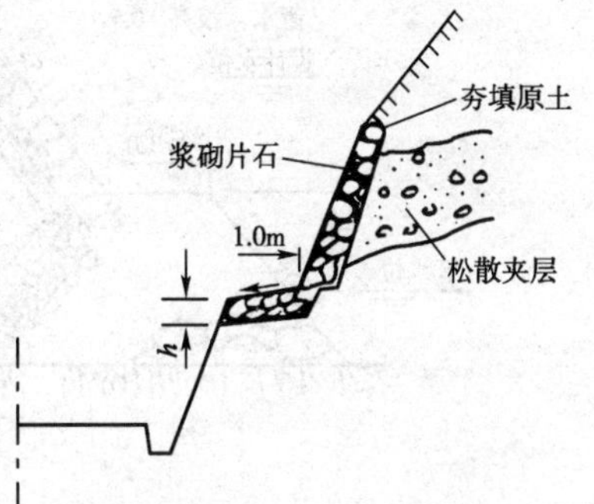

图2-3-7　防护松散层的护面墙

护面墙可分为实体式、窗孔式、拱式等类型，应根据边坡地质条件合理选用。

护面墙应采用浆砌片、块石结构，缺乏石料的地区，也可以采用现浇混凝土或预制混凝土结构。

4)封面、捶面

(1)封面

封面防护适用于坡面较干燥、未经严重风化的各种易风化岩石边坡，但不适用于有煤系岩层及成岩作用很差的红色粘土岩组成的边坡。高速公路路基边坡不宜采用抹面防护。

抹面材料可采用石灰炉渣灰浆、石灰炉渣三合土或水泥石灰砂浆，表层可涂软化点稍高于当地气温的沥青保护层。抹面厚度宜为30~70mm。

(2)捶面

捶面防护适用于边坡坡率缓于1:0.5、易受冲刷的土质边坡和易风化剥落的岩石边坡，不宜用于高速公路路基边坡。

捶面材料可采用水泥炉渣混合土，也可用石灰炉渣三合土或四合土。捶面宜采用等厚截面，其厚度宜为100~150mm。

抹面和捶面防护应间隔2~3m交错设置泄水孔，孔径为10cm。大面积坡面上的封面，应设置伸缩缝，伸缩缝的间距不宜超过10m。

2. 冲刷防护

冲刷防护一般分为直接防护和间接防护两类。直接防护包括植物、砌石、抛石、石笼、挡土墙等；间接防护主要包括丁坝和顺坝等导治构造物及改移河道，营造防护林带等。

1)直接防护

直接防护是在稳定的边坡上直接加固的一种措施，其特点是不干扰或很少干扰原来的水流性质。用于冲刷防护的植物防护应符合坡面防护的有关规定。在沿河路基外的河滩上植造防水林带，其平面布置以多行带状或梅花式为宜。用于冲刷防护的干(浆)砌片石(混凝土块)护坡除应符合坡面防护的有关规定外，基础应埋置在冲刷线以下0.5~1.0m。当水流流速为3.0~5.0m/s时，宜采用抛石防护；流速大于5.0m/s，或如过多压缩河床会造成上游壅水时，则改用石笼防护或设置驳岸、浸水挡土墙等支挡结构物。

(1)抛石防护

图2-3-8为抛石防护示意图，类似于陡坡路堤在坡脚处设置石垛，其中：①适用于新建公路；②适用于旧路路堤抛石垛。流速大、水很深、波浪高的路段，抛石应采用较大粒径的石块，石料块径应大于0.3m。抛石垛的边坡坡率m_2一般为1:1.25~1:3，m_1为1:1.5~1:2。抛石防护的顶宽不应小于所用最小石料块径的两倍。

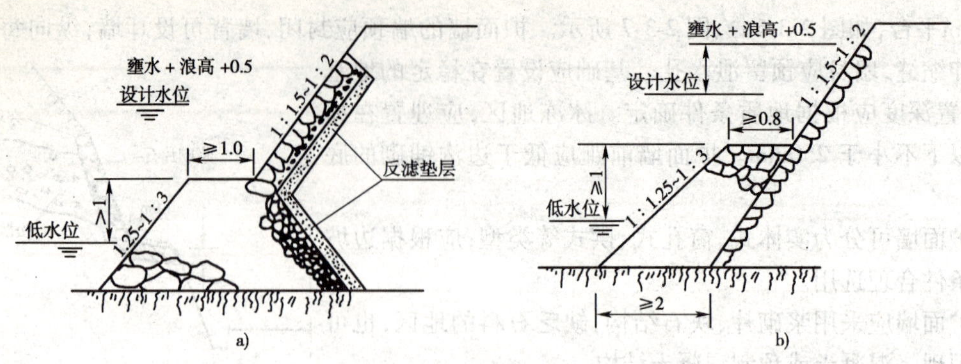

图 2-3-8　抛石防护(尺寸单位:m)

(2)石笼防护

沿河路堤坡脚或河岸,当受水流冲刷和风浪侵袭,且防护工程基础不易处理或沿河挡土墙、护坡基础局部冲刷深度过大时,可采用石笼防护。

石笼防护是用铁丝编织成框架,内填石料,设置在坡脚处,图 2-3-9 为石笼形式示意图。笼内填石粒径一般为 5 ~ 20cm,外层石料要求有棱角,内层用较小石块填充。铺砌时,用于防止冲刷淘底的石笼,应按图 2-3-10 中 a)布置;用于防止堤岸边坡冲刷时,应按图 2-3-10 中 b)布置。单个石笼的大小,以不被相应速度的水流冲动为宜,铺设时须用碎(砾)石垫层铺平,底层各角,可用铁棒固定于基底。

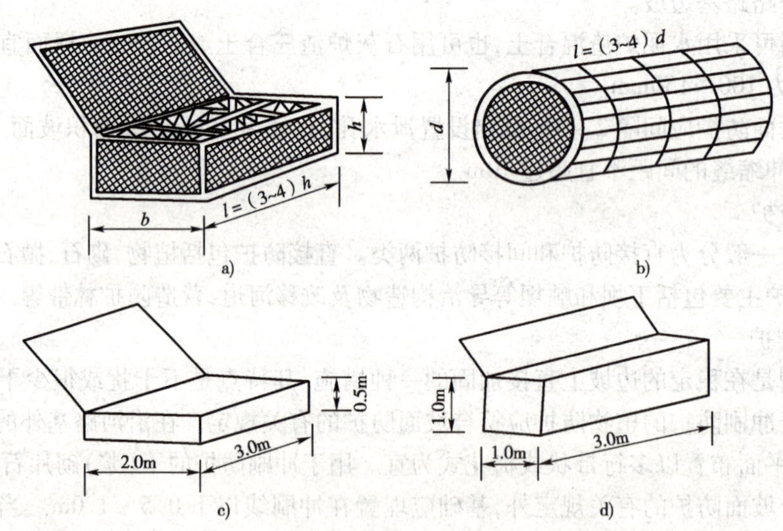

图 2-3-9　石笼的形式

a)箱形;b)圆柱形;c)扁形;d)柱形

驳岸或浸水挡墙是一种比较耐久的防护结构物,适宜在沿河路基用地狭窄、水流作用强烈、路基边坡欠坚固等情况下采用。驳岸或浸水挡墙的结构与布置,大体上相似,驳岸主要承受水流作用,而浸水挡墙除防止水流外,还承受来自路堤的土压力,故对其要求比驳岸要高,有时需采用混凝土或钢筋混凝土修筑。

浸水挡墙的结构将在加固工程中介绍。

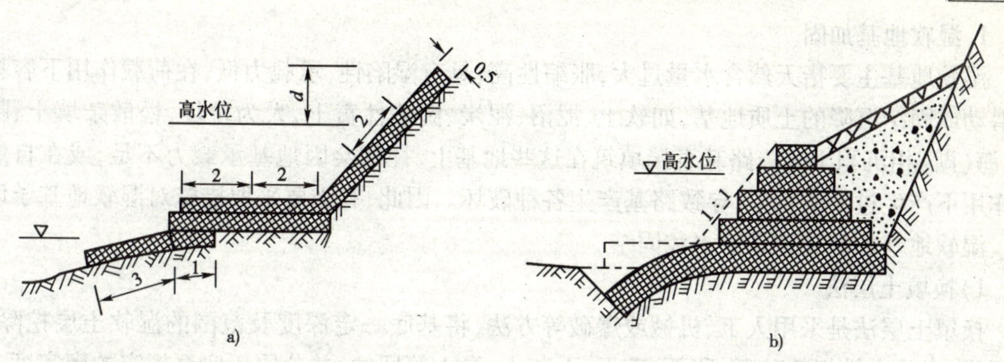

图 2-3-10 铁丝石笼防护(尺寸单位:m)

2)间接防护

采用导流或阻流的方法,改变水流性质,消除或减缓水流对路基边坡的直接冲刷和淘刷,或者迫使主流流向偏离被防护的路段,改变河槽中冲刷和淤积的部位,以及必要的改河工程,均属于间接防护。一般地,在河床宽敞、冲刷和淤积基本相等,防护路段较长,流速较低的河段采用间接防护较直接防护经济。常用的导流结构物一般有丁坝、顺坝、格坝及必要的改河工程。图 2-3-11 为导流结构物综合布置图例。

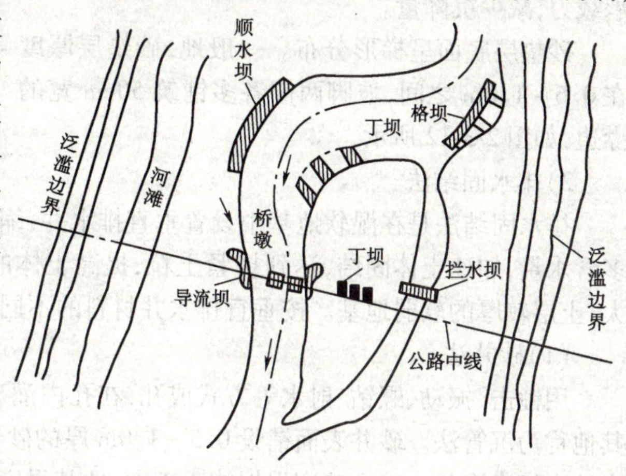

图 2-3-11 导流结构物综合布置图

丁坝也称挑水坝,是指坝根与岸滩相接,坝头伸向河槽,坝身与水流方向成某一角度,能将水流挑离河岸的结构物。丁坝一般用来束水归槽,改善水流状态,保护河岸。

顺水坝为坝根与岸滩相接,坝身与堤岸平行的结构物。主要用于导流、束水、调整河道曲度,改变流态,也可称导流坝。

当顺水坝较长,距离河岸间距较大时,为防止水流冲走沉积泥沙,使坝体与河岸相连,在顺水坝与河岸之间设置一道或几道横格,形成格坝。格坝一端与顺坝相连,另一端嵌入河岸,相当于构成勾头丁坝。

改河移道可以将直接冲刷及淘刷路基的水流引离路基。挖滩改河,清除孤石,有利布置路线,减少桥涵。但改河移道涉及水流改向,影响大且投资高,故改河通常在较短的河道上进行,并力求顺河势,使新河槽符合自然河流特征,不致使水重归故道。这些措施,需经多方论证,慎重考虑,确有必要时方可按设计实施。

四、加固工程

把防止路基或山体因重力作用而坍滑,地基承载力不足而沉陷,主要起支承、加固作用的结构物称为加固工程。它们当中有些措施往往兼有防护与加固作用。

1. 湿软地基加固

湿软地基主要指天然含水量过大，胀缩性高，具有湿陷性，承载力低，在荷载作用下容易产生滑动或固结沉降的土质地基，如软土、泥沼、泥炭、湿陷性黄土、人为垃圾、松散杂填土、膨胀土、海(湖)相沉积土等。路基直接填筑在这些地基上，往往会因地基承载力不足，或在自然因素作用下产生过大的变形，导致路基产生各种破坏。因此，有必要采取措施对湿软地基予以加固。湿软地基加固关键是治水和固结。

1)换填土层法

换填土层法是采用人工、机械或爆破等方法，将基底一定深度及范围的湿软土层挖除，换以强度大、稳定性好的砂砾、卵石、碎石、石灰土、素土等回填，并分层压实至规定的密实度。如当地石料丰富，亦可直接在路基基底抛投片石，将湿软土层挤出基底范围，以提高路基强度。换填砂垫层，可起到加速软弱土层排水固结，提高承载力，减少沉降量。

砂垫层底面呈梯形分布。一般地，砂垫层厚度在0.6～1.0m之间，坡脚两侧各多铺筑50cm宽的襟边，如图2-3-12所示。

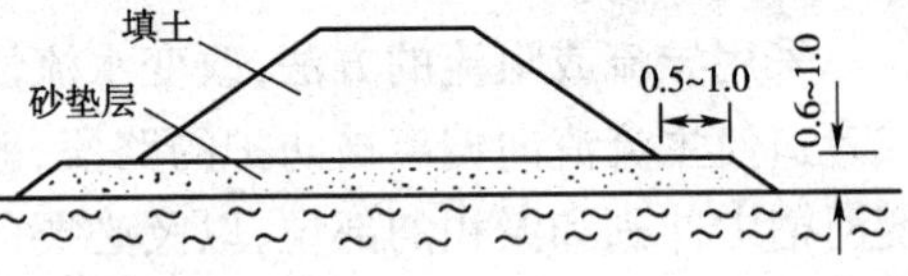

填土
砂垫层
0.5~1.0
0.6~1.0

图2-3-12　砂垫层断面图(尺寸单位：m)

2)排水固结法

排水固结法是在湿软地基中设置垂直排水井，缩短排水距离，运用堆载预压，挤出土中过多含水量，加速土体固结，达到挤紧土粒，提高土体的抗剪强度。因此，该法适用于含水量过大，土层较厚的软弱地基。按垂直排水井材料的不同，可分为砂井法和排水板法。

(1)砂井法

用锤击、振动、螺钻、射水等方式成孔，在孔内灌砂而形成砂井。射水法成孔称为水冲法，其他称为沉管法。砂井表面铺设0.5～1.0m厚的砂垫层或砂沟。就路基而言，加载工作往往直接由填土取代。填土速度根据施工工期、地基强度增长情况分级填筑，以每昼夜地面沉降量不超过1.5cm，坡脚侧向位移不超过0.5cm来控制。砂井直径多为30～40cm，间距2～4m，平面上呈三角形或正方形布置，尤以三角形布置效果为佳。砂井用砂为中粗砂，含泥量不宜大于3%，砂井布置如图2-3-13及图2-3-14所示。

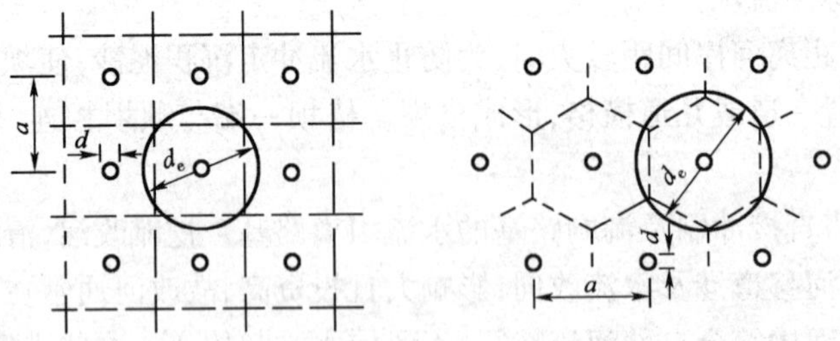

图2-3-13　砂井平面布置图

为了缩短砂井排水距离，往往预先在直径约7cm的圆筒状编织袋里装满砂，然后放入成孔中。此法称袋装砂井法，该法能保证砂井的密实性和连续性，成孔时对土层扰动少，并具有施工机具简单、成本低等优点。袋装砂井井距一般为1～1.4m，其他与普通砂井相同。

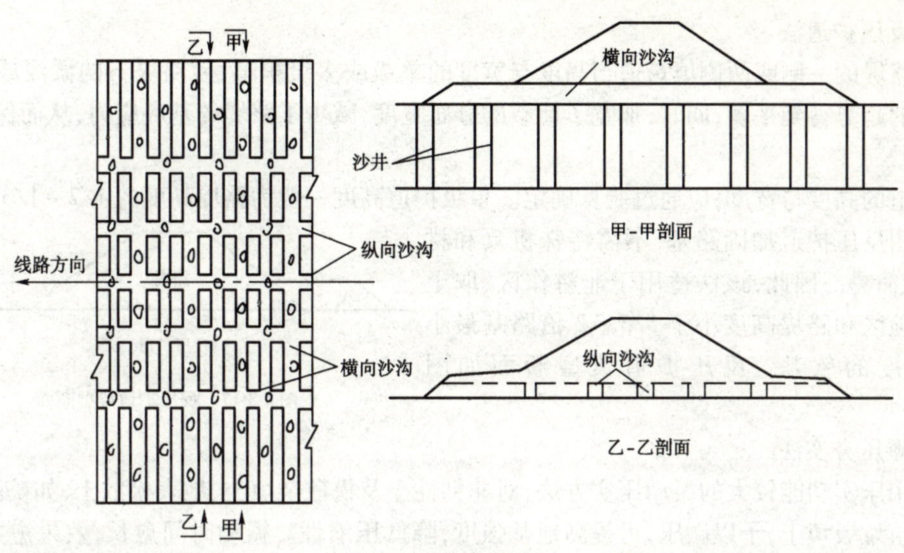

图 2-3-14　砂井

(2)排水板法

用纸板、纤维、塑料或绳子代替砂井的砂做成排水井。其原理和方法完全与砂井排水法一致。目前基本上以带沟槽的塑料芯板作为排水板,因此,又称塑料板法,塑料排水板的结构如图 2-3-15 所示。

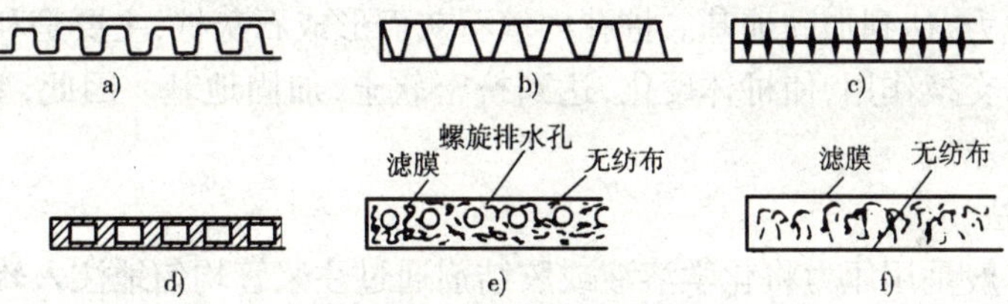

图 2-3-15　塑料排水板的结构

a)Π槽塑料板;b)梯形槽塑料板;c)△槽塑料板;d)硬透水膜塑料板;e)无纺布螺旋孔排水板;f)无纺布柔性排水板

此外,排水固结法还有降水预压和真空预压等新技术。

3)土工织物法

在路堤下面与地表之间铺设一层或多层具有较高抗拉强度及较大渗透性的土工聚合高分子化学材料。这种柔性滤层既能起到扩大基础分散荷载的作用,同时土工织物能承受拉力,增加了一个稳定力矩,并且不影响排水,如图 2-3-16 所示。

砂垫层
土工织物

图 2-3-16　土工织物加固

土工织物分有纺和无纺两类,无纺多用作渗滤材料;有纺多用作补强材料。

为保护土工织物不被硬物刺破,并增大摩擦力,一般情况下均在土工织物上、下铺设 0.2 ~0.3m 左右的砂垫层。实践证明效果良好。

在生产实践中,往往将土工织物与排水固结相结合,共同作用,综合处理。这样,既保持土工织物功能,又加速了排水固结作用,迅速提高极限承载力,而且对地基的沉降也有改善作用,减少了路堤中心的沉降量。目前多用“塑板排水 + 土工织物”作综合处理。

4)反压护道法

在路堤的一侧或两侧填筑适当高度与宽度的单级或多级护道,使路堤下的淤泥或泥炭两侧隆起的趋势得到平衡;同时,加宽了荷载的分布宽度,减少了路堤的基底应力,从而保证路堤的稳定。

护道的高度与宽度,应通过验算确定。单级护道高度一般为路堤高度的1/2~1/3。

采用反压护道加固路基,不需特殊机具和材料,施工简易。因此,该法适用于非耕作区、取土不困难地区和路堤高度小于5/3~2倍路基最小填土高度的软基。反压护道典型断面如图2-3-17。

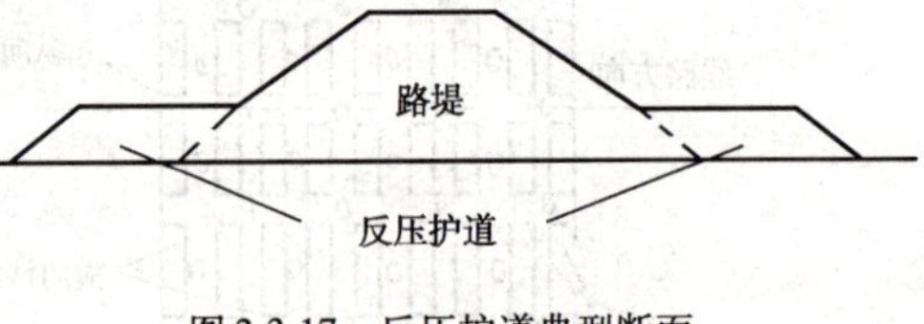

图2-3-17 反压护道典型断面

5)碾压夯实法

采用压实功能较大的振动压实方法,对非粘性土及松散杂填土、地表松散土,如矿渣、碎砖瓦等建筑垃圾填土,予以碾压,可提高地基强度,降低压缩性。振动时间愈长,效果愈好,但时间过长对压实无明显提高。对细粒填土,振动时间以3~5min为宜;对建筑垃圾,振动碾压时间略大于1 min合适。

6)挤密法

地基成孔后在孔内灌以砂、石、土、石灰土或石灰等材料,捣实而成直径较大的桩体。利用桩体横向之间的相互挤紧作用,使地基土粒相互紧密,减少孔隙,桩体与原土组合而成复合地基,提高地基承载力,达到加固地基。桩孔内填石灰而形成石灰桩,主要是利用生石灰的吸水、膨胀、发热及离子交换作用,使桩体硬化,达到挤密软土,加固地基。因此,要求生石灰是新鲜的,灰块必须粉碎。

7)化学加固法

化学加固,一般是用压力将化学溶液或胶结剂通过注浆管均匀地注入软基土层中,经过短暂时间后,使土颗粒胶结起来凝成一个整体,达到对土基加固的目的,并能起到防渗作用。目前化学溶液主要有下列几类:水玻璃溶液为主的浆液,价格昂贵;丙烯酸氨为主的浆液,效果较好,价高难以推广;水泥浆;以及纸浆废液为主的浆液等。

以上仅简略地介绍了已有的几种地基加固方法,有的已在国内公路路基工程中运用,有的新技术还在研讨。湿软地基加固,规模大,造价高,应注重技术和经济两方面的研究。同时,地基加固是路基主体工程的一部分,要结合路基标高、断面形式等方面综合处治。随着公路建设的高速发展,包括地基加固在内的路基防护与加固方法在理论与实践上必将有新的发展与突破。

2. 挡土墙

1)挡土墙的分类及用途

为防止路基填土或山坡土体坍塌而修筑的承受土体侧压力的墙式构造物,称为挡土墙。在公路工程中,它广泛应用于支撑路堤填土或路堑边坡,以及桥台、隧道洞口和河流堤岸等处。

路基工程中,挡土墙的建筑费用较高,故路基设计时,应与其他可能的工程方案进行技术、经济比较,择优选定。

按照挡土墙设置的位置挡土墙可分为:路堑墙、路堤墙、路肩墙和山坡墙等类型,如图

2-3-18 所示。

按照挡土墙的结构型式挡土墙可分为：重力式挡土墙、锚定式挡土墙、薄壁式挡土墙、加筋土挡上墙等。

按照挡土墙的墙体材料，挡土墙可分为：石砌挡土墙、混凝土挡土墙、钢筋混凝土挡土墙、钢板挡土墙等。

挡土墙各部分名称如图 2-3-18a）所示。

挡土墙设置位置不同，其用途也不相同。

路堑墙设置在路堑坡底部，主要用于支撑开挖后不能自行稳定的边坡，同时可减少挖方数量，降低挖方边坡的高度（图 2-3-18a）。

路堤墙设置在高填土路堤或陡坡路堤的下方，可以防止路堤边坡或基底滑动，同时可以收缩路堤坡脚，减少填方数量，减少拆迁和占地面积（图 2-3-18b）。

路肩墙设置在路肩部位，墙顶是路肩的组成部分，其用途与路堤墙相同。它还可以保护临近路线既有的重要建筑物（图 2-3-18c）。沿河路堤，在傍水的一侧设置挡土墙，可以防止水流对路基的冲刷和侵蚀，也是减少压缩河床的有效措施（图 2-3-18d）。

山坡墙设置在路堑或路堤上方，用于支撑山坡上可能坍滑的覆盖层、破碎岩层或山体滑坡如图 2-3-18e）、图 2-3-18f）。

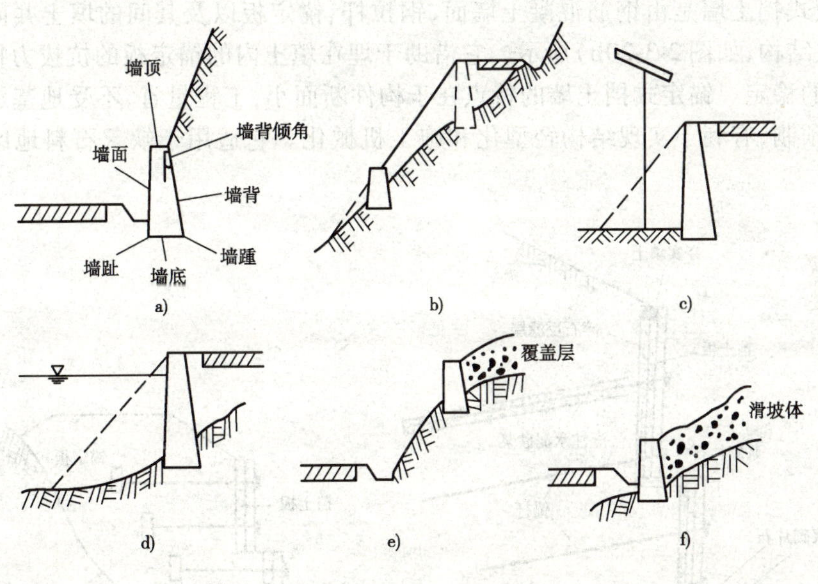

图 2-3-18 设置挡土墙的位置

a）路堑墙；b）路堤墙（虚线为路肩墙）；c）路肩墙；d）浸水挡土墙；e）山坡挡土墙；f）抗滑挡土墙

2）挡土墙的使用条件

（1）重力式挡土墙

重力式挡土墙依靠墙身自重支撑土压力来维持其稳定。一般多用片（块）石砌筑，在缺乏石料的地区有时也用混凝土修建。图 2-3-18 所示的挡土墙均为重力式挡土墙。重力式挡土墙形式简单，施工方便，可就地取材，适应性较强，故被广泛应用，但其圬工数量较大，对地基的承载能力要求较高。

(2)加筋土挡土墙

加筋土挡土墙是填土、拉筋、面板三者的结合体,如图2-3-19所示。填土和拉筋之间的摩擦力改善了土的物理力学性质,而使得填土与拉筋结合为一个整体。在这个整体中起控制作用的是填土与拉筋之间的摩擦力。面板的作用是阻挡填土坍落挤出,迫使填土与拉筋结合为整体。

加筋土挡土墙属于柔性结构,对地基变形适应性大,建筑高度大,具有省工、省料、施工方便、快速等优点,适用于填土路基。

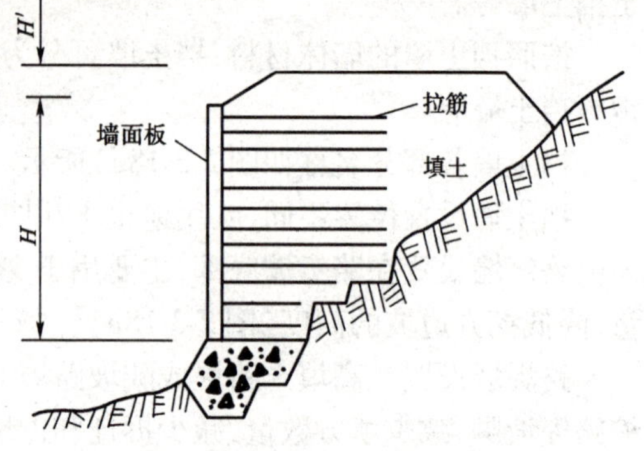

图2-3-19 加筋挡土墙

(3)锚定式挡土墙

锚定式挡土墙可分为锚杆式和锚定板式两种。

锚杆式挡土墙是由预制的钢筋混凝土立柱、挡土板构成墙面,与水平或倾斜的钢锚杆联合组成,如图2-3-20a)所示。锚杆的一端与立柱连接,另一端被锚固在山坡深处的稳定岩层或土层中。墙后侧向土压力由挡土板传给立柱,由锚杆与稳定岩层或土层之间的锚固力,使墙获得稳定。它适用于墙高较大,缺乏石料或挖基困难地区,具有锚固条件的路堑挡土墙。

锚定板式挡土墙是由钢筋混凝土墙面、钢拉杆、锚定板以及其间的填土共同形成的一种组合挡土结构,如图2-3-20b)所示。它借助于埋在填土内的锚定板的抗拔力抵抗侧土压力,保持墙的稳定。锚定式挡土墙的特点在于构件断面小,工程量省,不受地基承载力的限制,构件可预制,有利于实现结构轻型化和施工机械化。它适用于缺乏石料地区的路肩墙或路堤墙。

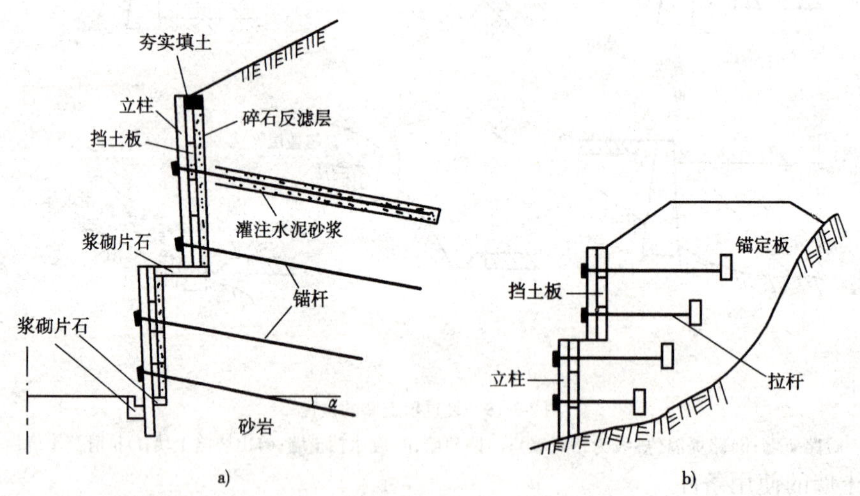

图2-3-20 锚定式挡土墙

a)锚杆式挡土墙;b)锚定板式挡土墙

(4)薄壁式挡土墙

薄壁式挡土墙属于钢筋混凝土结构,可以分为悬臂式和扶壁式两种。

悬臂式挡土墙由立壁、墙趾板和墙踵板三个部分组成,如图2-3-21a)所示。当墙身较高

时,沿墙长每隔一定距离加设扶壁(肋板)连接墙面板及踵板,构成扶壁式挡土墙,如图2-3-21b)所示。薄壁式挡土墙结构的稳定不是依靠本身的重量,主要依靠墙踵板上的填土重量来保证。它具有断面尺寸较小,自重轻,能修建在较弱的地基上等优点,适用于城市或缺乏石料的地区。其缺点是需耗用一定数量的水泥和钢筋,施工工艺较为复杂。

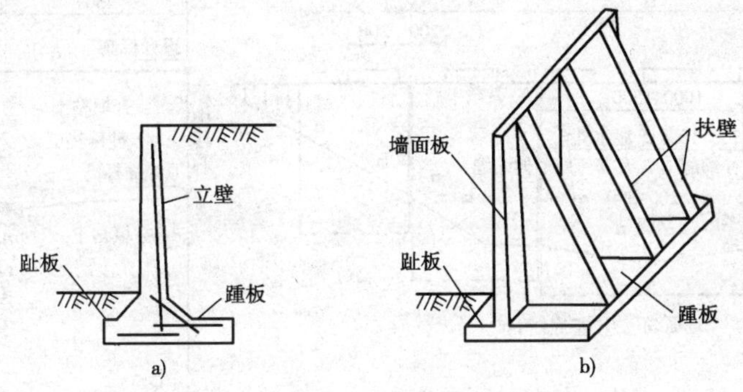

图2-3-21 薄壁式挡土墙
a)悬壁式挡土墙;b)扶壁式挡土墙

3)挡土墙的布置

挡土墙的布置是挡土墙设计的一个重要内容,通常是在路基横断面图和墙趾纵断面图上进行,个别复杂的挡土墙尚应作平面布置。

(1)横向布置

横向布置主要是在路基横断面图上进行,其内容有:选择挡土墙的位置,确定断面形式,绘制挡土墙横断面图等。

①挡土墙的位置选择

路堑挡土墙,大多设置在边沟的外侧。路肩墙应保证路基宽度布设。路堤墙应与路肩墙进行技术经济比较,以确定墙的合理位置。路堤墙与路肩墙的墙高或圬工数量相近,其基础情况亦相仿时,宜做路肩墙,因为采用路肩墙可减少填方和占地;但当路堤墙的墙高或圬工数量比路肩墙显著降低,且基础可靠时,则宜作路堤墙。浸水挡土墙应结合河流情况布置,以保持水流顺畅,不致挤压河道而引起局部冲刷。山坡挡土墙应考虑设在基础可靠处,墙的高度应保证设墙后墙顶以上边坡的稳定性。

②确定断面形式,绘制挡土墙横断面图

不论是路堤墙,还是路肩墙,当地形陡峻时,可采用俯斜式或衡重式;地形平坦时,则可采用仰斜式。对路堑墙来说,宜用仰斜式或折线式。

挡土墙横断面图的绘制,选择在起讫点、墙高最大处、墙身断面或基础形式变异处,以及其他必须桩号处的横断面图上进行。根据墙身形式、墙高和地基与填料的物理力学指标等设计资料,进行设计或套用标准图,确定墙身断面尺寸,基础形式和埋置深度,布置排水设施,指定墙背填料的类型等。

(2)纵向布置

纵向布置主要在墙址纵断面图上进行,布置后绘制挡土墙正面图,如图2-3-22所示。

①确定挡土墙的起讫点和墙长,选择挡土墙与路基或其他结构物的连接方式。

路肩墙与路堑连接应嵌入路堑中2~3m;与路堤连接采用锥坡和路堤衔接;与桥台连接时,为了防止墙后回填土从桥台尾端与挡土墙连接处的空隙中溜出,应在台尾与挡土墙之间设置隔墙及接头墙。

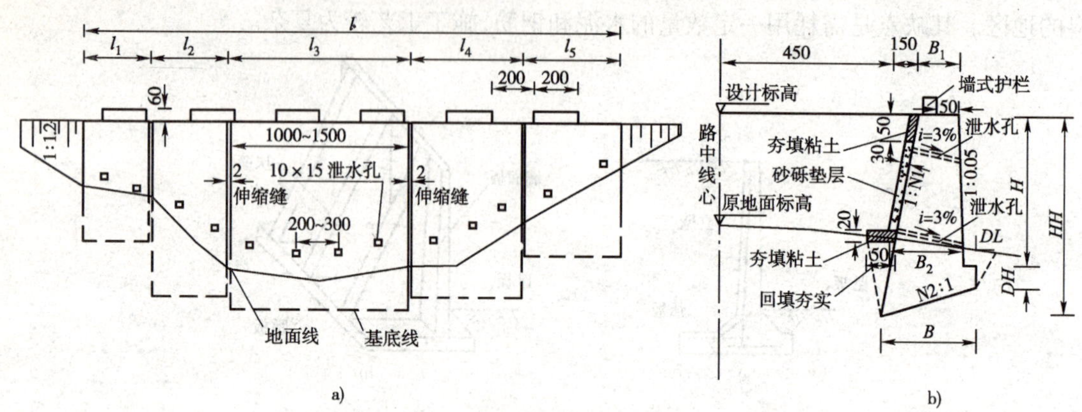

图2-3-22 挡土墙(尺寸单位:cm)
a)正面图;b)断面图

路堑挡土墙在隧道洞口应结合隧道洞门、翼墙的设置情况平顺衔接;与路堑边坡衔接时,一般将墙顶逐渐降低到2m以下,使边坡坡脚不至于伸入边沟内,有时也可用横向端墙连接。

②按地基及地形情况进行分段,布置沉降伸缩缝的位置。

③布置各段挡土墙的基础。

沿挡土墙长度方向有纵坡时,挡土墙的纵向基底宜做成不大于5%的纵坡。当墙趾地面纵坡不超过5%时,基底可按此纵坡布置;若大于5%时,应在纵向挖成台阶,台阶的尺寸随地形而变化,但其高宽比不宜大于1:2。地基为岩石时,纵坡虽不大于5%,为减少开挖,也可在纵向做成台阶。

④布置泄水孔和护栏(或护柱、护墙)的位置,包括数量、尺寸和间距。

⑤标注各特征断面的桩号,及墙顶、基础、基底、冲刷线、冰冻线和设计洪水位的标高等。

(3)平面布置

对于个别复杂的挡土墙,如高的、长的沿河挡土墙和曲线挡土墙,除了横、纵向布置外,应作平面布置,并绘制平面布置图。

在平面图上,应标示挡土墙与路线平面位置的关系,与挡土墙有关的地物、地貌等情况,沿河挡土墙还应标示河道及水流方向,以及其他防护、加固工程等。

在挡土墙设计图纸上,应附有简要说明,说明选用挡土墙设计参数的依据,主要工程数量,对材料和施工的要求及注意事项等,以利指导施工。

单元三　路 面 工 程

课题一　概　述

【内容提要】 1. 对路面的要求；2. 路面的结构和层次划分；3. 路面的分级和分类。

【学习目标】

应知：1. 路面的基本要求；

2. 路面分级及各级路面特点；

3. 路面各结构层的划分及其作用。

一、对路面的要求

路面就是用各种材料铺筑在路基上供车辆行驶的层状构造物。它不仅对路基起着加强和保护的作用，还改善了道路条件，使汽车能以一定的速度安全、舒适而经济地在道路上全天候行驶。因此，路面的质量（包括施工和养护质量）对发挥道路运输经济效益具有十分重要的作用。

路面暴露在自然界中，除直接承受车轮荷载作用外，还直接受水、温度、阳光、空气等自然因素的影响。

1. 行车荷载对路面的影响

汽车是路面的服务对象，也是使路面遭受破坏的最直接的因素。车辆对路面的破坏作用，与车辆荷载的大小和它的作用次数有关。

汽车的运动状态可分为停驻状态和行驶状态。当汽车处于停驻状态时，对路面的作用力为垂直压力（重力）P。当汽车处于行驶状态（包括起动、匀速行驶、加速、减速、制动和转弯等）时，除了对路面有垂直压力 P 外，还有水平力 Q 作用，并伴有振动力和冲击力作用。垂直压力数值相对比较大，影响范围深（一般可达到路基内 50～80cm），是路面厚度计算的基本依据；而水平力数值相对比较小，只有在紧急制动时才有较大数值（据测定，汽车在正常行驶时，Q 约为（0.2～0.3）P；当制动和起动时，Q 约为（0.75～0.8）P，只作用在面层较小深度范围内（约为 10～20cm），对面层以下各层几乎没有影响。因此，为防止水平力作用在面层产生推挤、拥包、波浪等破坏现象，面层材料必须有足够的抗剪强度。

车辆对路面的作用次数一般用交通量来表示。交通量是在单位时间(小时、月或年)内通过整个路面横断面的往返车辆数。路面的交通量是随时间的变化而变化的,在路面设计中,只考虑交通量逐年变化的情况并近似采用年平均日交通量表征道路的交通量。所谓年平均日交通量就是指一年内每天交通量之和的平均值。交通量一般是逐年增长的,增长的幅度取决于国家的政治、经济情况,道路的性质和作用,以及所在地区人口及经济发展情况等。

2. 自然因素对路面的影响

1)湿度变化对路面的影响

湿度状况的变化是影响路面结构强度、刚度和稳定性的重要因素之一。路面中水的影响与道路所在地区的自然条件、季节、雨量、气温、蒸发条件及道路本身的排水能力等因素有关。路面结构中的水主要有三个来源:一是土基中的毛细水,二是边沟渗水,三是路面渗水。土基中的毛细水源于地下水,边沟和路面渗水来自于降雨和地面径流。

路面材料可根据对水的敏感性,区分为水稳性材料和非水稳性材料。所谓水稳性材料,就是在水的影响下,力学强度不显著降低的材料;非水稳性材料,则是在水的影响下,力学强度显著降低的材料。一般来讲,二渣、三渣、水淬渣、水泥土、石灰土和二灰土等是水稳性好的材料,而未经处理的含土的材料,如泥结碎(砾)石、级配碎(砾)石和级配砂砾等是非水稳性材料,这些材料不应在潮湿路段使用。

2)气温变化对路面的影响

温度同样是影响路面结构强度的重要因素。同一路面,在炎热的夏季和严寒的冬天可能有不同的使用品质。就是在一天之内,路面的工作状态也会有差异,因此应考虑气温对路面的影响。

水泥混凝土路面受温度变化的影响,将产生体积的变化。由四季变化引起的混凝土板内的胀缩应力必须通过将混凝土路面划分成一定尺寸的板块来克服。此外还应考虑由于昼夜温度变化而引起的板顶与板底温差所产生的翘曲应力。

沥青类路面材料的强度随温度变化而变化,这种特性被称作温度稳定性。温度稳定性差的材料在温度变化时,强度显著降低。由于沥青材料本身对温度非常敏感,因此沥青类路面也对温度非常敏感。由于温度的改变,沥青路面结构的强度和弹性模量会发生几倍甚至十几倍的变化。

气温对用无机结合料加固的路面结构的初期成型也有很大的影响。石灰土、工业废渣基层,在成型期间如气温高,在正常含水量和压实度的情况下,可以获得较高的强度。反之,如果在成型期间气温过低,即使含水量和压实度都正常,也不会有较高的强度,致使成型期延长。因此,这类基层宜于热季施工。

3)其他因素的影响

阳光、温度、大气中的氧共同作用,可以改变沥青的组成成分,使之老化,相应缩短了沥青路面的寿命。

温度与水共同作用,会导致路面的冻胀与翻浆。

在干燥地区或季节,因空气干燥而促使路面结构层中的水分蒸发,对一些用粘土作结合料的中、低级路面有很大影响,使之因失水而丧失稳定性,导致结构层发生松散。

在行车荷载的作用以及大气、温度和水的影响下,为了保证公路畅通,提高行车速度,增强

安全性和舒适性,降低运输成本和延长公路使用年限,路面必须满足下列基本要求:

(1)具有足够的强度和刚度。

路面在汽车垂直力、水平力和冲击力等外力综合作用下,路面结构内就产生不同的压应力、拉应力和剪应力,如果路面结构整体或某一组成部分的强度或刚度不足,不能抵抗这些应力的作用,路面就会出现断裂、沉陷(伴随两侧隆起)、碎裂、波浪和磨损等破坏现象,从而影响正常行车,给汽车运输造成严重影响。因此,要求路面结构及其各组成部分必须具有足够的强度和刚度,以抵抗行车作用下所产生的各种应力,避免路面破坏。

(2)具有足够的稳定性。

在水和温度等自然因素的作用下,路面保持其本身结构强度和刚度的性能,称为路面的稳定性。路面稳定性通常分为水稳定性、干稳定性和温度稳定性(又分高温稳定性和低温稳定性)等。

(3)具有足够的平整度。

路面平整度对行车影响很大。路面平整度差时,行车颠簸,行车阻力和振动冲击力都大,从而导致行车的速度、安全性和舒适性迅速降低,机件损坏和轮胎磨损严重,油耗增加,同时不平整的路面也会积水,加速路面的损坏,所有这些都使路面使用的经济效益降低。因此越是高等级的路面,它对平整度的要求也越高。

(4)具有足够的抗滑性。

光滑的路面使车轮与路面之间缺乏足够的附着力和摩阻力。在雨天高速行车、转弯和紧急制动时容易打滑,爬坡和突然起动时容易空转,致使行车速度降低,也容易发生交通事故,特别是在雨雪天。因此,路面表面应具备有足够的抗滑性能,以保证行车安全和运输的经济效益。

(5)具有足够的耐久性。

路面结构要长期承受行车荷载和冷热、干湿等气候因素的多次重复作用,因而会逐渐出现疲劳破坏和塑性变形累积,路面材料也可能会由于老化衰变而导致破坏。因而,到一定使用年限后,路面就会出现各种病害,进而影响路面的使用性能。如果路面的耐久性不足,就会缩短使用时间,增加养护工作量和费用,而且会干扰正常的交通运输。

(6)具有尽可能低的扬尘性和噪声。

汽车在砂石路面行驶引起的灰尘以及在各类路面上行驶时产生的噪声,对旅客、沿线居民、农作物以及汽车本身带来不利的影响。因此,要求路面在行车过程中尽量减少扬尘和噪声。

二、路面结构及其层次划分

1. 路面横断面

路面横断面形式分为槽式和全铺式两类,如图 3-1-1 所示。

(1)槽式横断面。一般公路路面都采用槽式横断面,也就是在路基上按路面设计宽度范围将路基挖成与路面厚度相同的浅槽,在槽内铺筑路面。也可采用培槽方法(即在路基两侧用材料培槽)或半挖半填的方法培槽。

(2)全铺式横断面。在盛产石料的山区或较窄的路基上铺筑中、低等级路面可以采用全铺式横断面，在沙漠地区为固定路肩土砂，也宜采用这种形式。它就是在路基全部宽度内都铺筑路面，这种路面中部较厚，两边逐渐减薄。

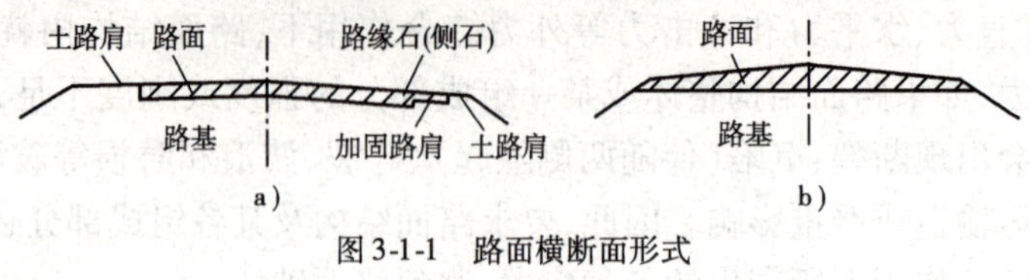

图 3-1-1　路面横断面形式

a)槽式；b)全铺式

2. 路拱及路拱横坡度

为了使路面上的雨水能及时排除，路面的表面通常做成中间高、两边低的形状，称为路拱。考虑到行车的平稳性，目前常用的路拱形式有二次抛物线形和直线形两种，如图 3-1-2 所示。

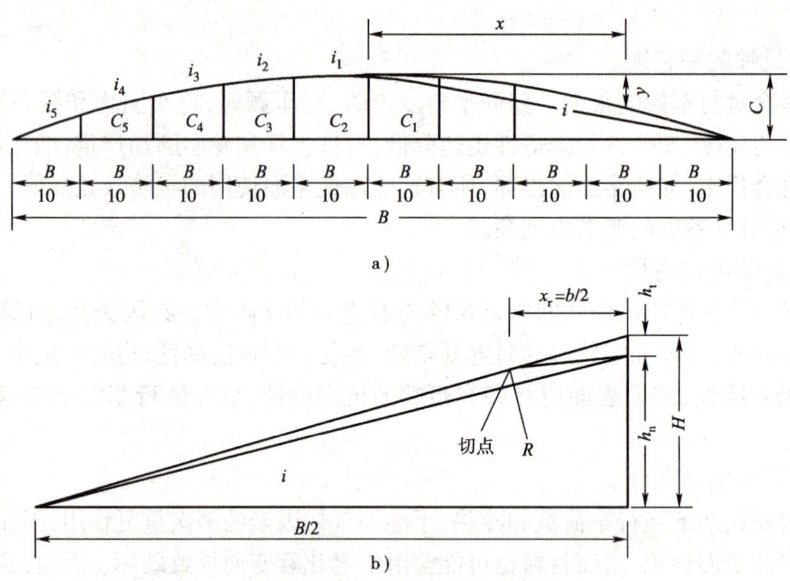

图 3-1-2　路拱形式

a)二次抛物线形；b)直线形

从路中心到路面边缘的平均坡度叫路拱横坡度，路拱横坡度的大小与路面类型、公路等级和当地气候有关。表 3-1-1 列出了各种不同类型路面的路拱横坡度取值范围。在具体选用时应注意：在干旱和有积雪、浮冰地区，应采用低值；多雨地区采用高值。当公路纵坡较大或路面较宽或交通量大和重车多时，应采用低值；反之则应取高值。

各类路面的路拱平均横坡度　　表 3-1-1

路面类型	路拱横坡(%)	路面类型	路拱横坡(%)
沥青混凝土、水泥混凝土	1~2	碎砾石等粒料路面	2.5~3.5
其他黑色路面、整齐块石	1.5~2.5	低级路面	3~4
半整齐石块、不整齐块石	2~3		

路肩横坡度应较路面横坡大 1%~2%，以利迅速排水。

3. 路面结构层的划分

行车荷载和自然因素对路面的影响是随着深度而逐渐减弱的。因此，对路面材料的强度、

刚度和稳定性的要求也随着深度而降低。所以,通常从受力情况、自然因素等对路面作用程度的不同以及经济的角度考虑,将路面分成若干层次来铺筑,如图 3-1-3 所示。

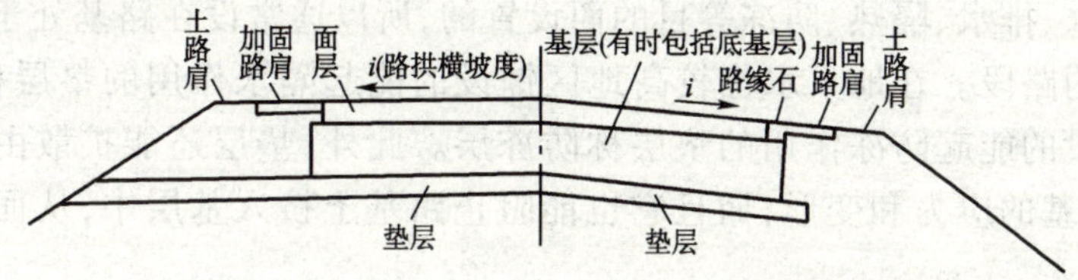

图 3-1-3 路面结构层次划分示意图

1)面层

直接承受车轮荷载反复作用和自然因素影响的结构层叫面层,可由一至三层组成。因此,面层应具备较高的力学强度和稳定性,同时还应具备耐磨性和不透水性。表面层应具备较高的抗滑性和平整度。面层对车辆行驶的安全、迅速、舒适关系最大。对于高等级公路,常用较高级的材料来铺筑,如水泥混凝土、沥青混凝土、沥青碎石混合料等。高等级路面的面层常由二~三层组成,分别称为表面层、中面层和下面层。中、低级路面如砂石路面面层上所设的磨耗层和保护层亦包括在面层之内。

2)基层、底基层

基层是设置在面层之下,主要承受由面层传递来的车辆荷载垂直力,并将其分布到底基层和土基上。因此,它也应具有足够的强度、刚度和耐久性,并具有良好的扩散应力的能力(即应有较好的板体性)。由于基层不直接与车轮接触,故一般对基层材料的耐磨性不予严格要求,但因基层本身不能阻挡地下水和地表水的侵入,所以基层结构应具有足够的水稳性。

底基层是设置在基层之下,并与面层、基层一起承受车轮荷载反复作用,起次要承重作用。

基层按所用的材料可分为有结合料稳定类(有机结合料、无机结合料)和无结合料的粒料类(嵌锁型、级配型)。底基层可分为无机结合料稳定类和无结合料的粒料类。具体分类见表 3-1-2。

各种常用基层、底基层类型表 表 3-1-2

<table>
<tr><td>有机结合料稳定类</td><td colspan="2">沥青稳定类</td><td>包括热拌沥青碎石或乳化沥青碎石混合料、沥青贯入碎石等</td></tr>
<tr><td rowspan="4">无机结合料稳定类整体型</td><td colspan="2">1. 水泥稳定类</td><td>包括水泥稳定砂粒、砂粒土、碎石土、未筛分碎石、石屑、高炉矿渣、土等</td></tr>
<tr><td colspan="2">2. 石灰稳定类</td><td>包括石灰稳定土(石灰土)、天然砂粒土、天然碎石土以及用石灰稳定级配砂粒和级配碎石</td></tr>
<tr><td rowspan="2">3. 石灰工业废渣类</td><td>1. 石灰粉煤灰类</td><td>包括石灰粉煤灰(二灰)、石灰粉煤灰土(二灰土)、二灰砂、二灰砂砾、二灰碎石</td></tr>
<tr><td>2. 石灰煤渣类</td><td>包括石灰煤渣、石灰煤渣土、石灰煤渣碎石、石灰煤渣砂砾、石灰煤渣矿渣等</td></tr>
<tr><td rowspan="2">粒料类嵌锁型级配型</td><td colspan="2">嵌锁型</td><td>包括泥结碎石、泥灰结碎石、填隙碎石等</td></tr>
<tr><td colspan="2">级配型</td><td>包括级配碎石、级配砾石、级配砂砾等</td></tr>
</table>

当基层或底基层分两层施工时,可分别称为上基层,下基层,或上底基层、下底基层。

3)垫层

它是底基层和土基之间的层次,它的主要作用是加强土基、改善基层的工作条件。垫层往往是为蓄水、排水、隔热、防冻等目的而设置的,所以通常设在路基处于潮湿和过湿以及有冻胀翻浆的路段。在地下水位较高地区铺设的能起隔水作用的垫层称隔离层;在冰冻较深地区铺设的能起防冻作用的垫层称防冻层。此外,垫层还能扩散由基层传下来的应力,以减小土基的应力和变形;而且它也能阻止路基土挤入基层中,从而保证了基层的结构性能。

修筑垫层所用的材料,强度不一定很高,但水稳性和隔热性要好,常用材料有两类:一类是用松散粒料,如砂、砾石和炉渣等组成的透水性垫层;另一类是由整体性材料,如石灰土或炉渣石灰土等组成的稳定性垫层。

应当指出,不是任何路面结构都需要上述几个层次,而应根据具体情况设定。而且,层次的划分也不是一成不变的,例如,在道路改建中,旧路的面层可成为新路面的基层。此外,为了保护路面的边缘,一般要求基层较面层每边宽出25cm;垫层也要较基层每边宽出25cm。

图3-1-4为不同路面结构层的实例。

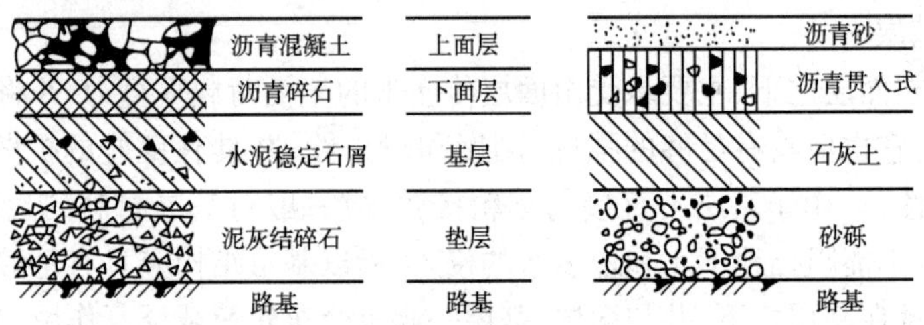

图3-1-4 路面结构层示意图

三、路面的分级与分类

1. 路面等级

路面的技术等级主要是按面层的使用品质和材料组成等划分的。目前我国的路面分为四个等级。

1)高级路面

它包括由沥青混凝土、水泥混凝土、热拌沥青碎石和整齐块石或条石等面层所组成的路面。一般适用于交通量大、行车速度高的公路。这类路面的特点是:结构强度高,稳定性好、使用寿命长、平整无尘,能保证高速行车,它的养护费用少,运输成本低,但基建投资大,工艺要求高,需要质量高的材料来修筑。

2)次高级路面

它包括由沥青贯入式,冷拌沥青碎(砾)石、沥青表面处治和半整齐块石或条石等面层组成的路面。一般适用于交通量较大、行车速度较高的公路。与高级路面相比,使用品质稍差,使用年限稍短,造价也较低,但养护费用较高。

3)中级路面

它包括水结碎石、泥结碎石、级配碎（砾）石、不整齐块石等作面层的路面。一般适用于中等交通的公路。它的强度低，使用期限短、平整度差、易扬尘，只能适应较小的交通量，行车速度也低，且维修工作量大，运输成本也较高。

4）低级路面

它包括由各种粒料或当地材料改善土所筑成的路面，例如炉渣土、砂砾土等。它的强度低，水稳定性和平整度均差，在大雨天不能通车，能适用的交通量最小，养护工作量大，运输成本高，故造价也很低。

表3-1-3列出了各等级路面所具有的面层类型及其所适用的公路等级。

各等级路面所具有的面层类型及其所适用的公路等级　　表3-1-3

路 面 等 级	面 层 类 型	所适用的公路等级
高 级	水泥混凝土、沥青混凝土	高速、一级、二级
次 高 级	沥青贯入（砾）石、厂拌沥青碎（砾）石、沥青表面处治、半整齐石块	二级、三级
中 级	泥结或级配碎（砾）石、水结碎石、不整齐石块、其他粒料	三级、四级
低 级	各种粒料或当地材料改善土、如炉渣土、砾石土和砂砾土等	四级

2. 路面分类

1）按路面的力学特性分类

（1）柔性路面

柔性路面是指刚度较小，抗弯拉强度较低，主要靠抗压、抗剪强度来承受车辆荷载作用的路面。它主要包括用各种基层（水泥混凝土除外）和各类沥青面层、碎（砾）石面层、块石面层所组成的路面结构。柔性路面的特点是刚度小，在荷载作用下产生的弯沉变形较大。车轮荷载通过各结构层向下传递到土基的压应力较大，因而对土基的强度和稳定性要求较高。目前我国公路路面中绝大多数均属柔性路面。

（2）刚性路面

主要是指水泥混凝土作面层或基层的路面结构。刚性路面与柔性路面的主要区别在于路面的破坏状态和它分布到路基上的荷载状态有所不同。刚性路面的特点是刚度与强度很高，弹性模量也大，结构呈板体性，分布到土基的荷载面较宽，传递到土基的应力较小。

此外，近年来修筑的高等级公路，大多采用二灰（石灰和粉煤灰）或水泥稳定土或水泥处治砂砾基层，这些基层的特性是前期强度较低，但随着时间的推移其强度和刚度不断增大。我们把这类基层称做半刚性基层。而把含有这类基层的路面结构称为半刚性路面。

2）按面层材料和施工方法分类

按面层材料和施工方法不同，路面可分为：碎（砾）石类、结合料稳定类、沥青类、块料类、水泥混凝土类。

每一类路面中，因材料配制和施工工艺不同，又有多种多样的类型，其常见的类型和适用的层位见表3-1-4。

常见路面类型　　表3-1-4

路面类型	结构特点	常见形式	适用范围
碎(砾)石类	用碎(砾)石按嵌挤原理或最佳级配原理铺压而成的路面结构	水结碎石	基层
		泥结碎石	基层、中级路面面层
		泥灰结碎石	基层、中级路面面层
		级配碎(砾)石	基层、中级路面面层
结合料稳定类	掺加各种结合料,使各种土、碎(砾)石混合料或工业废渣的工程性质改善,成为具有较高强度和稳定性的材料,经铺压而成的路面结构	石灰稳定土	基层、垫层
		水泥稳定土	基层、垫层
		沥青稳定土	基层、垫层
		工业废渣粒料稳定土	基层、垫层
沥青类	在矿质材料中以各种方式掺入沥青材料修筑而成的路面结构	沥青表面处治	次高级路面面层等
		沥青贯入碎石	次高级路面面层、高级路面基层、联结层
		沥青碎石	高级、次高级路面面层、基层
		沥青混凝土	高级路面面层
块料类	用各种不同形状和尺寸的块状材料(天然的或人工的)铺成的路面结构	条石和整齐块石	高级、次高级路面面层、基层
		半整齐块石	次高级、中高级路面面层、基层
水泥混凝土类	以水泥与水合成的水泥浆为结合料、碎(砾)石为集料、砂为填充料、经拌和、摊铺、振捣和养生而成的路面结构	水泥混凝土	高级路面面层

课题二　路面基层

【内容提要】 1. 半刚性基层;2. 粒料类基层。

【学习目标】

应知:路面基层结构类型及其力学特性。

基层的主要材料有各种结合料(如石灰、水泥或沥青等)稳定土或碎(砾)石或工业废渣、贫水泥混凝土、各种碎(砾)石混合料或天然砂砾及片、块石或圆石等。

本课题主要介绍无机结合料稳定类(也称半刚性基层)和无结合料的粒料类。

一、半刚性基层

用无机结合料(水泥或石灰)来稳定土或处治碎(砾)石及含有水硬性结合料的工业废渣的基层,称半刚性基层,它前期具有柔性路面的力学特性,后期强度和刚度均有较大发展,但其最终的强度和刚度仍较刚性基层为低。

半刚性基层包括石灰稳定类、水泥稳定类、工业废渣稳定类。

1. 石灰稳定类基层

石灰稳定类包括石灰稳定土(石灰土)、石灰砂砾土、石灰碎石土以及用石灰稳定级配砂砾(砂砾中无土)、级配碎石和矿渣等。

石灰稳定类材料适用于各级公路的底基层,也可用做二级和二级以下公路的基层,但石灰稳定细粒土不适宜做高级路面的基层。

在粉碎的或原来松散的土中,掺入足量的石灰和水,经拌和、压实及养生后得到的混合料,当其抗压强度符合规定的要求时,称为石灰稳定土。在石灰土中,掺入重量比小于50%的碎(砾)石材料时,称为碎(砾)石灰土。

石灰土的强度形成主要是石灰掺入土中,并在最佳含水量下压实后,发生了一系列的物理、力学和化学作用,从而使土的性质发生根本改变。在初期,主要表现在土的结团,塑性降低,最佳含水量增大和最大密实度减小等。后期变化主要表现在结晶结构的形成,从而提高其板体性、强度和稳定性。

1)影响石灰土强度与稳定性的因素

(1)土质 各种成因的亚砂土、亚粘土、粉土类土和粘土类土都可以用石灰来稳定。实践表明,粉质粘土的稳定效果最好,重粘土由于不易粉碎和拌和,效果反而差些。因此,一般采用塑性指数为12~20的土,易于粉碎均匀,便于碾压成型,铺筑效果较好。

土中含有有机物质会延缓或阻止石灰与粘土矿物之间的反应,某些盐类对稳定土有不良作用,因此,对于腐殖质含量超过10%和硫酸盐含量超过0.8%的土类,不宜直接采用。

(2)灰质 石灰的等级愈高(即 CaO + MgO 的含量愈高),稳定效果愈好;石灰的细度愈小,其比表面积愈大,在相同剂量下与土粒的作用愈充分,因而效果愈好。因此,石灰质量应符合Ⅲ级以上标准,要尽量缩短石灰的存放时间,最好在生产后不迟于三个月内投入使用。

(3)石灰剂量 所谓石灰剂量是以消石灰占干土重的百分率。在生产实践中常用的石灰剂量应不低于6%,不高于18%,而以10%~14%为经济实用。具体使用时,应根据路面结构层位要求的强度、水稳性、冻稳性、结合土质、灰质和气候、水文等因素通过试验确定。

(4)含水量 水分是石灰土的一个重要组成部分,也是维持石灰土中各种反应的必要条件。不同土质的石灰土各有其自己的最佳含水量,需通过标准击实试验确定,并用以控制施工中的含水量。此外,在石灰土养生期间仍需要一定的湿度。石灰土所用的水应是干净可供饮用的水。

(5)压实度 石灰土强度随压实度的增加而增长。试验证明,一般压实度增减1%,石灰土强度可增减3%~5%。而且密实的石灰土,其抗冻性、水稳性很好,缩裂现象也少。

(6)龄期 石灰土强度具有随龄期而增长的特性。一般初期强度低,但随着时间逐渐增长并趋于稳定。一般石灰土强度在90d以前增长比较显著,以后就比较缓慢。石灰土的这种特性对施工程序的衔接允许有相当的灵活性。但为了防止冰冻破坏作用,要求有一个冻前龄期,即施工应在冰冻(-3 ~ -5℃)前一个月到一个半月完成。

(7)养生条件(湿度与温度) 石灰土是一种水硬性材料,其强度形成需要一定的湿度。通常在一定的潮湿条件下,强度形成和增长较快。室内试验表明,潮湿环境中养生试件的强度增长快于空气中养生的试件。

温度愈高,强度形成愈快,在负温下强度基本上不增长。因此,在季节性冰冻地区,热季施工是最好的。如在冰冻前施工，须满足一定的冻前龄期(一个月以上)。

2)石灰土基层的缩裂与防治

石灰土在成型期间养生不当，会出现干缩裂缝，而在北方的季节性冰冻地区又会出现冻缩裂缝。这种裂缝的产生除与湿度和温度有关外，也与土的粘性和石灰剂量有关。土的粘性愈大或石灰剂量愈高，则所修筑的灰土基层裂缝愈多愈宽。这些裂缝大多为不规则的横向裂缝，它们的开裂会引起其上沥青面层的对应裂缝产生。路面的这种收缩裂缝，除影响路容观瞻外，还将降低路面强度。严重的是路面水长期从缝中渗入，则会破坏路面结构，故应采取一定措施进行防治。常用的石灰土基层的防裂措施有下列几种：

(1)改善土质　采用粘性较小的土，或在粘性土中掺入砂性土、粉煤灰等，以降低土的塑性指数。

(2)控制压实含水量　在大于最佳含水量下压实的石灰土，具有较大的缩裂性质，故石灰土应在最佳含水量下压实。

(3)铺筑碎石过渡层　在石灰土与沥青路面间铺筑一层碎石过渡层，经验证明可有效地减少反射裂缝，厚度为15~25cm时，沥青面层可以避免开裂。

(4)掺加粗粒料　在石灰土中掺入一些粗粒料，如砂、碎石、碎砖、煤渣等，不但可以减除裂缝，还可以节约石灰和改善碾压时的拥堆现象。

(5)设置收缩缝　在灰土层中每隔5~10m设一道缩缝，宽5~10mm，深为层厚的0.5~1.0倍，内填细砂、沥青砂或油毛毡等。

2. 水泥稳定类基层

水泥稳定类包括水泥稳定砂砾、砂砾土、碎石土、未筛分碎石、石屑、土等，以及水泥稳定经加工性能稳定的钢渣、矿渣等。

水泥稳定类材料适用于各级公路的基层和底基层，但水泥稳定细粒土不能用做高级路面的基层。

在粉碎的或原来松散的土中，掺入足量的水泥和水，经拌和得到的混合料在压实及养生后，当其抗压强度符合规定的要求时，称为水泥稳定土。

水泥稳定土有良好的力学性能和板体性，能适应不同的气候与水文条件。特别是在潮湿寒冷地区的适应性较其他稳定土更强。用水泥来稳定可显著地改善土的物理力学性质，获得良好的整体性、足够的力学强度、水稳定性和抗冻性。水泥稳定土的初期强度高并且强度随龄期增长，它的力学强度还可视需要而调整。水泥稳定土可以在各种等级的公路上用做基层或底基层。但由于水泥土容易产生严重的收缩裂缝会影响沥青面层，以及在路表渗水作用下表层会发生软化和发生冲刷唧浆，造成沥青面层裂缝下陷(图3-2-1)和路面变形或水泥混凝土面板板边角断裂。因此，水泥土禁止用做高级沥青路面的基层，只能用做底基层。在高等级公路的水泥混凝土面板下，水泥土也不应做基层。

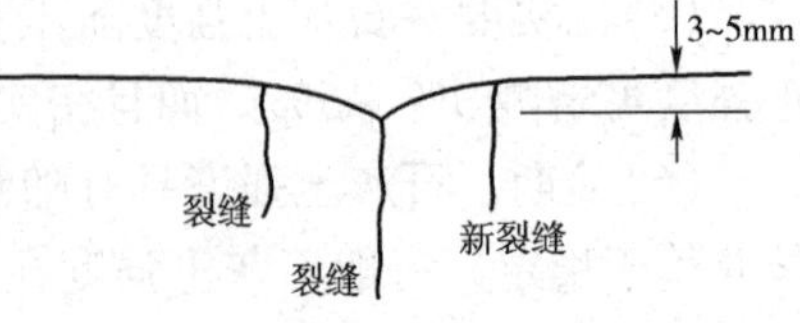

图3-2-1　唧浆造成裂缝处沉陷示意图

水泥土的强度形成是由水泥水化后自行硬化的水泥石骨架作用及水泥与土所产生的离子交换、硬凝、碳酸化等相互作用的结果。后者使粘土微粒和微团粒形成稳定的团粒结构，而水泥石则把这些团粒包裹和连接成坚强的整体。

影响水泥土强度与稳定性的因素有以下几方面：

(1)土质　土的类别和性质是影响水泥稳定土强度的重要因素之一。除有机质和硫酸盐含量较高的土外，各种砂砾土、砂土、粉土和粘土均可用水泥稳定，但稳定效果不同。试验和生产实际证明，用水泥稳定级配良好的碎(砾)石和砂砾，效果最好，不但强度高，而且水泥用量最少；其次是砂性土；再次之是粉性土和粘性土。但重粘土难于粉碎和拌和，不宜用水泥来稳定。

(2)水泥的成分和剂量　水泥的成分和剂量对水泥稳定土强度有重要影响，通常认为，各种类型的水泥都可以用于稳定土。实践证明，对于同一种土，水泥矿物成分是决定水泥稳定土强度的主导因素。一般情况下，硅酸盐水泥的稳定效果较好，而铝酸盐水泥则较差。当水泥的矿物成分相同时，水泥稳定土的强度随着水泥比表面和活性的增大而提高。

水泥稳定土的强度随水泥剂量的增加而增加，但考虑到水泥稳定土的温缩性、干缩性以及经济性，应有一个合理的水泥用量范围。试验和研究证明，水泥剂量为5% ~6% 较为合理。

(3)含水量　含水量对于水泥稳定土的强度有很大影响。当混合料中含水量不足时，水泥就要与土争水，若土对水有较大的亲和力，就不能保证水泥的完全水化和水解作用。水泥稳定土需要湿法养生，以满足水泥水化的需要，因此，水泥稳定土需要足够的含水量。

(4)工艺过程和养生条件　工艺过程和养生条件对水泥土的强度形成也有影响。水泥、土和水拌和均匀，水泥土的强度和稳定性就高，拌和不均匀会使水泥剂量少的地方强度不足，而水泥剂量多的地方则裂缝增加。养生温度对水泥稳定土的强度有很明显的影响，养生温度越高，水泥稳定土的强度也越高。水泥土从拌和到碾压终了的延迟时间对水泥稳定土混合料的强度和所能达到的干密度有明显的影响。延迟时间越长，混合料强度和干密度的损失越大。

有关研究成果表明：低塑性土适用于水泥稳定，高塑性土则适用于石灰稳定。所以当采用水泥稳定塑性指数大于17 的土时，可掺加石灰综合稳定，不仅可以提高强度，还取得节约水泥的经济效果。但如果集料本身含土甚少或不含土，而采用水泥石灰综合稳定，既增加了施工工序，也无明显效果。

3. 工业废渣基层

1)概述

工业废渣包括钢铁厂的矿渣和钢渣，化工厂的电石渣、漂白粉和硫铁矿渣，火力发电厂的粉煤灰和煤渣以及其他冶金矿渣、煤矸石等。利用这些废渣修路，既可以解决筑路材料来源的困难，又可为工矿企业解决废渣的堆放与处理问题，具有很好的社会与经济效益。

目前常用石灰来稳定工业废渣，其主要原因是石灰中的钙与工业废渣中的活性物质氧化硅和氧化铝相互作用生成含水的硅、铝酸钙，这些新生的胶凝物质晶体具有较强的胶结能力和稳定性，因而其强度，刚度和水稳定性显著提高，抗冻性和温缩性也明显改善。

石灰稳定工业废渣基层具有：水硬性、缓凝性、强度高、稳定性好，成板体、且强度随龄期不断增加，抗水、抗冻、抗裂而且收缩性小，适应各种气候环境和水文地质条件等特点。所以，石灰稳定工业废渣常选用做高级或次高级路面的基层或底基层。

2)工业废渣基层的主要类型

(1)石灰粉煤灰土基层

石灰粉煤灰土基层，亦称二灰土基层，是以石灰、粉煤灰与土按一定配比混合，加水拌和、摊铺、碾压并养护而成的一种基层结构。它具有较高的强度,有一定的板体性和较好的稳定性。常用的配合比(重量比)为石灰:粉煤灰:土 =12:35:53(体积比为1:2:3)。如不加土,则体积比为1:2 ~1:3。

(2)石灰煤渣基层

石灰煤渣(简称二渣)基层是用煤渣和石灰按一定配合比,加水拌和、摊铺和碾压而成的基层。二渣中如掺入一定量的粗骨料便成为三渣;如掺入一定数量的土,便成为石灰煤渣土。

石灰煤渣类基层皆具有水硬性,物理力学性质基本上与石灰土基层相似,但其强度与水稳定性都比石灰土好。石灰煤渣类基层的强度可达1.5 ~3.0MPa(28d),并且随龄期而增长。成型初期尚有一定的塑性,但达到一定龄期后,基本处于弹性工作状态。这一类基层也有显著的板体作用。但由于刚性大,当冷缩或干缩时,易产生裂缝。

(3)石灰水淬渣基层

石灰水淬渣基层是指水淬化铁炉渣与石灰按一定配合比混合,加水拌匀、摊铺、碾压而成的基层,简称水淬渣基层。水淬渣基层的强度较石灰煤渣类基层强度高,具有很好的板体性和水稳性,它还具有一定的抗弯拉强度和较小的弯沉值,是一种优良的半刚性基层。

石灰在混合料中主要起激发水淬渣活性的作用,所以不存在能使混合料具有较高强度的最佳剂量。由于水淬渣基层早期强度和后期强度都较高,既有利于早期开放交通,也能适应远景交通。但水淬渣材料与粉煤灰和煤渣比较起来数量有限,考虑到水淬渣基层具有较高的强度以及尽量少用石灰,一般配合比(重量比)为石灰:水淬渣 =(10 ~15):(90 ~85)。

3)材料要求及组成设计的一般原则

(1)对原材料的一般要求

常用工业废渣基层的原材料主要有土、集料、无机结合料和水。

①土质

对土的要求是易于粉碎、便于碾压成型,土的塑性指数为12 ~20,有机质含量不应超过10%,硫酸盐含量不应超过0.8%。

②集料

工业废渣基层所用的碎、砾石应具有一定的级配,其最大粒径在用作基层时不应超过30mm(方孔筛,下同);用作底基层时,集料最大粒径不应超过40mm。最大粒径太大,拌和、摊铺、压实均有困难,表面平整度也难达到要求。最大粒径太小,则固稳性不足且投资增加。碎砾石应有一定的抗压碎能力,二级和二级以下公路的集料压碎值不大于35%(底基层可放宽至40%);一级、高速公路的集料压碎值不大于30%。

煤渣的颗粒以粗细搭配,略有级配为佳,因为只有粗颗粒不易碾压密实,只有细颗粒则施工时对含水量的变化很敏感。大于35 ~40mm的颗粒要事先筛除,因过大的颗粒日后会被行车压碎,使结构层强度降低,煤渣含煤量最好不超过20%。

水淬渣系热熔状的铁渣经水骤冷,加速分解成松散状态的一种材料。水淬后的铁渣成为无定型玻璃体的稳定粒状材料,活性高,稳定性好,但质地轻脆和容易破碎。水淬渣可分为碱性、中性、酸性三种。酸性水碎渣的氧化钙含量少,活性较低,因此,一般宜用碱性水淬渣。另

外水淬渣不宜长久堆放，否则会自行胶结。

③无机结合料

目前工业废渣基层常用的无机结合料是水泥、石灰和粉煤灰。

a. 水泥

普通硅酸盐水泥、硅酸盐水泥、矿渣水泥或火山灰水泥都可用于稳定土，但应选用终凝时间较长（宜在6h以上）的水泥。且水泥的标号可低一些（如325）。

b. 石灰

石灰质量应符合III级以上的生石灰或消石灰的技术指标，实际使用时，要尽量缩短石灰的存放时间。

c. 粉煤灰

粉煤灰的主要成分是SiO_2、Al_2O_3、Fe_2O_3、CaO。前两种的总含量应大于70%。根据CaO含量的多少，粉煤灰可分为硅铝粉煤灰（CaO含量一般在2%～6%）和高钙粉煤灰（CaO含量为10%～40%）。粉煤灰的烧失量一般小于10%，有的在20%以上，烧失量过大，将明显降低混合料的强度，有的甚至难于成型。粉煤灰的粒径变化范围应在0.001～0.3mm之间，但大部分在0.01～0.1mm之间，其比表面积一般在2000～35000cm^2/g之间。干粉煤灰含水量不宜超过35%。

d. 水

一般人、畜饮用的水源均可使用。

二、粒料类基层

1. 嵌挤型

以嵌挤原则修筑路面的方法。它是用分层撒铺矿料（各层矿料粒径大小基本相同）并经严格碾压而成的路面结构层（或采用尺寸大致均一的开级配矿料进行拌和）。用这种方法修筑的路面，其强度构成主要依靠矿料之间的相互嵌挤锁结作用而产生较大的内摩阻力。粘结力虽然也是需要的。但仅起着辅助作用。因此，采用这种方法修筑的路面，必须使用强度较高的石料（I～II级），每层矿料颗粒的尺寸必须大而均匀，形状近似立方体并有棱角，表面粗糙。各种矿料的尺寸自下而上逐渐减小，上下层矿料的粒径一般以1/2递减。粗料做主层料，细料作为各级嵌缝料。为了增加其联结强度，可在矿料中掺入不同的结合料以使其产生一定的粘结力。

以嵌挤原则修筑的路面特点是：

(1)强度高，因为使用了有棱角的优质矿料，并经严格碾压，其内摩阻力很高。

(2)温度稳定性好，因为它是以内摩阻力为主的，而试验证明内摩阻力与温度无关，对温度比较敏感的是结合料，特别是沥青结合料，但此时结合料产生的粘结力并不是主要的强度构成力。所以，这种路面的温度稳定性是好的。

(3)抗滑耐磨能力强，这是因为矿料本身的质量、形状、表面粗糙度及结合料用量少等因素所决定的。

(4)渗透性大，因其矿料无级配或开级配，故孔隙率较大。

(5)抗老化能力强，特别是沥青碎石，矿料随时间而碾压得更紧密，内摩阻力更大，沥青老化对其影响不大。

采用这种方法修筑的路面类型有:填隙碎石、泥结碎石及泥灰结碎石,层铺法表面处治、沥青贯入式,路拌及厂拌沥青碎石等。

1)泥结碎石路面

泥结碎石路面是以碎石作集料,粘土作填充料和结合料,经压实修筑而成的一种路面结构。泥结碎石路面厚度一般为8~20cm;当总厚度超过14cm时,一般分两层铺筑,上层厚度6~19cm,下层厚度9~20cm。

泥结碎石层所用的石料,其强度等级不低于IV级,长条、扁平和软质颗粒不宜超过15%;泥结碎石层所用粘土应具有较高的粘性,塑性指数以18~27为宜,粘土内不得含杂质,用量一般为混合料总质量的15%~18%。

泥结碎石结构适用于三、四级公路中级路面的面层,并宜在其上设置砂封磨耗层和松散保护层。泥结碎石亦可作路面的基层,但由于是粘土作结合料,其水稳定性较差,如作沥青路面的基层时,只能用于干燥路段,不能用于中湿和潮湿路段。

2)泥灰结碎石路面

泥灰结碎石路面是以碎石为集料,用一定数量的石灰和土作填充结合料的碎石路面。泥灰结碎石路面的碎石和粘土质量规格要求与泥结碎石相同,石灰的质量不低于III级。石灰与土的用量不应大于混合料总重的20%,其中石灰剂量为土重的15%。泥灰结碎石结构因掺入石灰,其水稳性要比泥结碎石好。故可用于潮湿与中湿路段作为沥青路面的基层,亦可作为中级路面的面层。

3)水结碎石

水结碎石结构层是用大小不同的轧制碎石从大到小分层铺筑,经洒水碾压后而成的一种结构层。此种路面结构层属于典型的嵌锁型结构,它的强度是由碎石之间的嵌锁作用以及碾压时所产生的石粉与水形成的石粉浆的粘结作用而形成的。由于石灰岩或白云岩石粉的粘结力较强,所以经常用石灰岩或白云岩碎石来铺筑。水结碎石结构的厚度一般为10~12cm。

水结碎石结构层材料的基本要求是:碎石应具有较高的强度(III级以上)、韧性和抗磨耗能力。碎石应尺寸均匀,形状近似立方体且有棱角。此外,碎石应不含泥土杂物,最大粒径不得大于结构层厚度的0.8倍。

水结碎石的施工特点主要是分层撒铺,洒水碾压,碾压质量是关键。

水结碎石路面可以作中级路面面层,由于它的粘结力是由石粉浆形成的,故水稳性较好,它也适用于各等级公路的底基层和二级以下公路的基层。

4)干压碎石

填隙碎石中采用洒水碾压而成形的结构层叫做水结碎石,也可以采用不洒水碾压成型的(干法施工)即称为干压碎石。它特别适用于干旱缺水地区。干压碎石的粘结力很小,主要依靠石料的嵌挤锁结作用,故要求碎石强度高,填缝紧密,碾压坚实。干压碎石厚度宜为8~12cm,最大粒径为厚度的0.5~0.7倍。干压碎石适用于二级以下公路的基层和各级公路的底基层。

有时,某些地区也使用尺寸较大的碎石(大于8~10cm)铺筑厚度为15~25cm的基层,常

称为大块碎石基层。

2. 密实级配型

密实级配型即按密实级配原则修筑路面的方法，它是采用颗粒大小不同的矿料按一定的比例配合，并掺入一定数量的结合料，拌制成混合料，经过摊铺碾压而形成的路面。这种路面混合料符合最佳级配原理，具有较大的密实度。这种路面结构的强度来源有内摩阻力和粘结力，但由于矿料没有较强的嵌挤锁结作用，以及受结合料较多的影响，一般来讲内摩阻力较小。因而粘结力在路面结构强度构成中起着主要的作用。故要求这类路面的矿料组成必须符合最佳级配，以达到较高的密实度，同时要求采用内聚力和粘附力较高的结合料，并要严格控制结合料的用量。

这类路面的特点是强度高，耐久性好，密实而不透水，但其温度稳定性和抗滑能力较差。

按密实级配原则修筑的路面类型有：级配碎（砾）石路面，级配碎（砾）石掺灰，路拌法和厂拌法沥青表面处治，沥青混凝土等。

级配碎石结构层宜用未筛分的轧制碎石和石屑组成，其级配组成应满足规范规定的要求。但一般情况下，由于砾石的材料来源广泛，使用时不需加工或只需简单加工，故目前大多使用级配砾石作面层或基层。

级配碎（砾）石路面的平整度较好，施工时很容易压实，维修方便，压实度较大，不易透水。在就地取材的情况下，造价也较低廉。缺点是耐磨性差，在行车荷载作用下，磨耗较大，易起波浪和变形，且晴天易扬尘，雨天易泥泞，使用年限较短。特别是由于它含有一定数量的粘土细料，故水稳定性差，只能用作干燥路段的基层。

级配砾（碎）石结构的强度不及碎石结构，且强度受密实度、细料含量和含水量的影响很大。如密实度大，细料含量适当，强度就高；否则强度就低。稳定性则受水的影响极大。因此，为了提高其水稳性，使其能在中湿和潮湿路段作为沥青路面的基层，要在其混合料中掺入石灰，就称为级配碎（砾）石掺灰。

级配砾（碎）路面对材料的要求为：

石料：应具有足够的强度。用于面层的碎（砾）石强度不低于 III 级，用于基层的不低于 IV 级，集料压碎值亦应符合要求。其中扁平、细长颗粒的总含量不超过 20%，级配碎石宜用未筛分的轧制碎石与石屑组成。用于底基层时，碎石的最大粒径不应超过 50mm；用于面层或基层时，最大粒径不应超过 40mm。级配碎石与级配砾石的颗粒组成、塑性指数都应满足规范规定的要求，同时级配曲线宜圆滑、居中，并严格控制小于 0.5 以下的细料含量和塑性指数，其两者的乘积对于干旱地区不应大于 120；对于潮湿多雨地区不应大于 100。

砂：砂的颗粒尺寸应该合适，粗砂应有较好的级配，一般情况下，应尽量选用粗砂或中砂。

土：土的塑性指数对强度影响很大，因此必须限制土的塑性指数。对于面层，宜选用塑性指数较高（15 ~ 25）的土。当用于基层时，含土量和塑性指数可以适当降低。粘土中不应含有草根、杂质。腐殖土不得使用。

在修筑级配路面时，由于大多数天然材料不能完全符合规定的级配标准，故应对不同料场采集的材料通过掺配、筛除、破碎等方法，使其达到规定标准。

课题三　沥青路面

【内容提要】 1. 沥青路面的特点和分类;2. 沥青路面的结构组合;3. 沥青路面的强度和稳定性;4. 沥青路面常见病害。

【学习目标】

应知:1. 沥青路面的特点和分类;

2. 沥青路面的结构组合;

3. 沥青路面的强度和稳定性;

4. 沥青路面常见病害。

一、沥青路面的基本特性

沥青路面是用沥青作粘结料修筑面层并与其他各类基层所组成的路面。因其呈黑色,故又称黑色路面。

沥青路面使用了粘结力较强的沥青材料,使矿料之间的粘结力大大增强,从而提高了混合料的强度和稳定性,路面的使用质量和耐久性都得到提高。与水泥混凝土路面相比,沥青路面具有以下特点:

1. 沥青路面的优点

(1)沥青路面表面平整、坚实、无接缝,行车平稳、舒适、噪声小;

(2)沥青路面的强度可以调节,以适应不同交通量的需要;

(3)沥青路面晴天无尘土,雨天不泥泞,在烈日照射下不反光,便于行车;

(4)沥青路面适宜于机械化施工,质量较易得到保证,且施工进度快,开放交通快,还有利于修补和分期修建。

2. 沥青路面的缺点

(1)沥青路面的抗弯拉强度较低,故对基层的强度和稳定性要求较高;

(2)沥青面层的温度稳定性较差,夏季高温时,强度下降,易出现车辙、推移、波浪等现象;冬季低温时,由于沥青材料变脆而导致路面开裂;

(3)沥青路面施工受季节和气候影响较大,在低温季节和雨季,除乳化沥青外,不能施工;

(4)履带式车辆不能在沥青路面上行驶。

二、沥青路面的分类

1. 按沥青路面的强度构成原理分类

按强度构成原理可将沥青路面分为密实和嵌挤两大类。

(1)密实类沥青路面　要求矿料的级配按最大密实原则设计,其强度和稳定性主要取决于混合料的粘聚力和内摩阻力。密实类沥青路面按其空隙率的大小可分为闭式和开式两种:闭式混合料中含有较多的小于0.5mm和0.074mm的矿料颗粒,空隙率小于6%,混合料致密而耐久,但热稳定性较差;开式混合料中小于0.5mm的矿料颗粒含量较少,空隙率大于6%,

其热稳定性较好。

(2)嵌挤类沥青路面　要求采用颗粒尺寸较为均一的矿料,路面的强度和稳定性主要依靠集料颗粒之间相互嵌挤所产生的内摩阻力,而粘聚力则起着次要的作用。按嵌挤原则修筑的沥青路面,其热稳定性较好,但因空隙率较大、易渗水,因而耐久性较差。

2. 按沥青路面施工工艺分类

按施工工艺的不同,沥青路面可分为层铺法、路拌法和厂拌法三类。

(1)层铺法　是用分层洒布沥青,分层铺撒矿料和碾压的方法修筑。其主要优点是工艺和设备简便、功效高、施工进度快、造价较低,其缺点是路面成型期较长,需要经过炎热季节行车碾压之后路面方能成型。用这种方法修筑的沥青路面有沥青表面处治和沥青贯入式两种。

(2)路拌法　是在路上用机械将矿料和沥青材料就地拌和摊铺和碾压密实而成的沥青面层。此类面层所用的矿料为碎(砾)石者称为路拌沥青碎(砾)石;所用的矿料为土者则称为路拌沥青稳定土。路拌沥青面层,通过就地拌和,沥青材料在矿料中分布比层铺法均匀,可以缩短路面的成型期。但因所用的矿料为冷料,需使用粘稠度较低的沥青材料,故混合料的强度较低。

(3)厂拌法　是将规定级配的矿料和沥青材料在工厂用专用设备加热拌和,然后送到工地摊铺碾压而成的沥青路面。矿料中细颗粒含量少,不含或含少量矿粉,混合料为开级配的(空隙率达10%~15%),称为厂拌沥青碎石;若矿料中含有矿粉,混合料是按最佳密实级配配制的(空隙率10%以下)称为沥青混凝土。厂拌法按混合料铺筑时温度的不同,又可分为热拌热铺和热拌冷铺两种:热拌热铺是混合料在专用设备加热拌和后立即趁热运到路上摊铺压实;如果混合料加热拌和后储存一段时间再在常温下运到路上摊铺压实,即为热拌冷铺。厂拌法使用较粘稠的沥青材料,且矿料经过精选,因而混合料质量高,使用寿命长,但修建费用也较高。

3. 按沥青路面的技术性质分类

根据沥青路面的技术特性,沥青面层可分为沥青表面处治、沥青贯入式、沥青混凝土、热拌沥青碎石和乳化沥青碎石混合料五种类型。此外,沥青玛蹄脂碎石近年在许多国家也得到广泛应用。

1)沥青表面处治

沥青表面处治路面是指用沥青和集料按层铺法或拌和法铺筑而成的厚度不超过3cm的沥青路面。沥青表面处治的厚度一般为1.5~3.0cm。层铺法可分为单层、双层、三层。单层表处厚度为1.0~1.5cm,双层表处厚度为1.5~2.5cm,三层表处厚度为2.5~3.0cm。

表面处治大多用于下列场合:

(1)为碎石路面或基层提供一个能承受行车和大气作用的磨耗层或面层,并提高路面的等级(它属于次高级路面)。

(2)改善或者恢复原有面层的使用品质。对原路面磨损较严重者,可采用单层表面处治;磨耗或老化严重者,可采用双层表面处治。路面表面过于光滑时,则应选用带有棱角的硬质石料铺筑处治层,以提高路面的抗滑能力。

(3)作为空隙较多的沥青面层的防水层(封层)。上封层位于沥青面层之上;下封层位于非沥青类基层之上。

表面处治结构一般按嵌挤原则修筑而成。为了保证石料间有良好的锁结作用,同一层石料的颗粒尺寸要均匀。为了防止石料松散,所用的沥青必须有足够的稠度。层铺法表面处治在施工完毕后,需经过行车,特别是夏季行车的作用,使其石料取得最稳定的嵌紧位置,并与沥青粘结牢固，这一过程称为"成型"阶段。由于成型期较长，质量不易保证，层铺法表面处治正逐步被拌和法表面处治所代替。

2）沥青贯入式

沥青贯入式路面结构层是在初步压实的碎石（或破碎砾石）上，分层浇洒沥青、撒布嵌缝料，或再在上部铺筑热拌沥青混合料封层，经压实而成的面层结构，厚度一般为4～8cm。当采用乳化沥青时称为乳化沥青贯入式路面，其厚度通常为4～5cm。

沥青贯入式路面适用于三级及三级以下公路，也可作为沥青混凝土路面的联结层或基层。

沥青贯入式碎石层是一种多孔结构，它的强度主要依靠碎石之间的锁结作用，沥青只起粘结碎石的作用，故温度稳定性好，抗滑性也好。为了防止路表水的侵入，沥青贯入式路面的最上层应撒布封层料或加铺拌和层。沥青贯入层作为联结层使用时，可不撒表面封层料。

沥青贯入式路面宜选择在干燥和较热的季节施工，并宜在日最高温度降低至15℃以前半个月结束，使贯入式结构层通过开放交通碾压成型。

3）沥青混凝土与沥青碎石

沥青混凝土混合料是由几种不同尺寸的矿料（碎石、石屑、砂和矿粉）按最佳级配原则选配，与沥青拌和而成的符合技术标准的沥青混合料，简称为沥青混凝土。沥青混凝土面层宜采用单层或双层或三层沥青混合料组成，各层混合料的组成设计应根据其层厚和层位、气温和降雨量等气候条件、交通量和交通组成等因素确定，以满足对沥青面层使用功能的要求。

沥青混凝土混合料是按密级配原理严格配制的。它含有较多的细料，特别是一定数量的矿粉，使矿料同沥青相互作用的表面积大大增加，因而混合料的粘聚力在强度构成上占有主导地位。但粘聚力受温度影响大，如配料不当，特别是沥青用量过多，热稳定性就差，抗滑性也不好。沥青混凝土由于本身的结构强度高，若基层坚实，路面结构合理，可以承受繁重交通；又因空隙率小，受水和空气等的侵蚀作用小，故耐久性好，使用寿命长。

沥青混凝土路面按混合料中的集料最大粒径大小可分为粗粒式（AC-25、AC-30）、中粒式（AC-16、AC-19）、细粒式（AC-10、AC-13）和沥青砂（AC-5）。

沥青碎石是由几种不同尺寸的矿料，掺少量矿粉或不加矿粉，用沥青作结合料，按一定比例配合，经拌和压实而成的沥青路面形式。沥青碎石由于细粒含量少，只有少量矿粉或不掺矿粉，沥青用量较小，空隙较大，属于嵌锁型结构，故热稳定性好，抗滑性高，在低温时也不易开裂，但透水性大，强度和耐久性都不如沥青混凝土。采用沥青碎石面层时，为了防水和保持平整度，在其上必须铺沥青砂或沥青石屑等封层。

根据矿料最大粒径的不同，沥青碎石可分为粗粒式（AM-30、AM-40）、中粒式（AM-20、AM-25）、细粒式（AM-10、AM-13、AM-16）三类。

沥青混凝土和沥青碎石通常作为高级路面的面层。沥青混凝土适用于高速公路和一级公路沥青面层的上面层及下面层。沥青碎石混合料仅适用于下面层、联结层及整平层。当各层均采用沥青碎石混合料时，沥青面层必须做封层。粗粒式或中粒式沥青混合料宜用在下层，细粒式及砂粒式宜用在上层。

上述沥青混凝土和沥青碎石均在厂内拌制混合料，并采用热拌热铺法施工。

4）乳化沥青稀浆封层

乳化沥青是将在热熔状态的沥青和含有乳化剂的水溶液共同在外加的机械力的作用下，使

沥青以微滴状态均匀稳定的分布在水溶液之中的乳状液(亦称沥青乳化液)。它的主要优点是在常温下可与冷的石料,表面潮湿的石料进行拌和施工。除此之外,还具有节省能源、减少环境污染、减轻施工人员的劳动强度等优点。乳化沥青是一种配方复杂的乳液,从路面施工和使用的要求来考虑,既希望乳液在贮存运输过程中保持稳定,又希望在路上使用之后乳液中的沥青能尽快从水中分离出来,以发挥沥青的粘结性能。通常把乳化沥青中的沥青微滴从沥青-水界面分离出来,互相结成团以至在石料表面粘结成沥青薄膜的过程,称为破乳。其分离出来的快慢程度,称为破乳速度。这是一个很重要的因素,它直接关系到路面施工方式和机具的适应性。

随着乳化沥青应用的推广,出现了乳化沥青稀浆封层这种路面结构,并在沥青路面施工和养护中发挥着重要的作用。

乳化沥青稀浆封层是用适当级配的石屑或砂、填料(水泥、石灰、粉煤灰、石粉等)与乳化沥青、外加剂和水,按一定比例拌和而成的流动状态的沥青混合料,将其均匀地摊铺在路面上的沥青封层。稀浆封层可以作为上封层,也可以作为下封层。对于空隙较大、透水严重、有裂缝的旧路面或旧沥青路面需要铺抗滑层,新建沥青路面需铺筑磨耗层或保护层时,稀浆封层可用作上封层。对于多雨地区沥青面层的孔隙较大,在铺筑基层后不能及时铺筑沥青面层且需要开放交通时,可作为下封层。稀浆封层的厚度为3~6cm。乳化沥青稀浆封层的主要作用有如下几个方面:

(1)具有填充性。稀浆中含有占集料量10%~20%的水和10%~11%的乳液,且稀浆封层中的混合料较细,具有较好的流动性,很容易进入微裂缝小坑槽中,将路面填充密实成为整体。因此具有封闭裂缝和提高路面平整度的作用。

(2)具有很好的防水性。稀浆封层混合料中集料级配合理,能均匀、牢固、密实地粘附在路面上,具有较好的水稳性并防止水分渗透,保持基层稳定。

(3)有一定的耐磨性。用于稀浆封层的集料其强度、压碎值、磨光值、含泥量等性能指标均达到标准要求,不论是酸性和碱性石料都能很好的粘附在路面上,在路面上形成磨耗层。

(4)具有良好的抗滑性能。由于选择了坚硬而有棱角的集料,沥青又能均匀地裹覆集料。封层后纹理深度较佳,摩擦系数显著增加。

(5)稀浆封层可恢复路面性能,延长路面使用寿命,在路面养护中有施工简单,造价低廉,功能恢复强的特点。

但需要注意的是稀浆封层不能控制路面反射裂缝,不能提高路面强度。

5)沥青玛蹄脂碎石路面

沥青玛蹄脂碎石路面是指用沥青玛蹄脂碎石混合料作面层或抗滑层的路面。沥青玛蹄脂碎石混合料(简称SMA)是以间断级配为骨架,用改性沥青、矿粉及木质纤维素组成的沥青玛蹄脂为结合料,经拌和、摊铺、压实而形成的一种构造深度较大的抗滑面层。它具有抗滑耐磨、孔隙率小、抗疲劳、高温抗车辙、低温抗开裂的优点,是一种全面提高密级配沥青混凝土使用质量的新材料,适用于高速公路、一级公路和其他重要公路的表面层。

三、沥青路面的结构组合

1. 路面等级与类型的确定

路面等级在一般情况下应与公路等级和交通量相适应,公路等级越高,则路面等级也越高。路面等级、面层类型的选择应根据公路等级与使用要求、设计年限内标准轴载的累计当量轴次、筑路材料和施工机械等因素按表3-3-1确定。

路面类型的选择 表3-3-1

公路等级	路面等级	面层类型	设计年限（年）	设计年限内累计标准轴次（万次/车道）
高速公路、一级公路	高级路面	沥青混凝土	15	>400
二级公路	高级路面	沥青混凝土	12	>200
	次高级路面	热拌沥青碎石混合料、沥青贯入式	10	100～200
三级公路	次高级路面	乳化沥青碎石混合料、沥青表面处治	8	10～100
四级公路	中级路面	水结碎石、泥结碎石、级配碎(砾)石、半整齐石块路面	5	≤10
	低级路面	粒料改善土	5	

对有特殊使用要求的公路，其路面等级与面层类型的选择可根据实际情况选用。

2.沥青路面对路基及基层的要求

沥青路面属柔性路面，其力学强度和稳定性很大程度上取决于土基与基层的特性。因而对路基和基层有下列要求。

1)沥青路面对路基的要求

(1)路基要有尽可能高的强度。路基强度的高低不仅对整个路面的厚度有很大影响，而且直接影响到路面结构层材料选择，软弱土基还可能直接导致路面变形和破坏。

(2)路基要有尽可能高的稳定性。路基在使用过程中，保持其强度和不发生明显变形，对路面使用质量以及使用期限有很大影响。

为了保证路基的强度和稳定性，首先要尽可能减少或防止自由水进入路基。其次是分层填筑路堤，按重型压实标准加强路基压实，特别是增加路基上部的压实度，是提高路基强度和稳定性的既经济又有效的措施。

2)沥青路面对基层的要求

(1)具有足够的强度和适宜的刚度。

基层是沥青路面的承重层，在预期行车荷载的反复作用下，不会产生超过允许的残余变形，更不允许产生剪切破坏(粒料基层)和弯拉破坏(半刚性基层)。特别是在重交通道路上，只有具有必需强度的材料才能作为基层使用。在沥青面层下，应优先选用强度大、承载能力高的半刚性基层，以适应较薄的沥青面层，或适当减薄沥青面层。

在重交通道路、一级公路和高速公路上，基层材料还应该有较高的抗疲劳破坏的能力。

(2)具有良好的稳定性。

沥青面层，特别是沥青表面处治、沥青贯入式和路拌沥青碎石路面。在使用初期透水性一般较大。雨季表面水有可能通过沥青面层的孔隙、裂缝，两侧路肩或路面与路肩的结合处渗入路面结构层中，而水分要从路面结构层和土基中蒸发出来却比渗透进去困难得多。进入路面结构层的水使细料含量较多，且塑性指数较大的基层材料强度大大降低。因此，必须采用水稳定性良好的材料作为沥青路面基层。在潮湿多雨地区以及在土基湿度可能受地下水影响的地段，尤须重视。

在寒冷地区及季节性冰冻地区基层还应具有一定的抗冻性和较好的抗低温开裂的性能。

(3)表面必须平整、密实，拱度与面层一致。

薄沥青面层的平整度、拱度取决于基层的平整度和拱度。用沥青面层来调整基层的平整度和拱度是不经济、不合理的。因此，保持基层的平整度、拱度是保持薄沥青面厚度均匀一致以及面层表面的平整度和拱度的先决条件。

(4)与面层结合良好。

基层与面层结合良好，可减少面层底部的拉应力和拉应变，以防止薄沥青面层发生滑动、推移等破坏。为此，基层表面应该稳定并且具有一定的粗糙度，表面还应该结构均匀，无松散颗粒。在铺筑沥青面层前，表面还应该干燥无尘。为使面层与基层结合良好，尚可采取设置联结层或浇洒粘层沥青等措施。

(5)有较小的干燥收缩和温度收缩变形，以减少反射裂缝。

3. 沥青路面的结构组合

在路面等级、面层类型、基层类型都选定之后，接着就要考虑各结构层如何安排的问题。要使整个路面结构既能承受行车荷载和自然因素的作用，又能发挥各结构层的最大效能，这是路面结构组合所要解决的问题。

路面结构层的组合设计，就是按行车和环境因素对不同层位的要求，结合各类结构层本身的性能，进行合理的安排。显然，不同的结构组合会产生不同的结果，现举两个交通量相当的实例来说明。甲、乙两种路面结构见图 3-3-1 所示。

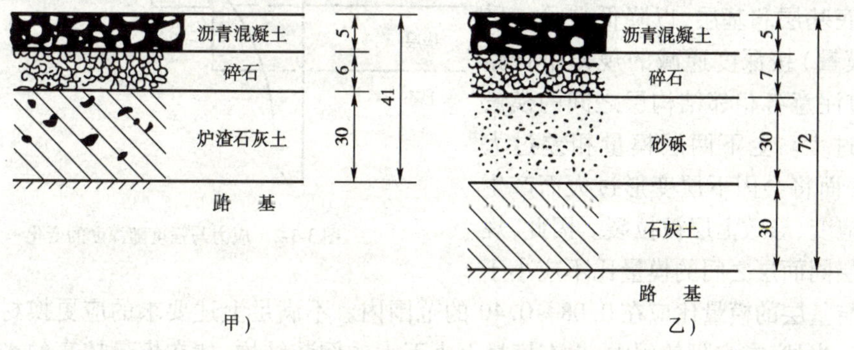

图 3-3-1　路面结构比较图(尺寸单位：cm)

甲种是在重冰冻地区使用，地下水位深 80cm，经过多年使用，路面仍保持良好状态；而乙种是中冰冻地区使用，地下水位深大于 2m，通车数月后，面层出现大量较宽网裂，继而出现坎坷不平，最后全部松散。

这两个实例，论厚度，乙种比甲种厚 31cm，水温状况也是乙种好，但乙种却很快损坏了。究其原因，主要是结构组合不合理。乙种结构在上(碎石过渡层)下(石灰底基层)两层模量较高的结构层间，夹了一层整体性差的天然砂砾(基层)，该砂砾层在行车荷载的反复振动作用下发生松动，使碎石下沉、砂砾上挤，导致碎石层顶面出现较大沉陷、面层变形过大而开裂。由此可见，层次多、厚度大的路面结构，其使用效果不一定好。

路基路面是一个整体结构，各结构层有各自的特性和作用，并相互制约和影响，结构组合不合理，所用材料再好，厚度再大也无济于事。根据实践经验和理论分析，结构组合应遵循下列原则：

1)根据各结构层功能组合

遵循路面耐久、基层坚实、土基稳定的原则、结合各结构层功能正确合理的选择面层、基层和垫层是组合设计的前提条件。就面层来讲,不仅要考虑高强、耐磨、热稳性好和不透水等性能,还应考虑设几层为好。如交通量繁重的道路,应加设联结层作为面层下层,以抵抗水平力在面层底部产生的剪应力。采用空隙大的沥青混合料或沥青贯入式碎石作面层时,应在面上加设沥青砂或沥青表面处治作封层。

基层是主要承受垂直应力的承重层。它要有足够的抗压强度,一定的刚度和水稳定性。交通繁重时,基层应选择沥青或水泥(或二灰)稳定类材料,并采用双层式基层,即加设底基层;若土基水温状况不良时,应设石灰土及天然砂砾等垫层。

要使路面有足够的整体强度,还应保证路基的稳定性。实践证明,一般要求土基回弹模量不小于20MPa。否则,单纯依靠加强或增厚面层或基层,并不能收到良好的效果,同时也不经济合理。稳定路基的一般措施,最经济最易办到的方法是,加强路基排水和使路基达到要求的压实度。

2)强度组合

轮载作用于路面表面,其竖向应力和应变随深度而递减,因而对各层材料的强度(模量)的要求,也可随深度而相应减小,见图3-3-2。因此,路面各结构层应按强度自上而下递减的方式组合。这样既能充分发挥各结构层材料的效能,又能充分利用当地材料充当底基层和基层,以降低造价。采用强度(模量)按深度递减的规律组合路面时,还应注意各相邻结构层之间的模量不能相差过大。上下两层模量相差过大时,上层底面将会因下层变形过大而产生较大的拉应变,导致上层被拉裂。因此,规范要求基层同面层之间的模量比不应小于0.3;土基与基层的模量比应在0.08~0.40的范围内。不满足上述要求的应更换材料或增加结构层次。当然,在实际使用中,也有模量上小下大的倒装结构,如在模量较高的半刚性基层与沥青混凝土面层之间设置碎石过渡层等。这种结构可根据具体情况使用。

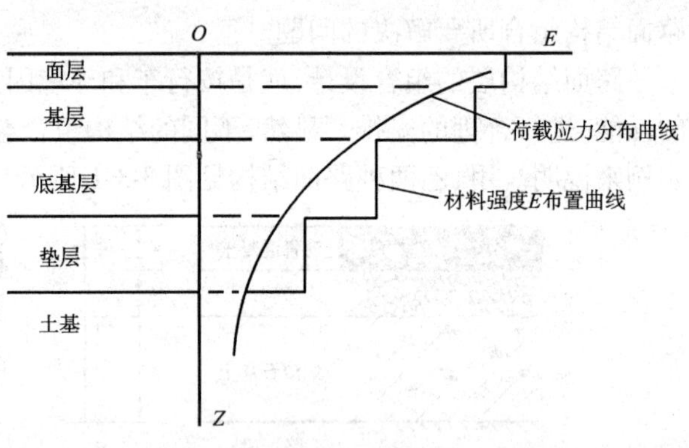

图3-3-2　应力与强度随深度的变化

3)合理的层间组合

各结构层材料具有不同的特性,在组合时,应注意相邻层次的互相影响,采取措施限制或消除所产生的不利影响。例如,在水泥或石灰稳定类基层上修建沥青面层时,由于基层材料的干缩或低温收缩而开裂,会导致面层也相应地出现反射裂缝,这时,宜适当加厚面层,或者在其间加设一层由稳定粒料组成的联结层或过渡层。又如在潮湿的土路基上,不宜直接铺筑颗粒较大的碎(砾)石材料,防止污泥挤入基层与其掺杂,导致过大变形而使面层损坏,此时应在软弱土基上铺天然砂砾或石灰土垫层。

层间结合应尽量紧密,避免产生层间滑移,以保证结构的整体性和应力分布的连续性。

4)考虑水温状况的影响

水温状况对沥青路面的影响很大,在季节性冰冻地区,特别要考虑冻胀与翻浆的危害。路

面结构除了要保证力学强度的要求外,其总厚度还要满足防冻厚度的要求,以免在路基内出现较厚的聚冰带,从而导致路面的不均匀冻胀。路面防冻最小厚度可参照表3-3-2确定。因此,对于在季节性冰冻地区有冻胀可能的中、潮湿路段,路面总厚度应不小于表3-3-2的规定。如按强度计算的路面总厚度小于表列的规定厚度时,应采用加厚防冻层(垫层)的方法来补足。防冻层可用水稳定性好而强度较低的地方材料如炉渣、砂砾、碎石等。

路面防冻最小厚度(cm)　　表3-3-2

道路冻深(cm)	土基干湿类型	粉性土	砂性土、粘性土
50~100	中湿	40~45	35~40
	潮湿	45~55	40~45
100~150	中湿	45~50	40~45
	潮湿	55~65	50~55
150~200	中湿	50~60	45~55
	潮湿	65~70	55~65
200以上	中湿	60~70	55~65
	潮湿	70~90	65~75

5)考虑适当的层数和层厚

按照第2)条的强度组合原则,结构层层数越多,越能体现强度同荷载应力随深度变化的规律相适应及造价经济性的要求。但是,层数过多将带来施工工艺及材料制备上的困难。因此,一般来说,层数不宜过多,在满足各方面要求的条件下,层数应尽可能地少。

各层层厚应综合考虑材料的性能,应力传布的效果和压实机具的效能等因素。层厚过大,一次压实不足,则需分层施工;层厚过小,又不能形成独立的稳定结构层次。从强度和造价上考虑,各结构层层厚宜自上而下由薄到厚。

为了确保能形成稳定的结构层次,各类结构层按所用材料的规格和施工工艺的要求,规范规定了一个最小厚度,见表3-3-3。

各类结构层的最小厚度　　表3-3-3

结构层类型		施工最小厚度(cm)
沥青混凝土 热拌沥青碎石	粗料式	5.0
	中粒式	4.0
	细粒式	2.5
冷拌沥青碎石		4.0
沥青石屑		1.5
沥青砂		1.0
沥青贯入式		4.0
沥青上拌下贯式		6.0
沥青表面处治		1.0
水泥稳定类		15.0
石灰稳定类		15.0
石灰工业废渣类		15.0
级配碎、砾石		8.0
泥结碎石		8.0
填隙碎石		8.0

图3-3-3为我国各级公路推荐的沥青路面结构图式,可供各地结合当地具体条件选用。

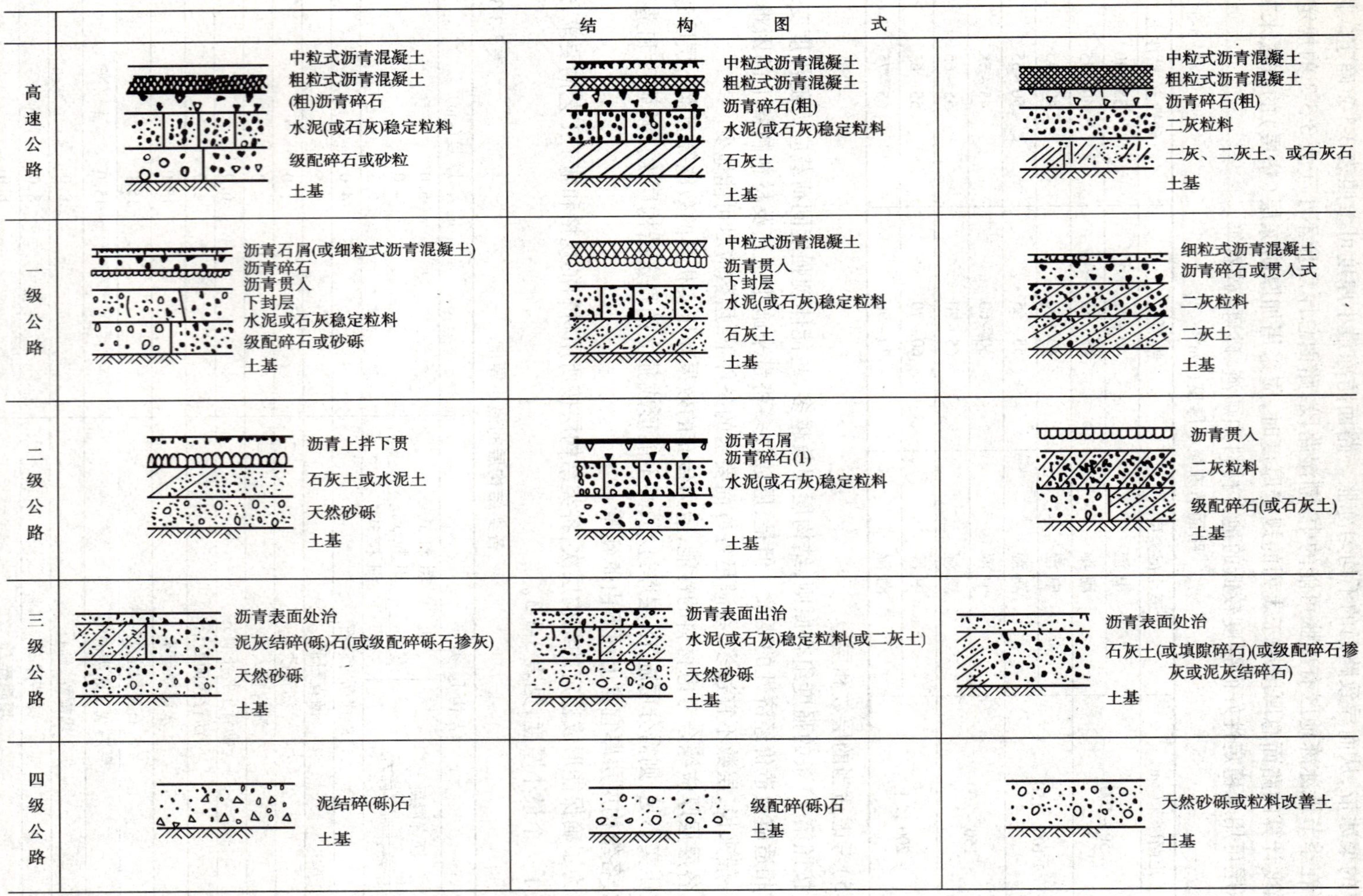

	结构图式		
高速公路	中粒式沥青混凝土 粗粒式沥青混凝土 (粗)沥青碎石 水泥(或石灰)稳定粒料 级配碎石或砂粒 土基	中粒式沥青混凝土 粗粒式沥青混凝土 沥青碎石(粗) 水泥(或石灰)稳定粒料 石灰土 土基	中粒式沥青混凝土 粗粒式沥青混凝土 沥青碎石(粗) 二灰粒料 二灰、二灰土、或石灰石 土基
一级公路	沥青石屑(或细粒式沥青混凝土) 沥青碎石 沥青贯入 下封层 水泥或石灰稳定粒料 级配碎石或砂砾 土基	中粒式沥青混凝土 沥青贯入 下封层 水泥(或石灰)稳定粒料 石灰土 土基	细粒式沥青混凝土 沥青碎石或贯入式 二灰粒料 二灰土 土基
二级公路	沥青上拌下贯 石灰土或水泥土 天然砂砾 土基	沥青石屑 沥青碎石(1) 水泥(或石灰)稳定粒料 土基	沥青贯人 二灰粒料 级配碎石(或石灰土) 土基
三级公路	沥青表面处治 泥灰结碎(砾)石(或级配碎砾石掺灰) 天然砂砾 土基	沥青表面出治 水泥(或石灰)稳定粒料(或二灰土) 天然砂砾 土基	沥青表面处治 石灰土(或填隙碎石)(或级配碎石掺灰或泥灰结碎石) 土基
四级公路	泥结碎(砾)石 土基	级配碎(砾)石 土基	天然砂砾或粒料改善土 土基

图 3-3-3　我国各级公路推荐的沥青路面结构图式

四、沥青路面的强度和稳定性

1. 沥青路面的力学特性

与其他任何材料一样，沥青类路面的力学特性也可以通过几种不同的力学强度参数来表征。这些参数包括抗压强度、抗剪强度和抗拉（包括抗弯拉）强度，一般沥青混合料均具有较高的抗压强度，而抗剪和抗拉强度则较低，因此路面的损坏，往往是从拉裂或滑移开始而逐渐扩展。

1）抗剪强度

沥青混合料的抗剪强度主要取决于沥青与集料相互作用而产生的粘结力以及集料在沥青混合料中的嵌挤锁结作用所产生的内摩阻力。

沥青的粘滞度越高，粘结力就越大。集料颗粒越小，比表面积越大，包裹集料颗粒的沥青膜越薄，粘结力就越大。沥青的表面活性越强，集料对沥青的亲和性越好，吸附作用就越强烈，粘结力也越大。碱性集料与沥青的粘附作用比酸性集料与沥青的粘附作用强，所以其粘结力就强，力学强度就高。

集料的级配、颗粒的形状和表面特性，都对沥青混合料的内摩阻力产生影响。随着颗粒尺寸的增大，内摩阻力也增大。颗粒表面粗糙、棱角尖锐的集料，由于颗粒相互嵌紧，其内摩阻力要比圆滑颗粒的集料大得多。此外，沥青混合料中沥青的存在一般会降低矿质混合料的内摩阻力。沥青含量过多时，不仅内摩阻力显著降低，而且粘结力也下降。

沥青混合料的抗剪强度可以通过三轴剪切试验取得，如图 3-3-4 所示。

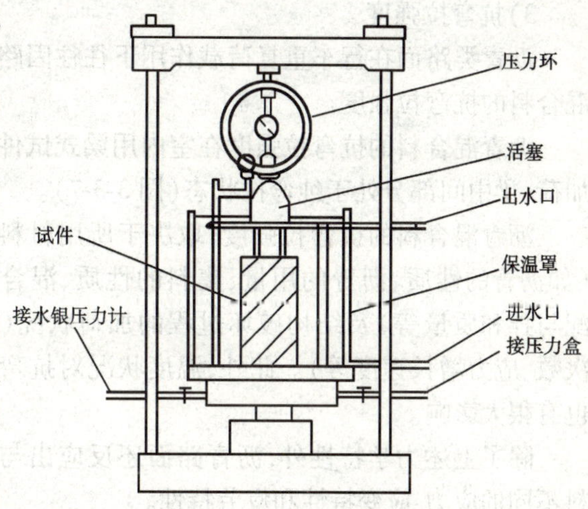

图 3-3-4 三轴剪切试验装置

2）抗拉强度

在气候较寒冷地区，冬季气温下降，特别是急骤降温时，沥青混合料发生收缩，如果收缩受阻，就会产生拉应力，该应力超过沥青混合料的抗拉强度时，路面就会产生开裂。

沥青混合料的抗拉强度，可用直接拉伸试验和间接拉伸试验——劈裂试验来测定。直接拉伸试验（图 3-3-5）是将沥青混合料做成圆柱形试件，试件两端粘结在球形铰接的金属盖帽上，试件上安置变形传感器。在给定温度下，以一定加荷速度拉伸，记录各荷载应力下的变形值。应力—应变曲线中的最大应力值即为极限抗拉强度。

间接拉伸试验（劈裂试验，如图 3-3-6）是将沥青混合料用马歇尔标准击实法制成试件或从轮碾机成型的板块试件或从道路现场钻取标准的圆柱体试件。试件两侧垫上金属压条。在给定温度下，沿试件直径方向通过试件两侧压条按一定加荷速度施加压力，直到试件劈裂破坏。

沥青混合料在低温下的抗拉强度同沥青的性质、沥青含量、矿质混合料的级配、测试时的温度等因素有关。试验表明，沥青的粘滞度大，或沥青含量较大，沥青混合料就会具有较高的抗拉强度。密级配沥青混合料的抗拉强度较开级配混合料高,在低温下沥青混合料的抗拉强度随温度降低而提高。

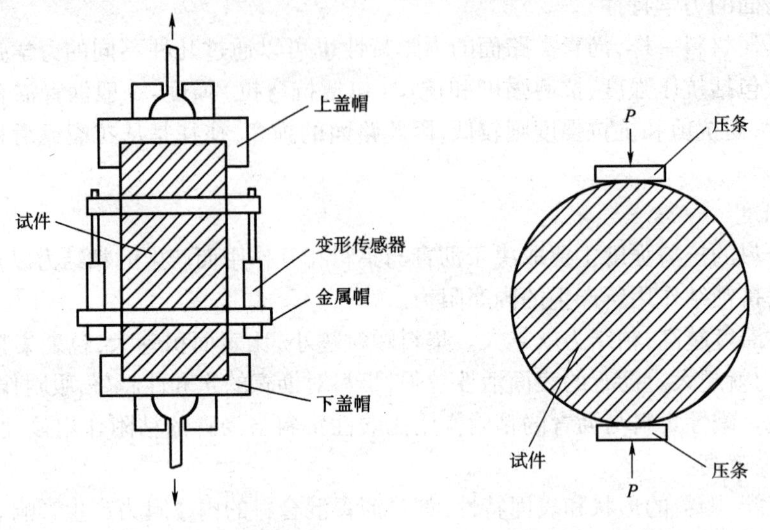

图3-3-5　直接拉伸试验示意图　　图3-3-6　间接拉伸试验示意图

3)抗弯拉强度

沥青类路面在行车重复荷载作用下往往因路面弯曲而产生开裂破坏。因此必须考虑沥青混合料的抗弯拉强度。

沥青混合料的抗弯拉强度在室内用梁式试件在简支受力情况下测定。试验时用三分点法加荷,梁中间部分处于纯弯拉状态(图3-3-7)。

沥青混合料的抗弯拉强度,取决于所用材料的性质(如沥青的性质、沥青的用量、集料的性质、混合料的级配与拌和质量等)及结构破坏过程的加荷状况(如重复次数、应力增长速度等)。此外,温度状况对抗弯拉强度也有很大影响。

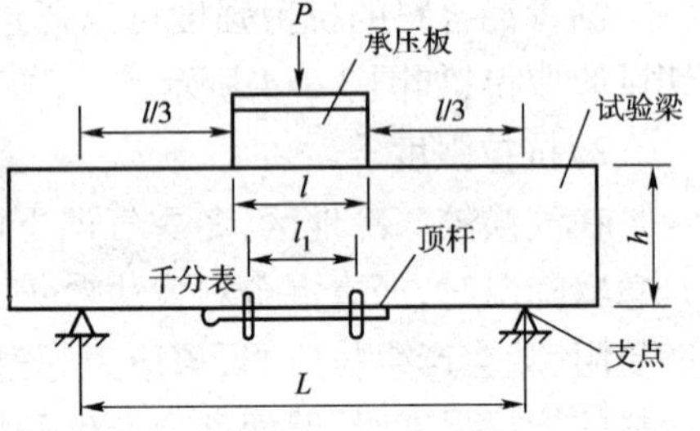

图3-3-7　抗弯拉强度试验加荷形式示意图

除了上述力学特性外,沥青路面还反应出与其他材料不同的应力-应变特性和疲劳特性。

沥青混合料是一种弹-粘塑性材料,在应力-应变关系中呈现出不同的性质,有时呈现为弹性性质,有时则主要呈现为粘塑性质,而大多数情况下,几乎同时综合呈现上述性质。如冬季低温时,沥青混合料就呈现为弹性体,并且具有弹性体的变形特性,夏季高温时则呈现为粘塑性体性质。研究表明,沥青混合料的应力-应变特性,不仅同荷载大小和作用时间有关,而且与材料的温度有关,故有时常用劲度模量(简称劲度)作为表征沥青混合料力学特性的指标。所谓劲度模量就是材料在给定的荷载作用时间和温度条件下应力与总应变的比值。

沥青类路面的疲劳特性表现为沥青混合料的变形和破坏,不仅与荷载应力的大小有关,而且同荷载作用的次数有很大关系。路面材料在低于极限抗拉强度下经受重复拉应力或拉应变而最终导致破坏,称为疲劳破坏。导致路面最终破坏的重复荷载作用次数称

为疲劳寿命。

影响沥青混合料疲劳特性的因素很多,如材料的性质(包括矿料种类、集料级配、沥青种类和用量),环境因素(包括温度、湿度、混合料的压实程度和孔隙率),加荷方式等。沥青混合料的疲劳特性可以用动稳定度指标来反映。所谓动稳定度是指沥青混合料进行车辙试验时,变形进入稳定期后每产生1mm轮辙,试验轮行走的次数,以次/mm计。其试验测定方法参看有关试验规程。

2.沥青路面的稳定性

1)沥青路面的温度稳定性

前面曾指出,大气温度是影响路面强度的重要因素。同一路面,在炎热的夏天和严寒的冬天可能有不同的使用品质。就是在一天之内,路面的工作状态也会有差异,特别是沥青路面更是如此。沥青混合料的强度会随温度降低而提高,随温度升高而降低。因此,对沥青路面的温度稳定性应给予特别重视。

(1)沥青路面的高温稳定性

沥青混合料具有强度和抗变形能力随温度的升高而显著降低的特点。温度升高时,沥青的粘滞度降低,集料之间的粘结力削弱,从而导致强度成倍的降低。由于高温稳定性不足,路面会出现以推移、车辙和拥包等为特征的路面剪切变形和塑性累积变形,特别是在交叉口、停车站及行车变速的路段上变形更为严重。因此,如何提高沥青路面的高温稳定性,是沥青路面在设计和使用中必须考虑的问题。

目前,对沥青路面高温稳定性的研究还在不断进行。从国内外看,一个明显的趋势是采用开级配沥青碎石或特粗式沥青碎石混合料来提高沥青路面高温稳定性。对沥青混合料高温稳定性的测定大都借助于试验的方法,较为广泛应用的有马歇尔稳定度、维姆稳定度和无侧限抗压强度等试验方法。

影响沥青混合料高温稳定性的因素主要是:沥青和集料的性质及其相互作用的特性,集料的级配组成,沥青混合料的塑性等。

提高沥青混合料的高温稳定性的常用方法是:在混合料中增加粗集料含量,使粗集料形成空间骨架结构,以提高混合料的内摩阻力。适当地提高沥青材料的粘稠度,控制沥青与集料的比值,严格控制沥青用量,采用具有活性的矿粉,来改善沥青与集料的相互作用,以提高混合料的粘结力。此外,在沥青混合料中掺入聚合物(如橡胶、聚乙烯等)改性的沥青,也能取得较好的效果。

(2)沥青路面的低温稳定性

沥青路面在低温时强度虽然增大,但其变形能力却因刚度增大而降低。气温下降,特别是在急剧降温时,沥青混合料受基层约束而不能自由收缩,会产生很大的温度应力。若累积温度应力超过沥青混合料的极限抗拉强度,路面便产生开裂。沥青路面的低温缩裂大致可分为两类:一类是温度下降而造成的路面开裂,它与沥青混合料的体积收缩有关,这种裂缝是由表面开始开裂而逐渐发展成为裂缝;另一类是属于路基或基层收缩与冰冻共同作用而产生的裂缝,这类裂缝是从基层开始逐渐反映到沥青面层开裂。由于路面收缩的主轴是纵向的,因此,低温产生的裂缝大多是横向的,且几乎是6~10m的等距离间隔。裂缝的出现往往就是沥青路面损坏的开始。随着低温循环的影响,裂缝将会进一步扩展,导致路面工作状况恶化。

影响低温开裂的因素很多,其中主要的因素有路面所用沥青的性质、当地的气温状况,沥青的老化程度、基层的种类和路面的层次及厚度等。此外,路面面层与基层的粘着状态、基层所用材料的特性,行车的状况对路面开裂也有一定的影响。

使用稠度较低、温度敏感性较低的沥青,可以延缓和减少路面的开裂。路面所在地区的气温愈低,开裂愈为严重。沥青材料的老化,对低温更为敏感,使路面开裂的可能性增加。增加沥青面层的厚度可以减少或者延缓路面的开裂。此外,采用某些改性沥青(如橡胶沥青等)也可防治路面开裂。

2)沥青路面的水稳定性

大量的工程实践表明:沥青面层的损坏,大半是由于水的渗入开始的。因渗入面层的水分缺乏有效的控制和处置,是导致沥青面层损坏的基本原因。

水对沥青面层的影响主要表现在以下两个方面:

(1)沥青面层在水的作用下,容易使沥青与矿粉分离,水还可能将沥青面层中的某些可溶性化合物溶解并冲走,使沥青与矿料的粘结力大为降低。

(2)由于水分的渗入,含水量增加,引起沥青面层体积膨胀,干燥时又收缩,如此一胀一缩,胀缩交替,反复循环,因而引起沥青面层开裂。这种情况很是普遍。

沥青路面受水渗入后,稳定性降低的现象,同路面的密实性和矿料与沥青间的粘附性有密切关系。为了提高沥青路面的水稳定性,最有效的措施是在沥青面层的表面加铺封层并经常维护,使其处于完好状态,同时提高矿料与沥青间的粘附作用。

3)沥青路面的耐久性

沥青面层在使用过程中,某些性质会随着时间的变化而不断变化,这些变化表现在:沥青中的轻质组分逐渐挥发,油分、树脂逐渐减少,沥青质、沥青碳与似碳物相对增多,使沥青的粘塑性逐渐消失,路面失去光泽,呈现干枯、裂缝、松散等病害,这就是沥青路面的老化现象。沥青路面老化的速度愈快,其耐久性愈差,使用寿命愈短。

为了减缓沥青路面的老化现象,沥青混合料中沥青的稠度宜低些,沥青用量宜多些,沥青与矿料的粘附性宜好些,混合料的剩余空隙率宜小些。

以上初步探讨并分析了沥青路面在高温、低温、水、时间等几个方面影响下的稳定性,并提出了相应改善这几个方面稳定性的途径和措施。从中可以看出,各项稳定性对于材料的要求并不是完全一致的,有时甚至会出现相互矛盾的情况,故在实际工作中要综合考虑各方面的因素,全面分析,确定采取适宜的对策,才能达到预期的目的和效果。

五、沥青路面的常见病害

沥青路面破损可分为裂缝类、松散类、变形类及其他类等四大类。各类破损类型及其严重程度描述见表3-3-4。

路面的损坏现象(如裂缝、松散、变形等),有时单独出现,有时几种形式同时出现,错综复杂。但可发现存在一定的规律:各种损坏现象的产生,都是由于行车和自然因素同路面相互作用造成的结果,它随外界影响因素(行车和自然因素)和路面的工作特性的不同而异。

沥青路面破损分类分级 表3-3-4

破损类型		分级	外观描述	分级指标	计量单位
裂缝类	龟裂	轻	初期龟裂,缝细、无散落,裂区无变形	块度:20~50cm	m^2
		中	裂块明显,缝较宽,无或轻散落或轻度变形	块度:<20cm	
		重	裂块破碎,缝宽,散落重,变形明显,亟待修理	块度:<20cm	
	不规则裂缝	轻	缝细,不散落或轻微散落,块度大	块度:>100cm	m^2
		重	缝宽,散落,裂块小	块度:50~100cm	
	纵裂	轻	缝壁无散落或轻微散落,无或少支缝	缝宽:≤5mm	m^2
		重	缝壁散落重,支缝多	缝宽:>5mm	
	横裂	轻	缝壁无散落或轻微散落,无或少支缝	缝宽:≤5mm	m^2
		重	缝壁散落多,支缝多	缝宽:>5mm	
松散类	坑槽	轻	坑浅,面积小(<$1m^2$)	坑深:≤25mm	m^2
		重	坑深,面积较大(>m^2)	坑深:>25mm	
	麻面 脱皮 啃边		细小嵌缝料散失,出现粗麻表面 路面面层层状脱落 路面边缘破碎脱落,宽度10mm以上		m^2
	松散	轻	细集料散失,路面磨损,路表粗麻		m^2
		重	细集料散失、多量微坑,表面剥落		
变形类	沉陷	轻	深度浅,行车无明显不适感	深度:≤25mm	m^2
		重	深度浅,行车明显颠簸不适	深度:>25mm	
	车辙	轻	变形较浅	深度:≤25mm	m^2
		重	变形较深	深度:>25mm	
	搓板		路面产生纵向连续起伏、似搓板状的变形		m^2
	波浪	轻	波峰波谷高差小	高差:≤25mm	m^2
		重	波峰波谷高差大	高差:>25mm	
	拥包	轻	波峰波谷高差小	高差:≤25mm	m^2
		重	波峰波谷高差大	高差:>25mm	
其他类	泛油		路表呈现沥青膜,发亮,镜面,有轮印		m^2
	磨光		路面原有粗构造衰退或丧失,路表光滑		m^2
	修补损坏面积		因破损或病害而采取修复措施进行处治,路表外观上已修补的部分与未修补部分明显不同		m^2
	冻胀		路基下部的水分向上聚集并冻结成冰引起路面结构膨胀,造成路表拱起和开裂		m^2
	浆翻		因路基湿软,路面出现弹簧、破裂、冒浆的现象		m^2

课题四　水泥混凝土路面

【内容提要】 1. 水泥混凝土路面的特点;2. 水泥混凝土路面构造;3. 水泥混凝土路面常见病害。

【学习目标】

应知:1. 水泥混凝土路面的特点;

2. 水泥混凝土路面构造;

3. 水泥混凝土路面常见病害。

以水泥混凝土面板和各种基(垫)层所组成的路面称为水泥混疑土路面,也称刚性路面。它包括普通混凝土路面、钢筋混凝土路面、碾压混凝土路面、钢纤维混凝土路面、连续配筋混凝土路面等。

普通混凝土(亦称无筋混凝土或素混凝土)路面指除接缝区和局部范围(边缘或角隅)外均不配钢筋的水泥混凝土路面。是目前我国采用最广泛的一种水泥混凝土路面结构。本课题主要介绍这一种路面。

一、水泥混凝土路面的特点

1. 水泥混凝土路面的优缺点

与其他类型路面相比,水泥混凝土路面具有以下优点:

(1)强度高。水泥混凝土路面具有较高的抗压强度、抗弯拉强度和抗磨耗能力。

(2)稳定性好。混凝土路面的水稳定性、热稳定性均较好,特别是它的强度能随着时间的延长而逐渐提高,不存在沥青路面的那种"老化"现象。

(3)耐久性好。由于混凝土路面的强度和稳定性好,所以它经久耐用,一般能用 20 ~ 40 年,而且它能通行包括履带式车辆等在内的各种运输工具。

(4)养护费用少。与沥青路面相比,混凝土路面的养护工作量和养护费用均较少。虽然它的一次性投资大,但使用年限长,分摊于每年的工程费用较少。因此从长远角度来看,选用混凝土路面,其经济效益是比较显著的。

(5)有利于夜间行车。混凝土路面色泽鲜明,能见度好,对夜间行车有利。

但是,水泥混凝土路面也存在以下一些缺点:

(1)对水泥和水的需要量大。例如修筑 20cm 厚、7m 宽的混凝土路面,每 1000m 要耗费水泥约 400 ~ 500t 和水约 250t(尚不包括养生用水在内),这对水泥供应不足和缺水地区带来较大的困难。

(2)有接缝。一般混凝土路面要做许多接缝,这些接缝不但增加施工和养护的复杂性,且容易引起行车跳动,影响乘客的舒适性,接缝又是路面的薄弱点,如处理不当,将会渗水而导致路面板边和板角处破坏。

(3)开放交通迟。一般混凝土路面完工后,要经过 15 ~ 20d 的湿法养生,才能开放交通,否则需采取特殊措施。

(4)修复困难。水泥混凝土路面破坏后,开挖很困难,修补的工作量大,且影响交通,这对有地下管线的城市道路,带来很大困难。

2. 水泥混凝土路面的工作特性和力学特性

水泥混凝土路面为刚性路面,是因其在车辆荷载作用下变形微小,混凝土板工作在弹性阶段,同时,由于板体处于弹性工作状态,在荷载作用下,基层和土基所承受的荷载单位压力及产生的挠度(变形)也较小,它们也都处于弹性阶段。因此,从力学体系上看,水泥混凝土路面属于弹性层状体系,有下列特点:

(1)混凝土路面板的弹性模量与力学强度大大高于基层和土基的相应模量与强度。

(2)混凝土的抗拉强度远小于抗压强度,约为1/6~1/7,其设计强度指标是极限抗弯拉强度。

(3)由于混凝土板与基层或土基之间的摩阻力一般不大,所以在力学图式上可把水泥混凝土路面结构看作弹性地基板。

(4)由于混凝土的抗弯拉强度比抗压强度低得多,在车轮荷载作用下,当弯拉应力超过混凝土的极限抗弯拉强度时混凝土板便产生断裂破坏。且在车轮荷载的重复作用下,混凝土板会在低于其极限抗弯拉强度时出现破坏。

(5)由于板顶面和底面的温度变化,致使在板体内产生温度翘曲应力,板的平面尺寸越大,翘曲应力也越大。

(6)水泥混凝土是一种脆性材料,它在断裂时的相对拉伸变形很小,在弯曲断裂时的表面相对拉伸变形只有1/10000~3/10000,所以在荷载作用下,土基和基层的变形情况对混凝土面板的影响很大。不均匀的基础变形会导致面板与基层脱空,板体由此而产生断裂。因此,要求板下的土基和基层不但要有足够的强度,更要注意其均匀性和水稳性,同时要求基层要有相当好的平整度。

二、水泥混凝土路面的构造

1. 路基

路基应稳定、密实、均质,对路面结构提供均匀的支承。

高液限粘土及含有机质细粒土,不能用做高速公路和一级公路的路床填料或二级和二级以下公路的上路床填料;高液限粉土及塑性指数大于16或膨胀率大于3%的低液限粘土,不能用做高速公路和一级公路的上路床填料。因条件限制而必须采用上述土做填料时,应掺加石灰或水泥等结合料进行改善。

地下水位高时,宜提高路堤设计标高。在设计标高受限制而未达到中湿状态的路基临界高度时,应选用粗粒土或低剂量石灰或水泥稳定细粒土做路床或上路床填料;未能达到潮湿状态的路基临界高度时,除采用上述填料措施外,还应采取在边沟下设置排水渗沟等降低地下水位的措施。

路基压实度应符合《公路路基设计规范》的要求。多雨潮湿地区,对于高液限土及塑性指数大于16或膨胀率大于3%的低液限粘土,宜采用由轻型压实标准确定的压实度,并在含水量略大于其最佳含水量时压实。

岩石或填石路床顶面应铺设整平层。整平层可采用未筛分碎石和石屑或低剂量水泥稳定粒料，其厚度视路床顶面不平整程度而定，一般为100~150mm。

2. 垫层

遇有下述情况时，需在基层下设置垫层：

(1)季节性冰冻地区，路面总厚度小于最小防冻厚度要求(表3-4-1)时，其差值应以垫层厚度补足。

水泥混凝土路面最小防冻厚度　表3-4-1

路基干湿类型	路基土质	当地最大冰冻深度(m)			
		0.50~1.00	1.01~1.50	1.51~2.00	>2.00
中湿路基	低、中、高液限粘土	0.30~0.50	0.40~0.60	0.50~0.70	0.60~0.95
	粉土、粉质低、中液限粘土	0.40~0.60	0.50~0.70	0.60~0.85	0.70~1.10
潮湿路基	低、中、高液限粘土	0.40~0.60	0.50~0.70	0.60~0.90	0.75~1.20
	粉土,粉质低、中液限粘土	0.45~0.70	0.55~0.80	0.70~1.00	0.80~1.30

(2)水文地质条件不良的土质路堑，路床土湿度较大时，宜设置排水层。

(3)路基可能产生不均匀沉降或不均匀变形时，可加设半刚性垫层。

防冻垫层和排水垫层宜采用砂、砂砾等颗粒材料。半刚性垫层可采用低剂量无机结合料稳定粒料或土。

垫层材料的强度要求不一定要高，但其水稳性、隔热性能要好，以就地取材为原则，一般采用颗粒材料(砂、砂砾、炉渣等)。当采用砂或砂砾时，通过0.075mm筛孔的颗粒含量不宜大于5%；当采用炉渣时，小于2mm的颗粒含量不宜大于20%。垫层的最小厚度为15cm，其宽度应比基层每侧至少宽出25cm，当路基为膨胀土或路面排水不良时，垫层应与路基同宽。

3. 基层

基层应具有足够的抗冲刷能力和一定的刚度。

基层类型宜依照交通等级按表3-4-2选用。混凝土预制块面层应采用水泥稳定粒料基层。

各交通等级的基层类型　表3-4-2

交通等级	基层类型	交通等级	基层类型
特重交通	贫混凝土、碾压混凝土或沥青混凝土基层	中等或轻交通	水泥稳定粒料、石灰粉煤灰稳定粒料或级配粒料基层
重交通	水泥稳定粒料或沥青稳定碎石基层		

湿润和多雨地区，路基为低透水性细粒土的高速公路和一级公路或者承受特重或重交通的二级公路，宜采用排水基层。排水基层可选用多孔隙的开级配水泥稳定碎石、沥青稳定碎石或碎石，其孔隙率约为20%。

基层的宽度应比混凝土面层每侧至少宽出300mm(采用小型机具施工时)或500mm(轨模式摊铺机施工时)或650mm(滑模式摊铺机施工时)。路肩采用混凝土面层，其厚度与行车道面层相同时，基层宽度宜与路基同宽。级配粒料基层的宽度也宜与路基同宽。各类基层厚度

的适宜范围见表3-4-3 。

各类基层厚度的适宜范围 表3-4-3

基层类型	厚度适宜的范围(mm)	基层类型	厚度适宜的范围(mm)
贫混凝土或碾压混凝土基层	120~200	级配粒料基层	150~200
水泥或石灰粉煤灰稳定粒料基层	150~250	多孔隙水泥稳定碎石排水基层	100~140
沥青混凝土基层	40~60	沥青稳定碎石排水基层	80~100
沥青稳定碎石基层	80~100		

碾压混凝土基层应设置与混凝土面层相对应的接缝。贫混凝土基层在其弯拉强度超过1.8MPa时,应设置与混凝土面层相对应的横向缩缝;一次摊铺宽度大于7.5m时,应设置纵向缩缝。

基层下未设垫层,上路床为细粒土、粘土质砂或级配不良砂(承受特重交通或重交通时),或者为细粒土(承受中等交通时),应在基层下设置底基层。底基层可采用级配粒料、水泥稳定粒料或石灰粉煤灰稳定粒料,厚度一般为200mm。

排水层下应设置由水泥稳定粒料或者密级配粒料组成的不透水底基层,厚度一般为200mm。底基层顶面宜铺设沥青封层或防水土工织物。

4. 面层

水泥混凝土面层应具有足够的强度、耐久性,表面抗滑、耐磨、平整。

面层一般采用设接缝的普通混凝土;面层板的平面尺寸较大或形状不规则,路面结构下埋有地下设施,高填方、软土地基、填挖交界段的路基等有可能产生不均匀沉降时,应采用设置接缝的钢筋混凝土面层。其他面层类型可根据适用条件按表3-4-4选用。

其他面层类型选择 表3-4-4

面层类型	适用条件	面层类型	适用条件
连续配筋混凝土面层	高速公路	钢纤维混凝土面层	标高受限制路段、收费站、混凝土加铺层和桥面铺装
沥青上面层与连续配筋混凝土或横缝设传力杆的普通混凝土下面层组成的复合式路面	特重交通的高速公路	矩形或异形混凝土预制块面层	服务区停车场二级及二级以下公路、桥头引道沉降未稳定段
碾压混凝土面层	二级及二级以下公路、服务区停车场		

普通混凝土、钢筋混凝土、碾压混凝土或钢纤维混凝土面层板一般采用矩形。其纵向和横向接缝垂直相交,纵缝两侧的横缝不得相互错位。

纵向接缝的间距按路面宽度和每个车道宽度而定,在3.0~4.5m范围内确定。碾压混凝土、钢纤维混凝土面层在全幅摊铺时,可不设纵向缩缝。

横向接缝的间距按面层类型和厚度选定:①普通混凝土面层一般为4~6m,面层板的长宽比不宜超过1.3,平面尺寸不宜大于25m^2;②碾压混凝土或钢纤维混凝土面层一般为6~10m;③钢筋混凝土面层一般为6~15m。

复合式路面沥青上面层的厚度一般为25~80mm。

路面表面构造应采用刻槽、压槽、拉槽或拉毛等方法制作。

5. 路肩

路肩铺面结构应具有一定的承载能力，其结构层组合和材料选用应与行车道路面相协调，并保证进入路面结构中的水的排除。

路肩铺面可选用水泥混凝土面层或沥青面层。

路肩水泥混凝土面层的厚度通常采用与行车道面层等厚，其基层应宜与行车道基层相同。选用薄面层时，其厚度不宜小于150mm，基层应采用开级配粒料。

路肩沥青面层宜选用密实型沥青混合料。其基层可选用无机结合料稳定粒料或级配粒料。行车道路面结构不设内部排水设施时，沥青面层和不透水基层的总厚度不宜超过行车道面层的厚度，基层下应选用透水性粒料填筑。

6. 路面排水

行车道路面应设置双向或单向横坡，坡度为1%～2%。路肩铺面的横向坡度值宜比行车道路面的横坡值大1%～2%。

行车道路面结构设置排水基层或垫层时，应在排水基层或垫层外侧边缘设置纵向集水沟和带孔集水管，并间隔50～100m设置横向排水管。

排水基层的纵向边缘集水沟，路肩采用水泥混凝土面层时，可设在路肩下或路肩外侧边缘内；路肩采用沥青面层时，可设在路肩内侧边缘内。排水垫层的纵向边缘集水沟设在路床边缘。

带孔集水管的孔径通常采用100～150mm。集水沟的宽度通常采用300mm。集水沟的深度应能保证集水管管顶低于排水层底面，并有足够厚度的回填料使集水管不被施工机械压裂。沟内回填料宜采用与排水基层或垫层相同的透水性材料，或者不含细料的碎石或砾石粒料。回填料与沟壁间应铺设无纺反滤织物。横向排水管不带孔，其管径与集水管相同。

集水沟和集水管的纵坡宜与路线纵坡相同，但不得小于0.25%。横向排水管的坡度不宜小于5%。

横向排水管的出口端应设端墙。端头用镀锌铁丝网或格栅罩住，出水口应进行冲刷防护。在横向排水管上方的路肩边缘处应设置标志，标明出水口位置。

混凝土路面横断面形式见图3-4-1。

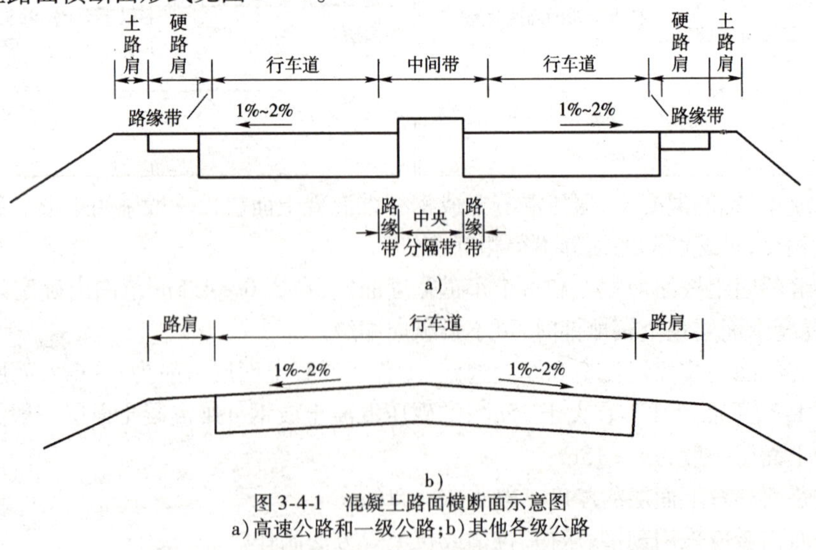

图3-4-1 混凝土路面横断面示意图

a)高速公路和一级公路；b)其他各级公路

7. 接缝的构造与布置

1）接缝设置的原因

混凝土面层是由一定厚度的混凝土面板组成，它具有热胀冷缩的性质。由于一年四季气温的变化，混凝土面板会产生不同程度的膨胀和收缩。在一昼夜中，白天气温升高，混凝土面板顶面温度较底面为高，这种温度差会造成面板的中部突起。夜间气温降低，面板顶面温度较底面为低，使面板的周围和角隅翘起。如图 3-4-2a）。这些变形会受到面板和基础之间的摩阻力和粘结力，以及面板自重和车轮荷载等的约束，致使面板内产生过大的应力，造成面板的断裂（图 3-4-2b）或拱胀破坏（图 3-4-2c）。为防止温度变化引起胀缩力和温差使面板产生的翘曲应力，以及土基不均匀沉陷引起板的开裂，水泥混凝土路面不得不在纵横方向建造许多接缝，把整个路面分割成为许多板块（图 3-4-3）。

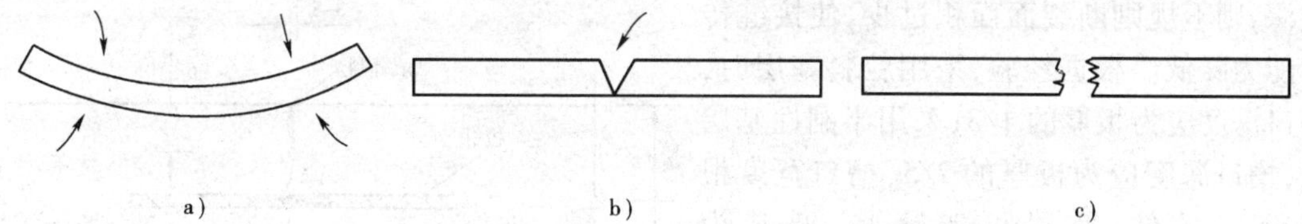

图 3-4-2　混凝土面板由于温度坡差引起的变形

a）变形；b）开裂；c）均匀温度下降使板开裂

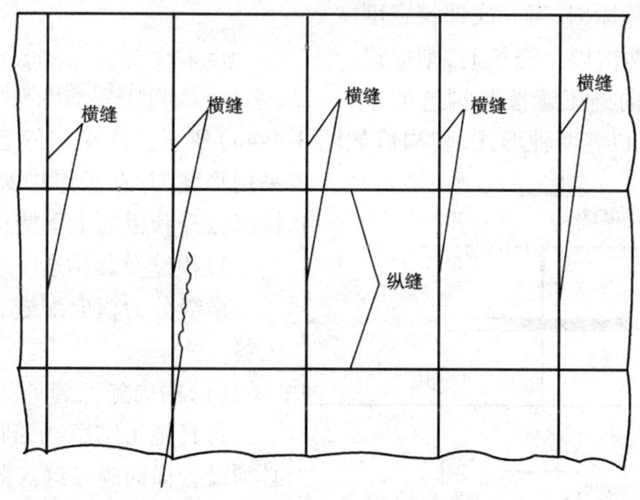

图 3-4-3　路面接缝设置

水泥混凝土路面的接缝可分为纵缝和横缝两大类，与路线平行的接缝称为纵缝，与路线垂直的接缝称为横缝。接缝应能达到以下几个功能：①控制收缩应力和翘曲应力所引起的裂缝出现的位置；②通过接缝提供足够的荷载传递；③防止坚硬的杂物落入接缝缝隙内。

2）纵缝及其构造

纵缝分为纵向缩缝和纵向施工缝。纵缝的宽度（即纵缝的间距或纵缝与自由边的间距），应为一个车道的宽度，且不得超过 4.5m。实践证明，过宽时容易出现纵向裂缝，在短期内面板即发生破坏。当一次铺筑的宽度超过 4.5m，应增设纵向缩缝。

(1)纵向缩缝

纵向缩缝可采用假缝加拉杆型,其构造如图3-4-4b)所示。应设置拉杆,可以防止板块横向位移使缝隙扩大,拉杆设置在板的1/2处;在缩缝上部设置的槽口,一般应在混凝土浇筑后,并达到一定的抗压强度(碎石混凝土为6.0~12.0MPa,砾石混凝土为9.0~12.0MPa)时,用切缝机进行切割,或在混凝土浇筑时振入木条。槽口深度要适中,过浅,则混凝土截面的强度削弱得不够,不能保证以后的开裂准确地发生在接缝位置上;过深,则不规则断裂面面积过少,使接缝传荷能力降低。根据经验,采用粒料基层时,槽口深度应为板厚的1/3;采用半刚性基层时,槽口深度应为板厚的2/5,槽口宽度根据施工条件,宜尽可能窄些,通常为3~8mm。

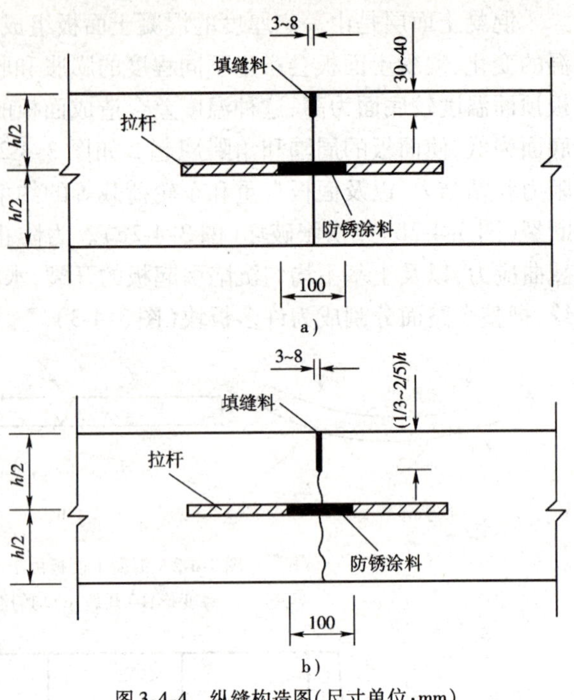

图3-4-4 纵缝构造图(尺寸单位:mm)
a)纵向施工缝;b)纵向缩缝

(2)纵向施工缝

由于施工条件等原因,当一次铺筑宽度小于路面宽度需分两次以上浇筑时,则应设置纵向施工缝。纵向施工缝按其构造的不同,可分为平缝和企口缝两种形式,其构造如图3-4-4a)所示。因企口缝容易产生破坏,一般采用平缝,并在板厚中央设置拉杆,以防止接缝张开和板的上下错动。

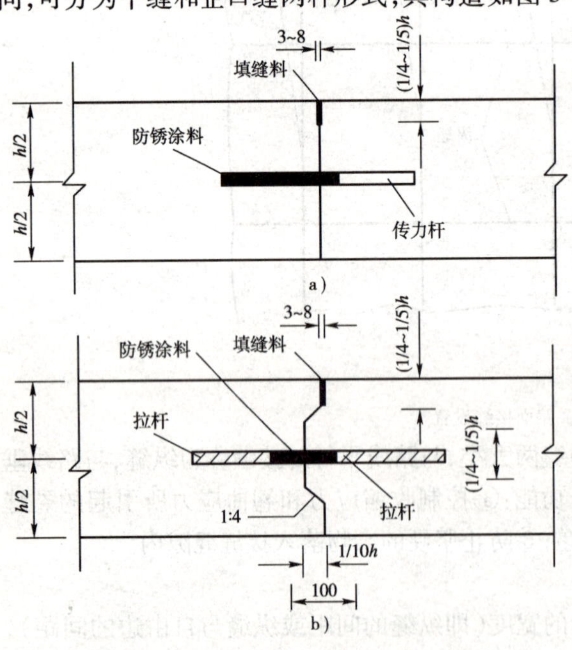

图3-4-5 横向施工缝构造图(尺寸单位:mm)
a)设传力杆平缝型;b)设拉杆企口缝型

3)横缝及其构造

横缝分为横向缩缝、横向胀缝和横向施工缝。

(1)横向施工缝

每日施工结束或因临时原因中断施工,必须设置横向施工缝。原则上,横向施工缝应尽可能少设。如需设置,其位置宜在胀缝或缩缝处。设在缩缝处的施工缝应采用平缝加传力杆型,其构造如图3-4-5a)所示;设在胀缝处的施工缝,其构造与胀缝相同。遇有困难需设在缩缝之间时,施工缝采用设拉杆的企口缝形式,其构造如图3-4-5b)所示。

(2)横向缩缝

横向缩缝可等间距或变间距布置,一般采用假缝形式,不设传力杆。但在特重和重

交通的公路、收费广场以及邻近胀缝或自由端部的 3 条缩缝，应采用设传力杆假缝形式，其构造如图 3-4-6 所示。

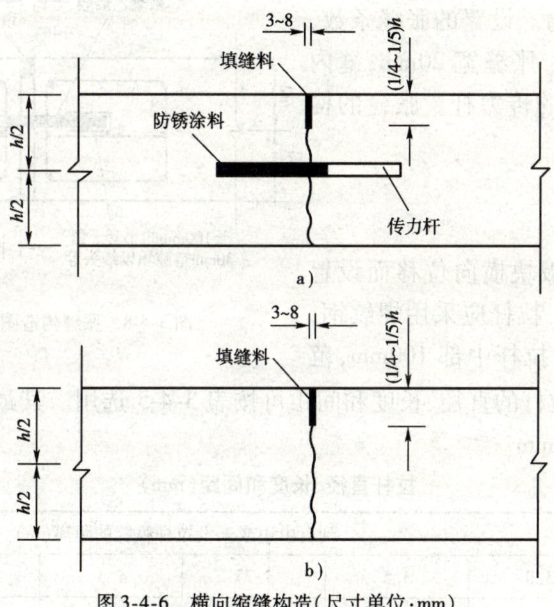

图 3-4-6　横向缩缝构造（尺寸单位：mm）
a）设传力杆假缝型；b）不设传力杆假缝型

缩缝上部应锯切槽口，在浇筑混凝土后，用切缝机进行切割，其宽度为 3 ~ 8mm，深度为面层厚度的 1/4 ~ 1/5，槽内填塞填缝料，其目的是为了防止水分的渗入和杂质的嵌入，高速公路的横向缩缝槽口宜增设深 20mm、宽 6 ~ 10mm 的浅槽口，当设置传力杆时，传力杆长度的 1/2 以上要涂以沥青，以便接缝两侧的混凝土面板能自由收缩，其构造如图 3-4-7 所示。

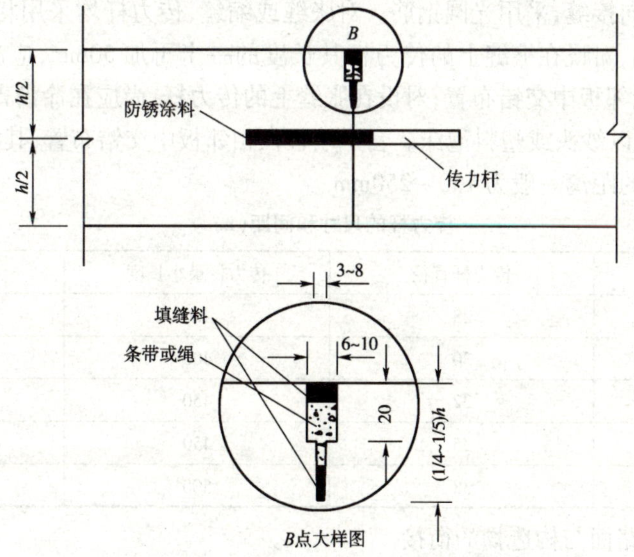

图 3-4-7　浅槽口构造（尺寸单位：mm）

（3）横向胀缝

在邻近桥梁或其他固定构造物或与其他道路相交处应设置胀缝，胀缝处混凝土面板完全断开，因而也称之为真缝。胀缝的设置目的是为混凝土板的膨胀提供伸长的余地，从而避免产生过大的热压力。设置的胀缝条数，视膨胀量的大小而定。胀缝宽20mm，缝内设置填缝板和可滑动的传力杆。胀缝的构造如图3-4-8所示。

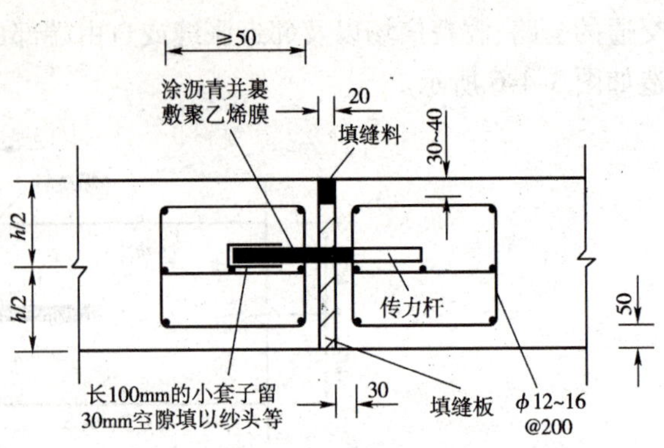

图3-4-8　胀缝构造图(尺寸单位:mm)

4)拉杆和传力杆

(1)拉杆

拉杆是为了防止板块横向位移而设置在纵缝上的异形钢筋。拉杆应采用螺纹钢，设在板的中央，并应对拉杆中部100mm，范围内进行防锈处理。拉杆的直径、长度和间距可按表3-4-5选用。其最外侧的拉杆距横向接缝的距离不得小于100mm。

拉杆直径、长度和间距(mm)　　　　表3-4-5

面层厚度(mm)	到自由边或未设拉杆纵缝的距离(m)					
	3.0	3.5	3.75	4.5	6.0	7.5
200~250	14×700×900	14×700×800	14×700×700	14×700×600	14×700×500	14×700×400
260~300	16×800×900	16×800×800	16×800×700	16×800×600	16×800×500	16×800×400

注:拉杆直径、长度和间距的数字为直径×长度×间距。

(2)传力杆

传力杆的设置目的是为了保证接缝的传荷能力和路面的平整度，防止错台等病害的产生。传力杆主要用于横向接缝，采用光圆钢筋。对胀缝或缩缝，传力杆均采用相同的间距和尺寸，其间距如下表3-4-6，对设在缩缝上的传力杆其长度的一半再加50mm，应涂以沥青或加塑料套，涂沥青端宜在相邻板中交错布置；对设在胀缝上的传力杆，尚应在涂沥青一端加一套子，内留30mm的空隙，填以纱头或塑料泡沫。套子端宜在相邻板中交错布置，其最外边的传力杆距纵向接缝或自由边的距离一般为150~250mm。

传力杆的尺寸和间距(mm)　　　　表3-4-6

面层厚度(mm)	传力杆直径	传力杆最小长度	传力杆最大间距
220	28	400	300
240	30	400	300
260	32	450	300
280	35	450	300
300	38	500	300

5)水泥混凝土路面与构造物的衔接

与混凝土路面连接部位有路面、桥梁、涵洞和通道等，相接部位与一般路段有所不同。这些部位混凝土路面往往发生跳车现象，严重影响行车速度和舒适性以及路面的寿命。其原因是多方面的，主要则是由于这些部位的差异沉降所致。防治的原则，一是减少这些部位的基础

竣工后的沉降量;二是加强和提高路面整体的耐久性。

(1)混凝土路面与沥青路面相接

在混凝土路面和沥青路面相接处,由于沥青路面难以顶住混凝土面板末端的水平推力,因而首先在沥青路面的一端,然后在混凝土路面的一端发生损坏。此外,由于沥青路面与混凝土路面之间的沉降不同,使得接头处变得不平整,引起跳车。因此,对高速公路和一级公路,当混凝土路面和沥青路面连接时,其间应设置至少 3m 长的过渡段。过渡段的路面采用两种路面呈阶梯状叠合布置,其下面铺设的变厚度混凝土过渡板的厚度不得小于 200mm,如图 3-4-9 所示。过渡板与混凝土面层相接处的接缝内设置直径 25mm,长 700mm,间距 400mm 的拉杆。混凝土面层毗邻该接缝的 1 ~2 条横向接缝应设置胀缝。

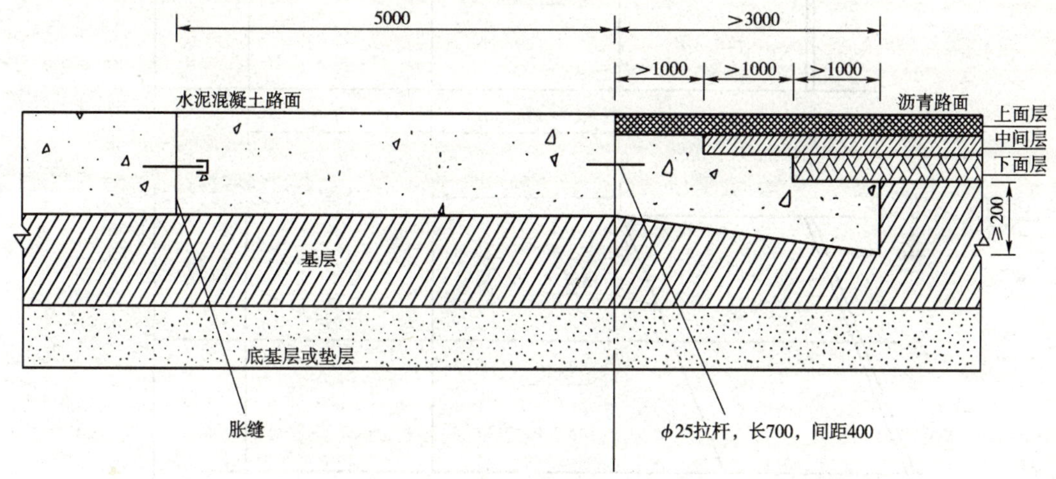

图 3-4-9　混凝土路面与沥青路面相接的构造布置(尺寸单位:mm)

(2)混凝土路面与桥梁相接

混凝土路面与桥梁相接,可根据公路等级,使用要求和当地经验选用以下或其他适当的措施。

在各等级的公路上,特别是在高等级的公路上,应设置桥头搭板。搭板与混凝土路面之间设置长 6 ~10m 的钢筋混凝土面层过渡板,搭板与钢筋混凝土面板之间的接缝应设置传力杆,钢筋混凝土面板与混凝土面板之间应设置胀缝,如图 3-4-10 所示,膨胀量大时,应连续设置 2 ~3条设传力杆胀缝。当与桥梁斜交时,钢筋混凝土面板的锐角部分应采用钢筋网补强,如图 3-4-15 所示。对低等级公路,或作为高等级公路的过渡措施,桥头可铺筑一段混凝土预制块或沥青路面,待沉降稳定后,再铺筑混凝土。当桥头未设搭板时,宜在混凝土面层与桥台之间设置长 10 ~15m 的钢筋混凝土面层板;或设置由混凝土预制块面层或沥青面层铺筑的过渡段,其长度不小于 8m。

(3)构造物横穿公路

为了防止过路构造物如涵洞等上方的路面出现横向裂缝、错台和跳车等现象,应将构造物顶部及两侧适当范围内的混凝土面板采用钢筋网补强,或采用钢筋混凝土面板。

对于箱状构造物,当顶面至板底的距离 $d<800$mm 时,其顶面及两侧各 6m 范围内的混凝土板采用钢筋网补强。当 $d<300$mm 或嵌入基层时,应采用双层钢筋网补强,如图 3-4-11a)所

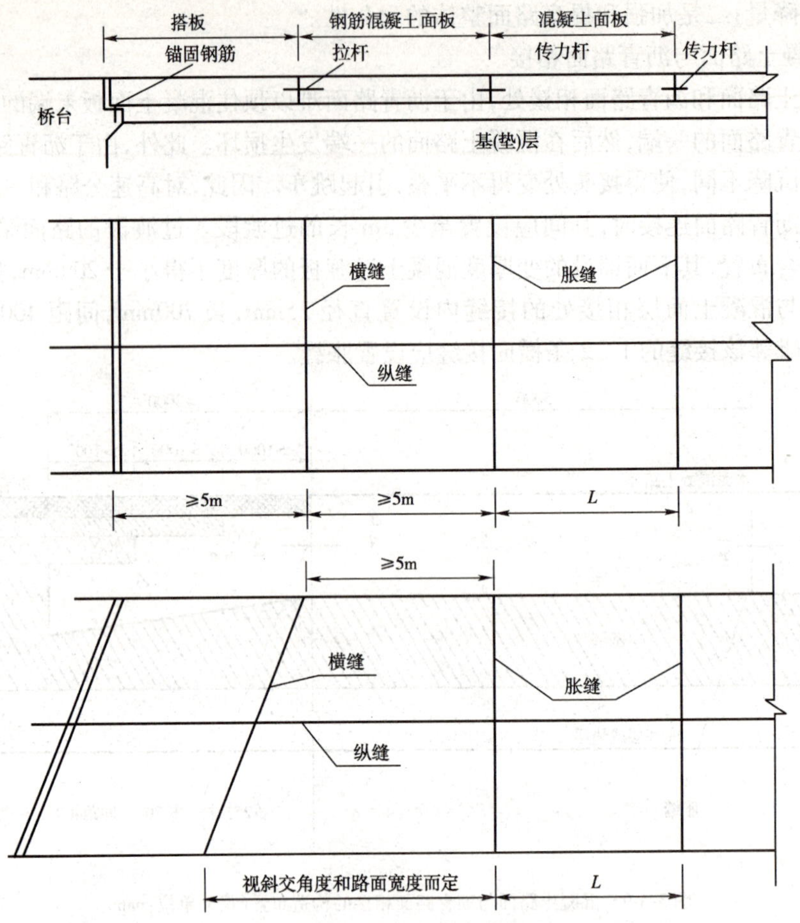

图 3-4-10 混凝土路面与桥梁相接的处理

示。钢筋网分别布设在距板底和板顶 1/3 ~ 1/4 板厚处。钢筋直径为 10 ~ 12mm 的光面圆钢筋，纵筋间距 100mm，横筋间距 200 ~ 300mm。如构造物顶面上的基层厚度小于 100mm，基层改为混凝土找平；当 d = 300 ~ 800mm 时，可采用单层钢筋网补强，如图 3-4-11b）所示，钢筋网布设在距板顶 1/3 ~ 1/4 板厚处。钢筋采用直径为 8 ~ 10mm 的光圆钢筋，纵筋间距 100 ~ 150mm，横筋间距 200 ~ 300mm。

对于管状构造物（如圆管涵，管线等）穿越公路，当其顶部至板底的距离 d < 800mm 时，其两侧各 6m 范围内的混凝土面板应采用钢筋网补强。当 d = 300 ~ 800mm 时，采用单层钢筋网补强，如图 3-4-12 所示。钢筋网布设在距板顶 1/3 ~ 1/4 板厚处，钢筋采用直径为 8mm 的光面圆钢筋，纵筋间距 100 ~ 150mm，横筋间距 200 ~ 300mm；当 d < 300m 时，采用双层钢筋网补强，钢筋分别布设在距板底和板 1/3 ~ 1/4 板厚处，钢筋采用直径为 10 ~ 20mm 的光面圆钢筋，纵筋间距 100mm，横筋间距 200 ~ 300mm。

（4）补强钢筋

混凝土面板纵横自由边边缘下的基础，当有可能产生较大的变形时，宜在板边缘加设发针形钢筋或钢筋网。

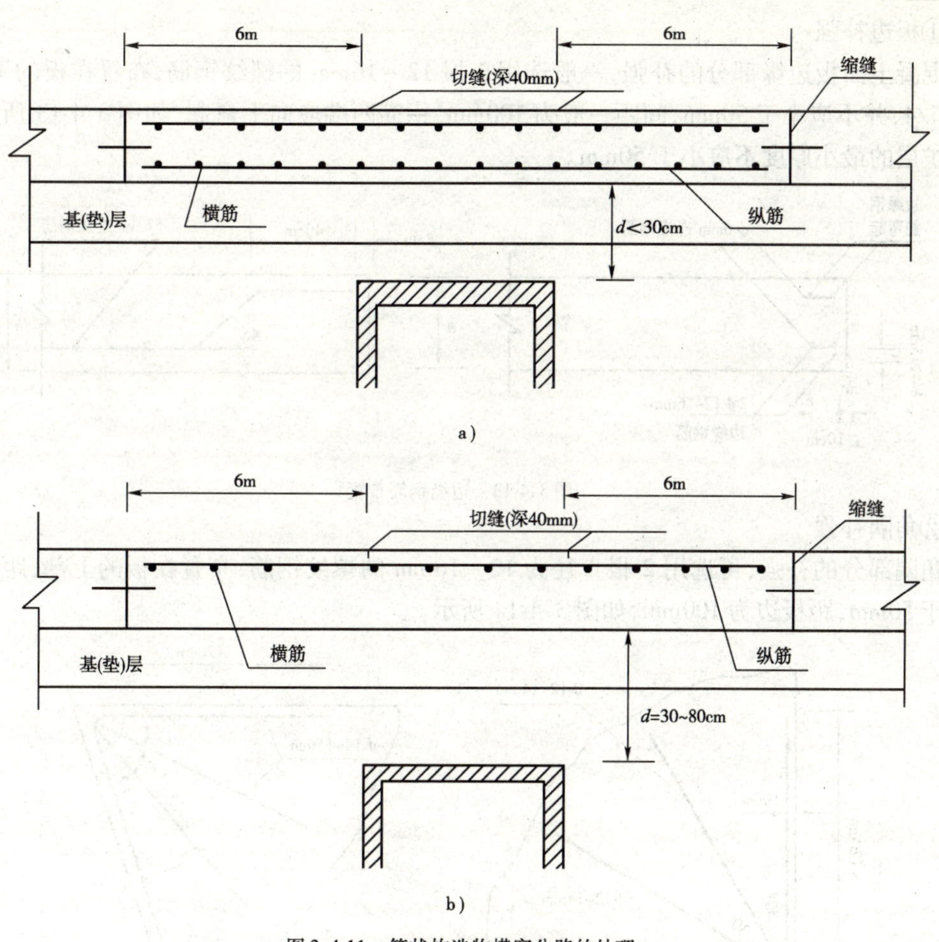

图 3-4-11　箱状构造物横穿公路的处理

a) $d<30\text{cm}$; b) $d=30\sim80\text{cm}$

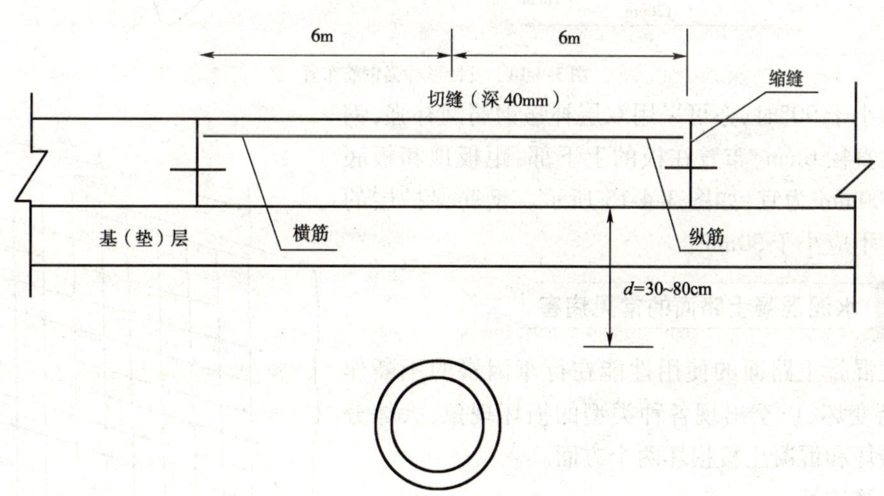

图 3-4-12　管状构造物横穿公路的处理

①板边补强

混凝土面板边缘部分的补强，一般选用 2 根 12～16mm 的螺纹钢筋，布置在板的下部，距底板 1/4，并不应小于 50mm，间距一般为 100mm，钢筋两端应向上弯起，如图 3-4-13 所示。钢筋保护层的最小厚度不应小于 50mm。

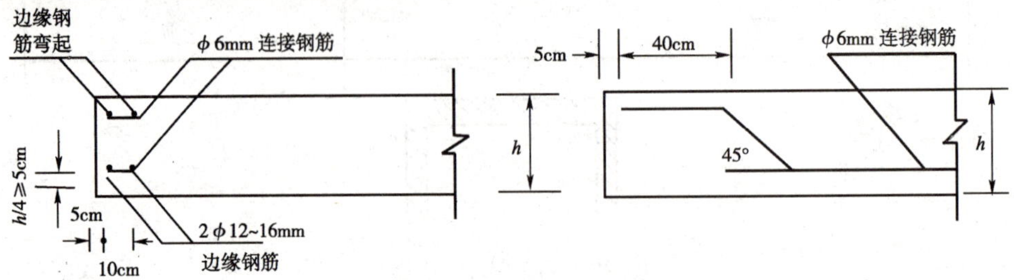

图 3-4-13　边缘钢筋布置

②角隅补强

角隅部分的补强，可选用 2 根直径为 12～16mm 的螺纹钢筋，布置在板的上部，距板顶不应小于 50mm，距板边为 100mm，如图 3-4-14 所示。

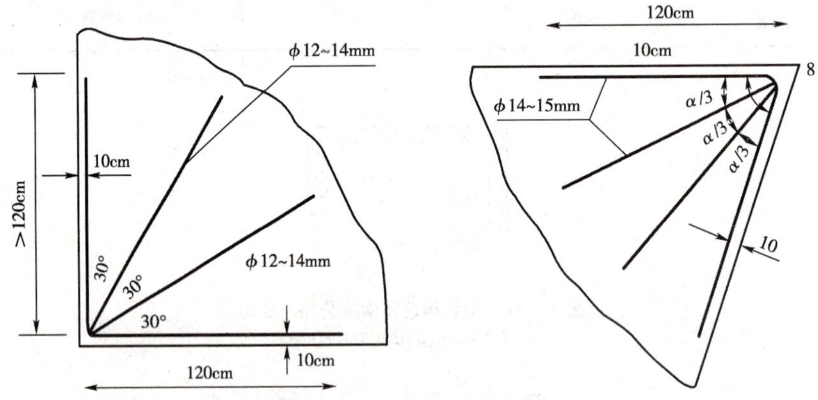

图 3-4-14　发针形补强钢筋布置

板角小于 90°时，亦可采用双层补强钢筋网补强，钢筋可选用直径 6mm，布置在板的上下部，距板顶和板底以 50～100mm 为宜，如图 3-4-15 所示。钢筋保护层的最小厚度不应小于 50mm。

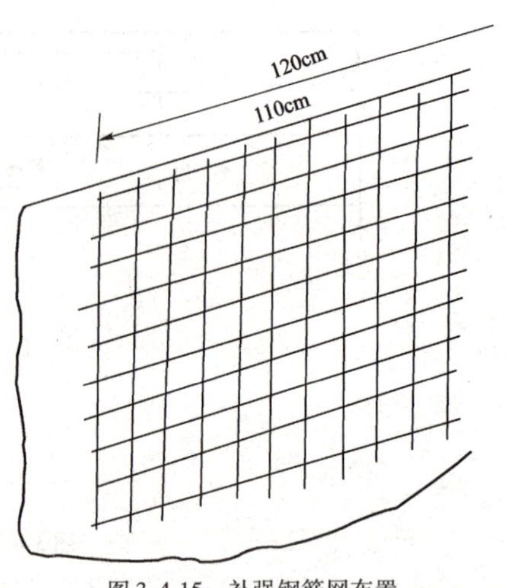

图 3-4-15　补强钢筋网布置

三、水泥混凝土路面的常见病害

水泥混凝土路面的使用性能在行车因素的不断作用下逐渐变坏，以至出现各种类型的损坏现象，大体分为接缝破坏和混凝土板损坏两个方面。

1. 接缝破坏

1）挤碎

挤碎出现于横向接缝（主要是胀缝）两侧数十厘米

宽度内。这是由于胀缝内的滑动传力杆位置不正确,或滑动端的滑动功能失效,或施工时胀缝内局部有混凝土搭连,或胀缝内落入坚硬的杂物等原因,阻碍了板的热胀,使混凝土在膨胀时受到较高的挤压应力,当其超过混凝土的抗剪强度时,板即发生剪切挤碎。

2)拱起

混凝土面板在受热膨胀而受阻时,某一接缝两侧的板突然向上拱起。这是由于板收缩时缝隙张开,填缝料失效,坚硬碎屑等不可压缩的材料塞满缝隙,使板在膨胀时产生较大的热压应力,从而出现纵向压弯失稳。

3)错台

横向接缝两侧路面板出现的相对位移。当胀缝下部嵌缝板与上部缝隙未能对齐,或胀缝两侧混凝土壁面不垂直时,使缝旁两板在伸胀挤压过程中,会上下错开而形成错台;当地面水通过接缝渗入基础使其软化,或者接缝传荷能力不足,或传力效果降低时,都会导致错台的产生;当交通量或基础承载力在横向各幅板上分布不均匀,各幅板沉陷不一致时,纵缝亦会产生错台现象。

4)唧泥

汽车行经接缝时,由缝内喷溅出稀泥浆的现象,称为唧泥。在轮载的频繁作用下,基层由于塑性变形累积而同面板脱空,地面水沿接缝下渗而积聚在脱空的空隙内,在轮载作用下积水变成有压水而同基层内浸湿的细料混搅成泥浆,并沿接缝缝隙喷溅出来。唧泥的出现,使面板边缘部分失去支承,因而往往在离接缝1.5~1.8m范围内产生横向裂缝。

此外,纵缝两侧的横缝前后搓开、纵缝缝隙拉宽、填料丧失和脱落等也都属于接缝的破坏。

2. 混凝土板本身的破坏

混凝土板本身的破坏主要是断裂和裂缝。面板由于所受内应力超过了混凝土的强度而出现横向或纵向以及板角的断裂和裂缝。其原因主要有:板太薄或轮载太重;行车荷载的渠化作用(荷载作用次数超过允许值);板的平面尺寸太大,使温度翘曲应力过大;养护期间收缩应力过大;基层过量的塑性变形,使板底脱空失去支承;由于材料或施工质量不良,混凝土强度未达到设计要求等。断裂裂缝破坏了板的结构整体性,使板丧失应有的承载力。

单元四　桥涵工程

课题一　概　述

【内容提要】 1. 桥梁建设简述;2. 桥梁的组成和分类;3. 桥梁纵、横断面设计和平面布置。

【学习目标】

应知:桥梁的基本概念和分类。

桥梁就是供公路、铁路、渠道、管线、行人等跨越各种障碍(如河流、沟谷或其他线路等)时使用的建筑工程物,它是陆路交通中的重要组成部分。

一、桥梁建设简述

桥梁是人类在生活和生产活动中,为克服天然障碍而建造的建筑物,也是有史以来人类所建造的最古老、最壮观和最美丽的建筑工程,它体现了一个时代的文明与进步。

我国是世界文明古国之一,有着悠久的历史文化,我们的祖先在世界桥梁建筑史上也曾写下光辉灿烂的一页。在公元纪元初期,梁、拱、吊这三大桥梁体系已在我国形成。根据史料记载,在距今约3000年的周文王时,我国就已在宽阔的渭河上架设过大型浮桥。公元35年东汉光武帝时,在长江上架设了第一座浮桥。

我国是世界上最早有吊桥的国家,距今已有3000年的历史,西方比我国晚了近千年。我国保留至今的尚有跨长约100m的四川泸定县大渡河铁索桥(1706年)和跨径约61m、全长340余米的四川灌县安澜竹索桥(1803年),如图4-1-1所示。

天然石料是大自然赋予人类最早的、强度高又经久耐用的建筑材料,几千年来修建的古代桥梁也以石桥居多。在秦汉时期我国已广泛修建石梁桥。世界上尚存最长、工程最艰巨的石梁桥是位于福建泉州的万安桥,也称洛阳桥,建于1053~1059年,桥长800多米。1240年建造的福建漳州虎渡桥,也是最令人惊奇的一座石梁桥(图4-1-2),该桥总长约335m,有的石梁长达23.7m,每根宽1.7m,高1.9m,重达200多吨,都是利用潮水涨落浮运架设的,足见我国古代加工和安装桥梁的技术何等高超。

从出土的文物上证明,在东汉中期我国已经建造拱桥,富有民族风格的古代石拱桥技术,无论是结构的巧妙构思以及艺术造型的丰富多彩,都驰名中外。举世闻名的河北赵县赵州桥

(图 4-1-3)、北京永定河上卢沟桥、苏州的枫桥等,都是我国古代石拱桥的杰出代表。

图 4-1-1　四川灌县安澜竹索桥(1803 年)

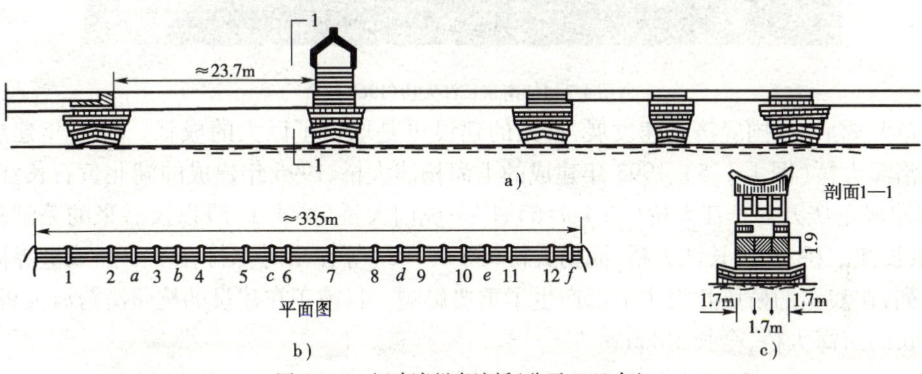

图 4-1-2　福建漳州虎渡桥(公元 1240 年)

图 4-1-3　河北赵县赵州桥(公元 605 年)

新中国成立后，在建国初期修复并加固了大量旧桥，随后在第一、二个五年计划期间，修建了不少重要桥梁，桥梁建设取得了迅速发展。1957 年，我国第一座长江大桥——武汉长江大桥建成，结束了我国万里长江无桥的状况，标志着我国修建大跨度钢桥的技术水平达到了新的起点。1969 年又成功建成了南京长江大桥(图 4-1-4)，这是我国自行设计、制造、施工，并使用国产高强钢材的现代大型桥梁。

图 4-1-4　南京长江大桥(1969 年)

改革开放后，我国经济迅速发展，桥梁的建设更是取得了巨大的成就。1988 年建成的广东番禺洛溪大桥(图 4-1-5)、1993 年建成的上海杨浦大桥、1996 年建成的湖北黄石长江大桥、1997 年建成重庆万县长江大桥(图 4-1-6)、广东虎门大桥(图 4-1-7)以及后来的芜湖长江大桥、南京长江二桥、江阴长江大桥、润扬大桥(图 4-1-8)等在当时都排在了亚洲或世界同类桥梁的前列，在我国的桥梁建设史上都产生了重要影响。目前正在建设的杭州湾跨海大桥，是世界上最长的跨海大桥，全长 36km。

图 4-1-5　广东番禺洛溪大桥(1988 年)

图4-1-6　重庆万县长江大桥(1997年)

图4-1-7　广东虎门大桥辅航道桥(1997年)

图4-1-8　江苏润扬大桥(2005年)

二、桥梁的组成和分类

1.桥梁的组成

图4-1-9和图4-1-10分别表示公路梁桥及拱桥的结构图式。从图中可见,桥梁一般由上部结构、下部结构组成。

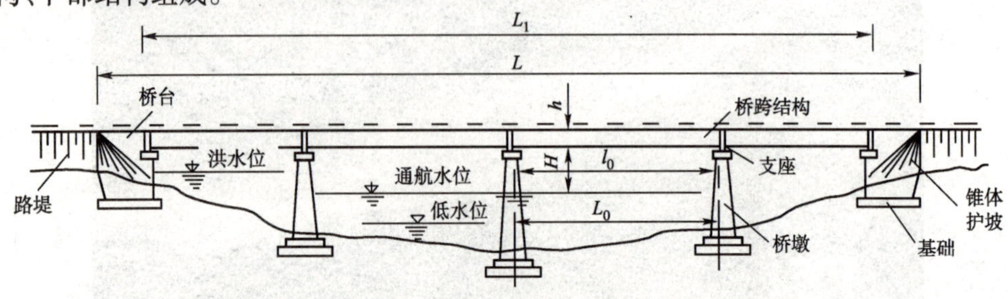

图4-1-9 梁桥的基本组成

(1)上部结构(或称桥跨结构),包括承重结构和桥面系,是路线遇到障碍(如河流、山谷或其他线路等)而中断时,跨越障碍的建筑物,它的主要作用是承受车辆荷载,并通过支座将荷载传给墩台。

(2)下部结构,包括桥墩、桥台和桥墩台之下的基础,是支承上部结构并向下传递荷载的建筑物。桥台设在桥跨结构两端,它除起到支承和传力作用外,还起到与路堤相衔接的作用,防止路堤填土滑坡和坍落。为此,通常需在桥台周围设置锥形护坡。墩台基础是把桥梁上的全部荷载传至地基的结构物,它是确保桥梁能安全使用的关键。由于基础往往深埋于土层之中,并且需在水下施工,故也是桥梁建筑中比较困难的一个部分。

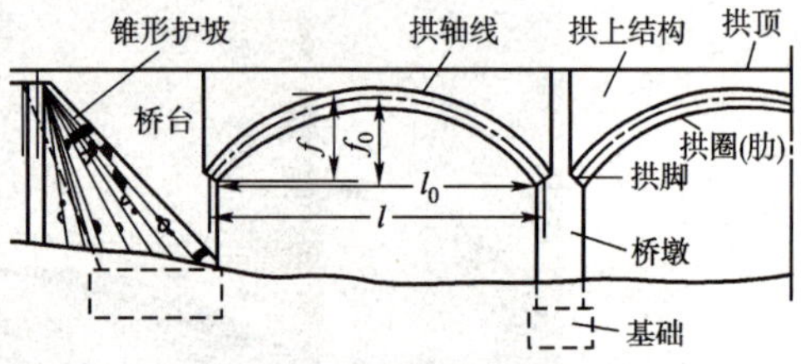

图4-1-10 拱桥的基本组成

一座桥梁中在桥跨结构与桥墩或桥台的支承处所设置的传力装置,称为支座,它不仅要传递很大的荷载,并且要保证桥跨结构能产生一定的变位。

在桥梁建筑工程中,除了上述基本结构外,根据需要还常常修筑护岸、导流结构物等附属工程。

2.桥梁的主要尺寸

桥梁的基本尺寸主要是指长度和高度两个方向的尺寸,如图4-1-9和图4-1-10所示。

1)长度尺寸

(1)净跨径 l_0:对于梁桥,是指设计洪水位上相邻两个桥墩(或桥台)之间的净距;对于拱桥,是指每孔拱跨两个拱脚截面最低点之间的水平距离。

(2)总跨径 Σl_0:是指多孔桥梁中各孔净跨径的总和,也称桥梁孔径,它反映了桥下泄洪的能力。

(3)计算跨径 l:对于具有支座的梁桥,是指桥跨结构相邻两个支座中心之间的距离。对于拱桥,是指两相邻拱脚截面形心点之间的水平距离。因为拱圈(或拱肋)各截面形心点的连线称为拱轴线,故计算跨径也就是拱轴线两端点之间的水平距离。桥跨结构的力学计算是以计算跨径 l 为基准的。

(4)标准跨径 l_b:对于梁桥,它是指两相邻桥墩中线之间的距离,或桥墩中线至桥台台背

前缘之间的距离；对于拱桥，则是指净跨径。我国规定的公路桥涵标准化跨径从0.75～50m，共分为21种，相应地都有标准图可供使用。

（5）桥梁全长L：简称桥长，是桥梁两端两个桥台的侧墙或八字墙尾端间的距离。对于无桥台的桥梁，为桥面系长度。在一条线路中，桥梁和涵洞总长的比重反映它们在整段线路建设中的重要程度。

2）高度尺寸

（1）桥梁高度：简称桥高，是指桥面与低水位之间的高差或为桥面与桥下线路路面之间的距离。

（2）桥下净空高度H：是设计洪水位或计算通航水位至桥跨结构最下缘之间的距离。它应保证能安全排洪，并不得小于对该河流通航所规定的净空高度。

（3）建筑高度h：是桥上行车道顶面至桥跨结构最下缘之间的距离。公路定线中所确定的桥面标高，对通航净空顶部标高之差，又称容许建筑高度。显然，桥梁的建筑高度不得大于其容许建筑高度，否则就不能保证桥下的通航要求。

（4）净矢高f_0：是从拱顶截面下缘至相邻两拱脚截面下缘最低点之连线的垂直距离。

（5）计算矢高f：是从拱顶截面形心至相邻两拱脚截面形心之连线的垂直距离。

（6）矢跨比：是拱桥中拱圈（或拱肋）的计算矢高f与计算跨径l之比（f/l），也称拱矢度，它是反映拱桥受力特性的一个重要指标。

3. 桥梁的主要类型

1）按受力体系

按照受力体系分类，桥梁有梁、拱、索三大基本体系以及它们之间的各种组合。

（1）梁桥

梁桥的主要承重构件是梁（板）。在竖向荷载作用下，梁承受弯矩，墩台承受竖向压力（图4-1-11）。

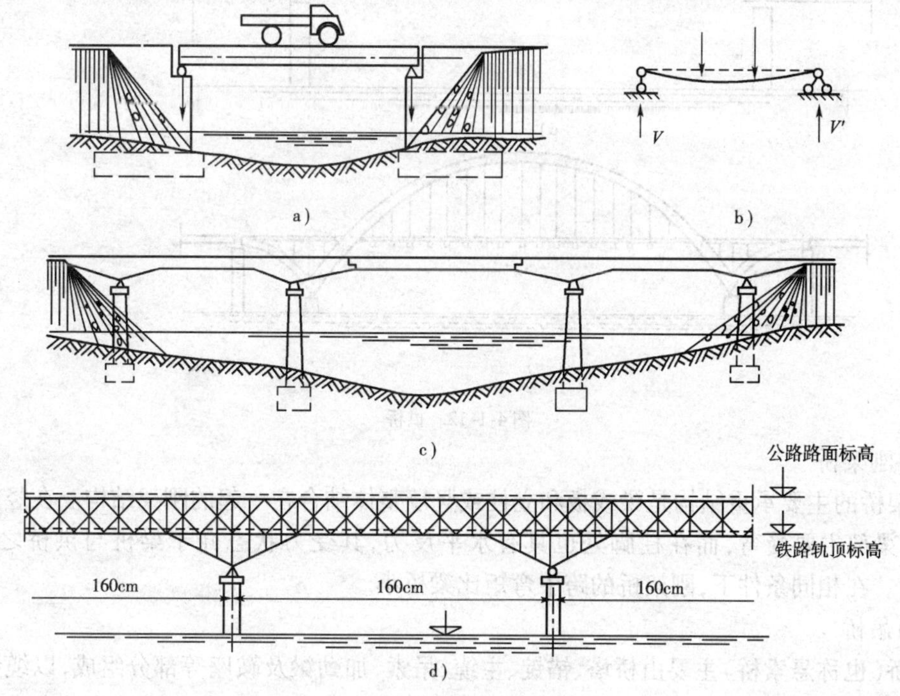

图4-1-11 梁桥

(2)拱桥

拱桥的主要承重结构是拱圈或拱肋。在竖向荷载作用下,拱圈(或拱肋)主要承受压力,但也承受弯矩。墩台除承受竖向压力和弯矩外,还承受水平推力(图4-1-12)。

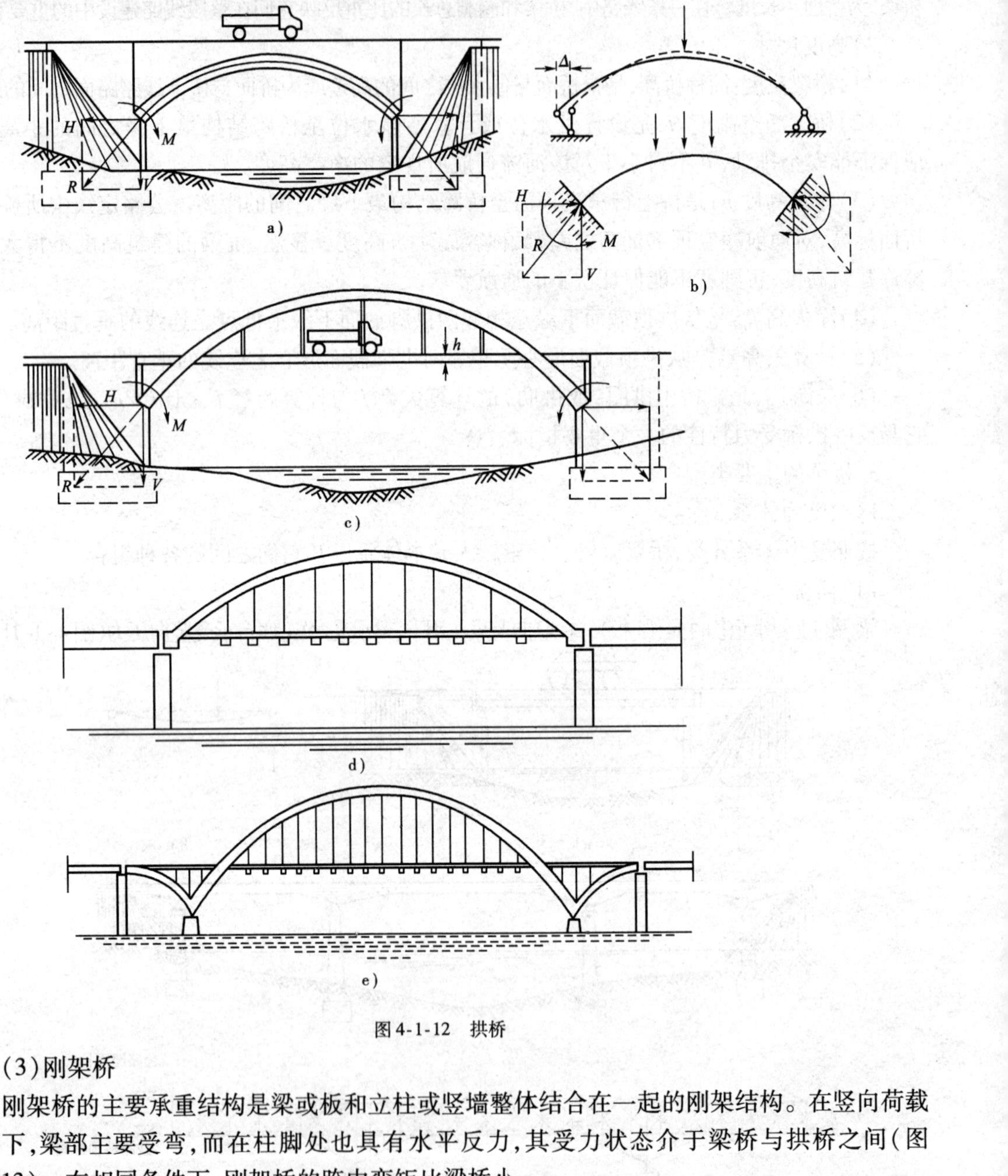

a)

b)

c)

d)

e)

图4-1-12 拱桥

(3)刚架桥

刚架桥的主要承重结构是梁或板和立柱或竖墙整体结合在一起的刚架结构。在竖向荷载作用下,梁部主要受弯,而在柱脚处也具有水平反力,其受力状态介于梁桥与拱桥之间(图4-1-13)。在相同条件下,刚架桥的跨中弯矩比梁桥小。

(4)吊桥

吊桥(也称悬索桥)主要由桥塔、锚锭、主缆、吊索、加劲梁及鞍座等部分组成,以缆索作为承重构件(图4-1-14)。在竖向荷载作用下,缆索只承受拉力。车辆、人群活载及自重等荷载

由加劲梁经吊杆传给主索，再通过主索塔架和锚碇传给地基。

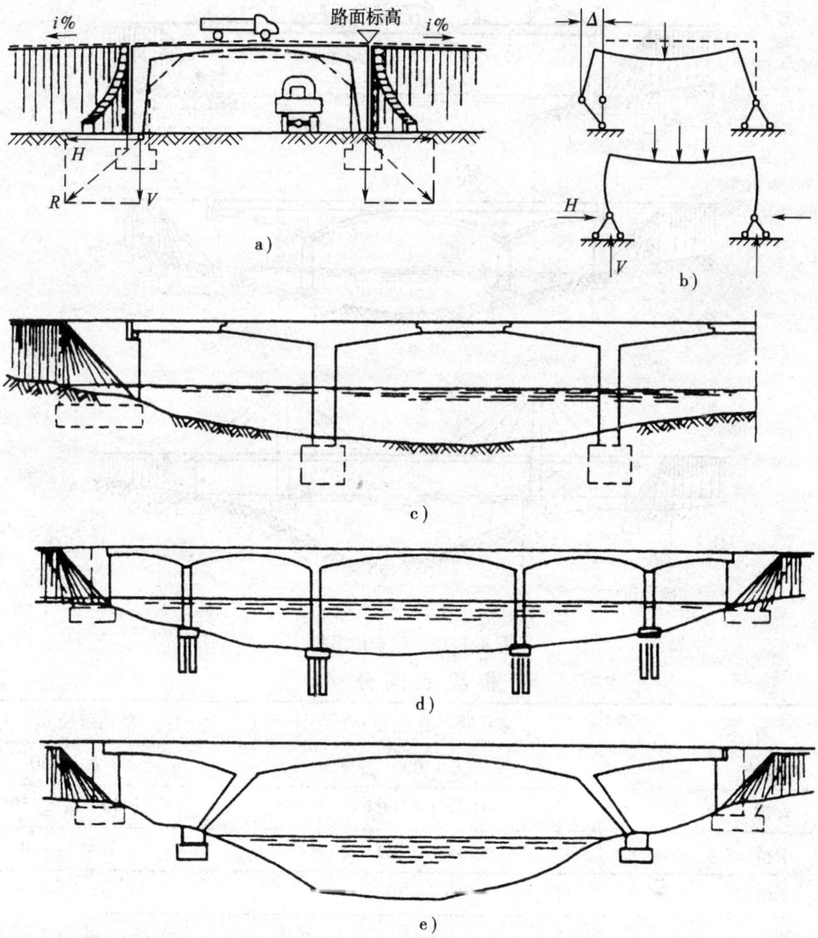

图 4-1-13　刚架桥

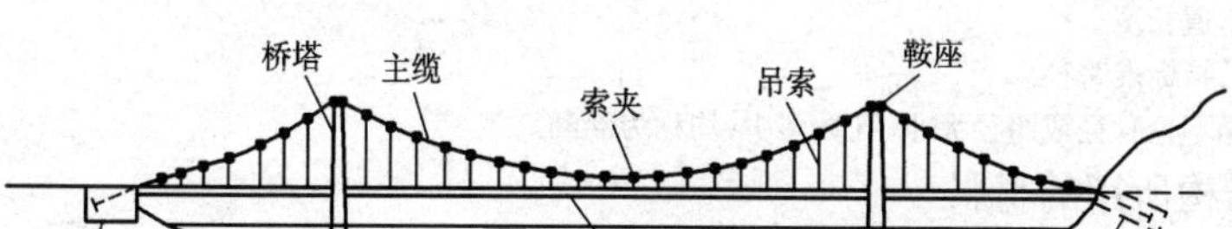

图 4-1-14　吊桥

（5）组合体系桥

它是由两种以上简单基本结构（梁、拱、索）所组成，互相联系，共同受力。图 4-1-15a）、b）为梁拱组合体系；图 4-1-15c）为主梁与斜拉索相结合的组合体系，故叫斜拉桥。

2）按桥梁的长度和跨径的大小

按桥梁的长度和跨径的大小可分为特大桥、大桥、中桥、小桥和涵洞。《标准》规定的划分标准见表 4-1-1。

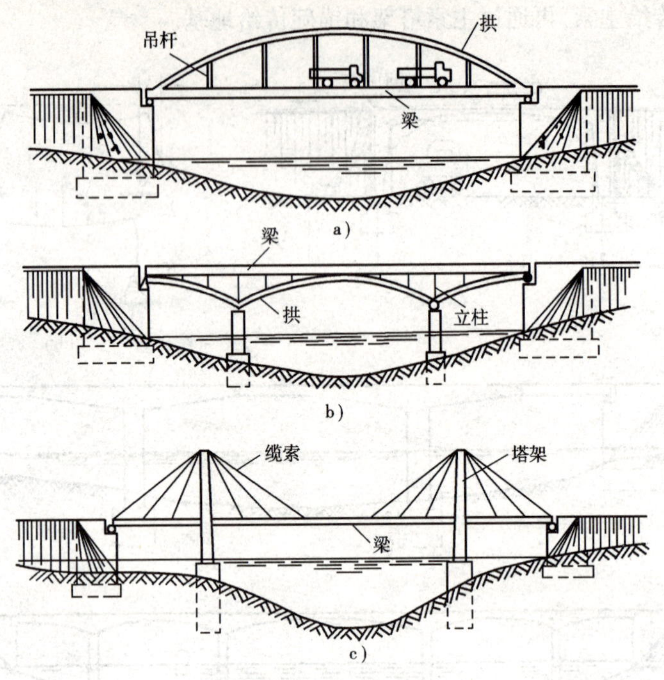

图4-1-15　组合体系桥

桥梁涵洞分类　　表4-1-1

桥涵分类	多孔跨径总长 L(m)	单孔跨径 L_K(m)
特大桥	$L>1000$	$L_K>150$
大桥	$100\leqslant L\leqslant 1000$	$40<L_K\leqslant 150$
中桥	$30<L<100$	$20\leqslant L_K\leqslant 40$
小桥	$8\leqslant L\leqslant 30$	$5\leqslant L_K<20$
涵洞	—	$L_K<5$

注：①多孔跨径总长大于1000m的高架桥仍为大桥。

②梁式桥、板式桥涵的多孔跨径总长为多孔标准跨径的总长；拱式桥为两岸桥台内起拱线间的距离；其他形式桥梁为桥面系车道长度。

③单孔跨径系指标准跨径。

④管涵及箱涵不论管径或跨径大小、孔数多少，均称为涵洞。

3）按上部结构所用的材料

按上部结构所用材料，可分为木桥、圬工桥（包括砖、石、混凝土桥）、钢筋混凝土桥、预应力混凝土桥、钢桥等。目前我们常用的是钢筋混凝土桥、预应力混凝土桥以及石拱桥。

4）按行车道的位置不同

按行车道的位置不同，可分为上承式桥、下承式桥和中承式桥。桥面布置在主要承重结构之上者称上承式桥，桥面布置在桥跨结构之下的称为下承式桥，桥面布置在桥跨结构高度中间的称为中承式桥。

三、桥梁纵、横断面设计和平面布置

设计桥梁应根据其使用任务、性质和所在线路的远景发展需要，按照适用、经济和适当照

顾美观的原则进行总体规划和设计。桥梁设计包括纵断面设计、横断面设计和平面布置。

1. 桥梁纵断面设计

桥梁纵断面设计包括确定桥梁的总跨径、桥梁的分孔、桥道的标高、桥上和桥头引道的纵坡以及基础的埋置深度等。

桥梁的总跨径和桥梁的高度应能满足桥下洪水的安全渲泄。

桥梁的分孔与许多因素有关,最经济的跨径就是使上部结构和下部结构的总造价最低。因此,当桥墩较高或地质不良,基础工程较复杂而造价较高时,桥梁跨径应选得大些;反之,当桥墩较矮或地质较好时,跨径就可选小些。在实际设计中,应对不同的跨径布置进行方案比较,选择最经济的跨径和孔数。在通航的河流上,首先应以考虑桥下通航的要求来确定孔径。

桥梁高度的确定,应结合桥型、跨径大小等综合考虑,同时还应考虑以下几个问题:

(1)桥梁的最小高度应保证桥下有足够的流水净空高度。在不通航或无流放木筏河流上及通航河流的不通航桥孔内,桥下净空不应小于表 4-1-2 的规定。

非通航河流桥下最小净空 表 4-1-2

桥梁部位		高出计算水位(m)	高出最高流冰面(m)
梁底	洪水期无大漂流物	0.50	0.75
	洪水期有大漂流物	1.50	—
	有泥石流	1.00	—
支承垫石顶面		0.25	0.50
拱脚		0.25	0.25

对于无铰拱桥,拱脚允许被设计洪水位淹没,但不宜超过拱圈矢高 f_0 的 2/3(图 4-1-16),且拱顶底面至计算水位的净高不得小于 1.0m。

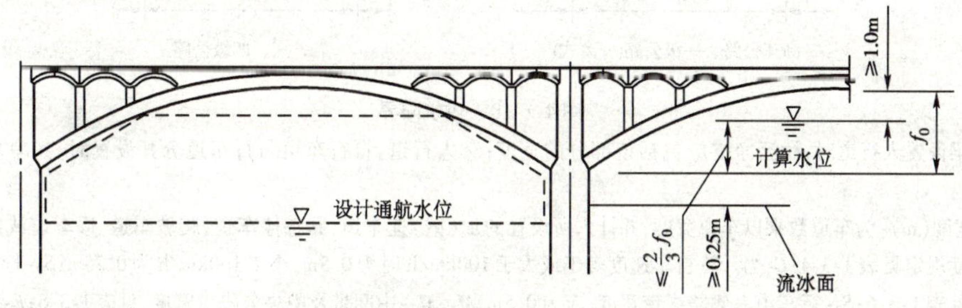

图 4-1-16 拱桥桥下净空图

(2)在通航河流上,必须设置一孔或几孔能保证桥下有足够通航净空(图 4-1-16 和图 4-1-17中虚线所示的多边图形)的通航孔。通航孔的最小净高应根据不同航道等级所规定的桥下净空尺寸确定。

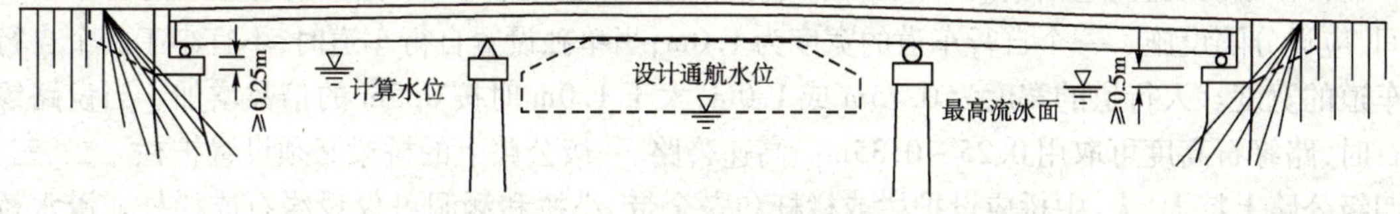

图 4-1-17 梁式桥纵断面规划图

(3)在设计跨越线路(铁路和公路)的主体交叉时,桥跨结构底缘的标高应高出规定的车辆净空高度。

桥上及桥头引道的线形应与路线布设相互协调,各项技术指标应符合路线布设的规定。桥上纵坡不宜大于4%;桥头引道纵坡不宜大于5%。

2. 桥梁横断面设计

桥梁横断面的设计,主要是决定桥面的宽度和桥跨结构横断面布置。

为了保证车辆和行人安全通过,应在桥面以上垂直于行车方向保留一定限界的空间,这个空间称为桥面净空。它包括净宽和净高,其尺寸应符合公路建筑限界的规定,如图4-1-18所示。

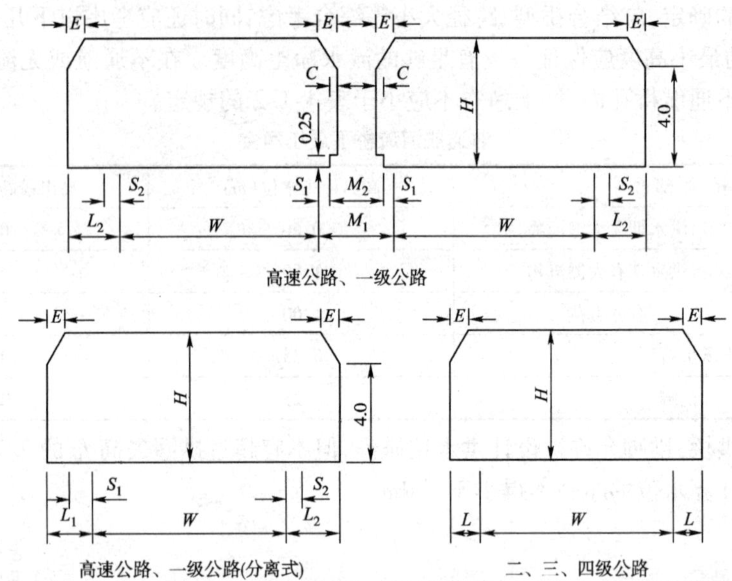

图4-1-18　建筑限界

注:①当桥梁设置人行道时,桥涵净空应包括该部分的宽度;②人行道、自行车道与行车道分开设置时,其净高不应小于2.5m。

W-行车道宽度(m),为车道数乘以车道宽度,并计入所设置的加(减)速车道,紧急停车道、爬坡车道、慢车道或错车道的宽度,车道宽度规定见表1-3-4;C-当计算行车速度等于或大于100km/h时为0.5m,小于100km/h为0.25m;S_1-行车道左侧路缘带宽度,见表1-3-6;S_2-行车道右侧路缘带宽度,应为0.5m;M_1、M_2-中间带及中央分隔带宽度,见表1-3-6;E-建筑限界顶角宽度,当$L \leq 1$m时,$E=L$;当$L>1$m时,$E=1$m;H-净空高度,高速公路和一级、二级公路为5.0m,三级、四级公路为4.5m;L_1-桥涵左侧路肩宽度,见表1-3-8;L_2-桥涵右侧路肩宽度,见表1-3-7中硬路肩的宽度;L-侧向宽度,高速公路、一级公路上桥梁的侧向宽度为路肩宽度(L_1、L_2);二、三、四级公路上桥梁的侧向宽度为其相应的路肩宽度减去0.25m。

高速公路上的桥梁应设检修道,不宜设人行道。一、二、三、四级公路上桥梁的桥上人行道和自行车道的设置,应根据需要而定,并与路线前后布置配合。人行道、自行车道与行车道之间,应设分隔设施。一个自行车道的宽度为1.0m;当单独设置自行车道时,不宜小于两个自行车道的宽度。人行道的宽度为0.75m或1.0m,大于1.0m时按0.5m的倍数增加。当设路缘石时,路缘石高度可取用0.25~0.35m。高速公路、一级公路上的桥梁必须设置护栏。二、三、四级公路上特大、大、中桥应设护栏或栏杆和安全带,小桥和涵洞可仅设缘石或栏杆。漫水桥可不设人行道,但应设置标杆或护栏。

公路和城市桥梁,为了利于桥面排水,应根据不同类型的桥面铺装,设置从桥面中央倾向两侧的1.5%~3%的横坡;人行道设置向行车道倾斜1%的横坡。

3.平面布置

高速公路、一级公路上的各类桥涵,以及二、三、四级公路上的中、小桥与涵洞的线形及其与公路的衔接,应符合路线总体布设的要求。二、三、四级公路上的特大桥、大桥原则上应服从路线走向,桥、路综合考虑。

特大、大桥桥位应选择河道顺直稳定、河床地质良好、河槽能通过大部分设计流量的河段。桥梁纵轴线宜与洪水主流流向正交。对通航河流上的桥梁,其桥墩沿水流方向的轴线应与最高通航水位时的主流方向一致,必须斜交时,交角不宜大于5°,当交角大于5°时,宜增加通航孔净宽。

课题二 梁 桥

【内容提要】 1.钢筋混凝土的概念;2.钢筋混凝土梁桥的组成和分类;3.钢筋混凝土梁桥构造;4.预应力混凝土梁桥构造;5.桥面构造;6.梁桥的支座。

【学习目标】

应知:1.钢筋混凝土梁桥的组成与分类;

2.钢筋混凝土梁桥的构造。

应会:正确识读梁桥工程图。

一、钢筋混凝土的概念

1.钢筋混凝土结构

1)钢筋混凝土结构的概念与特点

钢筋混凝土是由钢筋和混凝土两种力学性能完全不同的材料组成,其中混凝土抗压能力较强而抗拉能力却很弱;钢筋的抗压及抗拉能力均较强;工程中为了充分利用材料的特性,而把混凝土和钢筋这两种材料结合在一起共同工作,发挥各自的优点。这种由钢筋和混凝土共同组成的结构称为钢筋混凝土结构。

受弯构件在荷载作用下,截面中性轴以下部分将产生拉应力,中性轴以上部分产生压应力。由于混凝土抗拉强度很低(约为抗压强度的1/9~1/18),在荷载不大时,素混凝土梁下缘的拉应力首先超过混凝土的抗拉极限强度产生开裂。这种开裂一旦出现,随即迅速向上扩展,使梁发生没有预兆的、突然的脆断。为了提高其承载能力,可以在受弯构件中的受拉区配置抗拉强度很高的钢筋来代替混凝土承受拉力,如图4-2-1所示。这样,形成的钢筋混凝土结构就能充分利用混凝土的抗压能力和钢筋的抗拉能力。

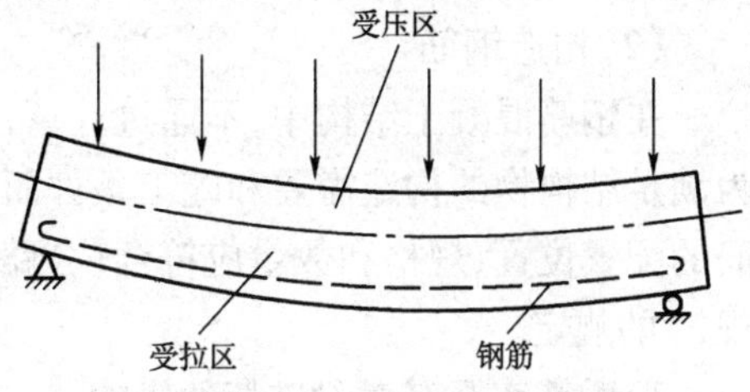

图4-2-1 钢筋混凝土受弯构件

钢筋混凝土结构虽然存在自重大、施工受季节影响大、工期长、模板耗料多等缺点，但因其具有耐久性好、耐火性好、刚度大、适应性强、可以就地取材等许多优点，使其在各类工程中得到广泛应用。随着科学技术的发展，钢筋混凝土及预应力混凝土结构将有更广阔的前景。

2）钢筋在钢筋混凝土结构中的作用

在钢筋混凝土结构中，钢筋的作用可从受力和构造两方面来了解，如图4-2-2所示。

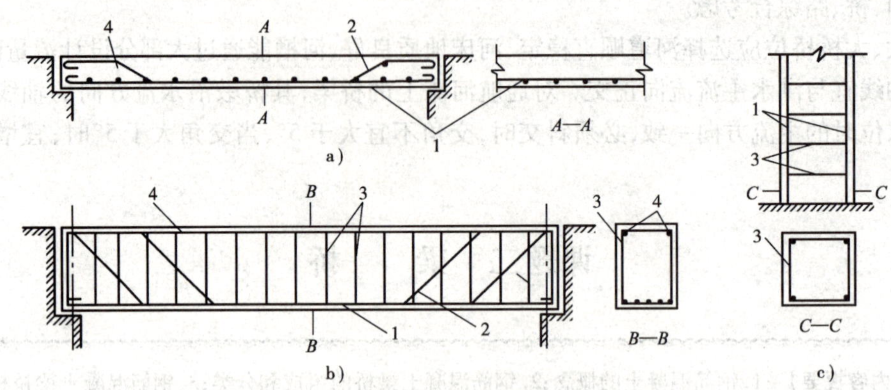

图4-2-2 钢筋在钢筋混凝土结构中的作用

a)板；b)梁；c)柱

1-纵向主筋；2-弯起钢筋；3-箍筋；4-架立钢筋

（1）受力钢筋

受力钢筋又称主筋，是根据构件的受力情况，通过计算得出的构件受力所需的主要钢筋。

①受拉钢筋

钢筋在混凝土构件中主要承担拉力，配置在受拉、受弯、偏心受压构件的受拉区，如简支梁的下部，悬臂梁的上部、连续梁跨中的下部和支点处的上部等。

②斜筋

在钢筋混凝土简支梁中，由受弯和受剪而产生的主拉应力，与梁轴相交成45°，需配置斜筋承担此斜向拉力。

③受压钢筋

在受弯、偏心受压构件的受压区及桁架的压杆中配置钢筋，同混凝土一起承担压力，称为受压钢筋。

混凝土的抗压强度虽高，但钢筋的抗压强度更高。因此，在构件中配置受压钢筋，可以减小构件的受压区或受压构件的截面尺寸，从而可以减轻结构的自重和建筑高度，增加负荷能力。

（2）构造钢筋

在钢筋混凝土结构中，不通过计算，但考虑了计算中未能全部概括而从略的那些因素，并为满足结构物的构造需要和施工条件而配置的钢筋，如箍筋、分布钢筋，架立钢筋等。这些钢筋的配置位置、规格和数量应符合《公路混凝土与预应力混凝土桥涵设计规范》（以下简称《桥规》）的规定。

3）配筋率及其对梁破坏的影响

钢筋混凝土梁的破坏形式与配筋率（或称含筋率）的大小及钢筋和混凝土的强度有关。

钢筋混凝土的配筋率μ是指某截面上钢筋截面积与整个混凝土计算截面积之比的百分率，如图 4-2-3 所示，截面的配筋率即为：

$$\mu = A_g / bh_0 \quad (4\text{-}2\text{-}1)$$

式中：A_g——受拉钢筋截面面积；

bh_0—— 混凝土的计算截面积，b为梁宽，h_0为梁的有效高度。

图 4-2-3　矩形截面梁

(1)适筋梁——塑性破坏

配筋率适当的钢筋混凝土梁称为“适筋梁”。适筋梁的破坏是始于受拉钢筋的屈服。在受拉钢筋应力达到屈服强度之初，受压区混凝土边缘的应力尚未达到抗压极限强度，此时混凝土并未压碎。荷载稍增，钢筋的屈服使梁产生较大的塑性变形，引起受拉区混凝土的裂缝急剧发展，受压区逐渐缩小，混凝土压应力随之增大而达到抗压极限强度，梁即破坏。这种梁在破坏前有较大变形，破坏过程比较缓慢，即有明显预兆，称为“塑性破坏”，如图 4-2-4a)所示。

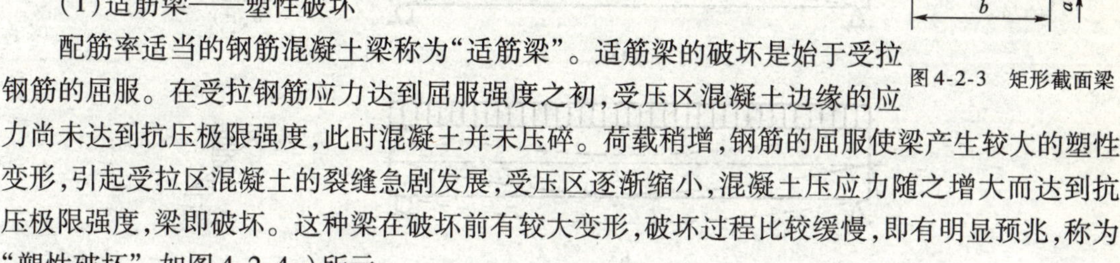

适筋梁能充分发挥材料的强度，符合安全、经济的要求，在实际工程中应尽可能采用适筋梁。

(2)超筋梁——脆性破坏

配筋率过大的梁称为“超筋梁”。超筋梁是由于钢筋配置过多，使受拉区主钢筋的拉应力尚未达到屈服强度时，受压区混凝土的压应力就已达到并超过抗压极限强度而被压碎，导致梁的破坏。所以，在破坏前梁的变形(挠度)不明显，裂缝也未充分发展，破坏前无明显预兆而很突然，这种破坏称为“脆性破坏”，如图 4-2-4b)所示。

超筋梁既不安全，又不经济，故在工程中不得采用。

(3)少筋梁——脆性破坏

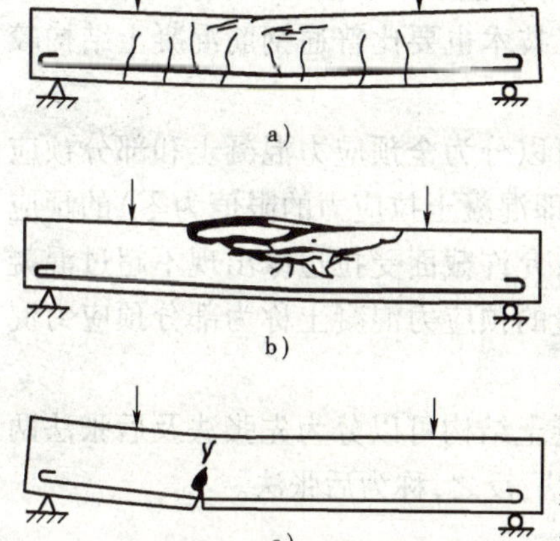

图 4-2-4　适筋梁、超筋梁和少筋梁的破坏形态
a)适筋梁；b)超筋梁；c)少筋梁

配筋率过低的梁称为“少筋梁”。这种梁由于钢筋配得过少，加载后，当截面受拉区混凝土出现第一条裂缝，钢筋的应力就即刻达到和超过屈服极限而并进入钢筋的强化阶段。此时，裂缝往往集中出现一条，且开展宽度较大，沿梁高向上延伸很高，即使受压区混凝土暂未压碎，但由于裂缝宽度大于 1.5mm，甚至更大，标志着梁已经破坏。考虑到这种破坏来得突然，故少筋梁也属“脆性破坏”，如图 4-2-4c)所示。

“少筋梁”虽配置了钢筋，但因数量过少，作用不大，其承载能力实际上与素混凝土梁差不多，又属于“脆性破坏”，因此在工程中不宜采用。

2. 预应力钢筋混凝土结构的概念及特点

普通钢筋混凝土结构受弯构件在正常条件下，其受拉区的混凝土开裂达到限制宽度时，钢筋的应力还远小于目前高强度钢筋的抗拉设计强度，所以，高强材料的作用在普通钢筋混凝土结构中远未得到发挥。

为了充分利用高强度材料，可以在混凝土构件承受外荷载作用之前，对其施加压力，产生预压应力，造成一种人为的应力状态。当构件在荷载作用下产生拉应力时，首先要抵消混凝土的预压应力,然后随着荷载的增加,混凝土才受拉并出现裂缝。预应力在预应力混凝土结构中的作用,可用图 4-2-5 所示的梁来说明。这种在构件受荷载以前预先对混凝土受拉区施加压力的结构称之为预应力混凝土结构。

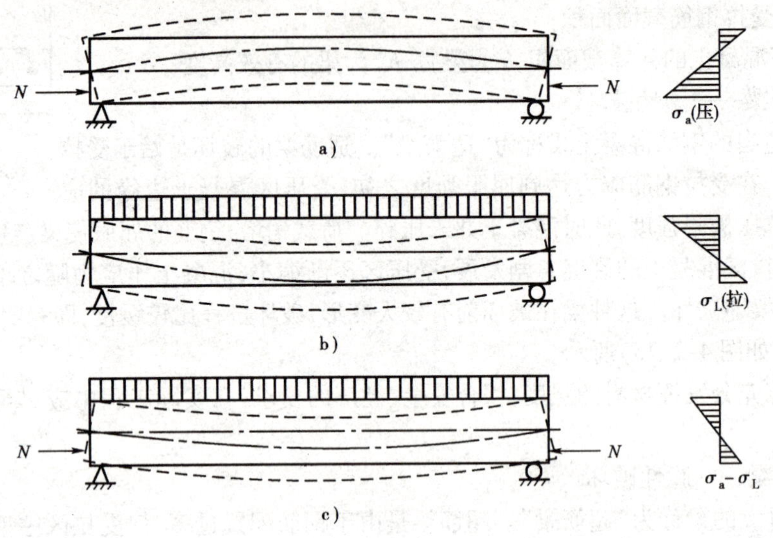

图 4-2-5　预应力梁的受力情况

a)预压力作用下;b)荷载作用下;c)预压力与荷载共同作用下

因此,施加预应力能大大提高构件的抗裂性能,从根本上解决裂缝问题,这就为利用高强材料,提高经济指标创造条件。并且材料强度的提高,可使构件截面减小,自重减轻,增大跨越能力。此外,预应力混凝土结构还具有刚度大、总挠度小,抵抗疲劳性能好等优点。

当然,预应力混凝土结构也有它的缺点,这就是在制作预应力构件时需要有张拉机具和锚固装置,以及检验这些机具的各种设备,同时,预应力施工技术也要比普通钢筋混凝土结构较为复杂。

根据荷载作用下构件截面应力情况,预应力混凝土可以分为全预应力混凝土和部分预应力混凝土。在一切荷载组合下,都必须保持全截面受压(即混凝土拉应力的限值为零)的预应力混凝土称为全预应力混凝土。在荷载短期组合作用下,允许截面受拉边缘出现不超过混凝土抗拉标准强度的拉应力,或出现不超过规定宽度的裂缝的预应力混凝土称为部分预应力混凝土。

根据张拉钢筋与浇筑混凝土次序的先后,预应力混凝土结构可以分为先张法及后张法两种。先张拉钢筋,再浇筑混凝土的预加力方法,称为先张法;反之,称为后张法。

二、钢筋混凝土梁桥的组成和分类

凡是采用混凝土和钢筋结合在一起所建成的梁式体系桥统称为钢筋混凝土梁桥,简称混凝土梁桥。它包括了普通混凝土梁桥(简称钢筋混凝土梁桥)、部分预应力混凝土梁桥和全预应力混凝土梁桥。

中小跨径公路桥梁或城市桥梁,大部分是钢筋混凝土或预应力混凝土梁式桥。这两种桥梁具有能就地取材、工业化施工、耐久性好、适应性强、整体性好以及美观等许多优点。预应力

混凝土梁桥更兼有降低梁高和跨越能力大的长处，特别是预应力技术的采用，为现代装配式结构提供了最有效的接头和拼装手段，使建桥技术和运营质量均产生了较大的飞跃。目前，预应力混凝土简支梁的跨径已达到50～70m，最大跨径的连续刚构已达301m。

1. 钢筋混凝土梁桥的组成

1）上部结构的组成

梁桥的上部结构是由承重结构——主梁（如板式梁、T形梁、箱形梁、组合式梁等）和桥面系（包括桥面铺装、桥面排水设施、伸缩缝、人行道和栏杆等）所组成。来往车辆直接行驶在桥面上，其荷载由承重结构主梁来承受。

2）下部结构的组成

梁桥的下部结构是由支承上部结构的桥墩（如重力式桥墩、空心桥墩、桩式桥墩及柔性桥墩等）和桥台（如重力式桥台、轻型桥台、埋置式桥台等）及其传递桥梁全部荷载于地基的基础（如浅基础、桩基础、沉井基础等）所组成。

2. 钢筋混凝土梁桥的分类

梁桥可按多种方法分类，如按有无预应力可分为钢筋混凝土梁桥和预应力混凝土梁桥，按施工方法可分为整体式梁桥、装配式梁桥和组合式梁桥。但主要的划分方法，是按承重结构的横截面形式和静力体系来划分。

1）按横截面形式分类

按承重结构的横截面形式不同，分为板桥、肋板式梁桥和箱形梁桥。

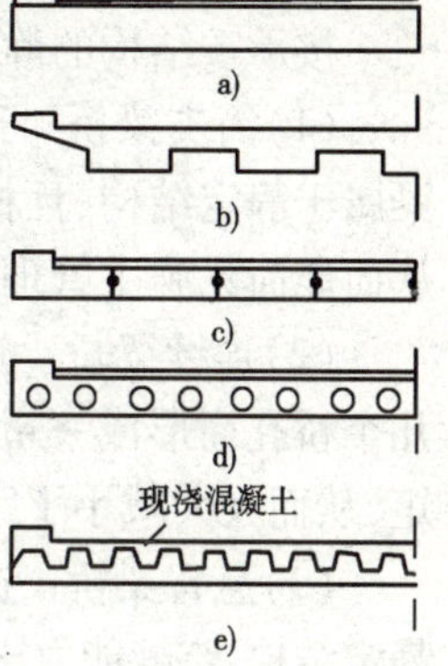

图4-2-6 板桥横截面

（1）板桥 主要承重结构是矩形截面的钢筋混凝土板（图4-2-6）。板桥的主要特点是构造简单、施工方便、建筑高度小；但从力学性能方面来看，位于受拉区的混凝土不但不能充分发挥作用，反而增大了结构重力，当板的跨径稍大时，就显得不经济。因此，钢筋混凝土简支板桥经济合理的跨径一般在13m以下，预应力混凝土简支板桥也不宜大于25m。

（2）肋板式梁桥 又称为肋梁桥，是以梁肋（或称腹板）与上部的钢筋混凝土桥面板结合在一起作为承重结构。由于肋与肋之间处于受拉区的混凝土得到很大程度的挖空，从而显著减轻了自重，这对于仅承受正弯矩作用的简支梁来说，既充分利用了扩展的混凝土桥面板的抗压能力，又有效地发挥了集中在梁肋下部的受力钢筋的抗拉作用，从而使结构构造与受力性能达到理想的配合。肋梁桥的横截面又分为Π形（图4-2-7）和T形（图4-2-8）两种。钢筋混凝土简支肋梁桥的常用跨径为8～16m，预应力混凝土简支肋梁桥的常用跨径为25～50m。

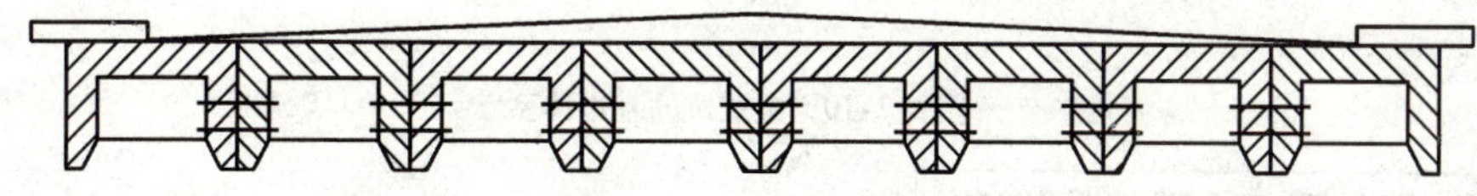

图4-2-7 Π形梁桥横截面

（3）箱形梁桥 承重结构是一个或几个封闭形的薄壁箱形截面梁（图4-2-9）。箱形梁因底板能承受较大的压力，所以它不仅能承受正弯矩，而且也能承受负弯矩，同时箱形梁整体受力性能好，抗扭刚度大，箱壁可做得很薄，能有效地减轻自重。箱形梁桥适用于较大跨径的悬臂梁桥和连续梁桥，而对于普通钢筋混凝土的简支梁桥不宜采用。

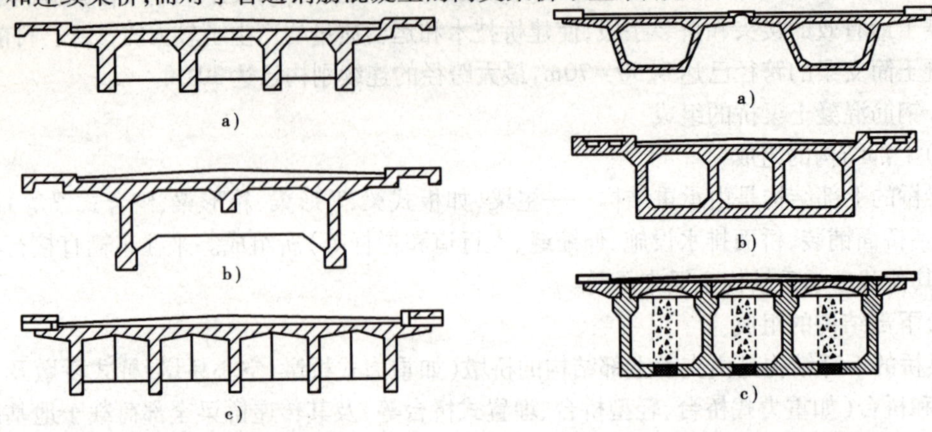

图 4-2-8　T 形梁桥横截面　　　图 4-2-9　箱形梁桥横截面

2）按承重结构的静力体系分类

按承重结构的静力体系不同，可分为简支梁（板）桥、连续梁桥和悬臂梁桥。

（1）简支梁桥　这是工程实践中受力和构造最简单的桥型，应用广泛（图 4-2-10a）。简支梁属于静定结构，且相邻桥孔各自单独受力，故通常各跨设计成构造和尺寸划一的标准跨径，从而能简化施工管理工作，并降低施工费用。

（2）连续梁桥　这种体系的主要特点是：承重结构（板、T 形梁或箱梁）不间断地连续跨越几个桥孔而形成一超静定的结构（图 4-2-10b）。连续梁因在荷载作用下支点截面产生负弯矩，从而大大减小了跨中的正弯矩，跨越能力大，适用于桥基良好的场合。

（3）悬臂梁桥　这种桥梁的主体是长度超出跨径的悬臂结构（图 4-2-10c）。悬臂梁桥属于静定结构，跨越能力比简支梁桥大，但逊于连续梁。悬臂梁桥因行驶状况不良，目前较少采用。

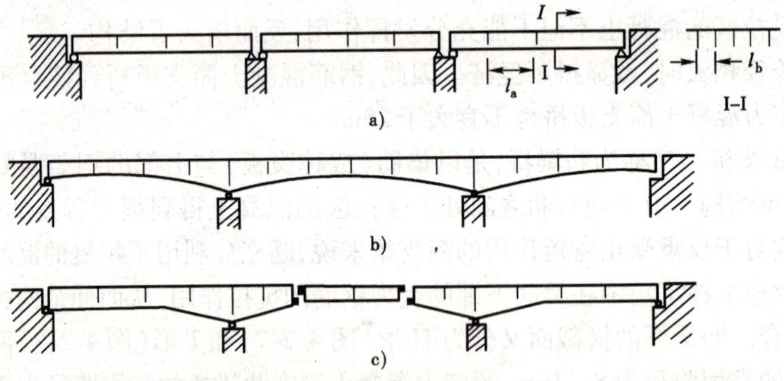

图 4-2-10　梁式桥的基本体系

三、钢筋混凝土梁桥的构造

1. 简支板桥的构造

1）整体式简支板桥的构造

整体式简支板桥一般做成实体式等厚度的矩形截面（图 4-2-6a），为了减轻自重也可做成

矮肋板式截面(图 4-2-6b)。整体式简支板桥一般使用在跨径 8m 以下,板的厚度一般取跨径的 1/16 ~ 1/23,随着跨径的增大取用较小值。

整体式板桥是一块双向受力板,其受力钢筋需沿纵、横两个方向布置。在纵向配筋时,由于车辆荷载在板边缘的分布范围比中间小,因而两侧各 1/6 的范围内的主筋应比中间的增加 15%。在城市修建宽桥时,为了防止产生过大的横向负弯矩以及温度变化和混凝土收缩引起的纵向裂纹,可以沿中线分开,以形成上部分离的形式。

图 4-2-11 所示为一标准跨径 6m 的整体式简支板桥的构造示例。桥面净宽 8.5m(与路基同宽),两边有 0.25m 的安全带,计算跨径为 5.69m,板厚 32cm。纵向主筋采用 HRB335 钢筋,直径为 20mm,在中间 2/3 的板宽内间距 12.5cm,两侧为 11cm。主筋在两端 1/4 ~ 1/6 跨径范围内呈 30°弯起。横向钢筋采用 R235 钢筋,直径为 10mm,间距为 20cm。

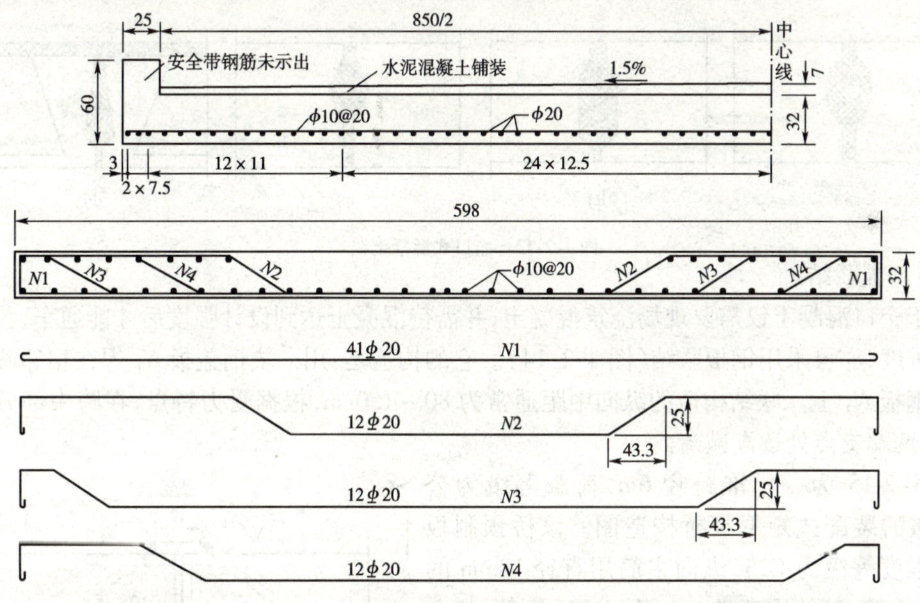

图 4-2-11　整体式板桥构造示例(尺寸单位:cm)

2)装配式板桥构造

装配式简支板桥的横截面形式主要有实心板和空心板两种。实心板一般使用跨径在 10m 以下。当跨径增大时,则宜采用空心板截面。空心板能减轻自重,而且能充分合理地利用材料。空心板的开孔形式如图 4-2-12 所示。图 4-2-12a)、b)为单孔,挖空率最大,重量最轻,但顶板需配置横向受力钢筋以承担车轮荷载。图 4-2-12a)略呈微弯形,可以节省一些钢筋,但模板较图 4-2-12b)复杂。图 4-2-12c)挖成两个圆孔,施工时用无缝钢管(或充气囊)作芯模,较为方便,但挖空率较小,自重较大。图 4-2-12d)的芯模由两个半圆和两块侧模板组成,当板的厚度改变时,只需要换两块侧模板,故较图 4-2-12c)为好。

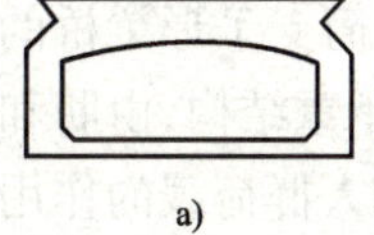
a)

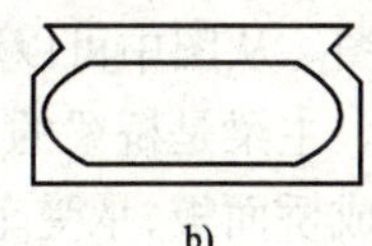
b)

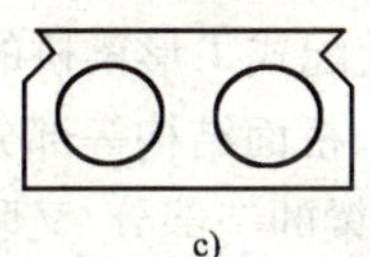
c)

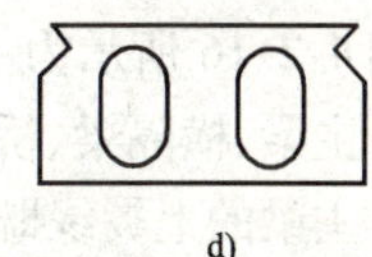
d)

图 4-2-12　空心板开孔形式

装配式钢筋混凝土空心板桥常用跨径为6～13m。空心板的顶板和底板厚度，均不应小于8cm，以保证承载的需要。空心板的空洞端部应予填封。为了保证抗剪强度，应在截面内按计算需要配置弯起钢筋和箍筋。

为了使装配式板块组成整体，共同承受车辆荷载，在块件之间必须具有横向联结的构造。常用的联结方法有企口混凝土铰联结和钢板焊接联结。

(1)企口混凝土铰联结

企口式混凝土铰的形式有圆形、菱形、漏斗形等三种(图4-2-13)。铰的上口宽度应满足施工时使用插入式振捣器的需要，铰槽的深度宜为预制板高的2/3。为使各块板共同受力，同时也使桥面铺装层参与受力，预制板内应预埋钢筋伸入铰内，与相邻板的同样钢筋互相绑扎，再在铰接板顶面铺设厚度不小于8cm的现浇混凝土层。

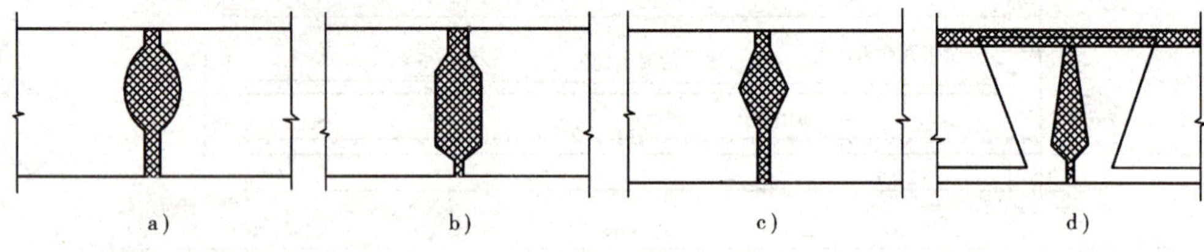

图4-2-13　企口式混凝土铰

(2)钢板联结

由于企口混凝土铰需要现场浇筑混凝土，并需待混凝土达到设计强度后才能通车，为了加快工程进度，亦可采用钢板联结(图4-2-14)。它的构造是：用一块钢盖板 N_1 焊在相邻两构件的预埋钢板 N_2 上。联结构造的纵向中距通常为80～150cm，根据受力特点，在跨中部分布置较密，向两端支点处逐渐减疏。

图4-2-15为一标准跨径6m，荷载等级为公路—II级的装配式矩形板桥构造图。该桥预制板混凝土强度等级为C25，纵向主筋用直径18mm的HRB335钢筋，箍筋用直径6mm的R235钢筋，架立钢筋用直径8mm的R235钢筋，预制板安装就位后，在企口缝内填筑强度等级比预制板高的小石子混凝土，并浇筑厚8cm的C25水泥混凝土铺装层使之连成整体。

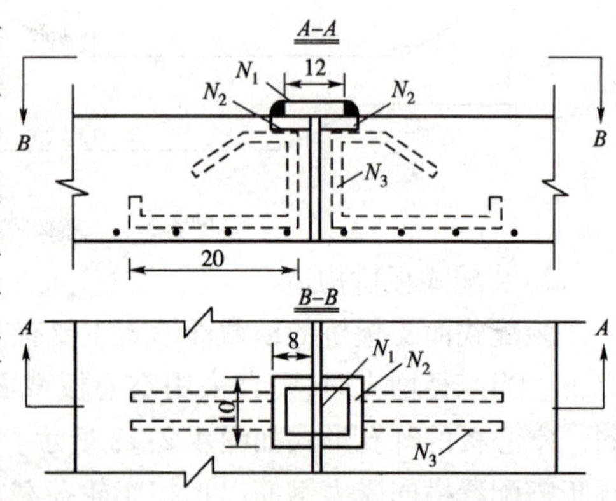

图4-2-14　钢板联结构造(尺寸单位：cm)

2.钢筋混凝土简支T形梁桥的构造

钢筋混凝土简支T形梁桥按施工方法分主要有整体式(图4-2-8a)、b)和装配式(图4-2-8c)两种，因整体式T形梁桥施工进度慢，工业化程度低，又要大量耗费支架和模板材料，目前修建较少。下面主要介绍装配式钢筋混凝土简支T形梁桥。

图4-2-16所示为一座装配式T形梁桥的构造图。从图中可以看出，简支T形梁桥的上部构造由主梁、横隔梁、桥面板、桥面结构等部分组成。主梁是桥梁的主要承重结构，由肋和翼缘组成。主梁的上翼缘既是主梁的一部分，又联合构成桥面板，承受车辆和人群荷载的作用。横隔梁的作用是保证各根主梁相互连成整体，共同承受荷载。

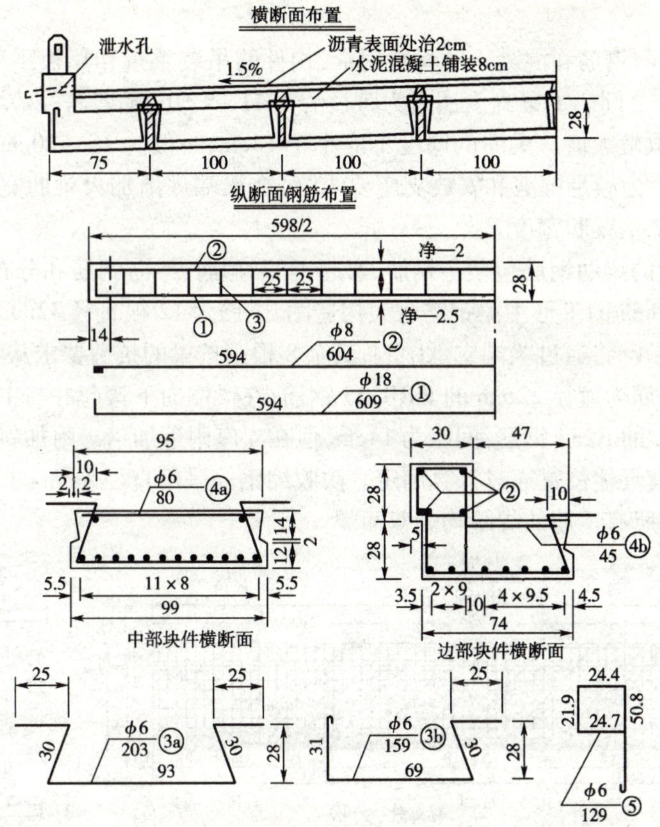

图 4-2-15　装配式钢筋混凝土矩形实心板桥构造(尺寸单位:cm)

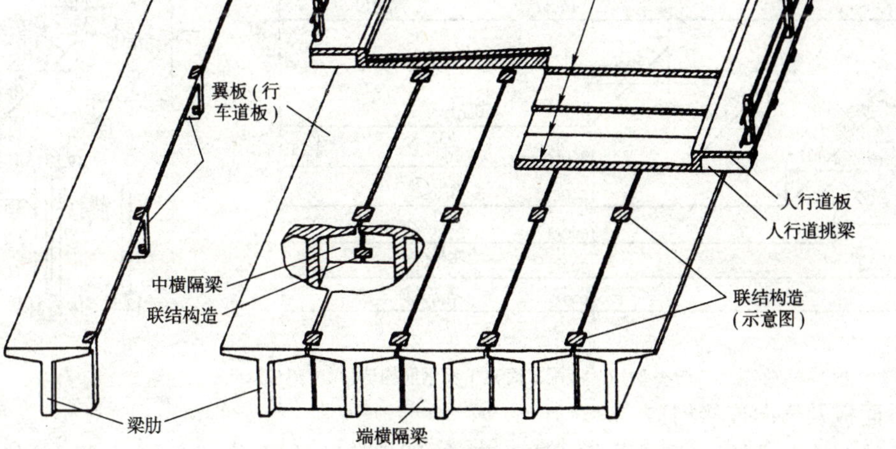

图 4-2-16　装配式 T 梁概貌

1）主梁构造

主梁间距大小与钢筋和混凝土的材料用量、构件的吊装重量和翼板刚度有关。主梁间距一般在1.5～2.2m之间。主梁高度通常为跨径的1/11～1/16，随着跨径的增大而采用较小的比值，随梁数减少取较大值。梁肋的厚度不应小于14cm，一般为15～20cm，不同跨径的标准图中均采用18cm。为满足抗剪和安放支座要求，可在梁端逐渐加大梁肋宽度，其加宽过渡段的长度不应小于12倍梁肋宽度差。

装配式T形梁的梁肋钢筋包括主钢筋、弯起钢筋、箍筋、架立钢筋和分布钢筋。图4-2-17是一根标准跨径20cm的T形主梁钢筋骨架构造图，主筋为12根直径32mm的HRB335钢筋。其中最下层的4根N_1将通过梁端支承中心，其余8根则按梁的抗剪要求从不同位置弯起。设在梁顶部的架立钢筋为直径22mm的HRB335钢筋，在梁端向下弯起并与主筋N_1相焊接。箍筋采用直径为8mm的R235钢筋，间距为14cm，但在支座附近加倍。附加斜筋采用直径16mm的HRB335钢筋，其具体位置通过计算确定。防收缩钢筋采用直径8mm的R235钢筋，按下密上疏的要求布置。所有钢筋的焊缝均为双面焊。

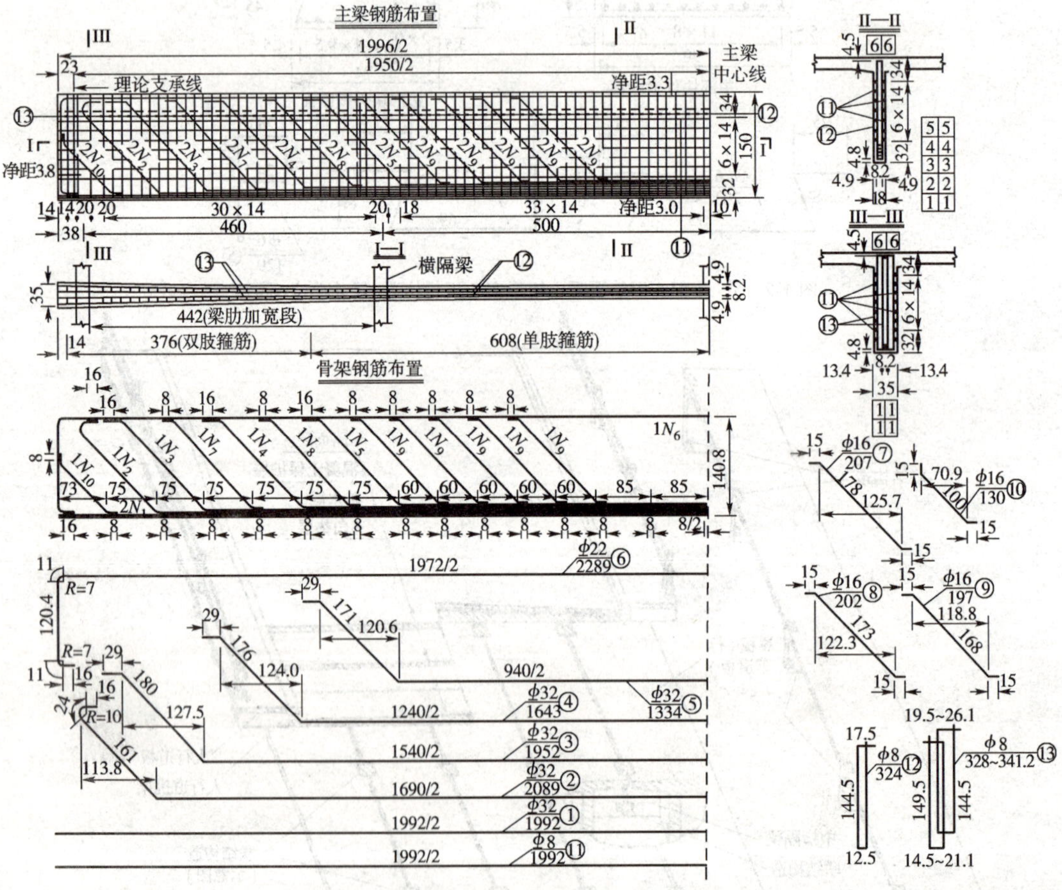

图4-2-17　装配式简支T梁钢筋构造(尺寸单位:cm)

2）桥面板及横向连接构造

根据受力特点，翼板厚度通常做成变厚度的，即靠梁肋处厚，翼板边缘处薄。翼缘板与梁

肋衔接处的厚度不应小于梁高的1/10,边缘厚度不宜小于10cm。当T形梁采用横向整体现浇连接时,其翼缘板边缘厚度不宜小于14cm。为了减小翼板和梁肋连接处的局部应力集中和便于脱模,可在该处设置承托。

翼板内的受力钢筋沿横向布置在板的上缘,以承受悬臂负弯矩,在顺桥向还应设置分布钢筋(图4-2-18)。翼板内的主钢筋直径不小于10mm,间距不宜大于20cm。分布钢筋的直径不小于8mm,间距不大于20cm,且分布钢筋截面积不少于板的截面积的0.1%。在主钢筋的弯折处,应布置分布钢筋。

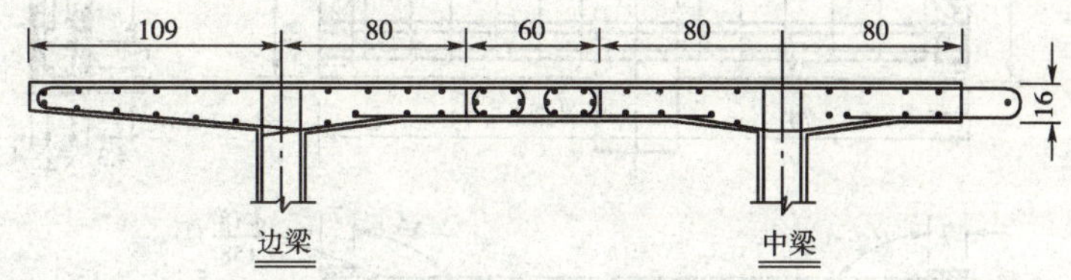

图4-2-18　桥面板钢筋布置图(尺寸单位:cm)

装配式T形梁横向连接是保证桥梁整体性的关键,因此连接处应有足够的刚度和强度,在使用过程中连接处不致因受反复荷载冲击作用而发生松动现象。装配式T形梁的桥面板横向连接一般采用现浇混凝土整体连接,主钢筋采用环形连接,如图4-2-18所示。

3)横隔梁及横向连接构造

横隔梁刚度越大,梁的整体性越好,在荷载作用下各主梁越能更好地共同受力。T形梁应设跨端和跨间横隔梁,当梁横向刚性连接时,横隔梁的间距不应大于10m。

横隔板的厚度一般采用15~18cm,为便于施工脱模,一般做成上宽下窄、内宽外窄的楔形。

为减轻自重,便于施工时在翼板下穿行,以及利于养护检查,横隔梁中部可采用开洞的形式。

图4-2-19为横隔梁的钢筋构造。在每根横隔梁中受力钢筋一般在上、下缘均应布置,并分别用钢板连接成骨架。同时,在上、下钢筋骨架中均加焊锚固钢板的短钢筋。在横隔梁中还应布置箍筋用来承受剪力。

横隔梁一般应采用现浇混凝土整体连接,即扣环式接合。将横隔梁中伸出的环状钢筋相互搭接,并用叉状短筋销住,在接头部位就地浇筑混凝土连成整体(图4-2-20)。

3.其他钢筋混凝土梁桥

除了整体式板桥、装配式板桥和T梁外,钢筋混凝土结构还可应用于悬臂梁桥和连续梁桥等。目前,装配式钢筋混凝土悬臂梁和连续梁使用较少,在城市跨线桥上多使用现场整体浇筑的悬臂梁和连续梁,主要是由于钢筋混凝土桥梁的施工简易。

悬臂梁和连续梁的主钢筋须根据计算结果合理进行布置,以满足正、负弯矩的要求;斜钢筋则可根据抵抗主拉应力的需要设置,既可由上下部主钢筋弯折而成,也可另外配置。

四、　预应力混凝土梁桥的构造

1.装配式预应力混凝土简支空心板桥

预应力混凝土空心板桥与钢筋混凝土空心板桥有相同的构造特点,预应力混凝土空心板桥常用跨径在8~20m,其板厚为0.4~0.85m。

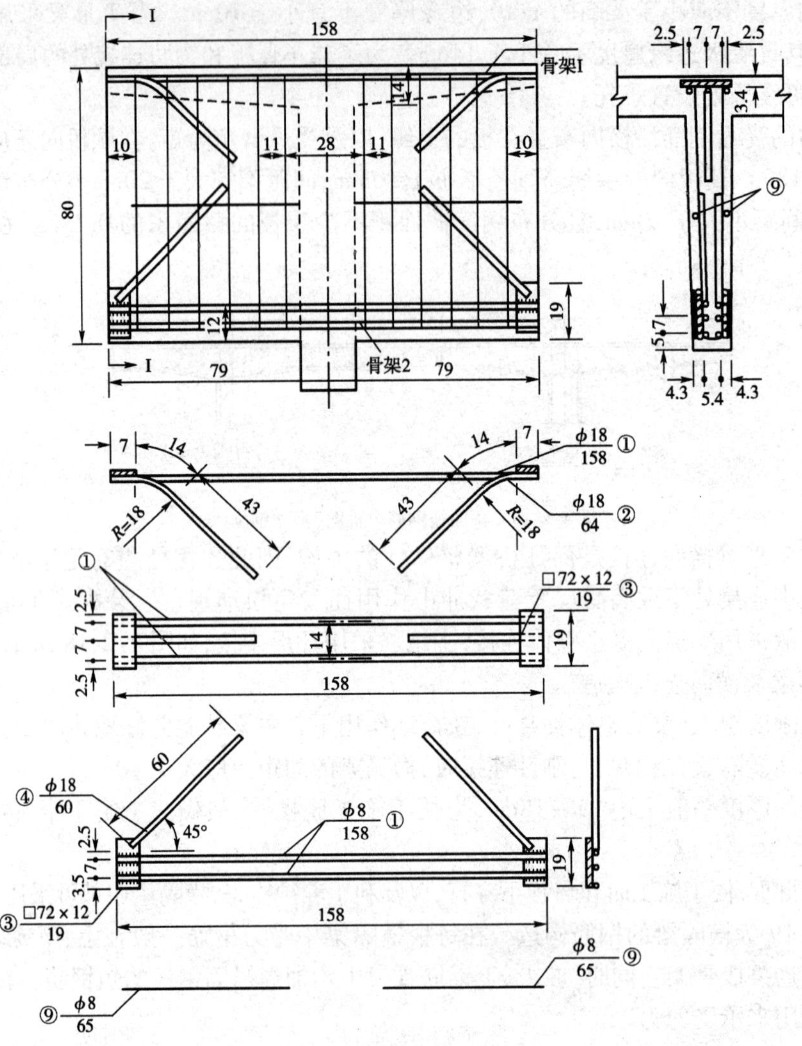

图 4-2-19 横隔梁钢筋构造(尺寸单位:cm)

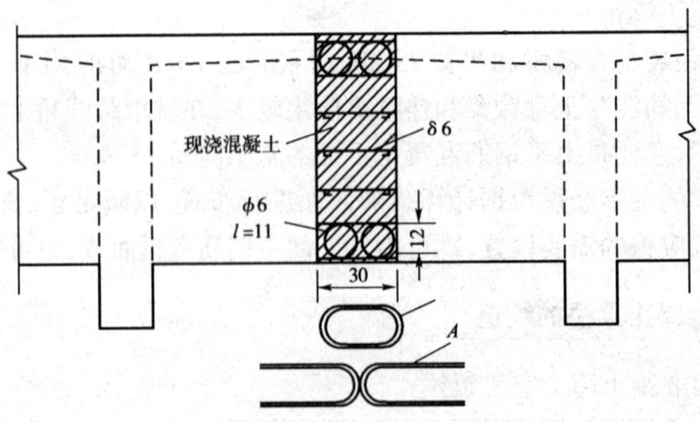

图 4-2-20 横隔梁的接头构造(尺寸单位:cm)

图 4-2-21 所示为标准跨径 13m 的装配式预应力混凝土空心板桥的钢筋布置图，采用Ⅳ级冷拉预应力钢筋作为主筋，预应力钢筋端部配置螺旋筋加强自锚作用，为了承受预应力钢筋的张拉而在板上缘产生的拉应力，板端顶面加倍配置了非预应力筋。支点附近剪力较大，箍筋须加密加粗。

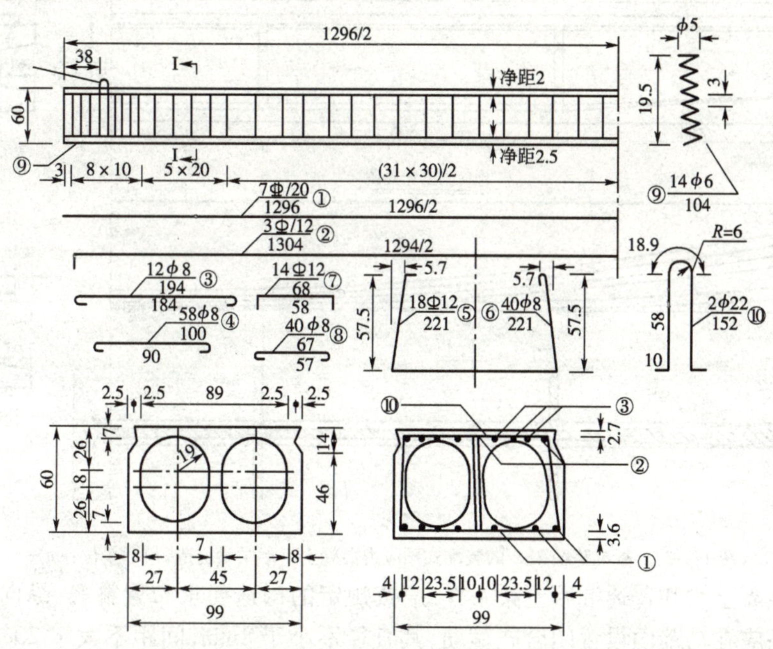

图 4-2-21　装配式预应力混凝土空心板桥的构造（尺寸单位：cm）

2. 装配式预应力混凝土简支 T 形梁桥

装配式 T 形梁桥，当跨径在 20m 以上时，采用预应力混凝土结构是经济的。目前，我国公路上预应力混凝土 T 形简支梁桥的跨径已达到 50 多米。

装配式预应力混凝土简支 T 形梁主梁间距以采用 1.80 ~ 2.50m 为宜，主梁的高度为跨径的 1/15 ~ 1/25。为适应预应力钢筋布置的需要和满足承受预应力的需要，梁肋下端要做成马蹄形（图 4-2-22）。为了配合预应力筋束的起弯和张拉及锚固，在靠近支点处梁肋应加厚至与马蹄同宽。

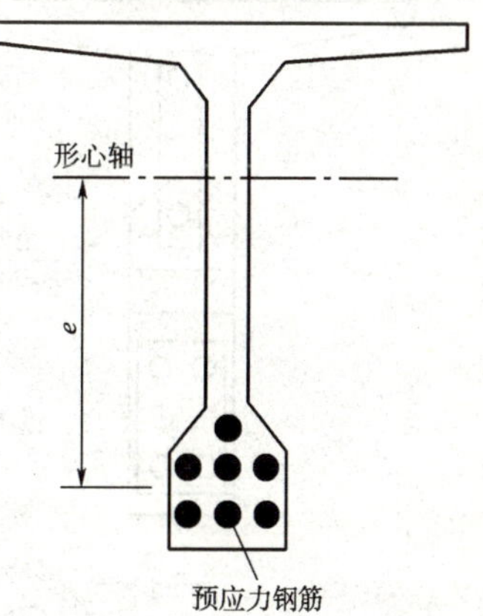

图 4-2-22　预应力混凝土 T 梁横断面

装配式预应力混凝土简支 T 形梁的翼板厚度要求和横隔板布置基本上与钢筋混凝土梁桥相同。

预应力束筋的布置形式，与桥梁结构体系、受力情况、构造形式、施工方法都有密切联系。预应力混凝土简支 T 梁预应力主筋在跨中部分布置在主梁下缘（马蹄内）。为满足设计和构造上的要求，在三分点到四分点之间开始将预应力主筋弯起。预应力钢筋弯起的形状可以采用圆弧线、抛物线或悬链线三种，弯起的角度不宜大于 20°。

图 4-2-23 是标准跨径 25m 的装配式预应力混凝土 T 形主梁的一般构造和预应力筋布置

示意图。计算跨径为24.2m,荷载等级为公路—II 级。预制梁用 C40 混凝土,每片梁配 8 束 $24\Phi^s5$ 的钢筋束。

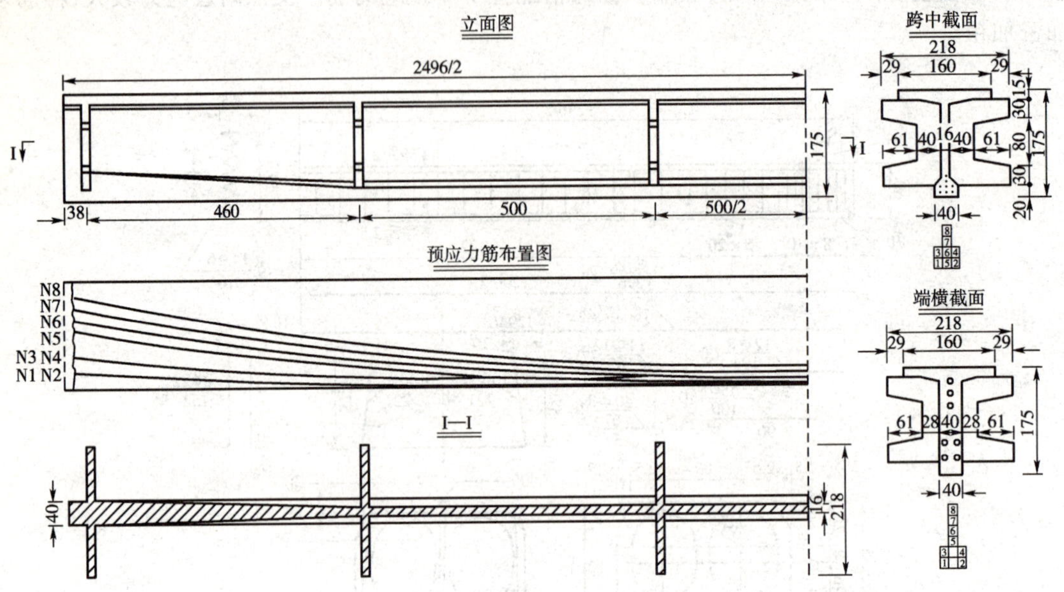

图 4-2-23　标准跨径 25m 的装配式预应力混凝土 T 形主梁构造(尺寸单位:cm)

预应力混凝土梁和普通混凝土梁一样,应按规定的构造要求布置箍筋、纵向分布钢筋、架立钢筋等。还应在马蹄内设置闭合式箍筋,其直径不小于 8mm,间距不大于 20cm。在梁端锚固区内应设置 10cm×10cm 的加强钢筋网(图 4-2-24),锚具下设置厚度不小于 16mm 的钢垫板与 ϕ8 的螺旋筋,以提高混凝土的抗裂性能。

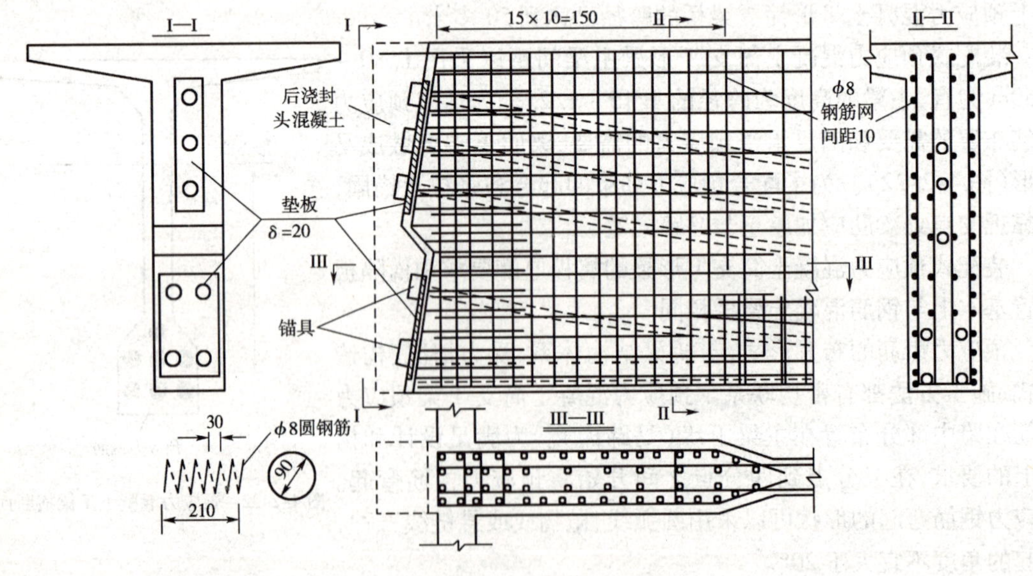

图 4-2-24　梁端垫板和加强钢筋网(尺寸单位:cm)

3. 预应力混凝土悬臂梁桥

悬臂梁桥由于支点负弯矩的存在，使跨中正弯矩值显著减小。因此，与简支梁相比较，悬臂梁可以减小跨内主梁高度和降低材料用量。悬臂梁在桥墩上只需设置一排沿墩中心布置的支座，可减少桥墩尺寸，节省基础工程的材料用量。悬臂梁桥属于静定结构，可在地基较差的条件下使用。悬臂梁虽然在力学性能上优于简支梁，可适用于更大跨径的桥型方案，但由于其构造较复杂，施工难度较大，优点并不比连续梁桥等其他桥型明显，因而在实际桥梁工程中较少采用。

图 4-2-25 所示是悬臂梁桥常用的几种立面布置形式。图 4-2-25a）为单孔双悬臂梁桥，多用于跨线桥，这类悬臂梁桥在桥头两端不设置桥台，而仅设置搭板与路堤相衔接；图 4-2-25b）为三跨布置的带挂梁的单悬臂梁桥；4-2-25c）为多孔悬臂梁桥，由单、双悬臂梁与挂梁组合而成；图 4-2-25d）为墩柱与梁体固结后形成的带挂梁的 T 形刚构桥。

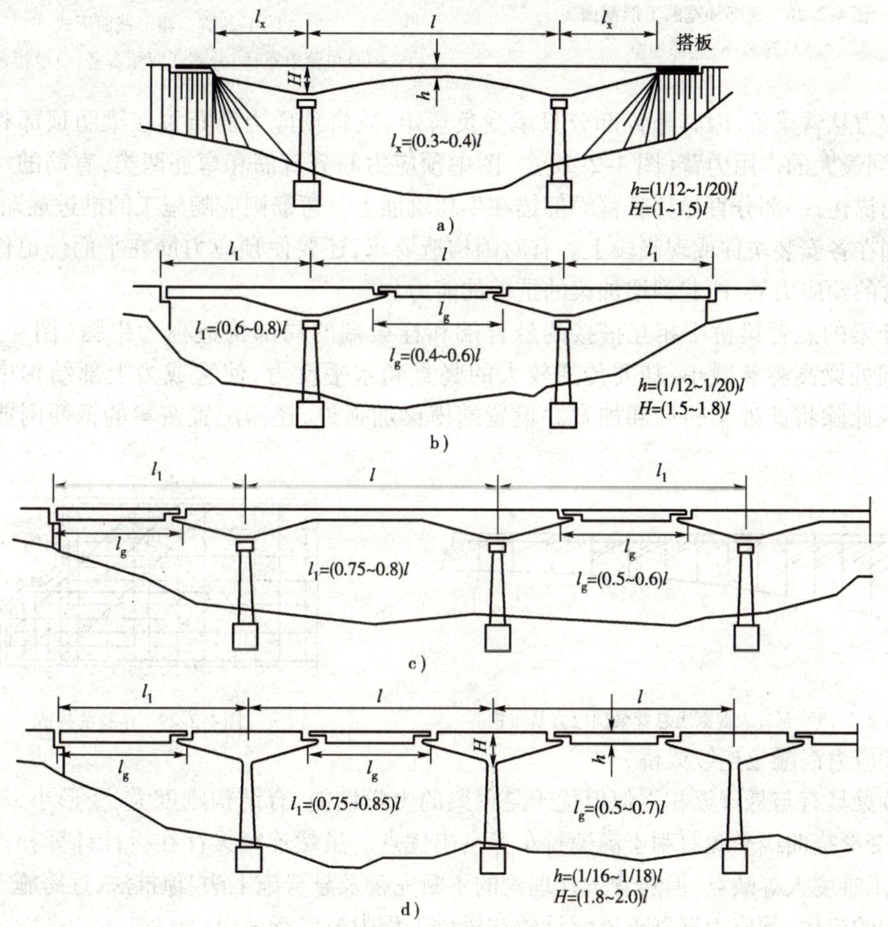

图 4-2-25　悬臂梁的各种立面布置

预应力混凝土悬臂梁桥一般采用变高度形式，梁高由跨中向支点处逐渐加高。

悬臂梁常用的横截面形式有底部加宽的 T 形截面（图 4-2-26）和箱形截面等。箱形截面主要有单箱单室、分离式双箱单室和单箱多室（图 4-2-27）等。

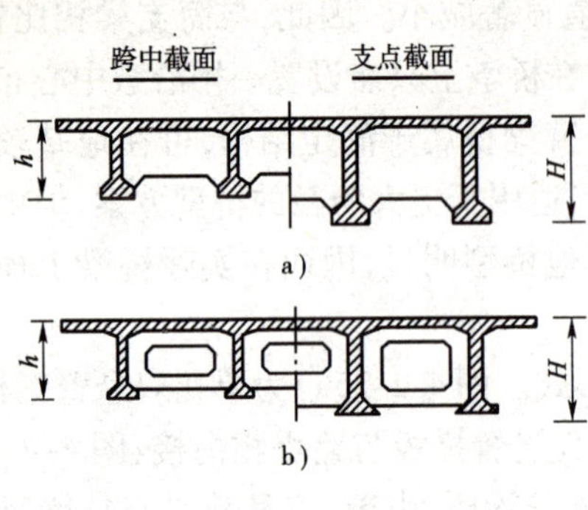

图 4-2-26 底部加宽的 T 形截面
a)马蹄形;b)底部加宽

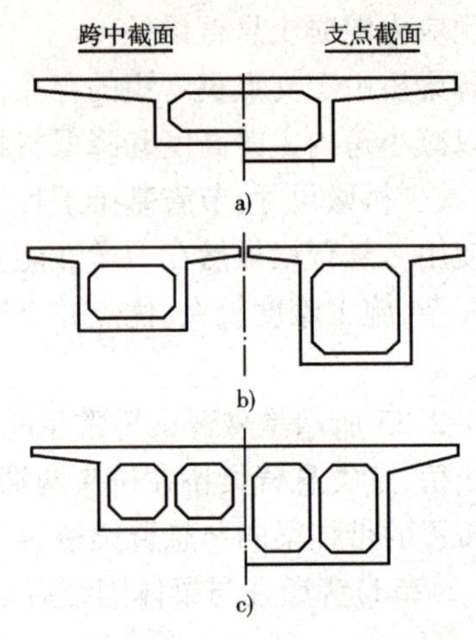

图 4-2-27 箱形截面形式
a)单箱单室;b)分离式双箱多室;c)单箱多室

预应力悬臂梁桥,因其悬臂部分只承受负弯矩,故将预应力筋布置在梁肋顶部和桥面板内,以得到最大的作用力臂(图 4-2-28)。图中预应力筋分直筋和弯筋两类,直筋的一部分在接缝端面锚住,一部分直通到悬臂端部锚在牛腿端面上。弯筋则应随施工的推进逐渐下弯,而倾斜锚固在各安装块件或现浇段上。有时因构造要求,还要使预应力筋在平面外也作适当弯曲。下弯的预应力筋,能起到增加梁的抗剪的能力。

带挂梁的悬臂梁桥中相互搭接的悬臂端和挂梁端的局部构造称为牛腿(图 4-2-29)。由于牛腿处梁高骤然减小,却要传递较大的竖直和水平反力,使它成为上部结构中的薄弱部位。因此除将此处梁肋局部加宽并设置端横梁加强外,还需配置密集的钢筋网或预应力筋。

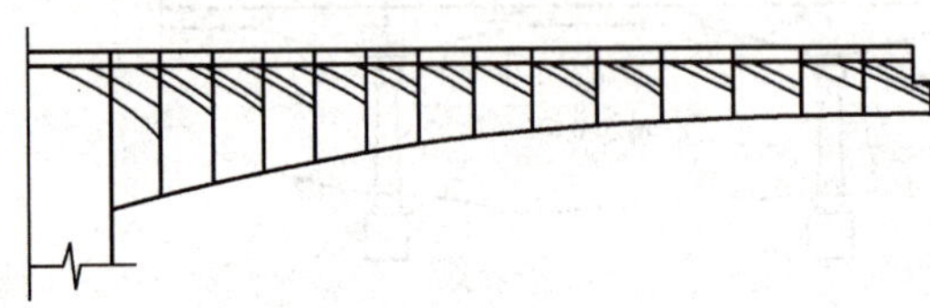
图 4-2-28 预应力混凝土悬臂梁预应力筋布置

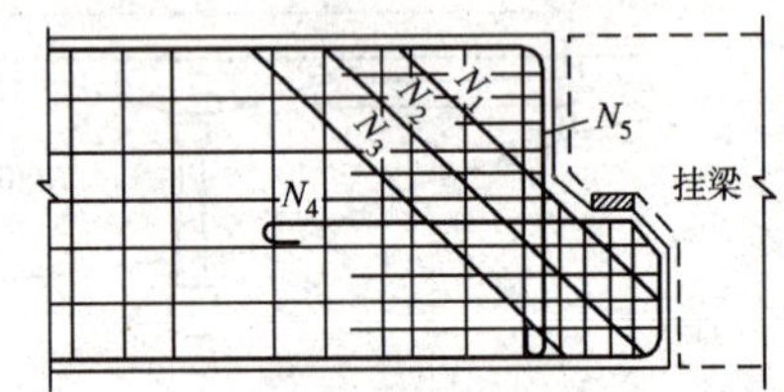

图 4-2-29 牛腿的构造

4. 预应力混凝土连续梁桥

连续梁具有与悬臂梁相类似但优于悬臂梁的力学性能,有结构刚度大、变形小、动力性能好、主梁变形挠曲线平缓有利于高速行车等突出优点。虽然连续梁存在设计计算和构造较为复杂,施工难度大等缺点,但随着设计理论的不断完善及悬臂施工法、顶推法、逐跨施工法在连续梁桥中的应用,预应力混凝土连续梁桥在桥梁工程中被广泛采用。

连续梁桥是超静定结构,基础不均匀沉降将在结构中产生附加内力,因此,对桥梁基础要求较高,通常宜用于地基较好的场合。

预应力混凝土连续梁桥适宜于修建跨径从 30～200m 的中等跨径和大跨径的桥梁,其跨径的选用与施工方法密切相关。

1)预应力混凝土连续梁桥的一般构造

连续梁桥的支座设计负弯矩一般比跨中设计正弯矩大,采用变高度形式比较合理。但在跨径不大时这个差值不很大,可以采用等高度形式,在构造上采取适当措施予以调节。主跨跨径接近或大于80m的大跨连续梁桥,一般主梁采用变高度形式,跨径在40~60m的中等跨径连续梁桥中,可采用等高度连续梁。

大、中跨径的连续梁桥一般采用不等跨布置,但多于三跨的连续梁桥其中间跨一般采用等跨布置。

预应力混凝土连续梁桥常用的横截面形式有板式(包括空心板)、T形梁式(包括宽肋梁)和箱型梁式(图4-2-30)。板式和T形梁式横截面只适用于跨径小于40m的连续梁桥,跨径超过40~60m时,主梁多采用箱形截面,箱形横截面形式主要有单箱单室、单箱双室、单箱多室和双箱双室等几种。

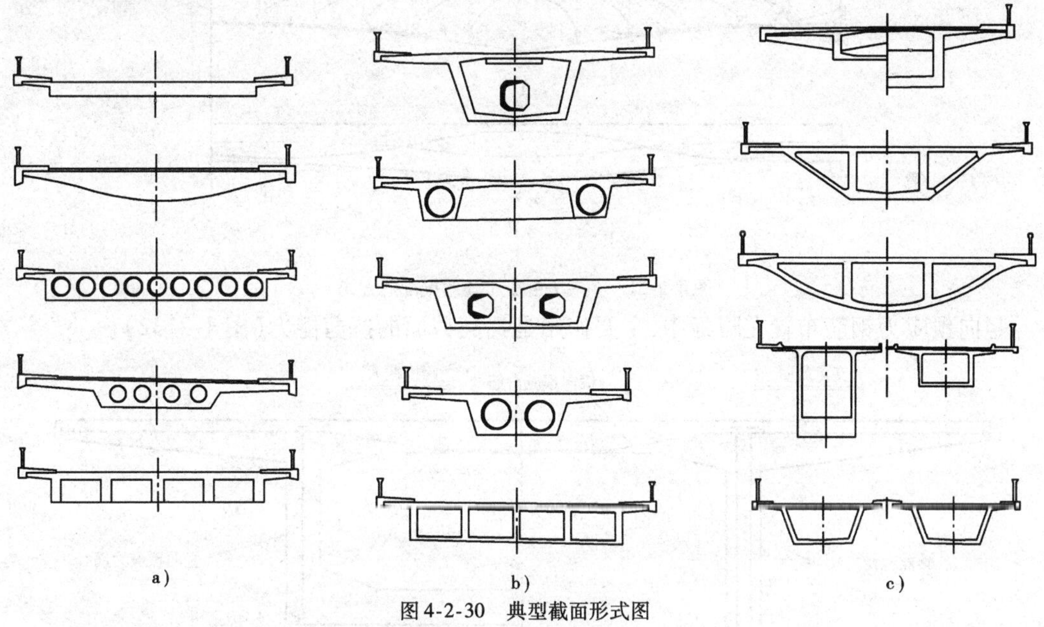

图4-2-30 典型截面形式图

a)常用的板式、肋式截面模式;b)箱形截面形式之一;c)箱形截面形式之二

2)预应力混凝土连续梁桥中预应力钢筋布置

预应力混凝土连续梁桥中的预应力钢筋主要有纵向预应力钢筋、横向预应力钢筋和竖向预应力钢筋等。

纵向预应力钢筋是用以保证桥梁在荷载作用下纵向跨越能力的主要受力钢筋,所以称之为主筋,其布置方式与所采用的施工方法以及预应力筋的种类有直接关系。在图4-2-31中示出主筋的几种布置方式,图4-2-31a)适用于顶推连续梁;图4-2-31b)适用于先简支后连续;图4-2-31c)和d)适用于悬臂施工连续梁;图4-2-31e)适用于整体浇筑连续梁的连续配筋。

预应力筋的布置要考虑到张拉操作的方便。当需要在梁内、梁顶或梁底锚固预应力筋时,应根据预应力筋锚固区的受力特点给予局部加强,以防开裂损坏。

横向预应力钢筋是用以保证桥梁的横向整体性、桥面板及横隔板横向抗弯能力,一般布置在横隔板和顶板中(图4-2-32)。

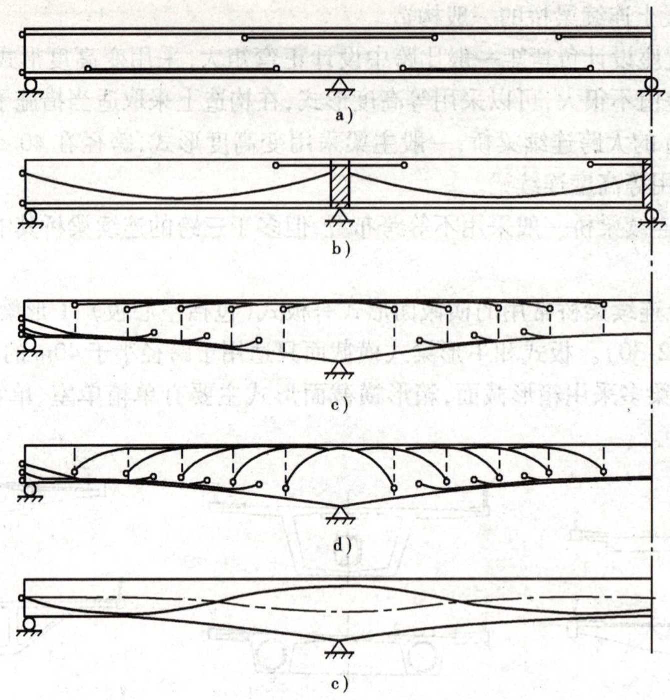

图 4-2-31　预应力混凝土连续梁配筋方式

竖向预应力钢筋布置在腹板中，主要作用是提高截面的抗剪能力（图 4-2-32）。

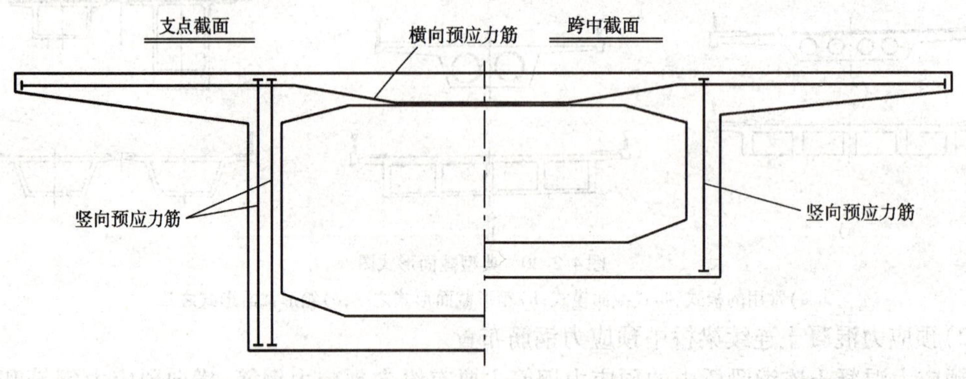

图 4-2-32　箱梁横向及竖向配筋布置方式

5. 预应力混凝土斜拉桥

1）组成与特点

斜拉桥主要由主梁、索塔和斜拉索三大部分组成。主梁一般采用混凝土结构、钢—混凝土组合结构或钢结构，索塔大都采用混凝土结构，而斜拉索则采用高强材料（高强钢丝或钢绞线）制成。图 4-2-33 为两种典型的斜拉桥简图。

斜拉桥用若干高强的拉索将主梁斜拉在塔柱上，斜拉索使主梁受到一个压力和多点向上的弹性支承的反力，这就有助于提高梁体的抗裂性能，减小梁体尺寸，使桥梁的跨越能力大大增强。另外斜拉桥还具有抗风稳定性比悬索桥好，不需悬索桥那样的集中锚锭构造，及便于采用悬臂施工等优点。不足之处是，斜拉桥属多次超静定结构，设计计算复杂；索与梁或塔的连接构造复杂；

施工中高空作业较多，且施工控制等技术要求严格。随着高强度材料的使用，设计理论和技术手段，以及施工方法的发展，使得斜拉桥成为近50年内发展最快，应用渐广的一种桥型。根据现有资料统计，全世界已建成各类斜拉桥达300余座，主跨的最大跨径已达到1000m以上。

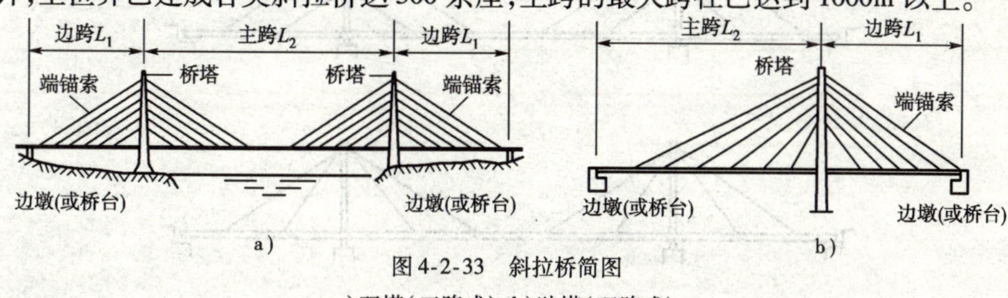

图4-2-33　斜拉桥简图

a)双塔(三跨式)；b)独塔(双跨式)

2)构造类型

斜拉桥常用主梁形式有连续梁、悬臂梁和悬臂刚构等。主梁截面采用板式或抗扭刚度较大的箱形截面。

斜拉桥的塔柱形式从桥梁立面上看，有独柱形、A形和倒Y形三种(图4-2-34)，在横桥向又可做成单柱式、双柱式、门式、斜腿门式、倒V式、宝石式和倒Y式等多种形式(图4-2-35)。

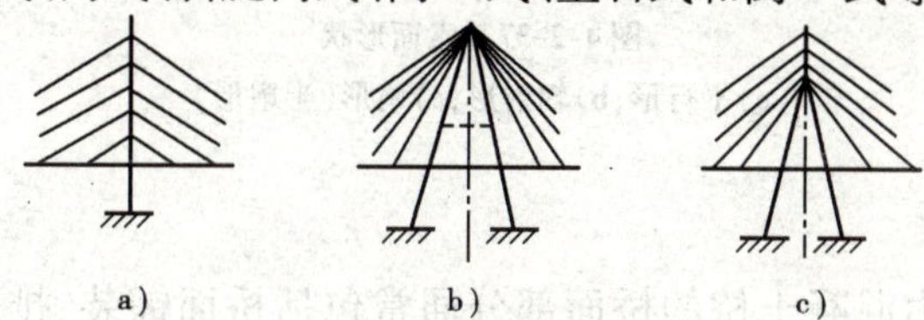

图4-2-34　塔柱立面示意图

a)单柱形；b)倒V形；c)倒Y形

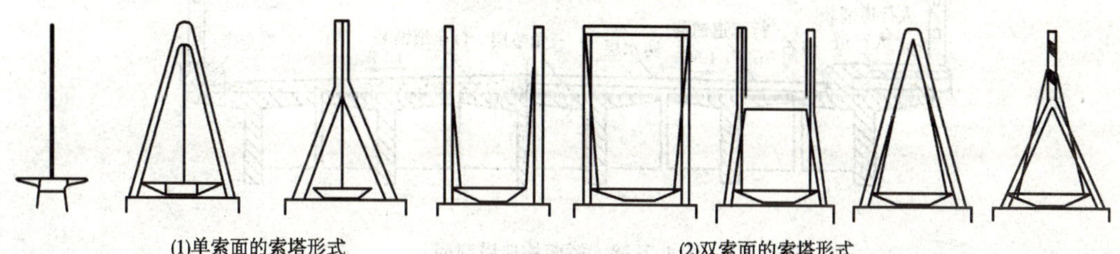

图4-2-35　塔柱横向示图

斜索按其所组成的平面，通常分为图4-2-36所示的三种类型，即图4-2-36a)单索面、图4-2-36b)双平行索面和图4-2-36c)双斜索面。根据斜索在索平面的布置，它又可以分为如图

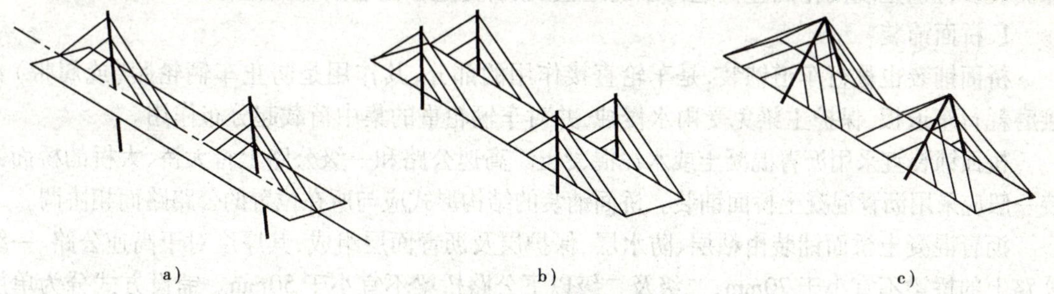

图4-2-36　索面布置形式

a)单索面；b)竖向双索面；c)斜向双索面

4-2-37所示的三种基本类型，即图4-2-37a)竖琴形、图4-2-37b)辐射形和图4-2-37c)扇形。

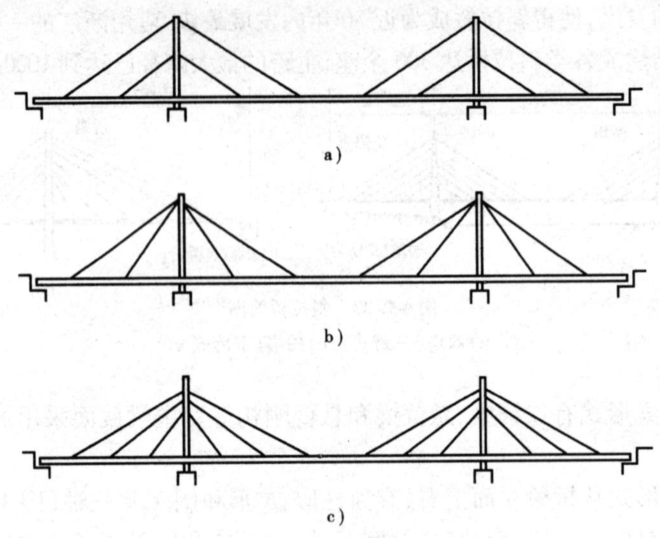

图4-2-37　索面形状

a)平行形；b)辐射形；c)扇形(半扇形)

五、桥面构造

钢筋混凝土和预应力混凝土桥的桥面部分通常包括桥面铺装、排水防水设备系统、伸缩缝、人行道(或安全带)、缘石、栏杆(或护栏)和灯柱等构造(图4-2-38)。

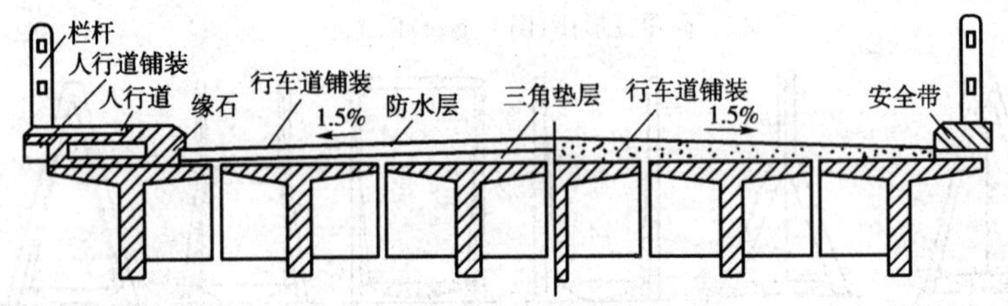

图4-2-38　桥面构造横截面

桥面构造直接与车辆、行人接触，它对桥梁的主要结构起保护作用，使桥梁能正常使用。同时，桥面构造多属外露部位，其选择是否合理，选择是否恰当直接影响桥梁的使用功能、布局和美观。特别是现代化高速交通体系的迅猛发展，更显示出它的重要性。

1. 桥面铺装

桥面铺装也称行车道铺装，是车轮直接作用的部分，其作用是防止车辆轮胎(或履带)直接磨耗行车道板，保护主梁免受雨水侵蚀，并对车辆轮重的集中荷载起分布作用。

桥面铺装宜采用沥青混凝土或水泥混凝土。高速公路和一级公路上特大桥、大桥的桥面铺装一般应采用沥青混凝土桥面铺装。桥面铺装的结构形式应与所在位置的公路路面相协调。

沥青混凝土桥面铺装由粘层、防水层、保护层及沥青面层组成，其厚度对于高速公路、一级公路上的桥梁不宜小于70mm，二级及二级以下公路桥梁不宜小于50mm。铺设方式分为单层式、双层式和三层式三种。沥青混合料的级配类型宜与相邻桥头上沥青表面层的混合料的级

配相同,以便与桥头引道部分连续施工。

水泥混凝土桥面铺装层既是保护层,又是受力层,因此必须具有足够的强度、良好的整体性以及抗冲击与耐疲劳特性,同时还应具有防水性及其对温度变化的适应性。水泥混凝土桥面铺装层的厚度不宜小于80mm,混凝土强度等级不应低于C40。铺装层内应布设直径大于8mm,间距小于10cm的钢筋网。

桥面铺装应设防水层。防水层有三种类型:①沥青涂胶下封层,即洒布薄层沥青或改性沥青,其上布一层砂,经碾压形成;②高分子聚合物涂胶,例如聚氨酯胶泥、环氧树脂、阳离子乳化沥青、氯丁胶泥等;③沥青或改性沥青防水卷材,以及浸渍沥青的无纺土工布等。

2. 桥面排水系统

钢筋混凝土结构不宜经受时而湿润时而干晒的交替作用。为防止雨水滞积于桥面并渗入梁体而影响桥梁的耐久性,除在桥面铺装内设置防水层外,还应使桥上的雨水迅速引导排出桥外。因此,需在桥面上设置桥面纵横坡排水并设置排水管外泄。

特大桥和大桥桥面上应设置纵坡。桥面的纵坡,一般都做成双向纵坡,在桥中心设竖曲线,纵坡一般以不超过4%为宜。

桥梁除了设置纵向坡度外,尚应将桥面铺装沿横向设置足够的桥面横坡,坡度可按路面横坡取用或比后者大0.5%。桥面横坡通常有三种设置形式:①对于板桥或就地浇筑的肋梁桥,可将横坡设在墩台顶面,而使桥梁上部构造形成双向倾斜,此时,铺装层在整个桥宽上做成等厚的(图4-2-39a);②对于装配式肋梁桥,为架设和拼装方便,横坡直接设在行车道板上,即先铺设一层厚度变化的混凝土三角垫层,形成双向倾斜,在铺设等厚度的混凝土铺装层(图4-2-39b);③在较宽的桥梁(或城市桥梁)中,可直接将行车道板做成双向倾斜的横坡图4-2-39c)。

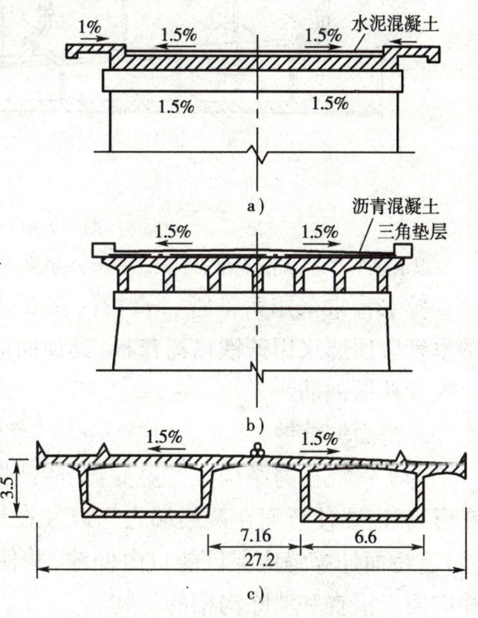

图4-2-39 桥梁横坡的设置方法

桥面排水管的数量应根据径流面积计算确定。通常当桥面纵坡大于2%而桥长小于50m时,桥上可以不设排水管,此时可在引道两侧设置流水槽,以免雨水冲刷路基。当纵坡大于2%,但桥长超过50m时,宜在桥上每隔12~15m设置一个排水管。如桥面纵坡小于2%,则宜每隔6~8m设置一个排水管。对于高速公路和一级公路,一般采用直径为150mm的排水管,间距在4~5m之间。排水管可以沿行车道两则左右对称排列,也可交错排列,其离缘石的距离为20~50cm(图4-2-40)。

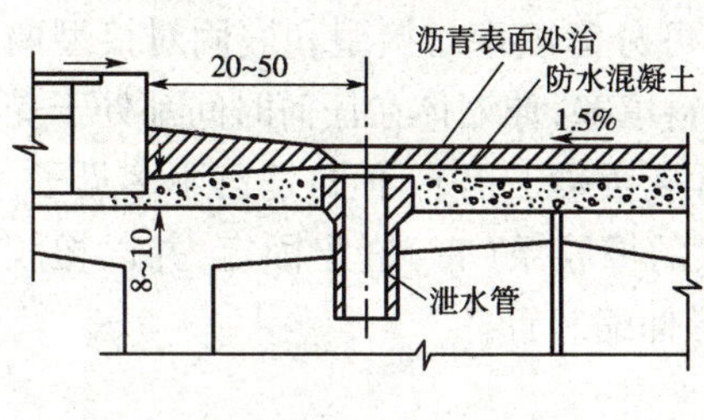

图4-2-40 桥面泄水管

对于跨越一般河流、水沟的桥梁,桥面水流入排水管后可以直接向下排放(图4-2-40);对于一些跨径不大、不设人行道的小桥,可以采用横向泄水管道,将桥面水从行车道两侧的安全带或护栏下直接排出桥外,横向泄水管应伸出桥侧10～15cm以便滴水,但这种做法易使孔道淤塞。跨越公路、铁路、通航河流的桥梁以及城市桥梁,落在桥面上的雨水应汇集在纵向排水管或排水槽,并通过设在墩台处的竖向排水管(落水管)流入地面排水设施或河流中(图4-2-41)。

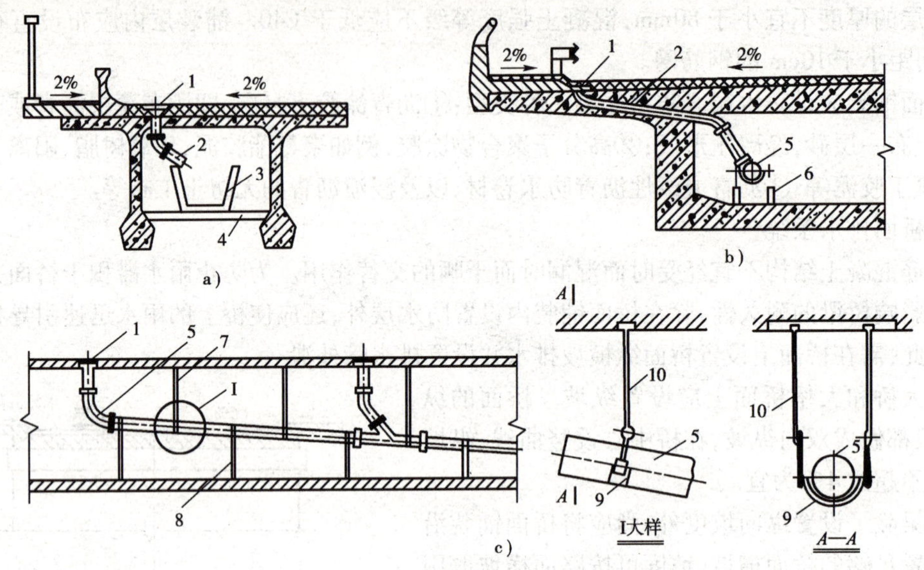

图4-2-41 城市桥梁桥面排水设施

1-泄水漏斗;2-泄水管;3-钢筋混凝土斜槽;4-横梁;5-纵向排水管;6-支撑结构;7-悬吊结构;8-支柱;9-弧形箍;10-吊杆

排水管常采用铸铁管、塑料管(聚氯乙烯PVC或聚乙烯PE)或钢管,最小内径为15mm。排水管口顶部采用铸铁格栅盖板,其顶面应比周围路面低5～10mm。排水管口周围的桥面板应配置补强钢筋。

3. 桥面伸缩缝

为了保证桥跨结构在气温变化、活载作用、混凝土收缩与徐变等影响下按静力图式自由地变形,就需要使桥面在两梁端之间以及在梁端与桥台背墙之间设置横向的伸缩缝(亦称变形缝)。桥面伸缩缝应保证能自由伸缩,并使车辆平稳通过,同时具有良好的密水性和排水性,并应便于检查和清除沟槽的污物。

特别要注意,在伸缩缝附近的栏杆与桥面铺装也应断开,以满足梁体的自由变形。

目前我国公路桥梁和城市桥梁工程上常用的伸缩装置有对接型、钢制支承型、板式橡胶型、模数式和无缝(暗缝)型等类型。

1)对接型伸缩装置

对接型伸缩装置根据其构造形式和受力特点的不同,可分为填塞对接型和嵌固对接型两种。填塞对接型伸缩装置是以沥青、木板、麻絮、橡胶等材料填塞,伸缩体在任何时间都处于受压状态。该类收缩装置一般用于伸缩量在40mm以下的常规桥梁工程上,但目前已不多见了。嵌固对接型伸缩装置,利用不同形状的钢构件将不同形状的橡胶条(带)嵌牢固定,并以橡胶条(带)的拉压变形来吸收梁体的变形。图4-2-42为W形伸缩装置。

2)钢制支承型伸缩装置

钢制式伸缩缝是钢材装配而成,能直接承受车轮荷载的一种构造。钢制支承型收缩装置

的形状、尺寸和种类繁多,国内常见的为滑板式伸缩缝和梳齿式伸缩缝。图 4-2-43 所示为最简单的钢制式伸缩缝,叫做钢板叠合式伸缩缝。

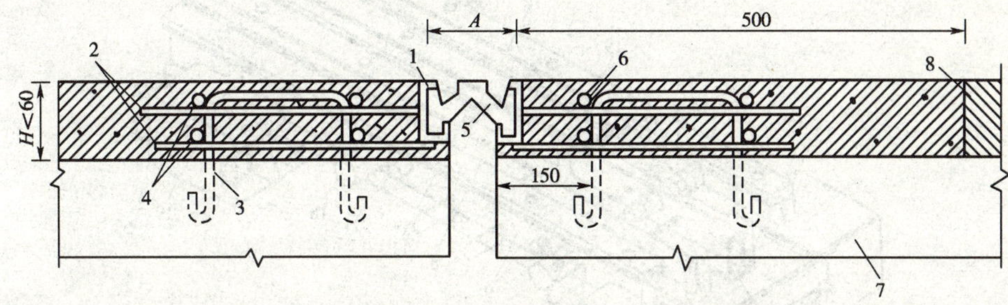

图 4-2-42　W 形伸缩装置横断面图(尺寸单位:mm)

3)板式橡胶收缩装置

板式橡胶伸缩装置是利用橡胶材料剪切模量低的原理设计制造而成的。剪切型橡胶伸缩体设有上下凹槽,橡胶体内埋设承重钢板和锚固钢板,并设有预留螺栓孔,通过螺栓与梁端连成整体。它是依靠上下凹槽之间的橡胶体剪切变形来满足梁体结构的相对位移,通过橡胶伸缩体内预埋的钢板承受车辆荷载。一般橡胶板的构造如图 4-2-44 所示。

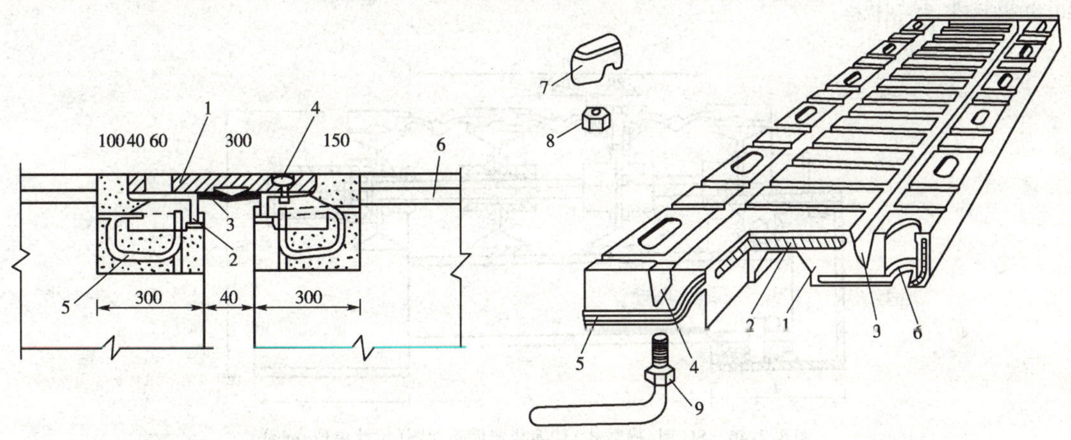

图 4-2-43　钢板叠合式伸缩装置构造示意图(尺寸单位:mm)

图 4-2-44　板式橡胶伸缩装置一般构造

4)模数式伸缩装置

模数式伸缩装置由吸震性能较好又容易做到密封的橡胶材料和强度高刚性好的异型钢材组合而成,并有加强的锚固系统,特别适用于大变位和承受大交通量的高速公路和一级公路上的桥梁。《桥规》规定:特大桥和大桥一般应使用模数式伸缩装置。图 4-2-45、图 4-2-46 为 SG 型伸缩装置构造图和横断面图,其最大位移量可达 640mm。

5)无缝(暗缝)型伸缩装置

无缝型伸缩装置,是接缝构造不伸出桥面时,在桥梁端部的伸缩间隙中填入弹性材料并铺上防水材料,然后在桥面铺装层铺筑粘弹性复合材料,使伸缩接缝处的桥面铺装与其他铺装部分形成一连续体,以连接缝的沥青混凝土等材料的变形承受伸缩的一种构造,如我国常用的桥面连续(图 4-2-47)、TST 弹塑体等。这种伸缩装置仅适用于较小的接缝部位。

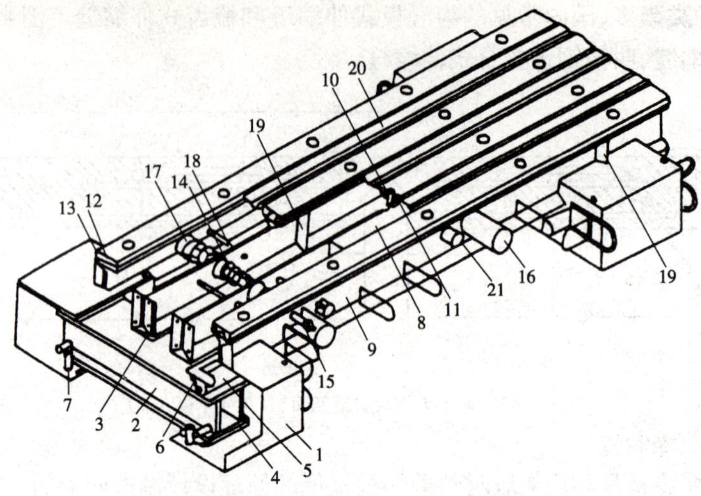

图 4-2-45　SG 型(模数式)伸缩装置构造图

1-横梁支承箱;2-活动横梁;3-滑板;4-四氟板橡胶支承垫;5-橡胶滚轴;6-滚轴支架;7-限位栓;8-工字形中间梁;9-工字形边梁;10-弹簧;11-下盖板;12-边上盖板;13-边下盖板;14-弹簧;15-钢穿心杆;16-套筒;17-弹簧插座;18-限位栓;19-腹板加劲;20-橡胶伸缩带;21-限位栓

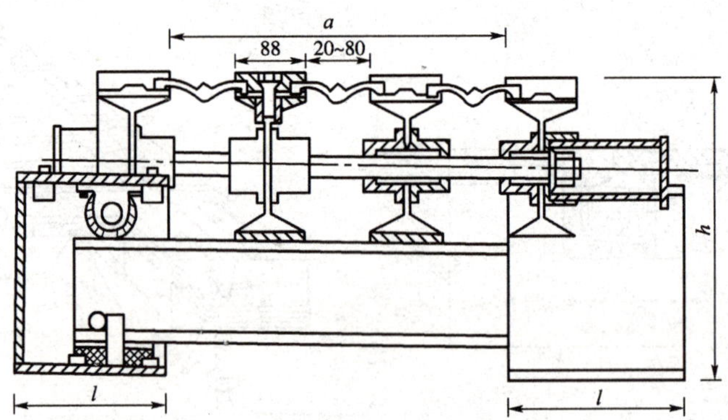

图 4-2-46　SG 型(模数式)伸缩装置横断面图(尺寸单位:mm)

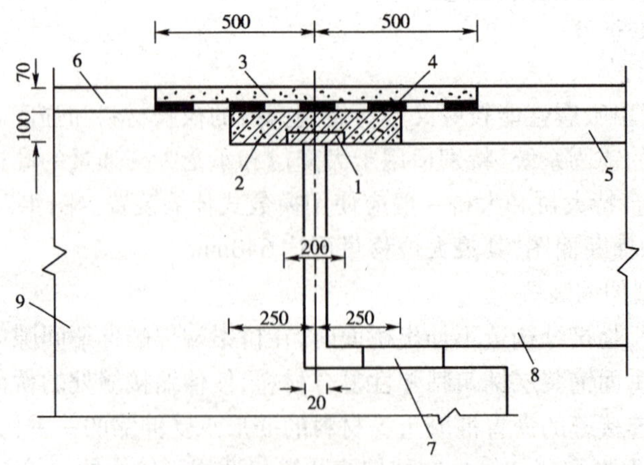

图 4-2-47　GP 型桥面连续构造(尺寸单位:mm)

4. 安全带和人行道

位于城镇和近郊的桥梁均应设置人行道。人行道是用路缘石或护栏及其他类似设施加以分隔的专门供人行走的部分，其宽度由人行交通量决定，可选用0.75m、1m，大于1m时，按0.5m倍数递增。图4-2-48所示为人行道的一般构造。人行道按施工方法分有就地浇筑式、预制装配式、部分装配和部分现浇的混合式，按安装在桥上的形式分有悬臂式和搁置式两种。

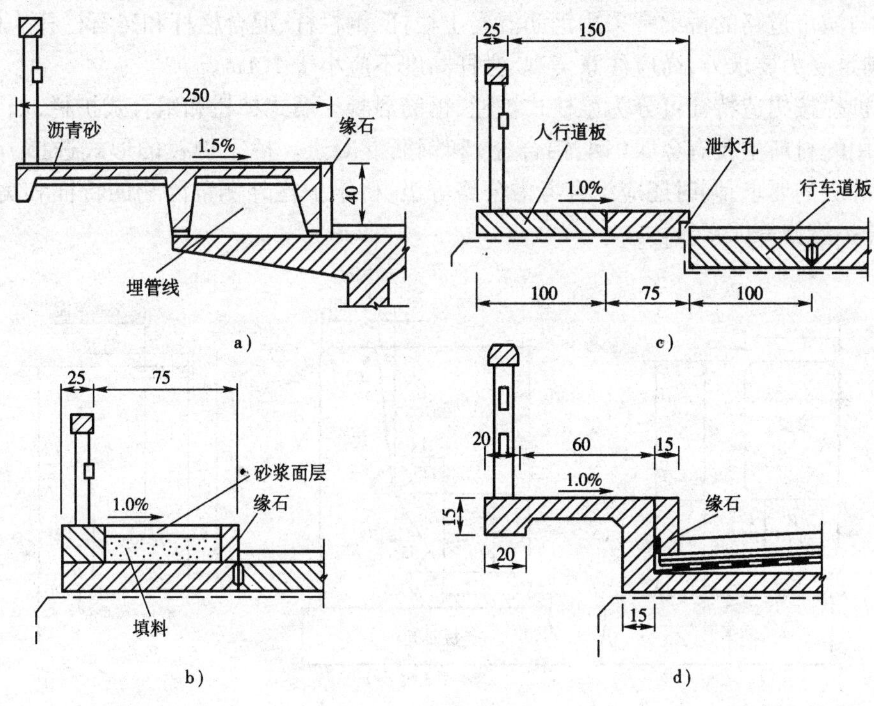

图4-2-48　人行道一般构造（尺寸单位：cm）

行人稀少地区可不设人行道，为保障交通安全，在行车道边缘设置高出行车道的带状构造物——安全带。安全带的宽度和高度均不少于0.25m。安全带可以做成预制块件或与桥面铺装一起现浇。预制的安全带有矩形截面和肋板式截面（图4-2-49）两种，以矩形截面最为常用。现浇的安全带宜每隔2.5～3m做一断缝，以免参与主梁受力而被损坏。

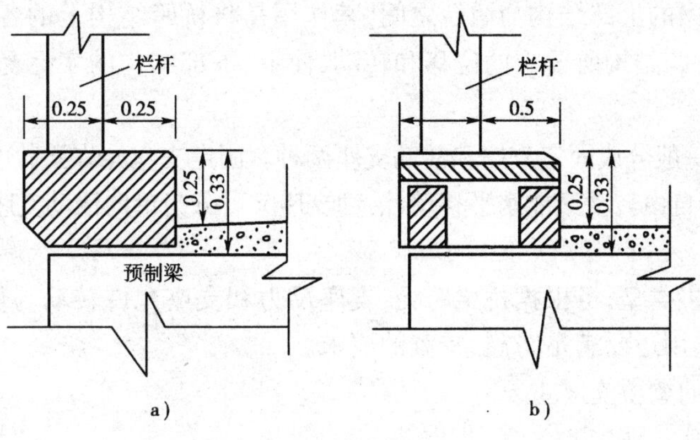

图4-2-49　矩形和肋板式安全带（尺寸单位：m）

5. 栏杆和护栏

桥梁的栏杆或护栏是桥梁上的一种安全设施,除了漫水桥或与路基同宽的小桥涵以外,公路与城市道路的桥梁上均需设置栏杆或护栏。栏杆给行人和车辆以视觉上的安全感,可以保障行人的安全,但不能抵挡机动车辆的冲撞;护栏则既能保障行人的安全,又能抵挡车辆的冲撞,使车辆不致冲出桥外。

公路与城市道路的桥梁常采用钢筋混凝土栏杆、钢栏杆、混合栏杆和砖石栏杆。栏杆的设计,除应满足受力要求外,尚应注意美观,栏杆高度不应小于1.1m。

桥梁护栏按构造特征可分为梁柱式护栏、钢筋混凝土墙式护栏和组合式护栏,如图4-2-50所示。采用的材料主要有金属(钢、铝合金)和钢筋混凝土。桥梁护栏的形式选择,首先应满足其防撞等级的要求,同时还应综合考虑公路等级、桥梁护栏外侧危险物的特征和美观、经济性,以及养护维修等因素。

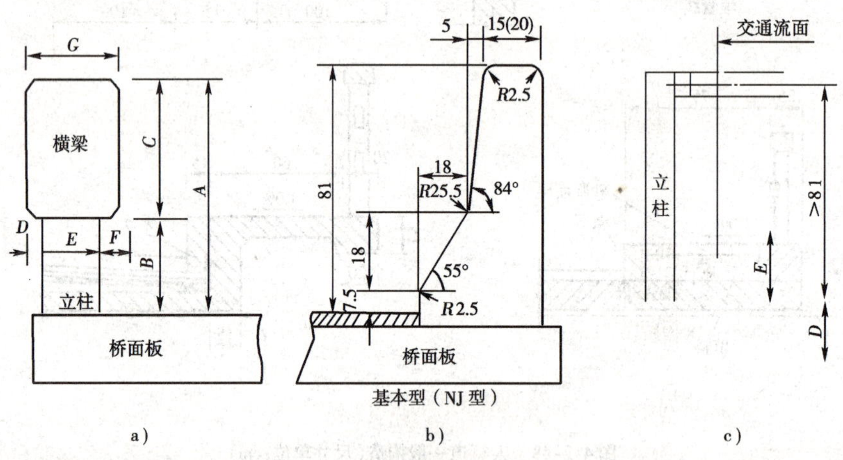

图4-2-50 桥梁护栏构造(尺寸单位:mm)

a)钢筋混凝土梁柱式护栏;b)钢筋混凝土墙式护栏;c)金属制护栏(PL_2型)

六、梁桥的支座

支座设置在桥梁的上部结构与墩台之间,其作用是将桥跨结构上的各种荷载反力传递到墩台上,同时保证桥跨结构所要求的位移和转动,使上、下部结构的实际受力情况与计算的理论图式相符合。

梁式桥的支座一般分成固定支座和活动支座两种。固定支座允许梁截面自由转动而不能移动;活动支座允许梁自由转动又能水平移动,活动支座又可分为单向活动支座和多向活动支座。

1. 支座的类型

桥梁支座有许多类型,可根据桥梁跨径、支座反力和支座允许转动与位移的要求来选用。在地震地区,支座选用还要满足防震、减震的要求。

目前我国常用的梁桥支座主要有:

1)板式橡胶支座

板式橡胶支座由数层薄橡胶片与薄钢板镶嵌、粘合、压制而成(图4-2-51a、b)。板式橡胶

支座具有足够的竖向刚度以承受垂直荷载,能将上部结构的反力可靠地传递给墩台。它是利用橡胶的不均匀弹性压缩实现梁端的转动,利用其较大的剪切变形以满足上部结构的水平位移(图 4-2-51c)。

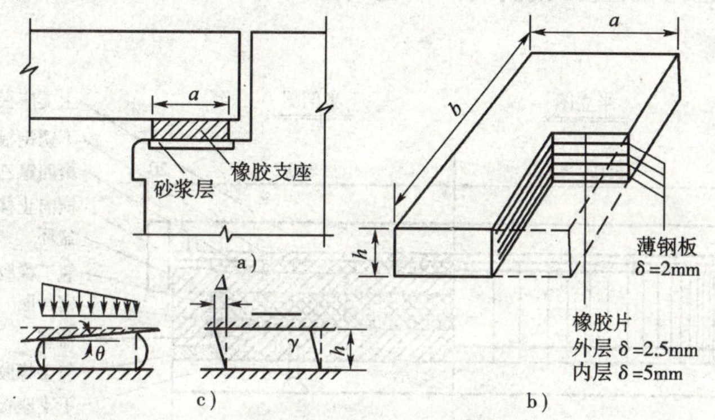

图 4-2-51　板式橡胶支座

板式橡胶支座一般不分固定支座和活动支座,这样能将水平力均匀地传递给各个支座且便于施工,如有必要设置固定支座可采用不同厚度的橡胶支座来实现。

板式橡胶支座有矩形和圆形。对于斜、坡、弯、宽桥一般应选用圆形板式橡胶支座。

国内使用的橡胶支座以氯丁橡胶支座为主,也可采用三元乙丙橡胶支座或天然橡胶支座。氯丁橡胶支座的使用温度不低于 -25℃,三元乙丙橡胶支座或天然橡胶支座不低于 -40℃

聚四氟乙烯滑板式橡胶支座是在普通板式橡胶支座上按照支座尺寸大小粘贴一层厚 2 ~ 4mm 的聚四氟乙烯板。它除具有普通板式橡胶支座的竖向刚度与压缩变形,且能承受垂直荷载及适应梁端转动外,还能利用聚四氟乙烯板与梁底不锈钢板间的低摩阻系数,使桥梁上部结构位移不受限制。此外,这种支座还可在顶推、横移等施工中作滑板使用。

板式橡胶支座在安装时,应尽量选择在年平均气温时进行,必须使支座准确安装就位,并保证支座与上、下部结构之间密贴,不出现空隙,以免支座脱空。同时,支座应尽量水平安装,当桥梁纵坡大于 1% 或板桥桥面横坡大于 2% 时,应在梁(板)底设垫块(图4-2-52)或采取其他措施,使支座保持水平。

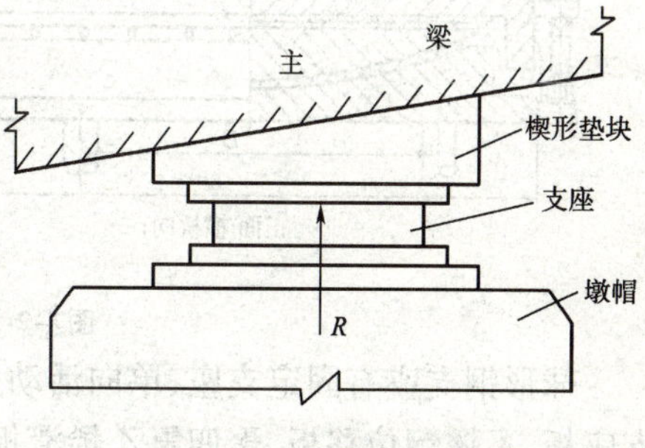

梁
主
楔形垫块
支座
墩帽
R

图 4-2-52　坡桥楔形垫块

2)盆式橡胶支座

盆式橡胶支座是钢构件与橡胶组合而成的新型桥梁支座,具有承载能力大、水平位移量大、转动灵活等特点,适用于支座承载力为 1000kN 以上的大跨径桥梁。

盆式橡胶支座分固定支座与活动支座。常用的盆式橡胶支座构造如图 4-2-53 所示,它是由不锈钢滑板、聚四氟乙烯板、钢盆环、氯丁橡胶块、钢密封圈、钢盆塞、橡胶弹性防水圈等组装

而成。

使用中,上部结构的竖向荷载通过固定在桥跨结构的上支座板传递给支座,由聚四氟乙烯板与钢板间的滑动提供水平位移量,由承压橡胶块承受荷载,并依靠其变形保证桥跨结构在支点处的转角。氯丁橡胶块放置在钢制的凹形金属盆内,使橡胶处于有侧限受压状态,从而提高支座的承载能力。

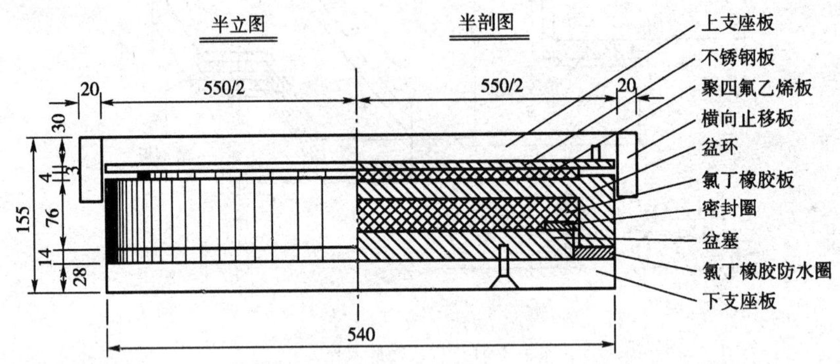

图 4-2-53　盆式橡胶支座一般构造(尺寸单位:cm)

盆式橡胶支座在安装中应注意,支座垫石顶面高程应符合设计要求,表面平整、清洁,四角点高差不得大于2mm。安装活动支座时,可用地脚螺栓或焊接予以锚固。

3)球形钢支座

随着大跨度桥梁结构的发展,要求桥梁支座的承载能力大,同时具备适应大位移和转角的要求。

球形钢支座(图 4-2-54)传力可靠,转动灵活,它不但具备盆式橡胶支座承载能力大、允许支座位移大等特点,而且能更好地适应支座大转角的需要。

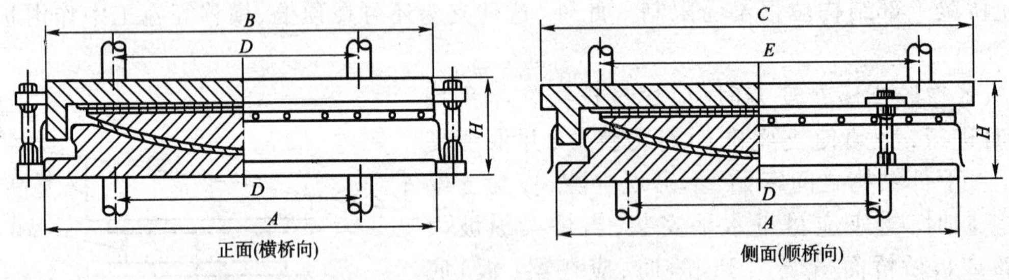

图 4-2-54　球形钢支座构造示意图

球形钢支座有固定支座、单向活动支座和多向活动支座之分。活动支座的主要组成是上支座板、不锈钢位移板、聚四氟乙烯滑板、中间球形钢芯板、聚四氟乙烯球形板、橡胶密封圈、下支座板和上下固定连接螺栓等。

4)拉力支座

在连续梁桥、悬臂梁桥、斜桥、宽悬臂翼缘箱梁桥以及小半径曲线桥上,因荷载的作用,在某些支点上会产生拉力,在这种情况下,必须设置能抗拉且能承受相应的转动和水平位移的支座。

球形钢支座、盆式和板式橡胶支座都能变更功能作为拉力支座,这种变更既可用于固定支座,还可用于活动支座。板式橡胶拉压支座(图4-2-55)能够用于拉力较小的桥梁,对反力较大的桥梁,则用球形抗拉钢支座或盆式拉力支座更合适。

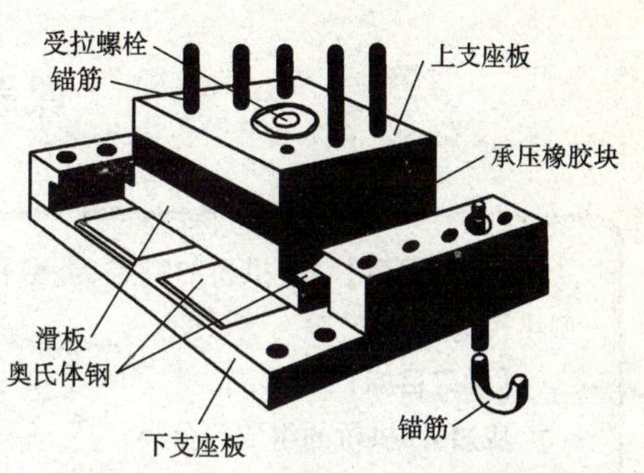

图4-2-55 板式橡胶拉压支座

5)抗震支座

地震地区的桥梁支座不仅应满足支承要求,同时应具有减震、防震等多种功能。减、隔震支座的作用是尽可能地将结构或部件与可能引起破坏的地震地面运动分离开来,以大大减小传递到上部结构的地震力和能量。

目前国内主要的减、隔震支座和抗震支座的类型有抗震型球形钢支座(图4-2-56)、铅芯橡胶支座和高阻尼橡胶支座。

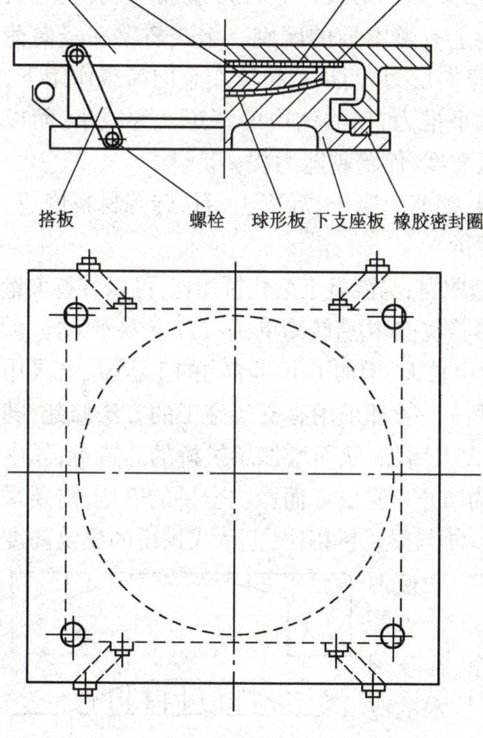

图4-2-56 抗震型球形钢支座

2. 支座的布置

按照静力图式,简支梁桥应在每跨的一端设置固定支座,另一端设置活动支座。悬臂梁桥的锚固跨也应在一侧设置固定支座,另一侧设置活动支座。多孔悬臂桥挂梁的支座布置与简支梁同。连续梁桥应在每联中的一个桥墩(或桥台)上设置固定支座,其余墩台上均应设活动支座。此外,悬臂梁桥和连续梁桥在某些特殊情况下支座需要传递竖向拉力时,尚应设置也能承受拉力的支座。

固定支座和活动支座的布置,应以有利于墩台传递纵向水平力为原则。对于多跨的简支梁桥,相邻两跨简支梁的固定支座,不宜集中布置在一个桥墩上;但若个别桥墩较高,为了减小水平力的作用,可在其上布置相邻两跨的活动支座。对于坡桥,宜将固定支座布置在标高低的墩台上。对于连续梁桥,为使全梁的纵向变形分散在梁的两端,宜将固定支座设置在靠中间的支点处;但若中间支点的桥墩高或因地基受力等原因,对承受水平力十分不利时,可根据具体情况将固定支座布置在靠边的其他墩台上。

此外,对于特别宽的梁桥,尚应设置沿纵向和横向均能移动的活动支座。对于弯桥则应考虑活动支座沿弧线方向移动的可能性。对于处在地震地区的梁桥,其支座构造尚应考虑桥梁防震和减震的设施。

课题三 拱 桥

【内容提要】 1. 拱桥的特点、类型和组成；2. 拱桥主拱圈的构造；3. 拱桥的其他构造；4. 其他类型拱桥构造简介。

【学习目标】

应知：1. 拱桥的组成与分类；

2. 拱桥的构造。

应会：正确识读拱桥工程图。

一、拱桥的特点、类型和组成

1. 拱桥的基本特点及其适用范围

拱桥是我国公路上使用广泛且历史悠久的一种桥梁结构形式。它外形宏伟壮观，且经久耐用。拱桥与梁桥不仅外形上不同，而且在受力性能上有着本质的区别。梁式桥梁在竖向荷载作用下，梁体内主要产生弯矩，且在支承处仅产生竖向反力，而拱式桥梁在竖向荷载作用下，支承处不仅有竖向反力，还有水平推力。由于这个水平推力，使拱体内的弯矩大为减小，而以受压为主。因此，可以充分利用主拱截面材料的抗压强度，使跨越能力提高。

由于拱具有上述受力特点，所以拱桥可以利用钢、钢筋混凝土、混凝土、石、砖等材料修建。用砖、石、混凝土等圬工材料修建的拱桥，称为圬工拱桥。

拱桥的主要优点是：①跨越能力较大；②能充分就地取材，与混凝土梁式桥相比，可以节省大量的钢材和水泥；③耐久性能好，维修、养护费用少；④外形美观；⑤构造较简单，施工工艺易于掌握。

拱桥的主要缺点是：①自重较大，相应的水平推力也较大，增加了下部结构的工程量，当采用无铰拱时，对地基条件要求高；②拱桥（尤其是圬工拱桥）一般都采用有支架施工的方法修建，随着跨径和桥高的增大，支架或其他辅助设备的费用也大大增加，从而增加了拱桥的总造价；③由于拱桥的水平推力较大，在连续多孔的大、中桥梁中，为防止一孔破坏而影响全桥的安全，需要采用较复杂的措施，例如设置单向推力墩，也会增加造价；④与梁式桥相比，上承式拱桥的建筑高度较高，当用于城市立交及平原地区时，因桥面标高提高，而使两岸接线的工程量增大。

拱式桥梁虽然存在上述缺点，但由于其优点突出，在我国公路桥梁得到了广泛的应用，而且，随着设计和施工技术的改进，这些缺点也正在得到改善和克服。

2. 拱桥的基本组成

拱桥和其他桥梁一样，也是由桥跨结构（上部结构）及下部结构两大部分组成。

根据行车道的位置，拱桥的桥跨结构可以做成上承式、下承式或中承式三种类型，如图 4-3-1 所示。

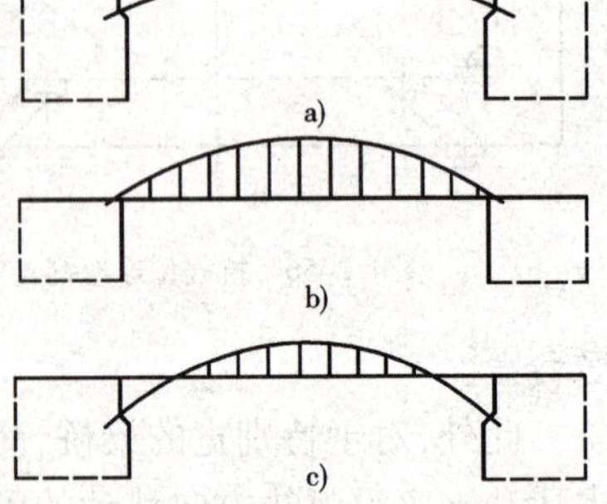

图 4-3-1 上承式、中承式、下承式拱桥
a) 上承式；b) 下承式；c) 中承式

一般的上承式拱桥，桥跨结构是由主拱圈（肋、箱）及其上面的拱上建筑所构成。主拱圈（肋、箱）是拱桥的主要承重结构，承受桥上的全部荷载，并通过它把荷载传递给墩台及基础。由于拱圈是曲线形，一般情况下车辆都无法直接在弧面上行驶，所以在桥面系与拱圈之间需要有传递压力的构件或填充物，以使车辆能在平顺的桥道上行驶。桥面系和这些传力构件或填充物统称为拱上结构或拱上建筑。桥面系包括行车道、人行道及两侧的栏杆或砌筑的矮墙（又称雉墙）等构造。图 4-3-2 示出了拱桥的主要组成部分、主要尺寸和名称。

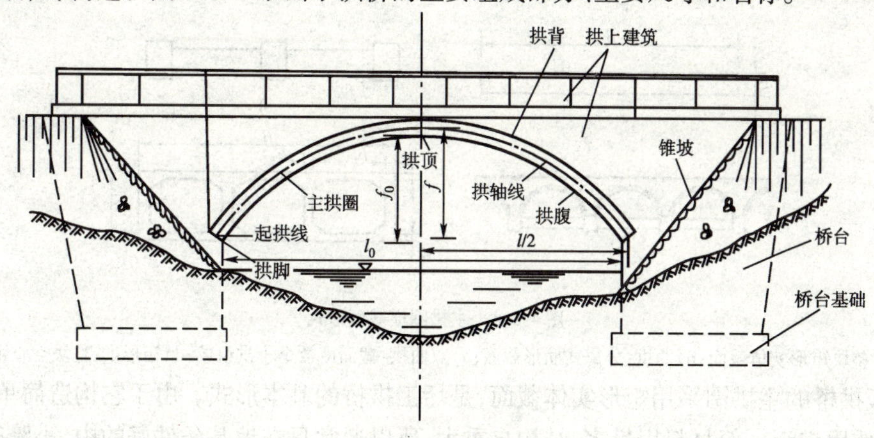

图 4-3-2 实腹拱桥

l_0-净跨径；l-计算跨径；f_0-净矢高；f-计算矢高；f/l-矢跨比

拱圈最高处横向截面称为拱顶，拱圈和墩台连接处的横向截面称为拱脚（或起拱面）。拱圈各横向截面的形心连线称为拱轴线。拱圈的上曲面称为拱背，下曲面称为拱腹。起拱面与拱腹相交的直线称为起拱线。

拱桥的下部结构由桥墩、桥台及基础等组成，用以支承桥跨结构，将桥跨结构的荷载传至地基，并与两岸路堤相联结，使路桥形成一个协调的整体。

3. 拱桥的主要类型

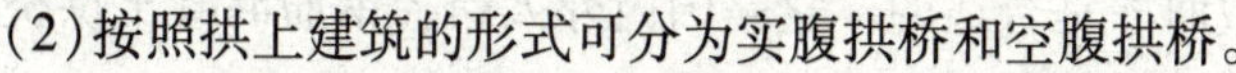

拱桥的构造形式多种多样，可以按照不同的方式来进行分类。

（1）按照主拱圈（肋、箱）所使用的建筑材料可分为圬工拱桥、钢筋混凝土拱桥、钢拱桥和钢-混凝土组合拱桥等。

（2）按照拱上建筑的形式可分为实腹拱桥和空腹拱桥。

（3）按照拱轴线的形式，可将拱桥分为圆弧拱桥、抛物线拱桥和悬链线拱桥。

（4）按静力体系可分为三铰拱、两铰拱和无铰拱（图 4-3-3）。

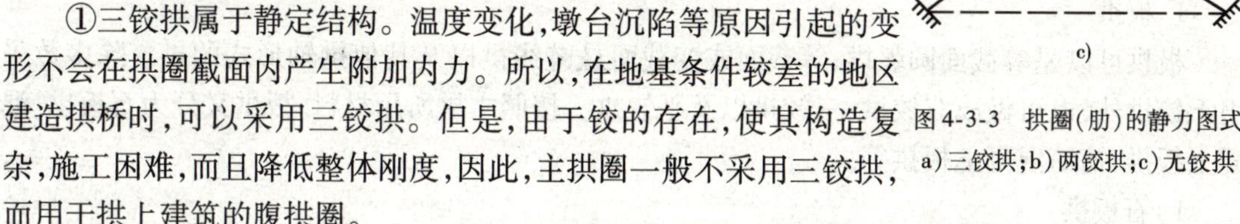

图 4-3-3 拱圈（肋）的静力图式

a）三铰拱；b）两铰拱；c）无铰拱

①三铰拱属于静定结构。温度变化，墩台沉陷等原因引起的变形不会在拱圈截面内产生附加内力。所以，在地基条件较差的地区建造拱桥时，可以采用三铰拱。但是，由于铰的存在，使其构造复杂，施工困难，而且降低整体刚度，因此，主拱圈一般不采用三铰拱，而用于拱上建筑的腹拱圈。

②无铰拱属于三次超静定结构。在结构重力和外荷载作用下，拱的内力分布比三铰拱好，所以无铰拱的材料用量较三铰拱少。由于没有设铰，结构的整体刚度大，而且构造简单，施工

方便。但是,它的超静定次数高,温度变化、材料收缩、墩台位移将使拱内产生附加内力,因此,在地基条件比较好的地区修建拱桥时,可以采用无铰拱。

③两铰拱属于一次超静定结构。它的特性介于三铰拱和无铰拱之间。由于取消了跨中铰,使结构的整体刚度比三铰拱大。在地基条件较差而不宜修建无铰拱的地区,可以采用两铰拱。

(5)按主拱圈的横截面形式不同,可分为板拱桥、肋拱桥、双曲拱桥和箱形拱桥(图4-3-4)。

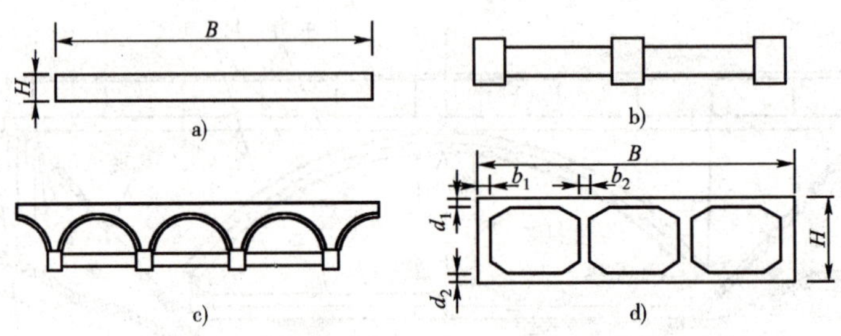

图4-3-4　主拱圈横截面形式

a)板拱-整块矩形实体截面;b)肋拱-分离式肋形截面;c)双曲拱-截面由数个小拱组成;d)箱形拱-整块空心箱形截面

①板拱桥的主拱圈采用矩形实体截面,是圬工拱桥的基本形式。由于它构造简单、施工方便,因而使用广泛。但材料用量多,结构自重大,所以通常只在地基条件好的中、小跨径圬工拱桥中采用(图4-3-4a)。

②肋拱桥的主拱圈是由两条以上的分离的平行拱肋,及在肋间设置横系梁组成。与板拱桥相比,肋拱桥可以节省较多的材料,从而大大地减轻拱桥的自重,因此多用于较大跨径的拱桥(图4-3-4b)。

③双曲拱桥的主拱圈横截面是由一个或数个小拱组成的,使主拱圈在纵向及横向均呈曲线形,故称之为双曲拱桥。与板拱桥相比,双曲拱桥可节省材料,结构自重小,施工有较多优越性,但其整体性能较差,易开裂。双曲拱桥只宜在中、小跨径的桥梁中采用(图4-3-4c)。

④箱形拱桥外形和板拱相似,由于截面被挖空,所以可以节省较多材料,对于大跨径桥则效果更为显著。又由于它是闭口箱形截面,其抗弯、抗扭刚度较其他形状截面的为大,主拱圈的整体性好,截面应力比较均匀,适于无支架施工。但箱形截面施工制作较复杂,一般情况下,跨径在50m以上的拱桥采用箱形截面才是合适的。它是国内外大跨径钢筋混凝土拱桥主拱圈截面的基本形式(图4-3-4d)。

二、拱桥主拱圈的构造

1.板拱

板拱可以是等截面圆弧拱、等截面或变截面悬链线拱以及其他拱轴形式的拱。除多数采用无铰拱外,也可做成双铰拱、三铰拱以及平铰拱。按照主拱所用材料,板拱又分为石板拱、混凝土板拱、钢筋混凝土板拱等。

1)石板拱

主拱圈的石料规格一般采用粗料石,块石、片石砌体用于小跨。石料标号不得小于30号,大、中跨的砂浆强度等级不得低于M7.5号,小跨的砂浆强度等级不得低于M5。

主拱圈的构造，根据受力特点，应满足下列要求：

（1）对条石拱，拱石的受压面的砌缝应与拱轴线相垂直，可以不错缝。拱圈根据其厚度，可采用单层砌筑或多层砌筑（图4-3-5），多层砌筑应纵、横错缝，错缝间距不小于10cm，以免因存在通缝而降低砌体的抗剪强度和削弱其整体性。对块石和片石拱，应选择拱石较大面与拱轴线垂直，大头在上，砌缝交错。

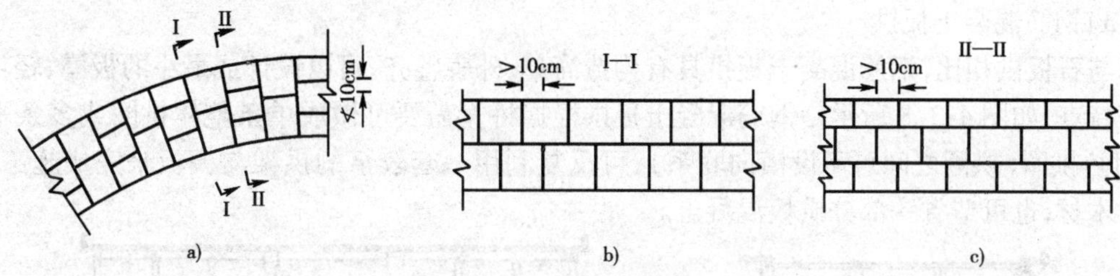

图4-3-5　拱石的砌缝

（2）拱石砌缝的宽度，对料石拱不大于2cm，对块石拱不大于3cm，对片石拱不大于4cm。采用小石子混凝土砌筑块石或片石拱圈时，砌缝宽度为4～7cm。

（3）拱圈与墩台及空腹式的腹拱墩连接处，应采用特制的五角石（图4-3-6a），以改善连接处的受力状况。五角石不得带有锐角，为了便于施工，也可以用现浇的混凝土拱座来取代（图4-3-6b）。

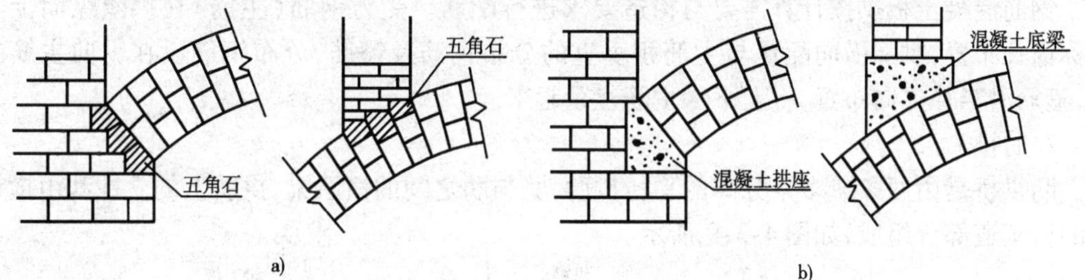

图4-3-6　拱圈与墩台及腹拱墩连接

为便于拱石加工和确保砌筑符合构造要求，需对拱石进行编号。其编号方法如图4-3-7所示。

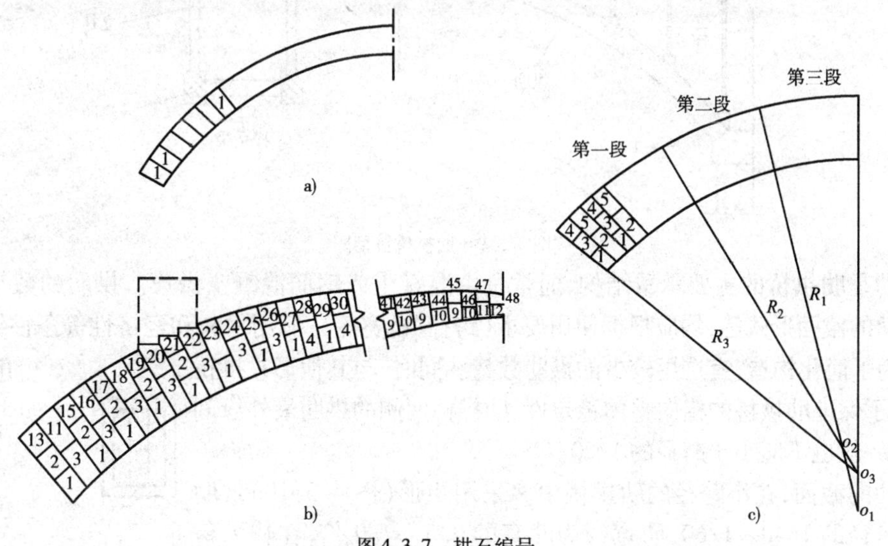

图4-3-7　拱石编号

a）圆弧拱；b）变截面悬链线拱；c）等截面悬链线拱

2）混凝土板拱

在缺乏合格天然石料的地区，可用混凝土来建造板拱。混凝土板拱可以采用整体现浇，也可以预制砌筑。整体现浇混凝土拱圈，拱内收缩应力大，受力不利，拱架、模板木材用量大，费工多，工期长，质量不易控制，故较少采用。预制砌筑就是先将板拱划分成若干块件，然后预制混凝土块件，最后把块件砌筑成拱。

3）钢筋混凝土板拱

与石板拱相比，钢筋混凝土板拱具有构造简单、外表整齐、可以设计成最小的板厚、轻巧美观等特点，如图4-3-8所示。钢筋混凝土板拱根据桥宽需要可做成单条整体拱圈或多条平行板（肋）拱圈（拱圈之间可不设横向联系），可反复利用一套较窄的拱架与模板来完成施工，既节省木材，也可节省一部分拱板混凝土。

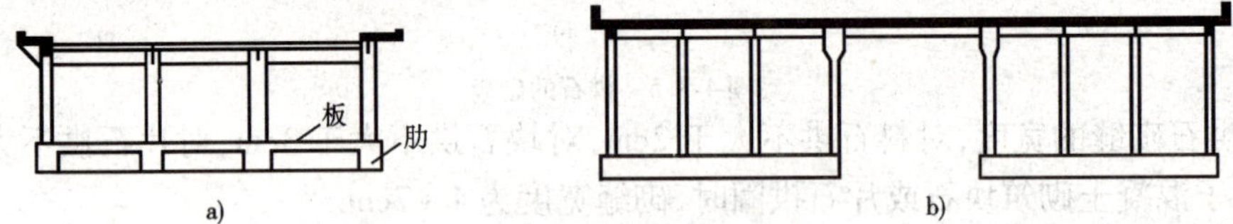

图4-3-8　钢筋混凝土板拱的横截面

a）肋形板拱；b）分离式板拱

钢筋混凝土板拱按计算需要与构造要求进行配筋。受力钢筋（主筋）在拱圈纵向上下缘对称通长布置，拱圈横向配置与主筋相垂直的分布钢筋及箍筋，分布钢筋设在纵向主筋的内侧，箍筋沿半径方向布置，将上下缘主筋连系起来。

2. 肋拱

肋拱桥是由两条或多条分离的平行拱肋，肋与肋之间的横系梁，拱肋上的立柱和由横梁支承的行车道部分组成，如图4-3-9所示。

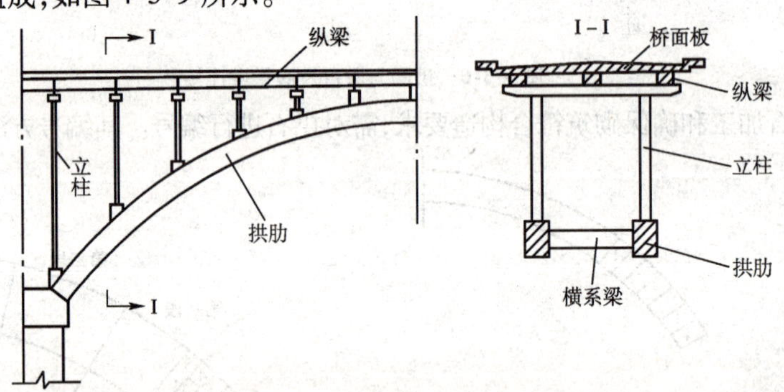

图4-3-9　肋拱桥桥型图

拱肋是肋拱桥的主要承重结构，通常是由混凝土或钢筋混凝土做成。拱肋的数目和间距以及拱肋的截面形式等，均应根据使用要求（跨径、桥宽等）、所用材料和经济性等条件综合比较选定。为了简化构造，宜选用较少的拱肋数量。同时，与其他形式拱桥一样，为了保证肋拱桥的横向整体稳定性，肋拱桥两侧的拱肋最外缘间的距离，一般也不应小于跨径的1/20。

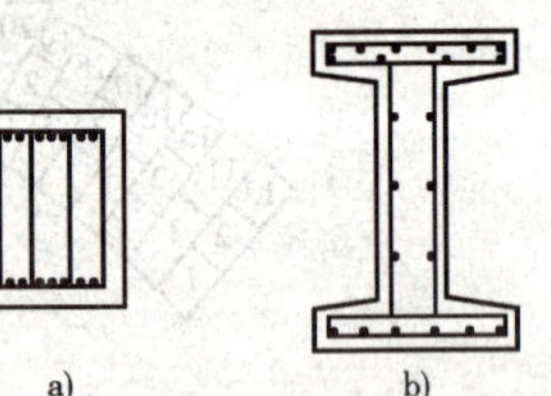

图4-3-10　肋拱桥的拱肋截面形式

拱肋的截面，在小跨径的肋拱桥中多采用矩形（图4-3-10a），肋高约为跨径的1/40～1/60，肋宽约为肋高的0.5～2.0倍，在较大跨径中，拱肋常做成工字形截面（图4-3-10b），肋高约为跨径的1/25～

1/35，肋宽约为肋高的0.4~0.5倍，其腹板厚度常采用0.3~0.5m。当肋拱桥的跨径大、桥面宽时，拱肋还可以采用箱形截面，这样可减少更多的圬工体积。

在分离的拱肋间，需设置横系梁，以增强肋拱桥的横向整体稳定性。拱肋的钢筋配置按计算确定。横系梁一般可按构造要求配置钢筋，但不得少于四根，沿四周布置，并用箍筋联结。

肋拱桥的拱肋除一般采用钢筋混凝土结构以外，也能因地制宜、就地取材地采用石料砌筑拱肋。

3. 双曲拱

双曲拱桥主拱圈通常由拱肋、拱波、拱板和横向联系等几部分组成（图4-3-11）。双曲拱桥的主要特点是将主拱圈先"化整为零"，再"集零为整"，以适应无支架施工和无大型吊装机具的情况。施工时，先预制拱肋、拱波和横向联系，即化整为零；然后吊装钢筋混凝土拱肋成拱并与横向联系构件组成拱形框架，在拱肋间安装拱波，随后浇筑拱板混凝土，形成主拱圈，即集零为整。

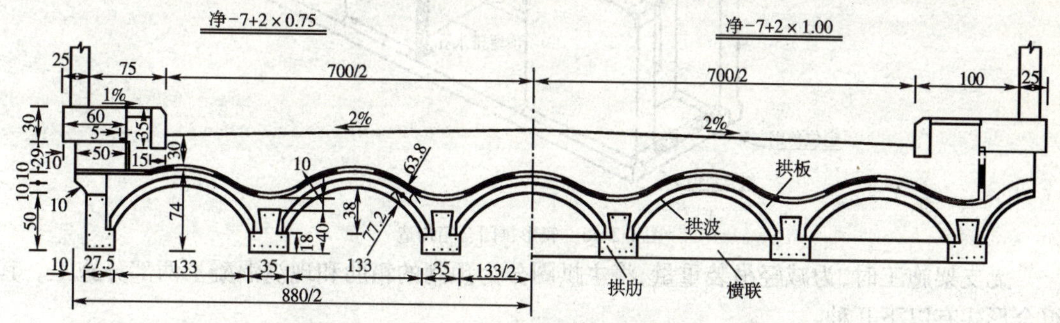

图4-3-11　双曲拱桥主拱圈构造（尺寸单位：cm）

双曲拱桥的主拱截面可以多肋多波或双肋单波的形式（图4-3-12）。目前，大部分双曲拱桥的主拱截面采用多肋多波，双肋单波主要用在跨径和载重量较小的单车道桥梁中。拱肋截面形式有倒T形（凸形）、L形、工字形、槽形和开口箱等（图4-3-12）。拱波一般为混凝土预制圆弧板，厚6~8cm，跨度由拱肋间距而定。横向联系有系梁式和横隔板式两种，作用是使拱圈在活载作用下受力均匀，避免拱波顶可能出现的纵向裂缝，通常布置在拱顶、腹孔墩下面、分段吊装的拱肋接头处等，间距一般为3~5m。拱板采用混凝土现浇，使拱肋、拱波结合成整体。拱板有填平式和波形两种。

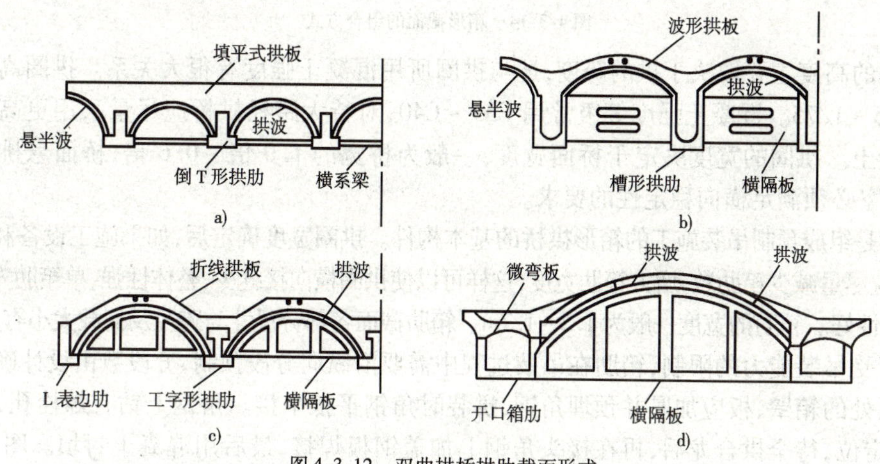

图4-3-12　双曲拱桥拱肋截面形式

a)、b)、c)多肋多波；d)双肋单波

双曲拱桥从断面上看相当于肋拱桥。由于它是由几部分按一定顺序组合而成,其截面受力复杂,整体性差,容易出现开裂,使其承载能力受到影响,存在安全隐患,目前已很少采用。

4. 箱形拱

箱形拱的拱圈,可以由一个闭合箱(单室箱)或由几个闭合箱(多室箱)组成,每个闭合箱又由箱壁(侧板)、顶板(盖板)、底板及横隔板等组成(图 4-3-13)。

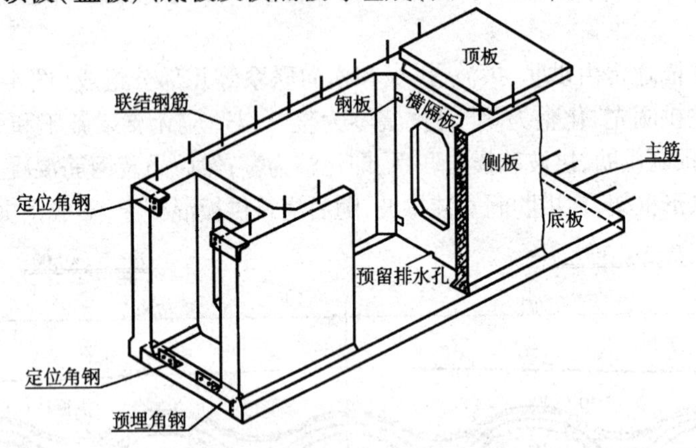

图 4-3-13　箱形拱闭合箱构造

无支架施工时,为减轻吊装重量,将主拱圈分为预制的箱肋和现浇混凝土两部分施工。其组合形式有以下几种。

(1)由多条 U 形肋组成的多室箱形截面(图 4-3-14a);

(2)由多条工字形肋组成的多室箱形截面(图 4-3-14b);

(3)由多条闭合箱肋组成的多室箱形截面(图 4-3-14c);

(4)整体式单箱多室截面(图 4-3-14d)。

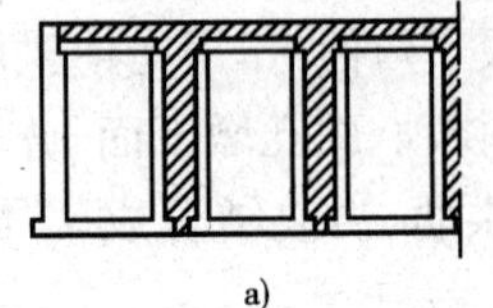
a)

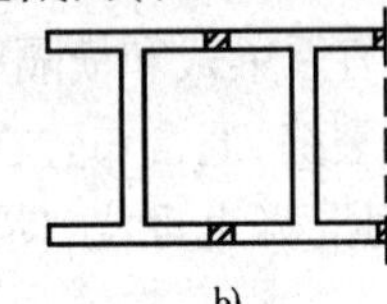
b)

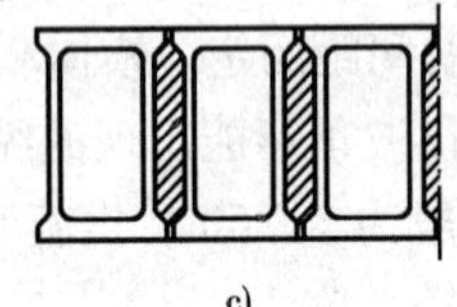
c)

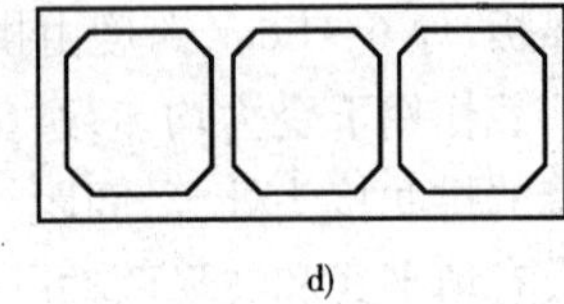
d)

图 4-3-14　箱形截面的组合方式

拱圈的高度主要取决于拱的跨度,还与拱圈所用混凝土强度有很大关系。拱圈高度为跨径的 1/55 ~ 1/75。混凝土强度等级常用 C35 ~ C40,对特大跨径拱桥应尽量采用更高强度等级的混凝土。拱圈的宽度决定于桥面宽度,一般为桥宽的 1.0 倍 ~ 0.6 倍,桥面悬挑可达到 4.0m。拱宽必须满足横向稳定性的要求。

箱肋是组成预制吊装施工的箱形拱桥的基本构件。拱圈宽度确定后,如果施工设备和起吊能力允许,应尽量减少箱肋数,增大箱肋宽度,这样可以使拱圈横向接缝少,整体性强,单箱肋安装时的横向稳定性好。箱肋的宽度一般为 1.2 ~ 1.7m。箱肋截面各部分尺寸与跨径及荷载大小有关。

由于受吊装能力的限制,箱肋在吊装过程中需要沿纵向分段预制,分段数由设计确定。段与段接头处的箱壁、板应加厚并预埋角钢,拼装时角钢平抵平接。角钢上钻有螺栓孔,可作临时联结、定位,待全拱合龙后,再在接头角钢上加盖钢板焊接,最后用混凝土封填。图 4-3-15 是闭口箱肋的接头形式。

拱脚与墩台帽的连接，一般在墩、台帽上预留深约 30～40cm 凹槽。凹槽内预埋钢板，待拱箱定位合拢后与拱箱壁、顶底板内的预埋钢板焊接，然后用混凝土封填凹槽。

为提高箱肋在吊运及使用阶段的抗扭能力，加强箱壁的局部稳定性，箱内应每隔一定距离（沿拱轴线）设置一道横隔板，除在预制箱肋段端部、吊装扣点以及拱上腹拱墩（或立柱）处必须设置外，其余部位每隔 3～5m 设一道。为减小质量并便于施工人员通行，通常将横隔板中间挖空，如图 4-3-13。

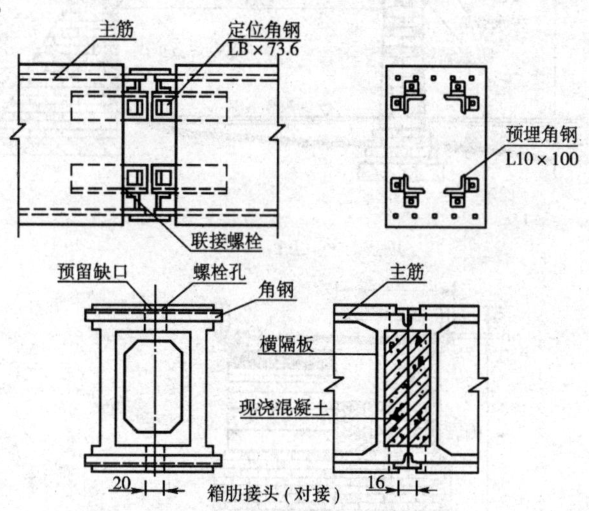

图 4-3-15 闭口箱肋接头形式（尺寸单位：cm）

三、拱桥的其他构造

1. 拱上建筑的构造

按照拱上建筑采用的不同构造方式，可将拱桥分为实腹式（图 4-3-16）和空腹式（图 4-3-17）两种。由于实腹式拱上建筑的构造简单，施工方便，而填料的数量较多，恒载较重，一般情况下，小跨径拱桥多采用实腹式。大、中跨径拱桥，特别是矢高较大时，多采用空腹式，以利于减小恒载，并使桥梁显得轻巧美观。

1）实腹式拱上建筑

实腹式拱上建筑由侧墙、拱腹填料、护拱以及变形缝、防水层、泄水管和桥面等部分组成(图4-3-16)。

拱腹填料分为填充式和砌筑式两种。填充式通常采用透水性好、土侧压力小的砾石、碎石、粗砂或卵石类粘土，分层夯实。当地质条件较差的地区，可采用其他轻质材料（如炉渣与粘土的混合物、陶粒混凝土等）。砌筑式腹拱就是在散粒料不易取得时采用的一种干砌圬工方式。

侧墙设置在拱圈两侧，作用是围护拱腹上的散粒填料，承受填料土侧压力和车辆荷载产生的侧压力。侧墙通常采用浆砌块、片石，若有特殊的美观要求，可用料石镶面。对混凝土和钢筋混凝土板拱，也可用钢筋混凝土护壁式侧墙。

护拱设于拱脚处，以便加强拱脚段的拱圈，同时便于敷设防水层和泄水管，通常采用浆砌块、片石结构。

2）空腹式拱上建筑

空腹式拱上建筑除具有实腹式拱上建筑相同的构造外，还具有腹孔和腹孔墩(图4-3-17)。

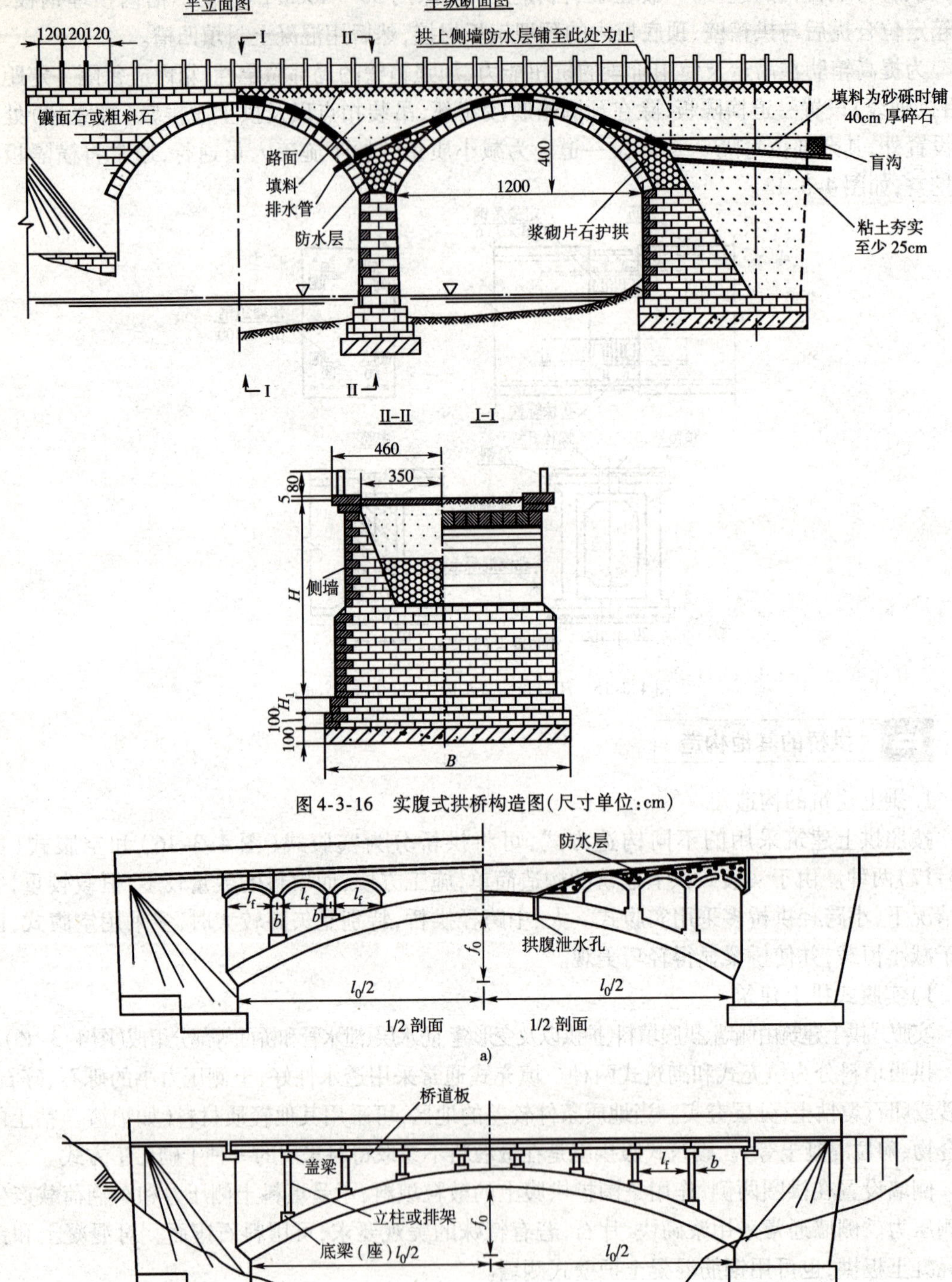

图 4-3-16　实腹式拱桥构造图(尺寸单位:cm)

图 4-3-17　空腹式拱桥构造图

a)拱式腹拱;b)梁式腹拱

(1)腹孔

腹孔的形式和跨径的选择,在因地制宜、就地取材的原则下,应考虑既能尽量减轻拱上建筑的重量,又不致因荷载过分集中于腹孔墩处,给主拱圈受力状况造成不利影响,同时还要使拱桥外形更加协调和美观。

腹孔的形式大致可以分为两类。一类是拱型腹孔,另一类是梁或板式腹孔。在圬工拱桥中,为了节省钢材,大多采用拱型腹孔。在大跨径混凝土拱桥中,为减轻拱上重力和地基承载力,一般都采用梁(板)式腹孔。梁(板)式腹拱有简支、连续或框架式多种,如图 4-3-18。

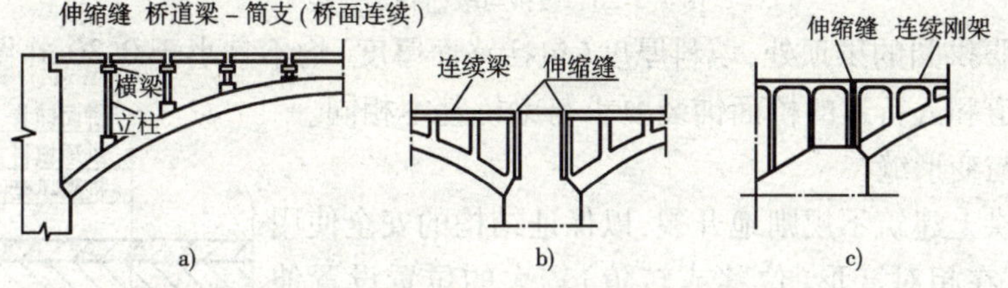

图 4-3-18 梁式腹孔

腹孔通常对称地布置在主拱圈两侧结构高度所容许的自拱脚向拱顶一定范围内(以跨径的 1/3 ~1/4 为宜),目前也有采用全空腹形式。腹拱宜做成等跨的,以利于腹拱墩的受力和方便施工。

(2)腹孔墩

腹孔墩分为横墙(立墙)式和立柱式两种。

横墙式通常用石料、混凝土预制块砌筑,或现浇混凝土做成实体墙。有时为了节省圬工、减轻重量或便于检修人员在拱上建筑内通行,也可在横墙上挖孔(图 4-3-19a)。这种横墙式腹孔墩,自重大但可以不用钢材,故多用于砖、石拱桥中。

立柱式腹拱墩(图 4-3-19b),是由立柱和盖梁组成的钢筋混凝土排架结构。为了使立柱传递给主拱圈的压力不至于过分集中,通常在立柱下面还设置了底梁。

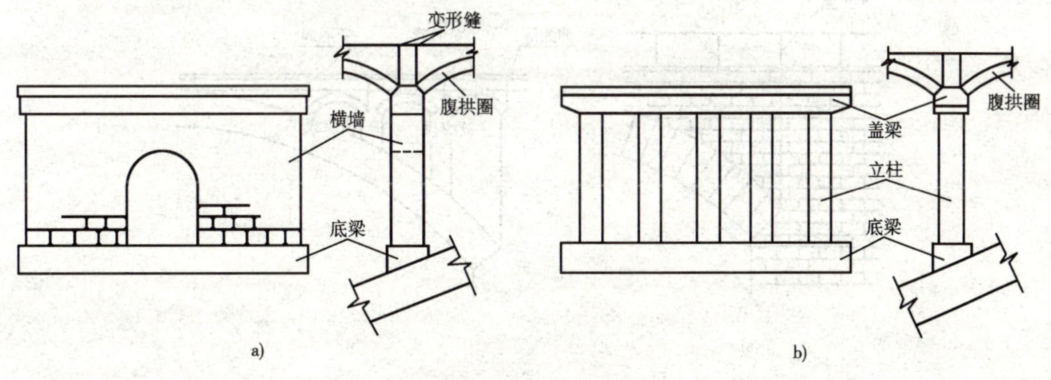

图 4-3-19 腹孔墩构造形式

腹拱墩的侧面一般做成竖直的,以利施工。如果采用斜坡式,则以不超过 30∶1 的坡度为宜。

腹孔与墩台的连接有两种做法:一种是直接支承在墩台上;一种是跨过墩顶,使桥墩两侧的腹孔相连,如图 4-3-20。

2. 拱上填料、桥面及人行道

拱上建筑中的填料,一般情况下,无论是实腹式与空腹式拱桥(除无拱上填料的轻型拱

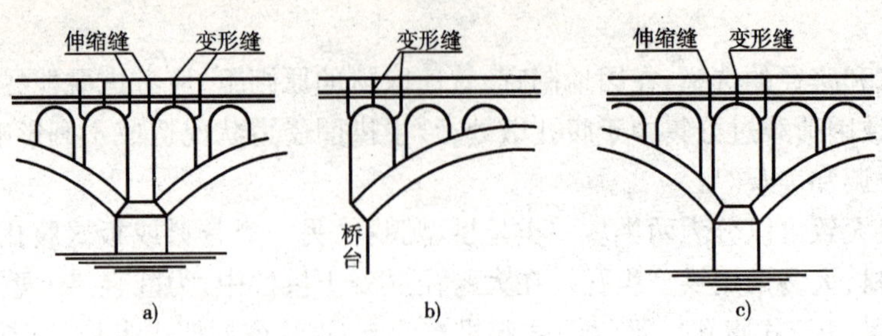

图 4-3-20　腹拱与墩(台)的连接

桥),主拱圈及腹拱圈的拱顶处,填料厚度(包括路面厚度)均不宜小于0.30m(图4-3-21)。

拱桥行车道和人行道的桥面铺装要求与梁桥基本相同。

3. 伸缩缝与变形缝

为了避免拱上建筑不规则地开裂,以保证结构的安全使用和耐久性,通常在相对变形(位移或转角)较大的位置设置伸缩缝,而在相对变形较小处设置变形缝。

实腹式拱桥的伸缩缝通常设在两拱脚的上方(图4-3-22a),并需在横桥方向贯通全宽和侧墙的全高及至人行道构造。目前多将伸缩缝做成直线形,以使构造简单,施工方便。

拱式拱上结构的空腹式拱桥,一般将紧靠桥墩(台)的第一个腹拱圈做成三铰拱,并在靠墩台的拱铰上方的侧墙上,也相应地设置伸缩缝,在其余两铰上方的侧墙,可设变形缝(图4-3-22b)。

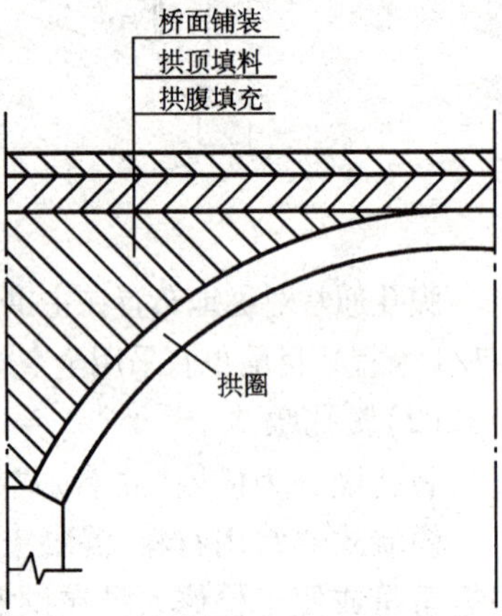

对于梁式或板式拱上结构,通常是在桥台和墩顶立柱处设置标准伸缩缝,而在其余立柱处采用桥面连续(图4-3-18a)。

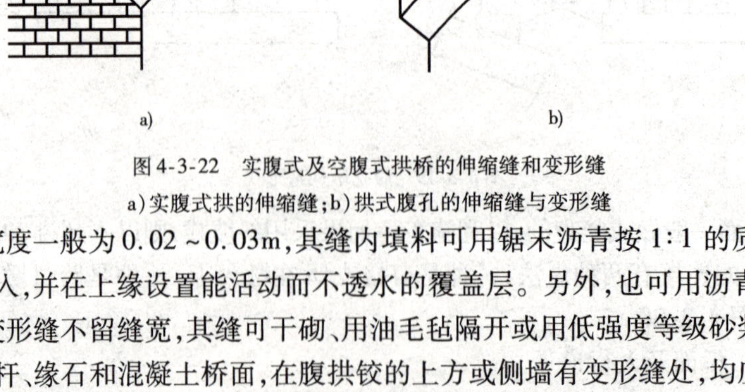

桥面铺装
拱顶填料
拱腹填充
拱圈

图 4-3-21　拱桥上部结构构造图

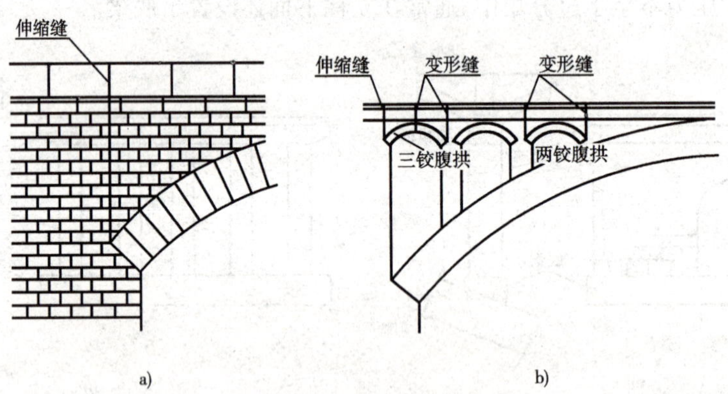

图 4-3-22　实腹式及空腹式拱桥的伸缩缝和变形缝

a)实腹式拱的伸缩缝;b)拱式腹孔的伸缩缝与变形缝

伸缩缝的宽度一般为0.02~0.03m,其缝内填料可用锯末沥青按1∶1的质量比制成预制板,在施工时嵌入,并在上缘设置能活动而不透水的覆盖层。另外,也可用沥青砂等其他材料填塞伸缩缝。变形缝不留缝宽,其缝可干砌、用油毛毡隔开或用低强度等级砂浆砌筑。

人行道、栏杆、缘石和混凝土桥面,在腹拱铰的上方或侧墙有变形缝处,均应设置贯通全桥宽度的伸缩缝或变形缝,以适应主拱圈的变形,其构造形式可参照梁桥选用。

4. 排水及防水层

实践表明，拱桥的排水设备是否合理，防水层的质量好坏，对拱桥的耐久性有重要影响。

关于桥面雨水的排除，除桥梁设置纵坡和桥面设置横坡外，一般还沿桥面两侧缘石边缘设置泄水管，其构造情况可参见图 4-3-23。

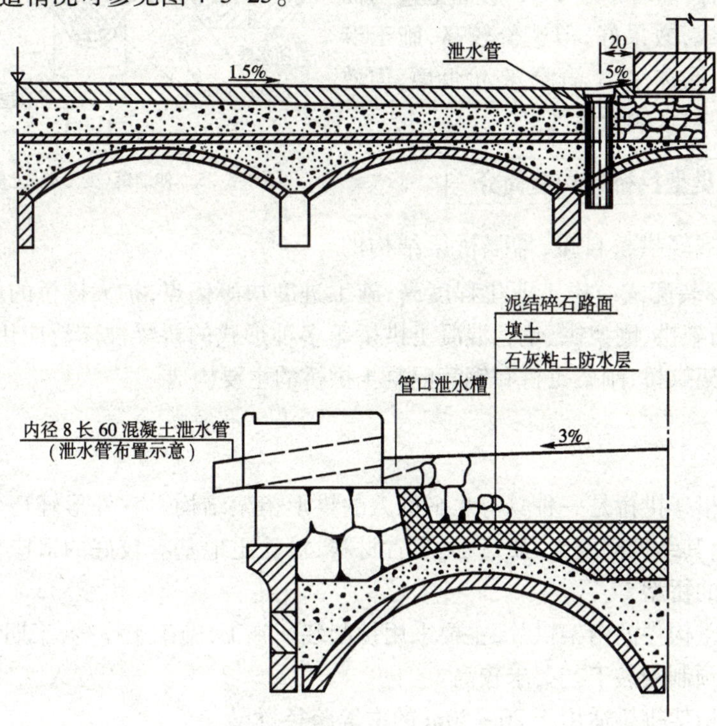

图 4-3-23　拱桥桥面排水装置

透过桥面铺装渗入到拱腹内的雨水，应由防水层汇集于预埋在拱腹内的泄水管排出。防水层和泄水管的敷设方式，与上部结构的形式有关。

实腹式拱桥防水层应沿拱背护拱、侧墙铺设。如果是单孔，可以不设泄水管，积水沿防水层流至两个桥台后面的盲沟，然后沿盲沟排出路堤（图 4-3-16）。如果是多孔拱桥，可在 1/4 跨径处设泄水管（图 4-3-24a）。对于空腹式拱桥，防水层应沿腹拱上方与主拱圈跨中实腹段的拱背设置，泄水管也宜布置在 1/4 跨径处（图 4-3-24b）。

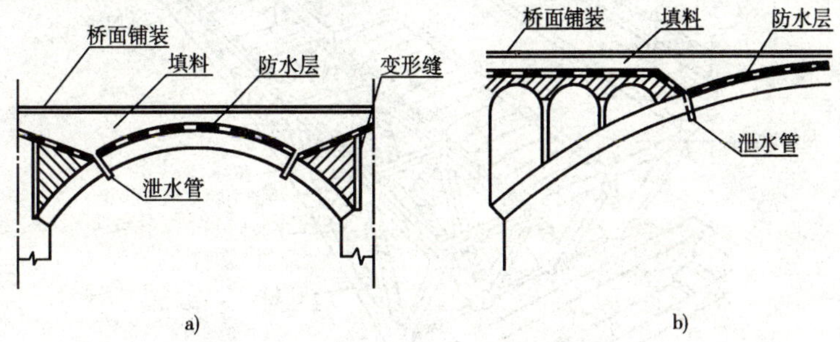

图 4-3-24　防水层和拱腹泄水管的布置

泄水管可以采用铸铁管、混凝土管或陶瓷（瓦）管及塑料管，内径一般为 6 ~ 10cm。泄水管应伸出结构表面 5 ~ 10cm。

防水层在全桥范围内不宜断开，当通过伸缩缝或变形缝处应妥善处理，使其既能防水又可以适应变形，其构造可参见图4-3-25。防水层有粘贴式与涂抹式两种，前者是由2~3层油毛毡与沥青胶交替贴铺而成，效果好，但造价较高，施工麻烦；后者采用沥青涂抹，施工简便，造价低廉，但效果较差，适合用在雨水较少地区。

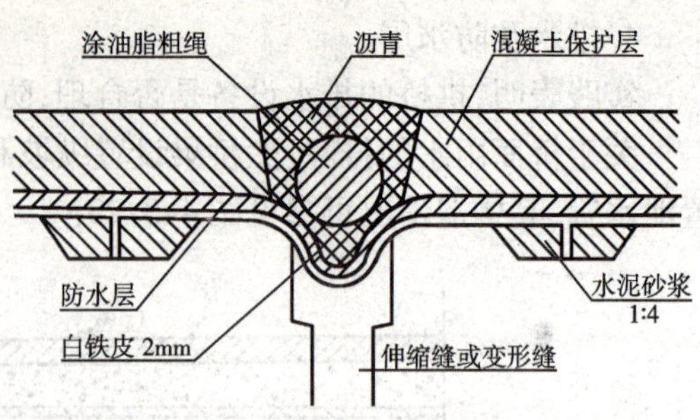

图4-3-25　伸缩缝(变形缝)上防水层的构造

四、其他类型拱桥的构造简介

为了进一步减轻拱桥自重，增强桥梁结构的整体性，充分发挥装配式结构工业化程度高、施工进度快等优点，扩大拱桥的使用范围，近年来，钢筋混凝土桁架拱、刚架拱、钢管混凝土拱桥等多种形式的桥梁被广泛应用。本节简要介绍钢筋混凝土桁架拱桥、刚架拱桥和钢管混凝土拱桥的主要构造。

1. 桁架拱桥

1) 特点

钢筋混凝土桁架拱桥是一种具有水平推力的拱形桁架结构。它外形轻巧美观，兼有桁架和拱的结构特点，其结构刚度大、质量小、节省材料，对软土地基有较好的适应性，是一种受力合理和较为经济的桥型。

作为主要承重构件的桁架拱片，主要采用预制装配施工，施工工序少，工期短，质量易于控制。但对构件的预制安装工艺要求较高。

钢筋混凝土桁架拱桥适用于20~50m的中等跨径桥梁。

2) 主要构造

桁架拱桥的上部结构一般均由桁架拱片、横向联结系和桥面三部分组成(图4-3-26)。

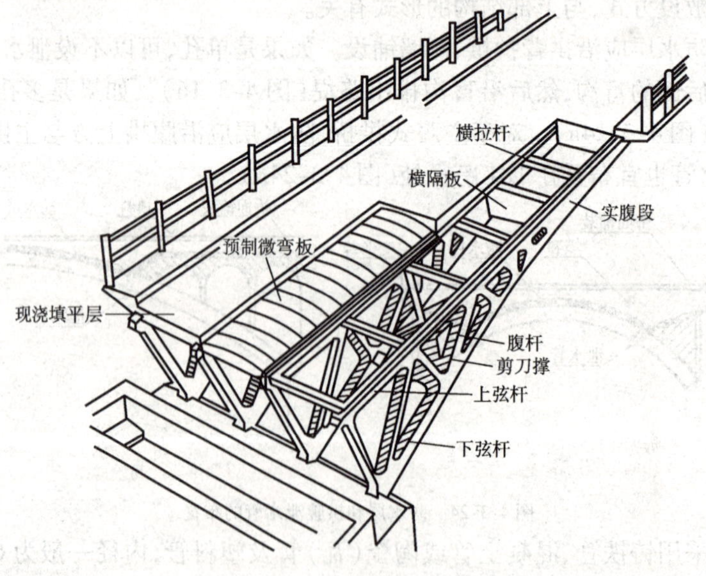

图4-3-26　桁架拱桥上部结构

(1)桁架拱片

桁架拱片是由上弦杆、下弦杆、腹杆和实腹段组成(图4-3-27)。

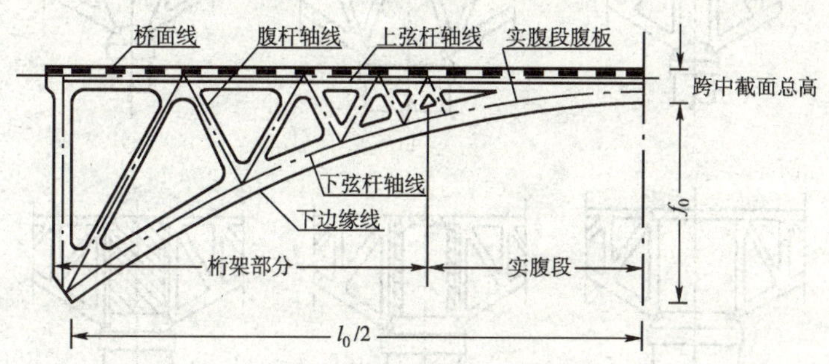

图4-3-27 桁架拱片

上弦杆和实腹段的上缘构成桁架拱片的上边缘,它与桥面纵向平行(单孔拱桥也可设置竖曲线)。上弦杆的轴线平行于桁架拱片的上边缘。下弦杆相当于桁架拱的拱肋,下弦杆的轴线平行于拱片的下边缘线,其轴线可采用圆弧线、悬链线或二次抛物线。拱片的净矢跨比一般为1/6~1/10。

腹杆包括斜杆和竖杆。根据腹杆的不同布置情况,可分为竖杆式、三角形、斜压杆和斜拉杆等形式(图4-3-28)。各杆件的轴线在结点处相交于一点,以免杆件内产生附加弯矩。各杆件边缘线在交角处宜用圆弧线连接,以避免应力集中。

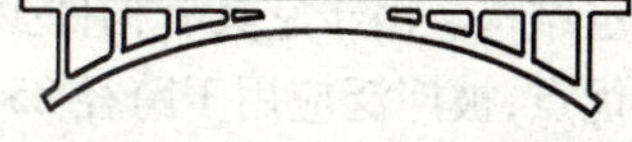

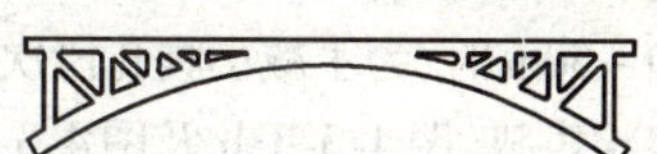

图4-3-28 桁架拱的主要形式

(2)横向联结系

桁架拱横向联系的作用是把各桁架拱片联成整体,使之共同受力。根据设置部位不同分为横系梁、横拉杆、横隔板和剪力撑几种形式(图4-3-29)。横拉杆和横系梁分别设置在上、下弦杆节点处,拱顶实腹段每隔3~5m也应设置横系梁。横隔板一般设在实腹段与桁架部分连接处及跨中,其高度直抵桥面板。横桥向的剪力撑一般设在四分之一跨径附近的上、下节点之间及跨径端部。

(3)桥面板

桥面板既承受局部荷载,又与桁架拱片形成整体,共同受力。桥面板种类较多,有横向微弯板、纵向微弯板和预应力混凝土空心板等。

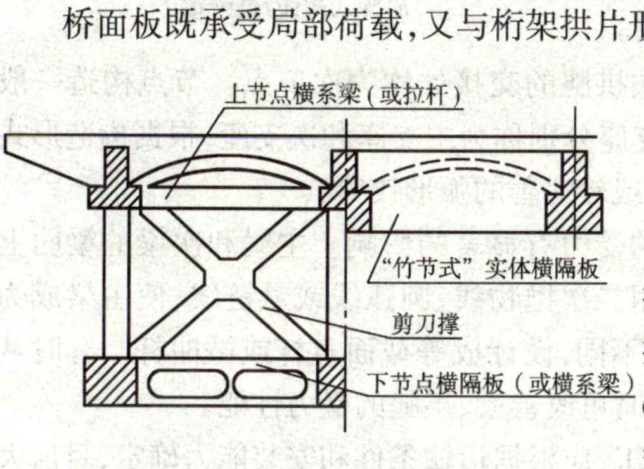

上节点横系梁(或拉杆)
"竹节式"实体横隔板
剪刀撑
下节点横隔板(或横系梁)

图4-3-29 横向联结系构造

(4)桁架拱片与墩台的连接

桁架拱片与墩台的连接形式包括上、下弦杆与墩(台)的连接和多孔桁架拱桥桥跨之间的连接。桁架拱上部与墩台的连接以及多跨拱间的连接有悬臂式(图4-3-30a、b)、过梁式(图4-3-30c、d)和伸入式(图4-3-30e、f)等三种,一般以过梁式为好。与桥台的连接有过梁式和深入式(图4-3-31)。

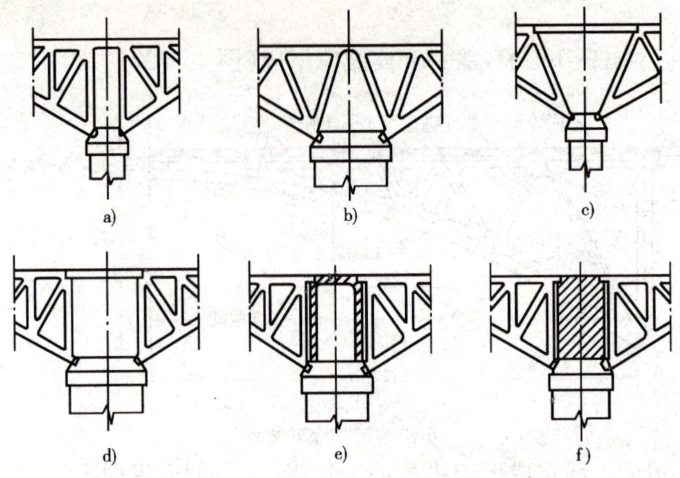

图 4-3-30　拱片与墩台的联结形式

2. 刚架拱桥

刚架拱桥是在桁架拱、斜腿刚架等基础上发展起来的另一种新桥型，属于有推力的高次超静定结构。由于它具有构件少、自重轻、整体性好、刚度大、施工简便、经济指标较好、造型美观等优点，被广泛应用于跨径 25 ~ 70m 的桥梁。

刚架拱桥的上部结构由刚架拱片、横向联结系和桥面系等部分组成(图 4-3-32)。

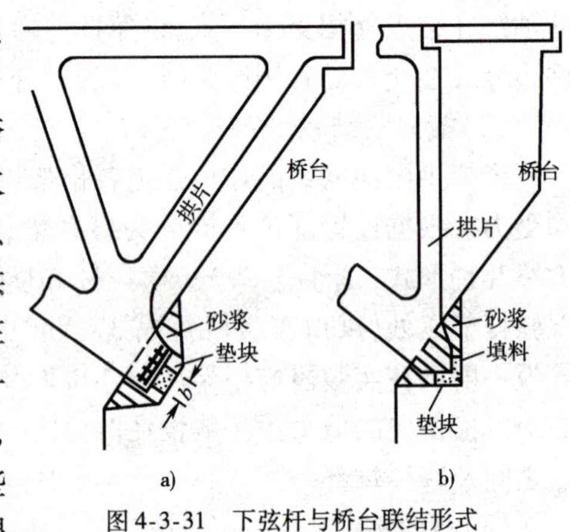

图 4-3-31　下弦杆与桥台联结形式
a)深入式；b)过梁式

刚架拱片是刚架拱桥的主要承重结构，一般由跨中实腹段的主梁、空腹段的次梁、主拱腿(主斜撑)、次拱腿(斜撑)等构成。总体布置形式主要与桥梁跨径、荷载大小有关。当跨径小于 30m 时，可采用只设主拱腿、不设次拱腿的最简单形式(图4-3-33a)；当跨径在 30 ~ 50m 时，为了减小腹孔段次梁的跨径，可以设置一根次拱腿(图 4-3-33b 及图 4-3-32)；随着跨径的增大，为了减小次梁和斜撑的内力，可设置多根斜撑。这些斜撑可以都直接支承在桥墩(台)上，也可以将次拱腿支承在主拱腿上(图4-3-33c)，以减小次拱腿的长度。

主梁和主拱腿的交接处称为主节点，次梁和次拱腿的交接处称为次节点。节点构造一般均按固结设计，并配置钢筋。主拱腿和次拱腿的支座分别称为主支座和次支座，根据构造形式和所选计算图式不同，可以采用固结和铰接(平铰或较完善的弧形铰等)。

拱形结构的几何形状是否合理，对全桥结构的受力有显著的影响。主梁和次梁的梁肋上缘线一般与桥面纵向平行，主梁下缘线一般可采用二次抛物线、圆弧线或悬链线，使主梁成为变截面构件。主拱腿可根据跨径大小和施工方法不同，设计成等截面直杆或微曲杆。有时从美观考虑，也可采用与主梁同一曲线的弧形杆，同时可改善梁、拱腿的受力性能。

刚架拱片可以采用现浇或预制安装的方法施工，应根据运输条件和安装能力确定，目前大多数采用后者。

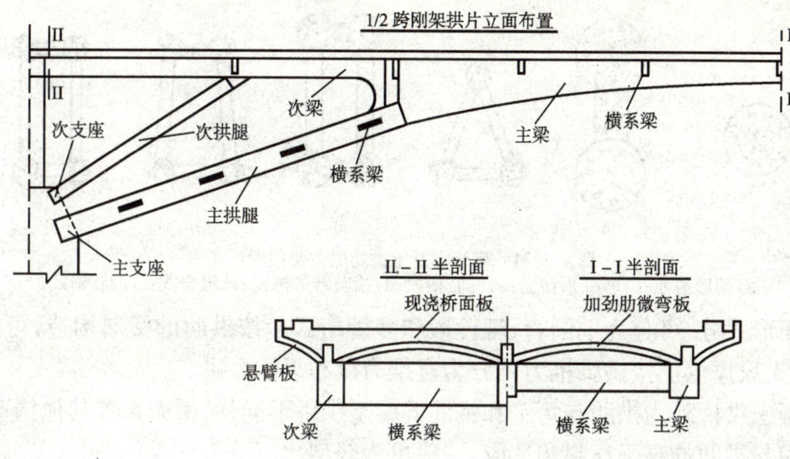

图 4-3-32 刚架拱桥的主要组成部分

为把刚架拱片联成整体，使之共同受力，并保证其纵、横向稳定，需要在刚架拱片之间设置横向联系。横向联系一般为横系梁，设在跨中、大、小节点、次梁端部等处，在其间可视跨径大小每隔 3 ~ 5m 设置一道横隔梁。

桥面系可由预制微弯板、现浇混凝土填平层、桥面铺装等部分组成，也可采用预制空心板、现浇混凝土层及桥面铺装等构成。

3. 钢管混凝土拱桥

钢管混凝土是指在薄壁钢管内填充混凝土，形成钢管与混凝土共同工作的一种组合构件。它主要用于以受压为主的结构。

钢管混凝土一方面借助内填混凝土增强钢管壁的稳定性，同时又利用钢管对核心混凝土的套箍作用，使核心混凝土处于三向受压状态，从而使其具有比普通混凝土大得多的承载能力和变形能力。在施工方面，钢管本身相当于混凝土的外模板，它具有强度高，重量轻，易于吊装或转体的特点，可以先将空钢管拱肋合龙，再压注管内混凝土，从而大大降低了大跨径拱桥施工的难度，省去了支模、拆模等工序，并可适应先进的泵送混凝土工艺。

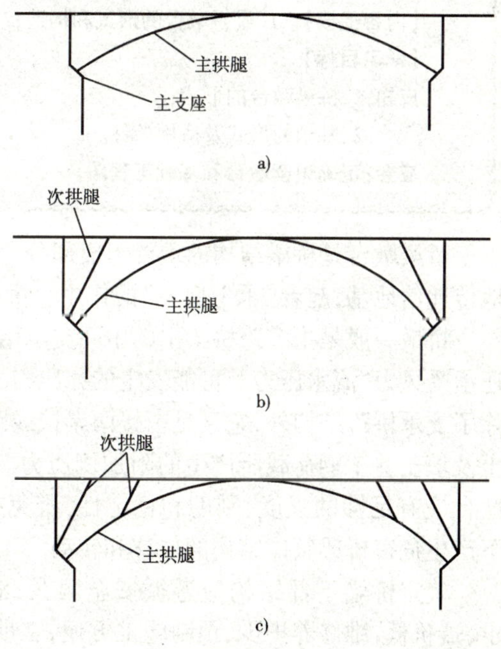

图 4-3-33 刚架拱桥基本图式

钢管混凝土的主要缺点是，外露的钢管在阳光照射下产生膨胀，容易造成与内填混凝土之间出现脱空现象；泵送管内混凝土也常出现不能完全饱满的情况，这都将引起拱圈受力不明确，从而降低钢管混凝土结构的安全度。

钢管混凝土拱桥的拱肋，可分为实体拱肋和桁式拱肋（图 4-3-34）。实体拱肋又分单管、哑铃形等截面。桁式又可根据钢管的根数分为三管、四管和六管桁式，四管和六管还可根据横向之间钢管的联系方式分为横哑铃形、全桁式以及组合式。

钢管混凝土拱桥结构形式丰富多样。以车承形式划分，可分为上承式、中承式和下承式。

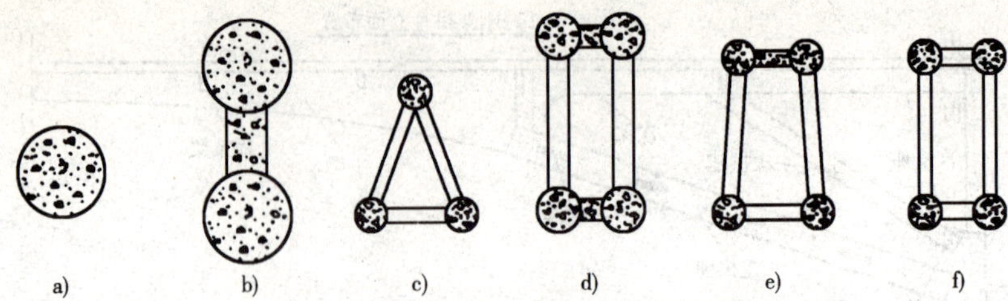

图4-3-34　钢管混凝土拱肋的主要截面形式

a)圆形截面;b)哑铃形截面;c)三肢桁式;d)横哑铃形桁式;e)混合式;f)四肢桁式

以拱肋的截面形式分,可分为单圆管、哑铃形和多管桁式。按拱肋的横向构造,可分为平行肋拱、提篮拱和无风撑拱。按拱脚推力可分为有推力拱和无推力拱。

钢管混凝土拱桥除主拱肋与圬工和钢筋混凝土拱桥不同外,桥面系等其他构造基本相同,但这些构造为与拱肋的高强材料相适应,一般更为轻型化。

课题四　桥梁墩台与基础

【内容提要】 1. 梁桥墩台的形式和构造;2. 拱桥墩台的形式和构造;3. 地基基础。

【学习目标】

应知: 1. 桥梁墩台的形式;

2. 基础的形式及适用条件。

应会: 正确识读墩台和基础工程图。

桥梁墩台是桥梁结构的重要组成部分,承担着桥梁上部结构所产生的荷载,并将荷载有效地传递给地基,起者"承上启下"的作用。桥梁墩台主要由墩台帽、墩台身和基础三部分组成。

桥墩一般是指多跨桥梁中的中间支承结构。它除承受上部结构的竖向压力和水平力外,还承受风力、流水压力及可能发生的冰压力、船只和漂流物的撞击力。桥台设置在桥梁两端,除了支承桥跨结构外,它又是衔接两岸接线路堤的构造物。既要能挡土护岸,又能承受台背填土及填土上车辆荷载所产生的附加侧压力。因此,桥梁墩台应有足够的强度、刚度和稳定性,避免在荷载作用下产生危害桥梁整体结构的位移和转动。

确定桥梁下部结构应遵循安全耐久,满足交通要求,造价低,维修养护少,预制施工方便,工期短,与周围环境协调,造型美观等原则。

一、梁桥墩台的形式和构造

1. 梁桥桥墩构造

1)实体桥墩

实体桥墩是由一个实体结构组成。按其截面尺寸和桥墩重量的不同又可分为实体重力式桥墩(图4-4-1)

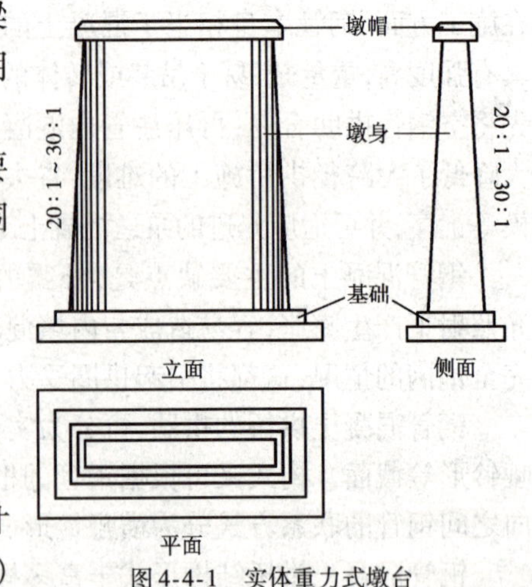

图4-4-1　实体重力式墩台

和实体薄壁式桥墩(墙式桥墩)(图 4-4-2)。它们由墩帽、墩身和基础构成。

实体重力式桥墩主要靠自身的重力(包括桥跨结构重力)来平衡外力从而保证桥墩的强度和稳定。此种桥墩自身刚度大,具有较强的防撞能力,但同时存在阻水面积大的缺陷,比较适合于修建在地基承载能力较高、覆盖层较薄、基岩埋深较浅的地基上。

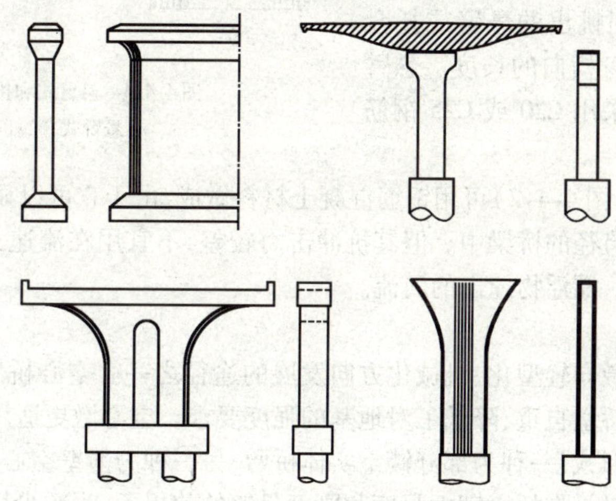

图 4-4-2　实体薄壁式墩台

实体重力式桥墩的墩身用 C15 或大于 C15 的片石混凝土浇筑,或用浆砌块石和料石,也可用混凝土预制块砌筑。墩身平面形状可以做成圆端形、尖端形、矩形和圆形;在中等以上流冰河道(冰厚大于 0.5m,流水速度 1m/s 左右)及有大量漂浮物的河道,应在迎水端做成破冰棱体(图 4-4-3)。用于梁式桥的墩身宽度对于小跨径桥不宜小于 0.8m,中等跨径桥不宜小于 1m,大跨径桥的墩身宽度视上部结构类型而定。墩身的侧坡可采用 30∶1 ~ 20∶1(竖∶横),小跨径且桥墩不高时可以不设侧坡。

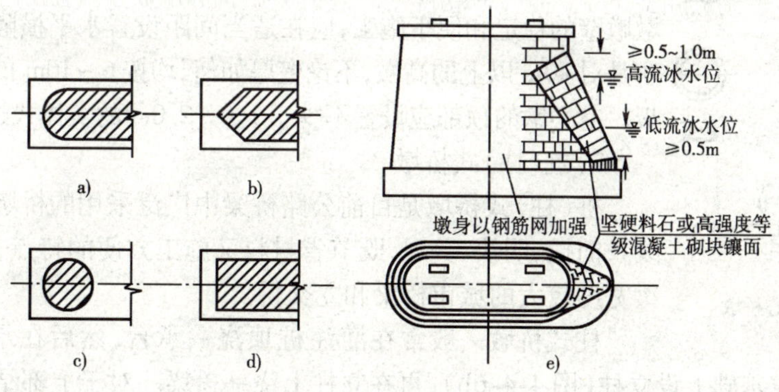

图 4-4-3　墩身平面及破冰棱

墩帽直接支承桥跨结构,应力较集中,一般采用 C20 以上的混凝土筑成。墩帽的厚度,对大跨径的重力式桥墩一般不小于 0.4m,中小跨径梁桥也不应小于 0.3m。并设有 5 ~ 10cm 的檐口。为防止雨水侵蚀,墩帽表面一般设不小于 3% 的排水坡。梁式桥墩帽的平面尺寸,必须满足桥跨结构支座布置的需要,并考虑安装上部构造时的施工要求。

墩帽内,大、中跨径应设置构造钢筋,小跨径桥的墩帽除严寒地区外,可不设构造钢筋。在墩帽放置支座的部位称为支承垫石，其承受的压力最为集中，应布置一层或多层钢筋。

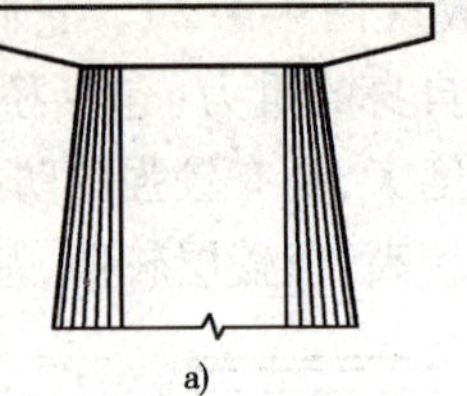

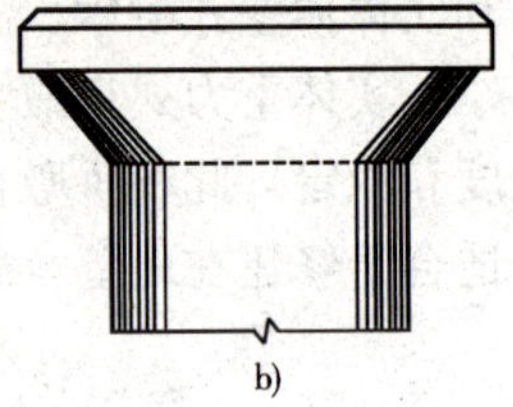

图 4-4-4 悬臂式和挑臂式墩帽

a）悬臂式；b）托盘式

当桥面较宽时，为了节省墩身和基础的圬工体积，常常利用挑出的悬臂或托盘（图 4-4-4）来缩短墩身横向的长度。悬臂式或托盘式墩帽一般采用 C20 或 C25 钢筋混凝土。

实体式薄壁桥墩（图 4-4-2）可用钢筋混凝土材料做成，由于它可以显著减少圬工体积，因而被广泛使用于中小跨径的桥梁中。但其抗冲击力较差，不宜用在流速大并夹有大量泥沙的河流或可能有船舶、冰、漂浮物撞击的河流。

2）空心桥墩

空心式桥墩是桥墩向轻型化、机械化方向发展的途径之一。空心桥墩可以充分利用材料强度，节省材料、减轻桥墩自重，降低了对地基的强度要求。空心墩更适用于高桥。

空心桥墩有两种形式：一种为部分镂空实体桥墩；另一种为薄壁空心桥墩。

部分镂空实体桥墩是在桥墩截面强度和刚度足够的前提下，为减少圬工数量，使结构更经济，而将墩体内部部分做成空腔体。这种桥墩仍保持实体桥墩的基本特点，如较大的轮廓体形，较大的圬工结构和少量的钢筋等。

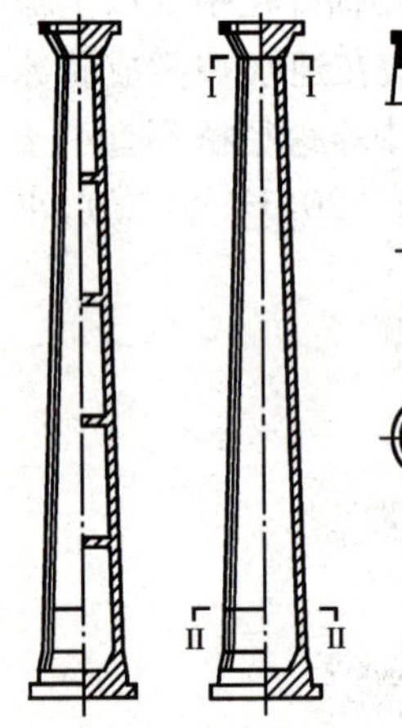

图 4-4-5 空心桥墩

薄壁空心墩（图 4-4-5）基本结构形式与部分镂空实体桥墩相似，但一般采用强度高、墩身壁较薄的钢筋混凝土构件，混凝土一般为 C20 ~ C30。根据受力情况、桥墩高度以及自身构造要求，壁厚一般在 30 ~ 50cm。墩身周围应设置适当的通风孔或泄水孔，孔的直径不小于 20cm，用于调节壁内外温差和平衡水压力，为保证薄壁空心桥墩墩壁的稳定和便于施工，应在适当间距设置水平横隔板。通常的做法是对 40m 以上的高墩，不论壁厚如何，均按 6 ~ 10m 的间距设置横隔板。空心墩的顶部应设置不少于 1.0 ~ 2.0m 的实体式过渡段。

3）桩（柱）式桥墩

桩（柱）式桥墩是目前公路桥梁中广泛采用的桥墩形式。它具有线条简捷、明快、美观，既节省材料又施工方便的特点，特别适用于桥梁宽度较大的城市桥梁和立交桥。

柱式桥墩一般常在灌注桩顶浇一承台，然后在承台设立柱（图 4-4-6a），或在浅基础上设立柱（图 4-4-6b），再在立柱上浇一盖梁。对于上部结构为大悬臂箱形截面，墩身可以直接与梁相接。柱式桥墩一般可分为独柱式、双柱式、哑铃式以及混合多柱式等形式。双柱式桥墩有时在两柱中间加做隔墙，在平面上形成哑铃式（图 4-4-6c），以增强墩柱间抗撞击的刚度及防止漂浮物卡在中间引起桥墩损坏。当桥墩较高时，也可把高水位以下部分做成实体式，以上部分仍为柱式，成为混合式柱墩（图 4-4-6d）。当水流方向不稳定或与墩身斜交，且桥宽不大时，可采用单柱（桩）式桥墩（图 4-4-6e）。

桩式桥墩一般是既用灌注桩作墩身，又用灌注桩作基础，再在桩顶浇一盖梁（图 4-4-6f）。

当采用直径较大的钻孔灌注桩时，在水面以上部分的桩径可以缩小，形成变截面桩式桥墩（图4-4-6g），并在桩径变化处设置横系梁以增强其刚度。

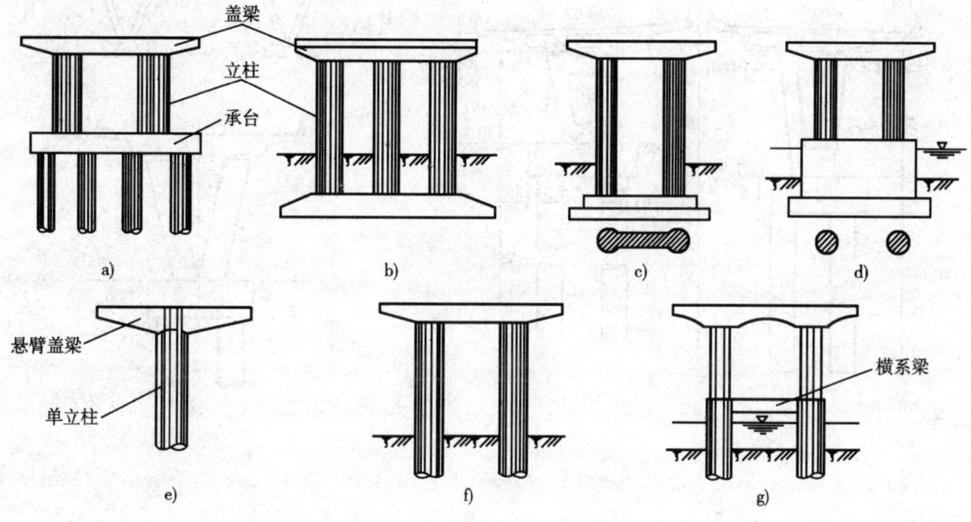

图4-4-6 梁桥桩（柱）式桥墩

4）柔性排架桩墩

柔性排架桩墩是由成排打入的钢筋混凝土桩，顶端连以钢筋混凝土盖梁而成，一般在墩高小于5～7m，跨径小于13m的桥梁上使用。对于山区河流，漂浮物严重和流速较大的河流，由于桩墩容易磨耗不宜采用。

柔性排架桩墩可分为单排架墩和双排架墩（图4-4-7）。单排架桩墩高度不超过4～5m；当桩墩高度大于5m时，为了避免行车可能发生的纵向晃动，宜设置双排架墩，当支座布置受到限制不能采用单排架墩时也可采用双排架墩。

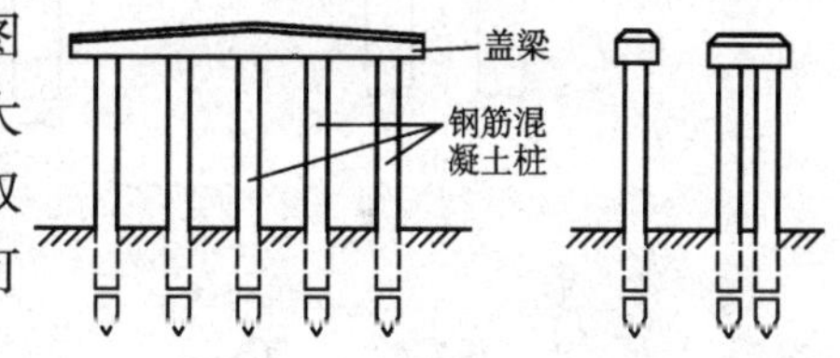

图4-4-7 柔性排架桩墩

柔性排架桩一般是采用预制的钢筋混凝土方桩，桩顶盖梁通常采用矩形截面。这种桥墩的优点是用料省，施工简便，且能工业化施工。

5）框架式桥墩

框架式桥墩采用钢筋混凝土或预应力混凝土等构件组成平面框架代替墩身，支承上部结构，必要时可做成双层或多层框架。常见的框架墩有V形墩（图4-4-8）、Y形墩（图4-4-9）、X形墩（图4-4-10）等。此种桥墩结构的出现，给桥梁建筑增添了新的艺术造型，改变了桥墩原先笨拙的形象，使桥梁整体结构造型更加轻巧美观，同时使桥梁的跨越能力提高，缩短了主梁的跨径，降低了梁高。但这种桥墩的结构构造比较复杂，施工比较麻烦。

2. 梁桥桥台构造

桥台按其形式分为重力式桥台、轻型桥台、组合式桥台和框架式桥台等。

1）梁桥实体式（重力式）桥台

实体（重力式）桥台主要靠自重来平衡台后的土压力。桥台台身多数采用石砌圬工或混凝土就地砌筑或浇筑而成。实体（重力式）桥台按构造特点及台背填土等情况可以分为U形桥台、埋置式桥台、八字型桥台和一字型桥台等。

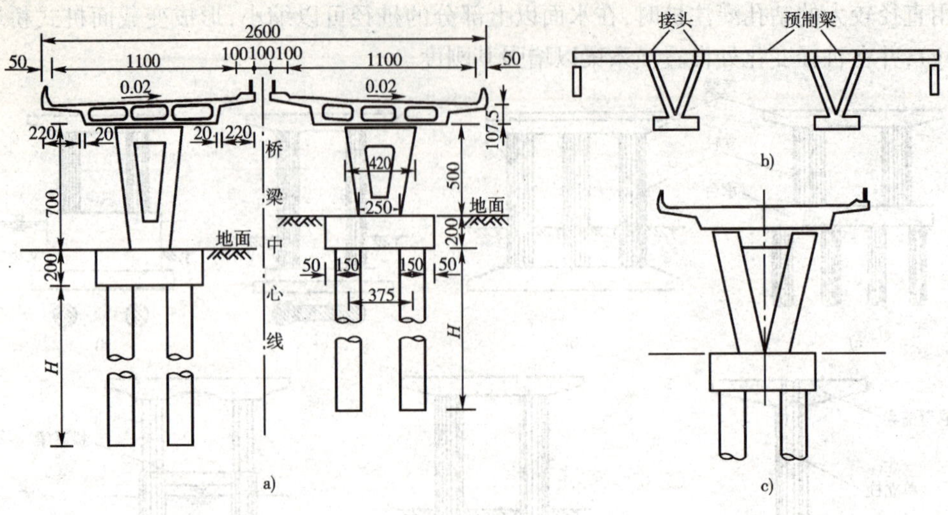

图 4-4-8　V 形墩(尺寸单位:cm)

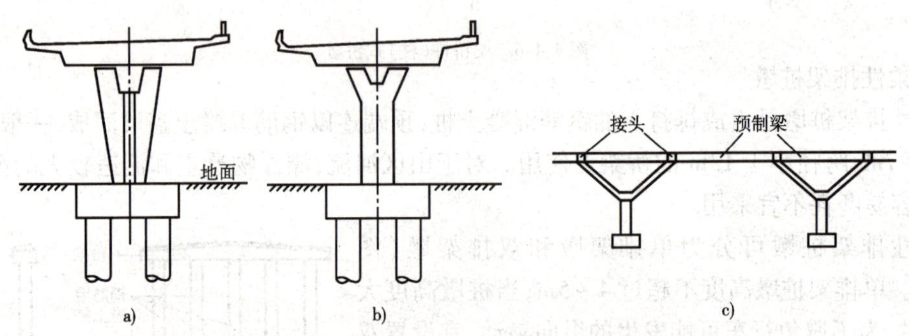

图 4-4-9　Y 形墩

图 4-4-10　X 形墩

(1)U 形桥台(图 4-4-11)

U 形桥台是由台身(前墙)、台帽、基础和两侧翼墙(侧墙)组成,在平面上构成 U 字形,故

称为U形桥台。U形桥台构造简单,基础底承压面大,应力较小,但圬工体积大,桥台内的填土容易积水,结冰后冻胀,使桥台结构产生裂缝。U形桥台适用于填土高度8~10m的中等以上跨径的桥梁,要求桥台中间填料宜用渗水性较好的土夯填,并做好台背排水。

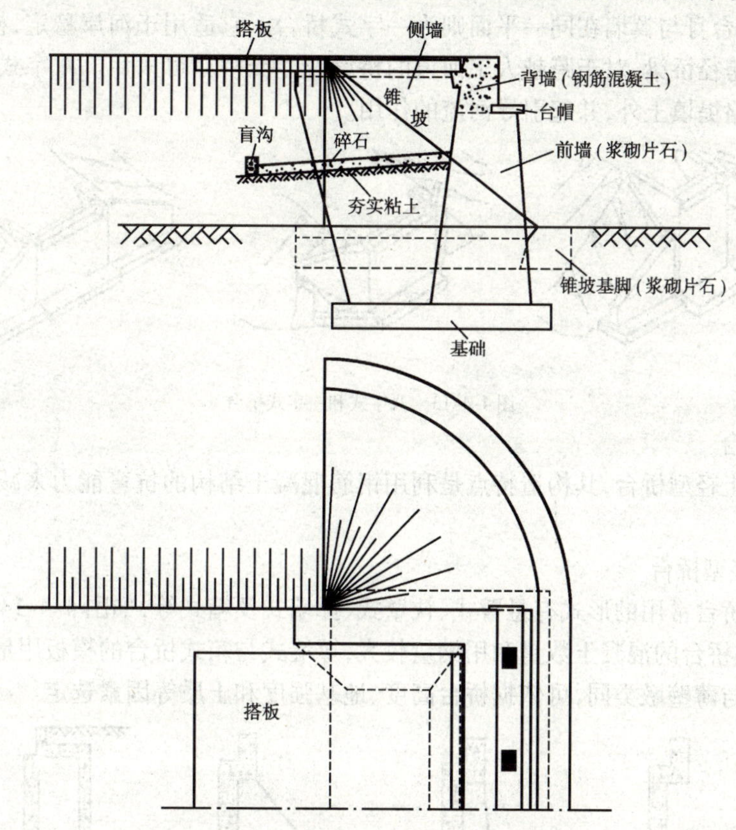

图4-4-11 梁桥重力式桥台的一般构造

U形桥台的台帽构造和要求与墩帽相同。前墙与侧墙结合成一体,兼有挡土墙和支撑墙的作用。前墙前后设置斜坡,呈梯形截面,外侧斜坡为10:1,内侧斜坡为6:1~8:1。侧墙外侧为垂直面,内侧为3:1~5:1的斜坡,其长度视桥台高度和锥坡坡度而定。前墙的下缘一般与锥坡下缘相齐,因此,桥台越高,锥坡越坦,侧墙越长。侧墙尾端,应有不小于0.75m的长度伸入路堤内,以保证与路堤有良好的衔接。为了减少圬工体积和基础长度,在侧墙尾端除最上段1.0m采用竖直外,以下部分可采用4:1~8:1的倒坡。台身的宽度通常与路基的宽度相同。

(2)埋置式桥台(图4-4-12)

桥台台身埋于台前溜坡内,不需另设翼墙,仅由台身两端的耳墙与路堤衔接。

埋置式桥台,台身为圬工实体,台帽及耳墙采用钢筋混凝土。埋置式桥台圬工数量较省,但由于溜坡伸入桥孔,压缩了河道,有时需要增加桥长。它适用于桥头为浅滩,溜坡受冲刷较小,填土高在10m以下的中等跨径的多跨桥中使用。当

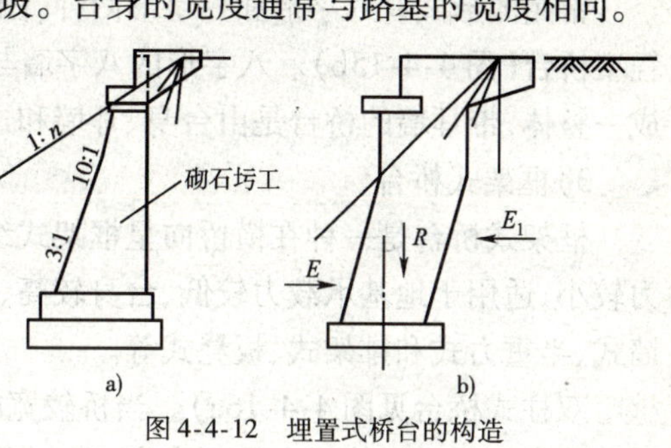

图4-4-12 埋置式桥台的构造
a)直立式;b)后倾式

地质情况较好时可将台身挖空成拱形,以节省圬工,减少自重。

(3)八字式和一字式桥台(图4-4-13)

台身两侧为独立的翼墙,一般将台身与翼墙分开,其间设变形缝。当台身与翼墙斜交时则为八字式桥台;台身与翼墙在同一平面则为一字式桥台。它适用于河岸稳定,桥台不高,河床压缩小的中小跨径桥梁,对于跨越人工河道的桥梁及立交桥亦可采用。八字式和一字式桥台的翼墙除挡住路堤填土外,并起引导河流的作用。

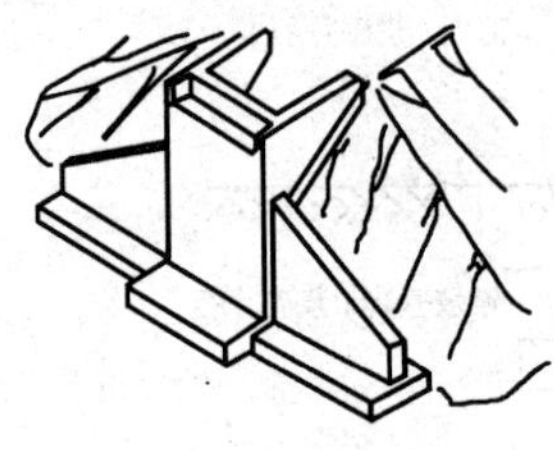
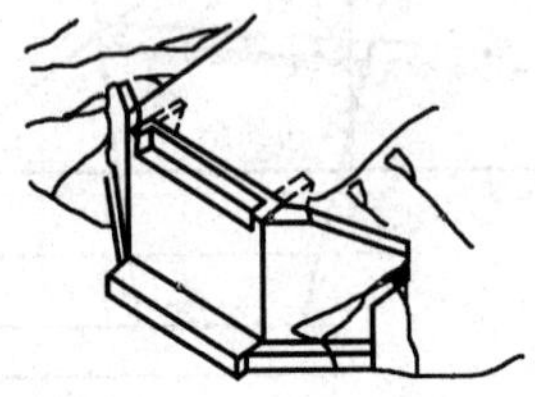
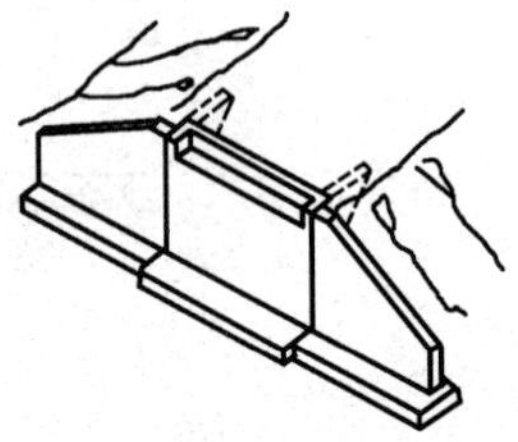

图4-4-13 八字式和一字式桥台

2)轻型桥台

钢筋混凝土轻型桥台,其构造特点是利用钢筋混凝土结构的抗弯能力来减小圬工体积而使桥台轻型化。

(1)薄壁轻型桥台

薄壁轻型桥台常用的形式有悬臂式、扶壁式、撑墙式及箱式等,如图4-4-14所示。在一般情况下,悬臂式桥台的混凝土数量和用钢量较大,撑墙式与箱式桥台的模板用量较大。薄壁轻型桥台的优点与薄壁墩类同,可依据桥台高度、地基强度和土质等因素选定。

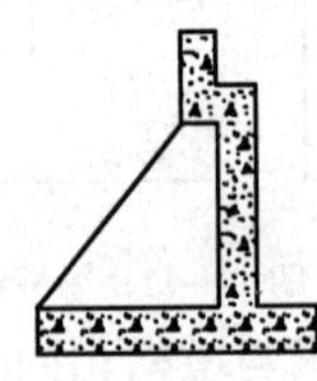
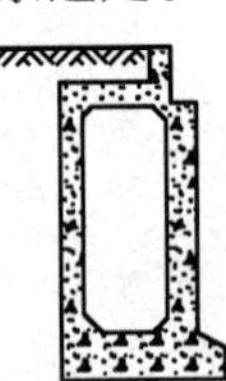

图4-4-14 薄壁轻型桥台

(2)设有支撑梁的轻型桥台

单跨或少跨的小跨径桥,在条件许可的情况下,可在轻型桥台之间或台与墩之间设置3~5根支撑梁,梁与桥台设置锚固栓钉,使上部结构与支撑梁共同支撑桥台以承受台后土压力。

常用的形式有八字形和一字形两种(图4-4-15a、c),为了节省圬工材料,也可做带耳墙的轻型桥台(图4-4-15b)。八字形的八字墙与台身是设断缝分开的,一字形的翼墙是与台身连成一整体,带耳墙的桥台是由台身、耳墙和边柱三部分组成。

3)框架式桥台

框架式桥台是一种在横桥向呈框架式结构的桩基础轻型桥台,它埋置于土中,所受的土压力较小,适用于地基承载力较低、台身较高、跨度较大的梁桥。其构造形式有双柱式、多柱式、墙式、半重力式和排架式、板凳式等。

双柱式桥台见图4-4-16a)。当桥较宽时,为减小台帽跨度,可采用多柱式,或直接在桩上面建造台帽。为了使桥台填土密实,减少填土沉降,也为了减少桥台填土对桥台产生的水平推

力,往往采用先填土,然后再沉桩、浇筑台帽。当填土高度大于5m时,可采用墙式桥台(图4-4-16b),墙厚一般为0.4~0.8m,设少量钢筋。半重力式构造与墙式相同,墙较厚,不设钢筋。当柱式桥台采用钻孔桩基础并延伸做台身时,可不设承台。对于柱式和墙式台一般在基础之上设置承台。

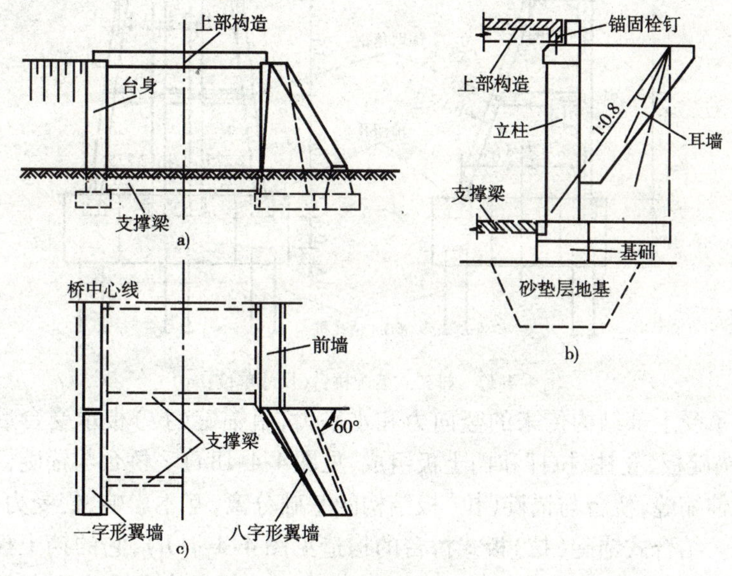

图4-4-15 设置地下支撑梁的轻型桥台

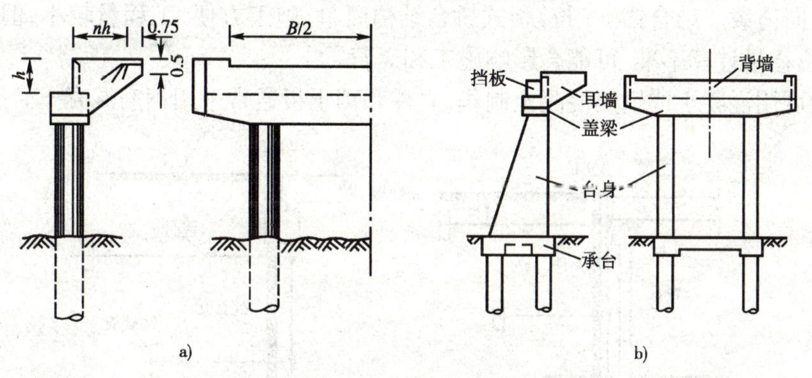

图4-4-16 双柱式和墙式桥台构造(尺寸单位:m)

当水平力较大时,桥台可采用排架式(图4-4-17)或板凳式,由台帽、背墙、台柱和承台组成。

框架式桥台均采用埋置式,台前设置溜坡。为满足桥台与路堤的连接,在台帽上部设置耳墙,必要时在台帽前方两侧设置挡板。

4)组合桥台

为使桥台轻型化,桥台本身主要承受桥跨结构传来的竖向力和水平力,而台后的土压力由其他结构来承受,形成组合式桥台。

(1)锚碇(拉)板式桥台

锚碇(拉)板式桥台有分离式和结合式两种形式。分离式是台身与锚碇(拉)板、挡土结构

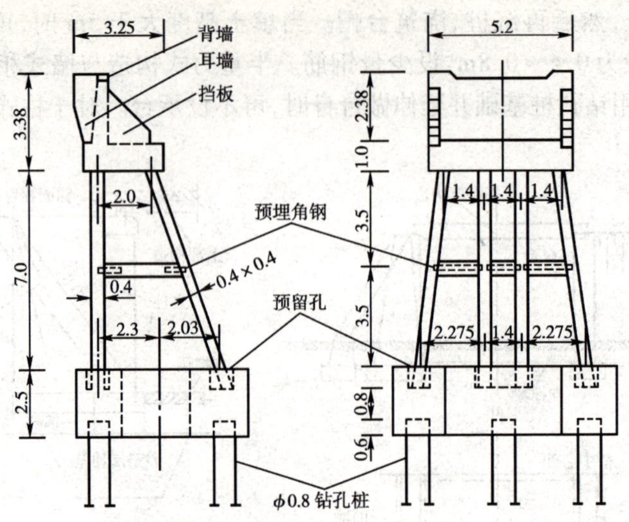

图 4-4-17　排架式装配桥台(尺寸单位:cm)

分开,台身主要承受上部结构传来的竖向力和水平力,由锚碇(拉)板承受台后土压力。锚碇(拉)板结构由锚碇板、立柱、拉杆和挡土板组成,见图4-4-18a)。桥台与锚碇(拉)板结构间预留空隙,上端做伸缩缝,桥台与锚碇(拉)板结构的基础分离,互不影响,使受力明确,但结构复杂,施工不方便。结合式锚碇(拉)板式桥台的构造见图 4-4-18b),它的挡土板与台身结合在一起,台身兼做立柱和挡土板。作用在台身的所有水平力假定均由锚碇板的抗拔力来平衡,台身仅承受竖向荷载。结合锚碇(拉)板式桥台结构简单,施工方便,工程量较小,但受力不很明确,若台顶位移量计算不准,可能会影响施工和运营。

锚碇板可用混凝土或钢筋混凝土制作,立柱和挡土板通常采用钢筋混凝土。

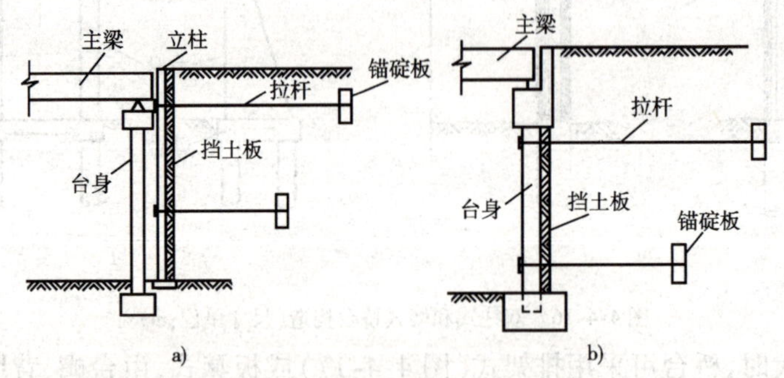

图 4-4-18　锚碇(拉)板式桥台构造

a)分离式;b)结合式

(2)过梁式、框架式组合桥台

桥台与挡土墙用梁结合在一起的桥台为过梁式组合桥台,使桥台与桥墩的受力相同。当梁与桥台、挡土墙刚结,则形成框架式组合桥台(图 4-4-19)。

(3)桥台与挡土墙组合桥台

由轻型桥台支承上部结构,台后设挡土墙承受土压力的组合式桥台。台身与挡土墙分离,上端做伸缩缝,使受力明确。当地基比较好时也可将桥台与挡土墙放在同一个基础之上,见图

4-4-20。这种组合式桥台可采用轻型桥台,而且可不压缩河床,但构造较复杂,是否经济需通过比较确定。

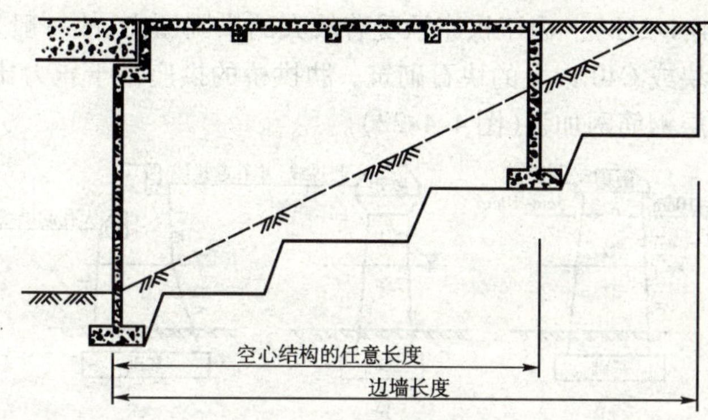

图 4-4-19　框架式组合桥台

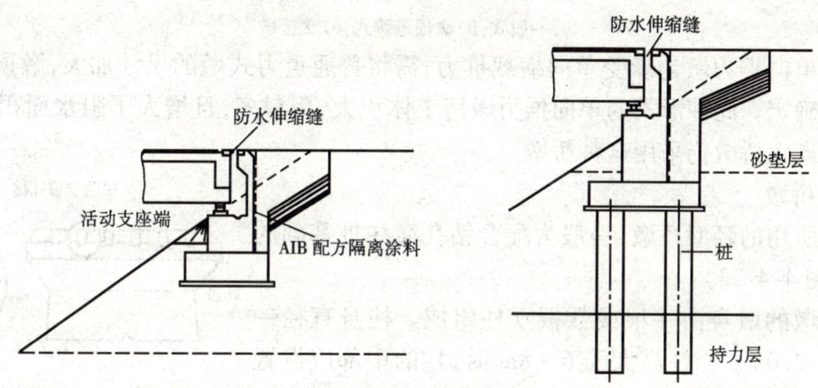

图 4-4-20　桥台与挡土墙组合桥台

二、 拱桥墩台的形式和构造

拱桥是一种有推力的结构,拱圈(肋)对墩台的作用除有竖向压力外,还有水平推力和弯矩,故拱桥墩台的尺寸一般比梁桥的大。桥台在台背上还承受路基填土的水平压力,因而,拱桥墩台必须具有足够的强度和稳定性。

1. 拱桥桥墩构造

拱桥桥墩按其构造形式可分为重力式桥墩和轻型桥墩;从抵御恒载水平力的能力来看,可分为普通墩和单向推力墩两种。普通墩除了承受相邻两跨结构传来的垂直反力外,一般不承受恒载水平推力,或者当相邻孔不相同时,只承受经过相互抵消后尚余的不平衡推力。单向推力墩又称制动墩,其作用是在它一侧的桥孔因某种原因导致破坏时,能承受住单向的恒载水平推力,以保证其另一侧的拱桥不致倾塌。另外,采用不对称施工时,也往往要设置能承受部分恒载单向推力的制动墩。因此,为了满足结构强度和稳定的要求,单向推力墩须在普通墩的基础上采取必要的构造措施。

1)重力式桥墩

拱桥的重力式桥墩见图 4-4-21 所示,一般构造与梁式桥相同。它的作用除与梁式桥桥墩

相同外，还得承受水平推力。在桥墩的顶部，直接支承拱脚、承受水平推力的部分，称为拱座。

墩帽一般挑出墩顶 5 ~ 10cm 做成滴水檐（图 4-4-21a）。为了减少墩身体积，可将墩顶部分做成悬臂式的（图 4-4-21b）。由于拱座承受着较大的拱圈压力，故一般采用 C20 以上整体混凝土或混凝土预制块或 C40 以上的块石砌筑。肋拱桥的拱座由于压力比较集中，故应用高强度等级混凝土及数层钢筋网加强（图 4-4-22）。

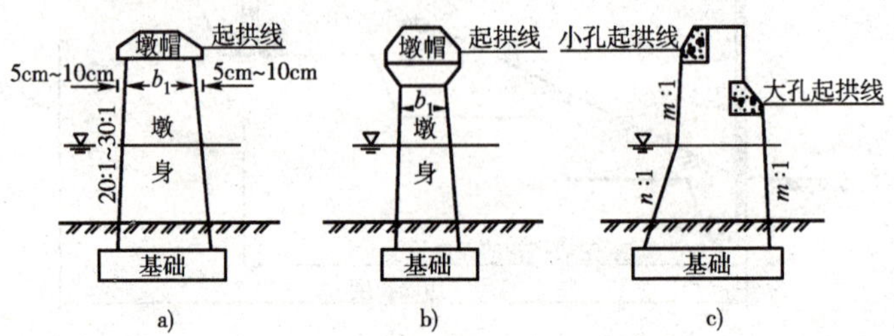

图 4-4-21　拱桥重力式桥墩

a）一般式；b）墩顶悬臂式；c）交接墩

重力式单向推力墩为承受单向横载推力，需将普通重力式墩的尺寸加大，墩顶 b_1 的尺寸应通过计算确定。此种形式的单向推力墩圬工体积大、用料多，且增大了阻水面积，立面美观也较差。但高大桥墩仍采用这种桥墩。

2）轻型桥墩

拱桥上所用的轻型桥墩，一般为配合钻孔灌注桩基础的柱式桥墩（图 4-4-23）

柱式桥墩的墩身由一根或数根立柱组成。柱身直径一般为 0.6m ~ 2.0m。当柱高大于 6 ~ 8m 时，柱的中部应设置横系梁。柱的顶端设置墩帽，柱的下端支承于桩或承台上。如果桩与柱直接相连，则应在结合处设置横系梁。柱、墩帽及横系梁应根据计算要求配置受力钢筋和构造钢筋。承台的配筋应符合基础设计要求。

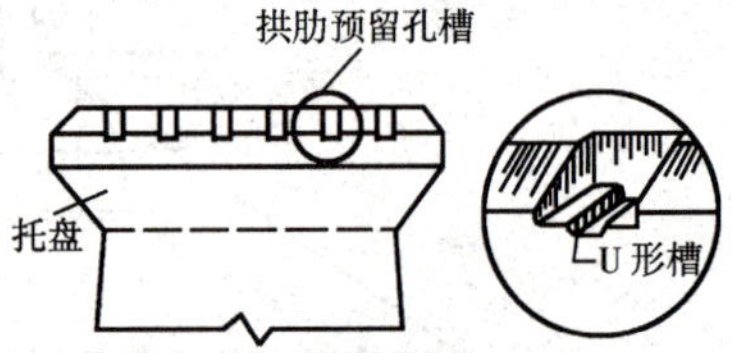

图 4-4-22　拱座构造

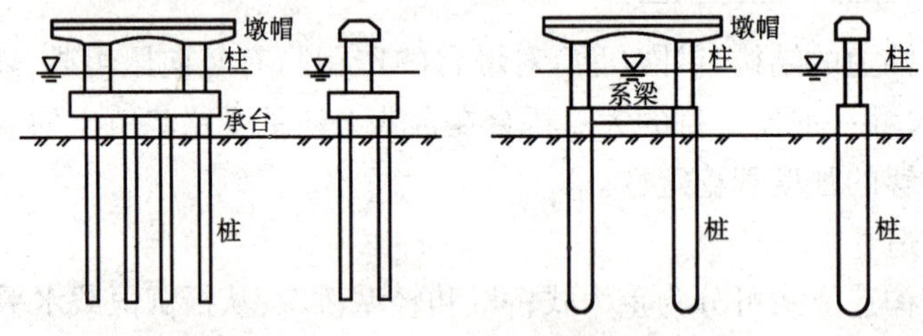

图 4-4-23　柱式桥墩

在采用轻型桥墩的多孔拱桥中，每隔 3 ~ 5 孔应设单向推力墩。当桥墩较矮或单向推力不大时，可以考虑一些轻型的单向推力墩，其优点是阻水面积小，并可节约圬工体积。轻型的单向推力墩形式有：

（1）带三角杆件的单向推力墩

此种桥墩的特点是在普通墩的墩柱上，从两侧对称地增设钢筋混凝土斜撑和水平拉杆，用来提高抵抗水平推力的能力（图 4-4-24a）。为了提高构件的抗裂性，可以采用预应力混凝土结构。这种桥墩只在桥不太高的旱地上采用。

(2)悬臂式单向推力墩

在柱式墩上加一对悬臂,拱脚支承在悬臂端(图 4-4-24b)。当该墩的一侧桥孔遭到破坏以后,可以通过另一侧拱座上竖向分力与悬臂长所构成的稳定力矩来平衡由拱的水平推力所导致的倾覆力矩。

2. 拱桥桥台构造

1)拱桥重力式 U 形桥台

重力式 U 形桥台的构造与梁桥 U 形桥台相仿,也是由前墙、翼墙(侧墙)和基础三部分组成(图 4-4-25)。前墙承受拱圈推力和路堤填土压力。前墙顶宽比梁桥大,其背坡一般采用 2:1 ~4:1,前坡为 20:1 ~30:1 或直立。前墙上设有台帽,其构造与墩帽相同。对于空腹式拱桥,在前墙顶面还要砌筑背墙,用来挡住路堤填土和支承腹拱。侧墙和前墙砌成整体,侧墙尾端伸入路堤内的长度应不小于 0.75m,以保证与路堤良好的衔接。台身的宽度通常与路基的宽度相同。

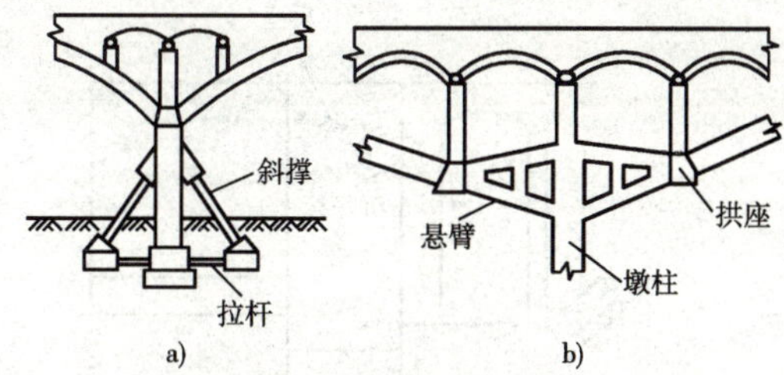

图 4-4-24 拱桥轻型单向推力墩

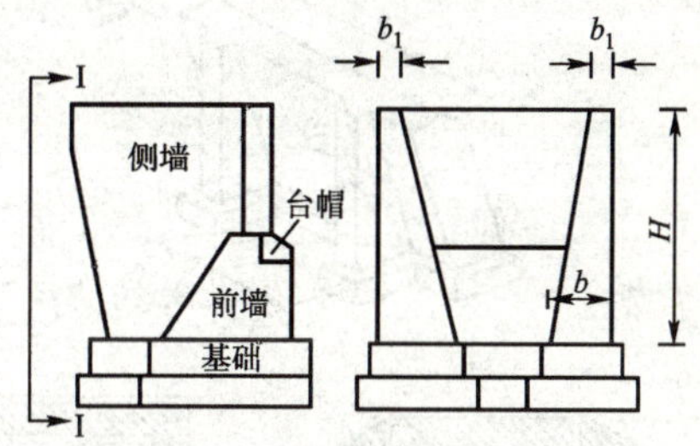

图 4-4-25 拱桥 U 形桥台构造

2)拱桥轻型桥台

拱桥轻型桥台是相对于重力式桥台而言,它适用于小跨径拱桥。常用的形式有八字形桥台、U 字形桥台和背撑式桥台等。采用轻型桥台时,要注意保证台后填土的质量。台后填土应严格按照规定分层夯实,并做好填土的防护工作,防止受水流的侵蚀。

(1)八字形桥台

八字形桥台的构造简单,台身由前墙和两侧的八字翼墙构成(图 4-4-26a)。两者之间通常留沉降缝。前墙可以是等厚度的,也可以是变厚度的。

(2)U 字形轻型桥台

U 字形轻型桥台是由前墙和平行于车行方向的侧墙组成,构成 U 字形的水平截面(图 4-4-26b)。它与 U 形重力式桥台的区别在于:后者是靠扩大桥台底面积以减小基底压力,并利用基底与地基的摩阻力和适当利用台背侧土压力,以平衡拱的水平推力,因此基础底面积较轻型桥台的要大。U 字形轻型桥台前墙的构造和八字形桥台相同,但侧墙却是拱上侧墙的延伸,其间设有变形缝。

(3)背撑式桥台

当桥台较宽时,为了保证结构的强度和稳定性,可以在八字形或 U 字形桥台的前墙背后加一道或几道背

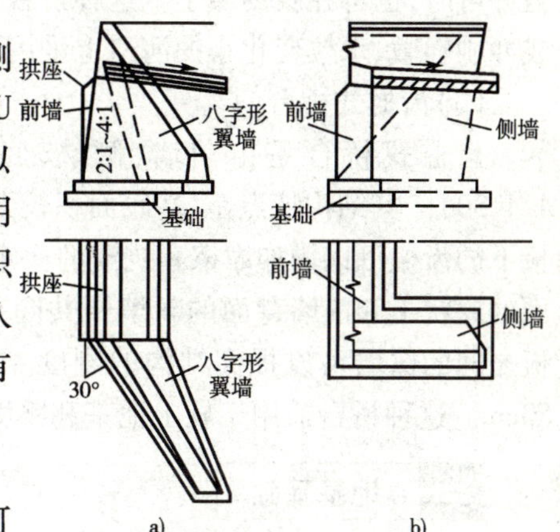

图 4-4-26 八字形和 U 字型轻形桥台

撑,构成水平截面形式为π字形、E字形等的桥台(图4-4-27)。背撑顶宽为30~60cm,背坡为3:1~5:1。这种桥台比八字形和U字形桥台的稳定性要好,但土方开挖量及圬工体积都大。加背撑的U字形桥台适用于较大跨径的高桥。

3)拱桥的其他形式桥台

(1)组合式桥台

组合式桥台由台身和后座两部分组成(图4-4-28)。台身基础承受竖向力,一般采用桩基或沉井基础;拱的水平推力则主要由后座基底的摩阻力及台后的土侧压力来平衡,因此后座基底标高应低于拱脚下缘标高。台身与后座间应密切贴合,并设置沉降缝,以适应两者的不均匀沉降。在地基土质较差时,后座基础也应适当处理,以免后座向后倾斜,导致台身和拱圈的位移和变形。

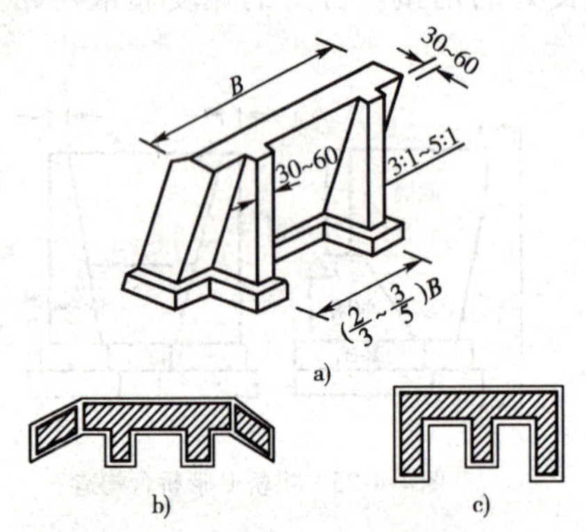

图4-4-27 背撑式桥台(尺寸单位:cm)

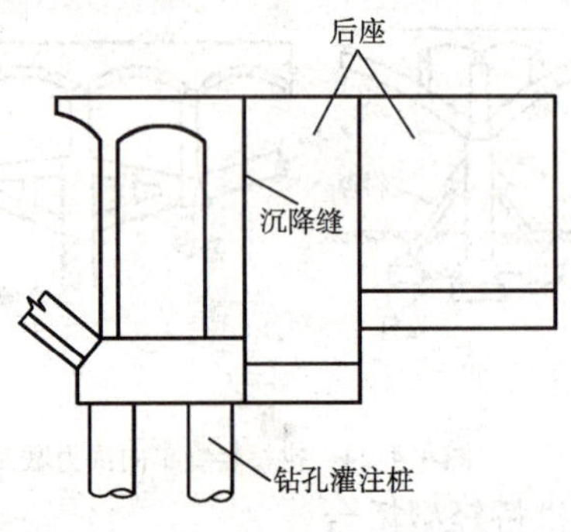

图4-4-28 组合式桥台

(2)空腹式桥台

空腹式桥台是由前墙、后墙、基础板和撑墙等部分组成(图4-4-29)。前墙承受拱圈传来的荷载,后墙支承台后的土压力。在前后墙之间设置撑墙3~4道,作为传力构件,并对后墙起到护壁和对基础板起到加劲作用。最外边的撑墙可以做成阶梯踏步,供人们上下河岸。空腹可以是敞口的,也可以是封闭的。如地基承载力许可时,也可在腹内填土。这种桥台一般是在软土地基、河床无冲刷或冲刷轻微、水位变化小的河道上采用。

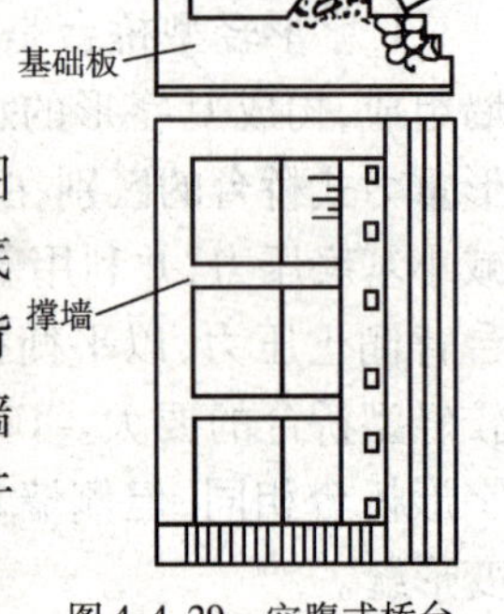

图4-4-29 空腹式桥台

(3)齿槛式桥台

齿槛式桥台是由前墙、侧墙、底板和撑墙几个部分组成(图4-4-30)。其结构特点是:基底面积较大,可以支承一定的垂直压力;底板下的齿槛可以增加摩擦和抗滑的稳定性;台背做成斜挡板,利用它背面的原状土和前墙背面的新填土共同平衡拱的水平推力;前墙与后墙板之间的撑墙可以提高结构的刚度。齿槛的宽度和深度一般不小于50cm。这种桥台适用于软土地基和路堤较低的中小跨径拱桥。

三、地基基础

任何结构物都建筑在一定的地层(岩层或土层)上,基础是结构物直接与地层接触的最下

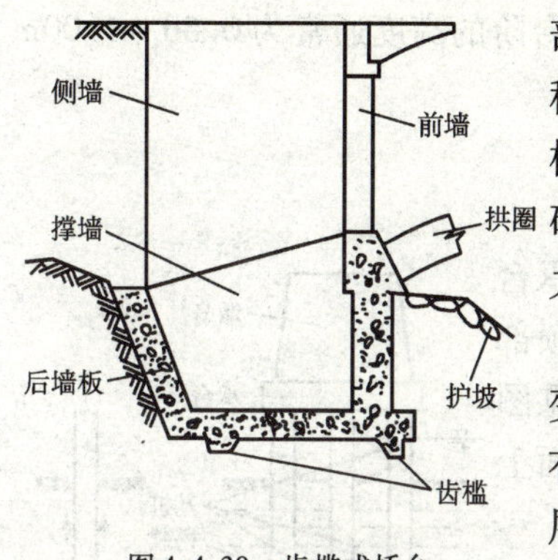

图 4-4-30 齿槛式桥台

部分,在基础底面下,承受由基础传来的荷载的那一部分地层称为该结构物的地基。桥梁基础是桥梁下部结构的组成部分,桥梁结构物的全部荷载通过基础传给地基土层或岩层中,基础既要承受结构物的整个荷载,又要能适应地基的容许承载力。

地基与基础受到各种荷载后,其本身将产生附加的应力和变形。为了保证建筑物的安全和正常使用,地基和基础必须具有强度和稳定性,变形也应在容许范围之内。根据地基土的土层变化情况、上部结构的要求和荷载特点,地基和基础可采用各种类型。

地基可分天然地基和人工地基。基础直接砌筑在天然地层上的地基,称为天然地基;如天然地基的承载力不够,可以先通过人工加固的办法提高地基的强度或减小其压缩性,然后砌筑基础,这种经过人工处理的地基,称为人工地基。

基础根据埋置深度分为浅基础和深基础。一般埋置深度(无冲刷时从河底或地面至基础底面的距离;有冲刷时从最大冲刷线——包括河床自然演变冲刷、设计洪水位的一般冲刷深度及构造物阻水引起局部冲刷深度至基础底面的距离)在5m以内者称为浅基础;埋置深度大于5m,则称为深基础。基础埋置在土层中的深度虽较浅(不足5m),但在水下部分较深,这种基础称为深水基础(如深水中桥墩基础),深水基础在施工、设计中有些问题需要作为深基础考虑。除了深水基础,公路桥梁及人工构造物最常用的基础类型是天然地基上的浅基础,当需要设置深基础时常采用桩基础或沉井基础。

1. 天然地基上的浅基础

天然地基上的浅基础,根据受力条件和构造可分为刚性基础和柔性基础两大类。受力后不发生挠曲变形的基础称为刚性基础,它是桥梁、涵洞和房屋等建筑物常用的基础类型。刚性基础内不需配置受力钢筋,一般采用抗弯强度较差的圬工材料(如浆砌片石,片石混凝土等)做成。刚性基础的特点是稳定性好、施工简便、能承受较大的荷载,但其自重大,且支承面积受到一定限制。容许发生较大挠曲变形的基础称为柔性基础,通常采用钢筋混凝土做成。采用这种基础可以有较大的支承面积。

在桥梁工程中,多数采用刚性扩大基础。

刚性扩大基础的平面形状常为矩形,如图4-4-31所示。基础的平面尺寸,一般较墩、台底面为大,扩大的最小和最大尺寸,视土质、基础厚度、埋置深度及施工方法而定;基础每边扩大的最大尺寸应受到材料刚性角(墩、台身边缘处的垂线与基底边缘的联线间的最大夹角 α_{max})限制。基础的厚度,应根据墩台身结构形式,荷载大小,选用的基础材料等来确定,在一般情况下,大、中桥墩、台基础的厚度在1.0~2.0m左右。当基础较厚时,可在纵横两

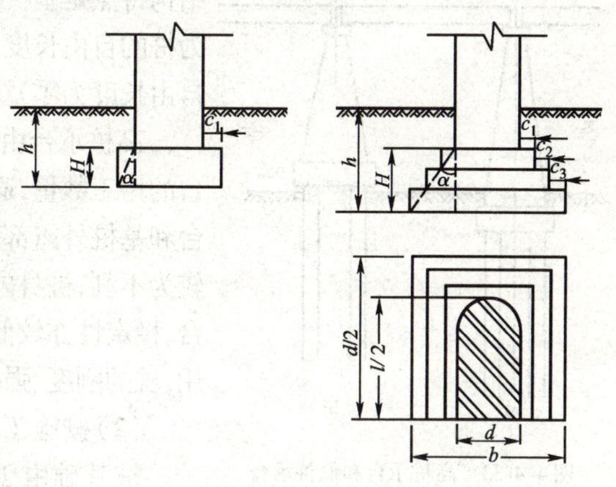

图 4-4-31 刚性扩大基础

个剖面上都砌筑成台阶形，以减少基础自重，节省材料。每层台阶的高度通常为0.50～1.00m（在一般情况下各层台阶宜采取相同厚度）。

2. 桩基础

1）桩基础的组成、作用及适用条件

桩基础是公路桥梁常用的一种深基础，它由若干根桩和承台两部分组成。桩在平面排列上可成为一排或几排，所有桩的顶部由承台联成一整体，在承台上修筑桥墩、桥台及上部结构，见图4-4-32。桩身可全部或部分埋入地基土中，当桩身外露在地面上较高时，在桩之间应加横系梁，以加强各桩的横向联系。

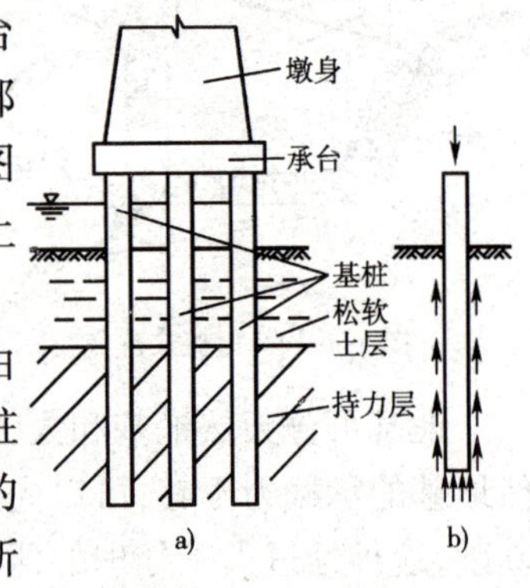

图4-4-32　桩基础

桩基础的作用是将承台以上结构物传来的外力通过承台，由桩传到较深的地基持力层中。承台将外力传递给各桩并箍住桩顶使各桩共同承受外力。各桩所承受的荷载由桩通过桩侧土的摩阻力及桩端土的抵抗力将荷载传递到土中，如图4-4-32b）所示。因此桩基础具有承载力高、稳定性好、沉降量小而均匀等特点。在深水河道中，桩基础可以借桩群穿过水流将荷载传到地基中，避免（或减少）水下工程，简化施工设备和技术要求，加快施工进度并改善施工条件。

当荷载较大，地基土层中的软弱层较厚，承载力较高的土层埋藏较深；或河道不稳定，河床冲刷深度较大；结构物对不均匀沉降敏感或需要较小沉降；及施工水位或地下水位较高时，均宜采用桩基础。

2）桩和桩基础的类型

随着桥梁建设的发展和工程技术的进步，在工程实践中已形成各种类型的桩基础，它们在本身构造和使用性能上有着各自的特点。目前，桥梁桩基础绝大多数采用的是钢筋混凝土桩，个别情况用木桩或钢桩。

（1）按承台位置分

桩基础按承台位置不同可分为高桩承台基础和低桩承台基础(图4-4-33)。高桩承台的承台底面位于地面（或冲刷线）以上，低桩承台的承台底面则位于地面（或冲刷线）以下。高桩承台基础的结构特点是基桩部分桩身埋入土中，部分桩身外露在地面以上（称为桩的自由长度）；而低桩承台基础的基桩则全部埋入土中（桩的自由长度为零）。

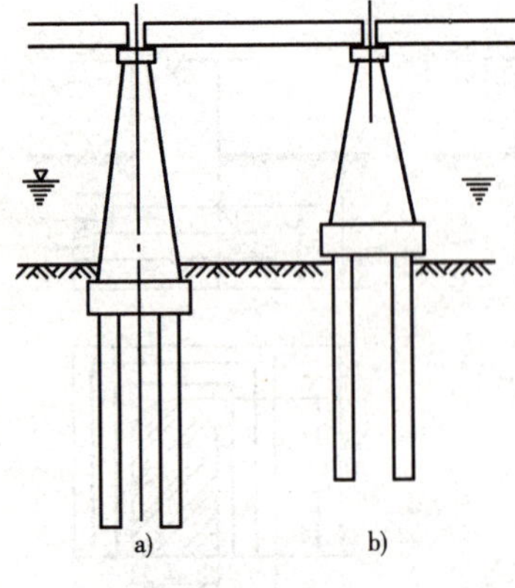

图4-4-33　高桩承台和低桩承台
a）低桩承台；b）高桩承台

高桩承台由于承台位置较高或设在施工水位以上，可减少墩台的圬工数量，避免或减少水下作业，施工较为方便。然而由于承台和基桩外露部分无侧边土层来共同承受水平外力，对基桩受力较为不利，桩身内力和位移都将大于同样水平力作用下的低桩承台，稳定性亦较低桩承台差。近年来由于大直径钻孔灌注桩的采用，桩的刚度、强度都较大，因而高桩承台也多有采用。

（2）按施工方法分

桩基础由于施工时采用的机具设备和工艺过程的不同，桩的施工方法种类就较多，通常主要有钻（挖）孔法和沉入法。

①钻(挖)孔灌注桩

灌注桩是采用就地成孔的方法来完成的一种深基础。其施工方法是:先用机械或人工在土中做成桩孔,然后在孔内放入钢筋骨架,再灌注桩身混凝土而形成桩身,最后在桩顶浇筑承台(或盖梁)。其中,若用钻(冲)孔机成孔的,称为钻孔桩;若用人工开挖桩孔,则称为挖孔桩。灌注桩的特点是施工设备简单,操作方便,适用于各种砂性土、粘性土,也适用碎、卵石类土层和岩层。钻孔桩的直径一般为0.8~3.0m,其长度可由几米至百米。挖孔桩的直径不宜小于1.2m,长度不宜大于20m,以便于人工挖土。

②沉入桩

沉入桩是用汽锤(或柴油锤)或振动打桩机等机械将各种预先制好的桩(钢筋混凝土方桩或管桩、木桩或钢桩)通过锤击(可辅以高压射水)打入地基中一定的深度。这种方法适用于桩径较小(一般直径在0.6~1.5m),土质为砂性土、塑性土、粉土、细砂以及松散的不含大卵石或漂石的碎卵石类土的地基土中,具有施工工艺简单,施工速度快等特点。

③管柱基础

管柱基础是一种大直径桩基础。它是将预制的大直径(直径1.5~5.8m,壁厚10~14cm)钢筋混凝土或预应力钢筋混凝土管柱,用大型的振动沉桩锤沿导向结构将桩垂直振动下沉到基岩(且以高压射水和吸泥机辅助下沉),然后在管柱内钻岩成孔,下放钢筋骨架笼并灌注混凝土,将管柱与岩层牢固连接,上端与承台连接成整体。它适用于深水、有潮汐影响以及岩面起伏不平的河床上的基础。管柱基础需要有振动沉桩锤、凿岩机、起重机等大型机具,动力要求也高,一般用于大型桥梁基础。

(3)按基础的传力方式分

①柱桩

柱桩穿过松软土层,柱底支承在岩层或硬土层(如密实的大块卵石层)等非压缩性土层时,基本依靠桩底岩层或土层抵抗力支承垂直荷载,此种桩称为柱桩或支承桩,如图4-4-34a)所示。柱桩承载力较大,较安全可靠,基础沉降甚微。但如岩层或硬土层埋置很深,则需采用摩擦桩。

②摩擦桩

桩完全埋入软土中,荷载主要是利用桩侧壁与土之间的摩擦作用传到桩底下面积较大的土层中去,这时,桩侧摩擦阻力的作用是主要的,这种桩称为摩擦桩,如图4-4-34b)所示。

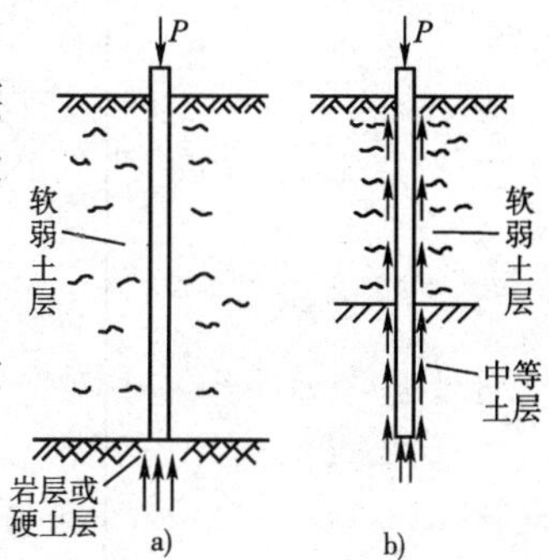

图4-4-34 柱桩和摩擦桩

(4)按基础的受力方向分

桥梁上部结构荷载通过桩基础传给地基,由于施力方向的不同,桩基根据所受垂直荷载和水平荷载分为:

①垂直桩

垂直桩主要设于垂直力较大、水平力较小的梁桥桩基础,现在广泛采用的大直径钻(挖)孔灌注桩具有一定的抗弯和抗剪强度,也全部采用垂直桩,如图4-4-35a)所示。

②斜桩

斜桩又分单向斜桩和多向斜桩,如图4-4-35b)、c)所示。斜桩主要设于有较大水平力的

拱桥墩台或挡土墙基础。

3)桩与桩基础的构造

(1)常用基桩的构造

①就地灌注钢筋混凝土桩的构造

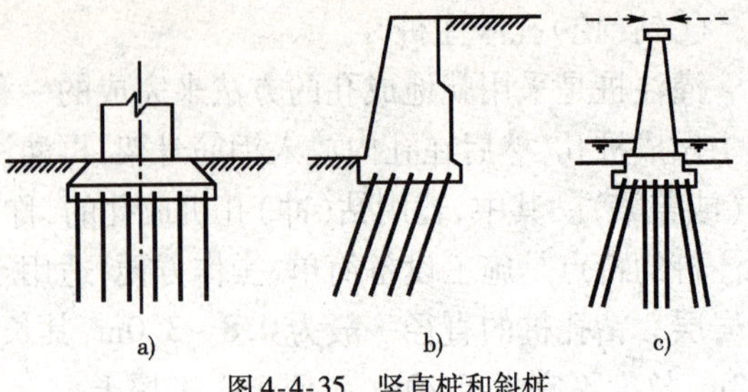

图 4-4-35　竖直桩和斜桩

a)竖直桩;b)单向斜桩;c)多向斜桩

钻(挖)孔桩是采用就地浇筑的钢筋混凝土桩,桩身常为实心断面,桩身混凝土强度等级不低于 C15(仅受竖直力的桩身可用 C15),水下混凝土不低于 C20。桩身内钢筋应按照内力和抗裂性要求布设,长摩擦桩和柱桩可按桩身最大弯矩通长均匀配筋。当按内力计算桩身不需配筋时,应在桩顶 3 ~5m 内设置构造钢筋。

为了保证钢筋笼有一定的刚度,便于吊装及保证主筋受力后的纵向稳定,主筋直径不宜小于 14mm,每根桩主筋不宜少于 8 根;箍筋应适当加强,箍筋直径不小于 8mm,其中距一般为 20 ~40cm。对于直径较大的桩或较长的钢筋笼,可在钢筋骨架上每隔 200 ~250cm 设置一道加劲箍筋。为确保主筋有足够的保护层厚度,钢筋笼四周从上到下可错位设置凸出的定位钢筋、定位弧形混凝土块或其他定位措施。钢筋笼底部的主筋宜稍向内弯曲作为导向。为使钢筋笼不致在灌注水下混凝土时出现上浮,宜将钢筋笼设置到桩底,且在笼底部焊制一“井”字或“十”字框架。钢筋笼构造如图 4-4-36 所示。

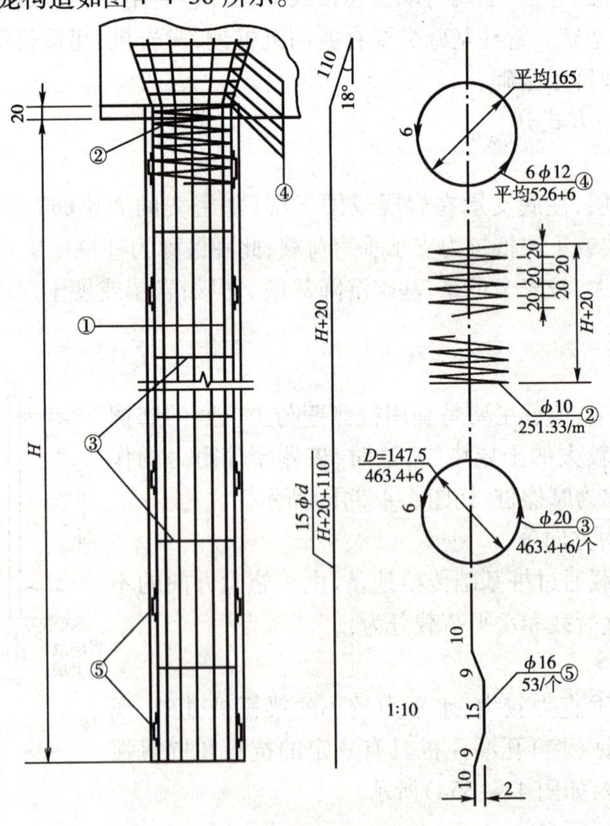

图 4-4-36　灌注桩配筋图(尺寸单位:cm)

①主筋;②螺旋箍筋;③加强箍筋;④喇叭口箍筋;⑤耳环

钻(挖)孔桩的柱桩若需嵌入岩层时,其嵌入深度不宜小于0.5m。

现在有些大直径就地灌注桩已采用空心钢筋混凝土桩,是进一步发挥材料的潜力、节约水泥的措施,但施工程序较复杂。

②钢筋混凝土预制桩

沉桩(打入桩和振动下沉桩)采用预制的钢筋混凝土桩,常用实心的圆桩和方桩,也有用空心的管桩或管柱(用于管柱基础)。

普通钢筋混凝土方桩可以就地灌注预制,横截面尺寸根据桩长确定,为30~50cm。其桩身混凝土强度等级不得低于C25。桩身配筋应按制造、运输、施工和使用各阶段的内力要求通长配筋。主筋直径一般为19~25mm;箍筋直径为6~8mm,其间距为10~20cm(在两端处用5~15cm);桩顶处承受直接的锤击,应设置钢筋网加固。桩尖处为避免穿过硬层时遭致破坏,将钢筋集成一束,并用钢套箍予以加强。为方便吊运,通常在桩身上设置两个吊环,吊点位置根据计算确定。普通钢筋混凝土方桩的构造如图4-4-37所示。

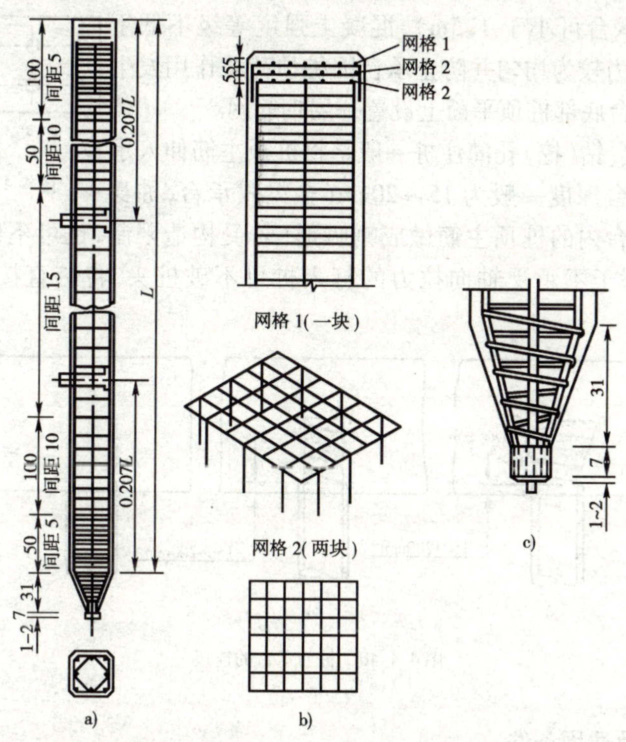

图4-4-37　预制钢筋混凝土方桩(尺寸单位:cm)

管桩由预制工厂以离心旋转机生产,有普通钢筋混凝土和预应力钢筋混凝土两种,直径为400~550mm,管壁厚80mm,混凝土强度等级为C25~C40。每节管桩两端装有连接钢盘(法兰盘)以供接长。图4-4-38为钢筋混凝土预制管桩的构造。

管柱实质上是大直径薄壁钢筋混凝土或预应力钢筋混凝土圆管,在工厂分节预制,接头用法兰盘螺栓拼接。

(2)桩的平面布置

桩基础的布置应根据荷载大小、地质条件以及单桩的承载能力确定。当采用大直径钻孔

灌注桩时，中、小桥常采用单排式。多排式多用在水平推力较大的桥梁墩台中，其排列一般为行列式或梅花式，如图4-4-39所示。各种桩在平面上的中心距离及边桩外侧至承台边缘的距离必须满足规范要求。

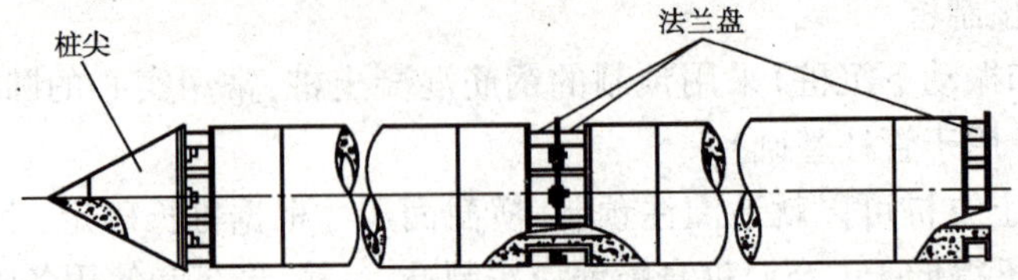

图4-4-38　预制钢筋混凝土管桩

(3)桩与承台的连接

公路桥涵墩台基础多采用刚性承台，其平面形状和尺寸应根据墩台身底部形状及桩的平面布置确定，一般采用矩形和圆端形。承台的厚度应保证承台有足够的强度和刚度，一般不宜小于1.5m(盖梁式承台可小于1.5m)，混凝土强度等级不低于C15。为了使承台受力较为均匀并防止承台因桩顶荷载作用发生破碎和断裂，应在承台底部桩顶平面上设置一层钢筋网。

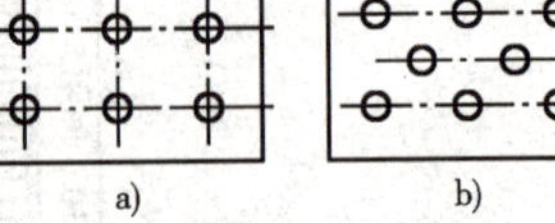

图4-4-39　桩的平面布置

桩和承台的连接，钻(挖)孔灌注桩一般是将桩顶主筋伸入承台，此时桩身伸入承台深度一般为15～20cm(盖梁式承台，桩身可不伸入)。伸入承台内的桩顶主筋做成喇叭形(若受构造限制，也可不作成喇叭形)，如图4-4-40a、b)所示。对于不承受轴向拉力的打入桩可不破桩头，将桩直接埋入承台内，如图4-4-40c)所示。

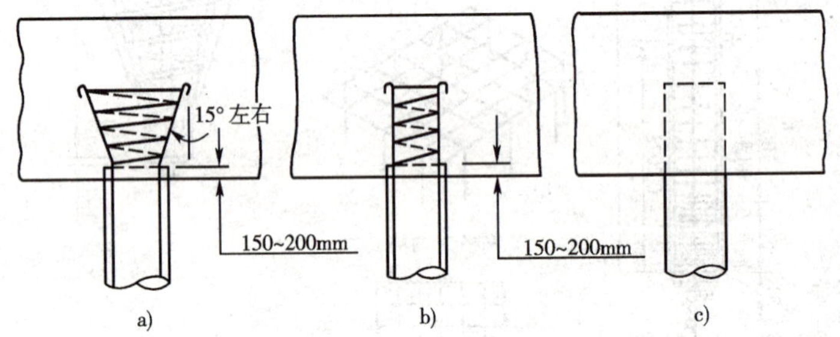

图4-4-40　桩与承台的连接

4. 沉井基础

1)沉井的特点及适用条件

沉井是井筒状的结构物(图4-4-41)，通常用混凝土或钢筋混凝土制成。它是用井筒作为围水结构，在井内挖土，依靠自身重量克服井壁摩阻力后下沉至设计标高，然后用混凝土封底，并用低强度等级混凝土或用砂砾石等回填井筒，最后加封顶盖而成为的一种桥梁墩台基础，如图4-4-42所示。

沉井基础的特点是埋置深度可以很大、整体性强、稳定性好，能承受较大的垂直荷载和水平荷载。沉井既是基础，又是施工时的挡土和挡水围堰结构物，施工工艺也不复杂，因此，在桥梁工程中得到较为广泛的应用。沉井基础的缺点是：施工期较长；对细砂及粉砂类土在井内抽水易发生流砂现象，造成沉井倾斜；沉井下沉过程中遇到的大孤石、树干或井底岩层表面倾斜

过大，均会给施工带来一定困难。

按经济合理和施工可能的原则，沉井基础通常适用于：在上部荷载较大，而表层地基土的容许承载力不足，做扩大基础开挖工作量大，但在一定深度有好的持力层，采用沉井基础与其他深基础相比较，经济上较为合理时；在山区河流中，虽然土质较好，但冲刷大，或河中有较大卵石不便桩基础施工时；岩层表面较平坦且覆盖层薄，但河水较深，采用扩大基础施工围堰有困难时。

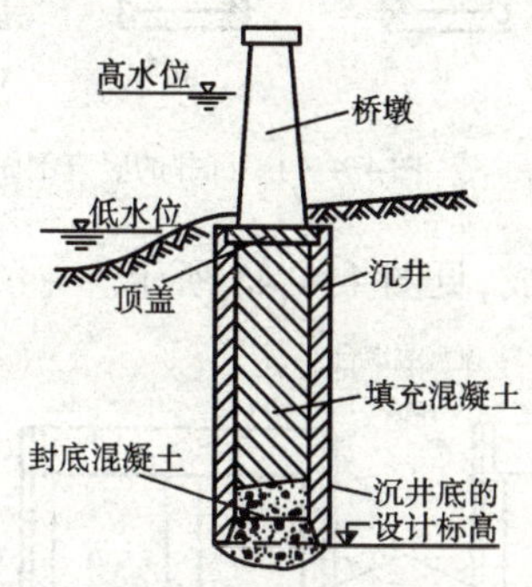

图4-4-41　沉井基础

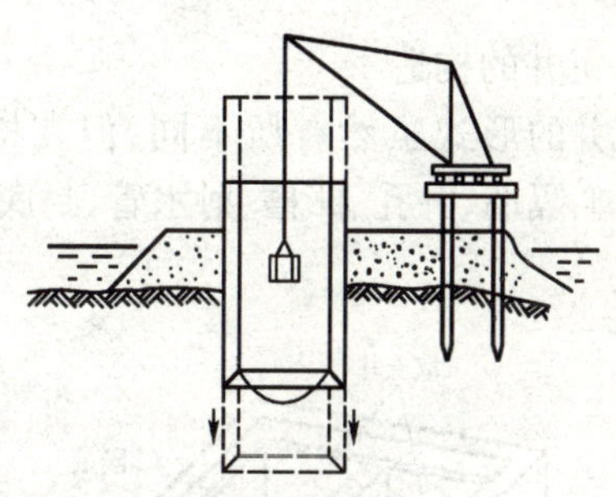

图4-4-42　沉井下沉示意图

2）沉井分类

（1）按下沉方式分类

①就地制造下沉的沉井　这种沉井是在基础设计的位置上制作，然后挖土靠沉井自重下沉。如基础位置在水中，需先在水中筑岛，再在岛上筑井下沉。

②浮运沉井　在深水地区，筑岛有困难或不经济，或有碍通航，或河流流速大，可在岸边制作沉井拖运到设计位置下沉，这类沉井叫浮运沉井。

（2）按外观形状分类

沉井的平面形状通常是结合墩台的平面形状来确定的，一般常采用的有圆形、矩形和圆端形，如图4-4-43所示。圆形沉井受力好，适用于河水主流方向易变的河流。矩形沉井制作方便，但四角处的土不易挖除，河流水流也不顺。圆端形沉井兼有两者的优点也在一定程度上兼有两者的缺点，是桥梁工程中常用的类形。

沉井竖直剖面形状主要有竖直式、倾斜式及阶梯式等，如图4-4-44所示。采用形式主要视沉井需要通过的土层性质和下沉深度而定。外壁竖直形式的沉井，它在下沉过程中不易倾斜，井壁接长较简单，模板可重复使用，故当土质较松软，沉井下沉深度不大，可以采用这种形式。倾斜式及阶梯式井壁可以减小土与井壁的摩阻力，其缺点是施工较复杂，消耗模板多，同时沉井下沉过程中容易发生倾斜，故在土质较密实，沉井下沉深度大，要求在不太增加沉井本身重量的情况下而沉至设计标高，可采用这类沉井。

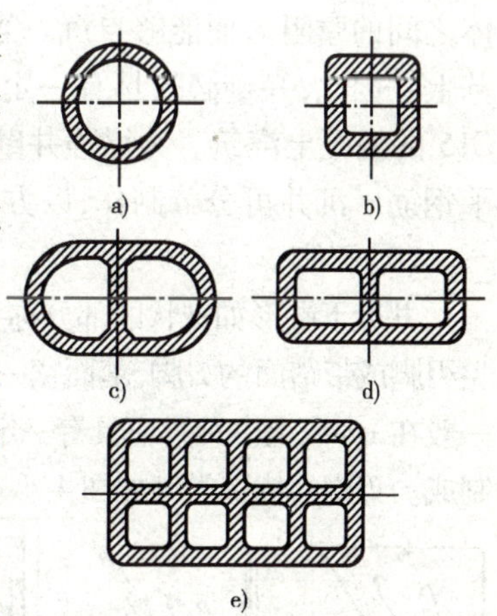

图4-4-43　沉井的平面形状

a）圆形；b）正方形；c）圆端形；d）矩形；e）网格形

（3）按使用的材料，沉井基础可分为混凝土沉井、钢筋混凝土沉井和钢沉井等。桥梁上常用的钢筋混凝土沉井，它的抗拉及抗压能力较好，下沉深度很大（数十米以上）。当下沉深度不很大时，沉井井壁大部分用混凝土，下部（刃脚）用钢筋混凝土。钢沉井常做成浮运沉井，因其易于加工预制，制作精度高，且易于拼装，重量轻，起吊、浮运较方便，特别适用于深水大型基础。但由于其用钢量大，一般情况较少采用。

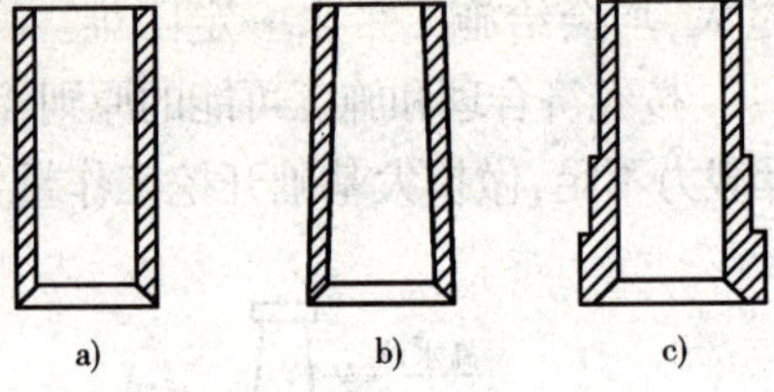

图4-4-44　沉井的竖直剖面形式

3）沉井的构造

沉井的形式虽然有所不同，但在构造上均主要由井壁、刃脚、隔墙、井孔、凹槽、射水管、封底、填心和盖板等组成，见图4-4-45所示。

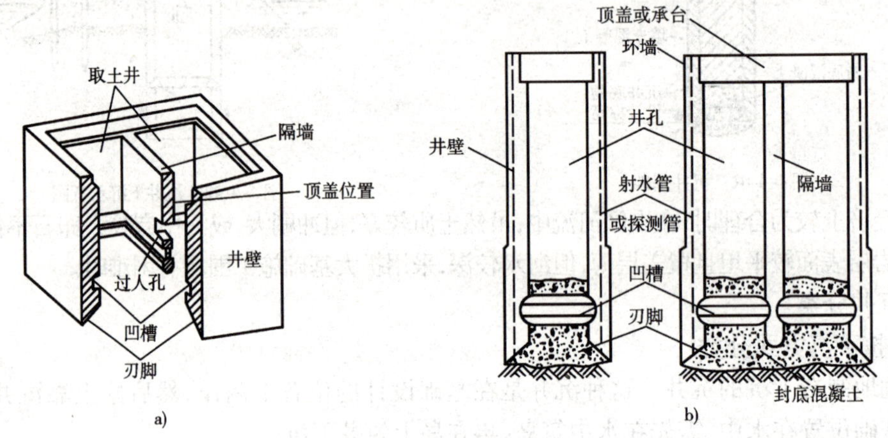

图4-4-45　沉井构造

（1）井壁

井壁是沉井的主体部分，它在沉井下沉过程中起挡土、挡水作用及利用自重克服井壁与土体之间的摩阻力而能够自沉。当施工完毕后，它作为基础的一部分承受上部荷载并传递到地基上。因此，井壁必须具有一定的强度和一定的厚度。其厚度一般为80～120cm，用不低于C15的混凝土浇筑。为增强井壁强度，可根据井壁在施工中的受力情况在井壁配置竖向及水平钢筋。沉井可分节制作，以方便施工，每节的高度一般不超过5m。沉井井壁应严密不漏水。

（2）刃脚

井壁下端形如楔状的部分称为刃脚，其作用是在沉井自重作用下易于切土下沉。刃脚可采用尖刃脚或带踏面的刃脚，踏面宽一般为10～20cm；刃脚斜面与水平面的交角应不小于45°；刃脚高度一般在1m以上。刃脚应具有一定的强度，常以角钢或槽钢加强，并宜采用C20以上的钢筋混凝土制成。刃脚的构造类型如图4-4-46所示。

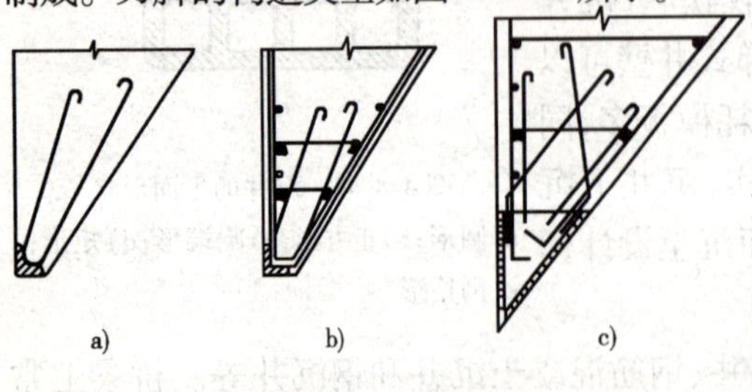

图4-4-46　刃脚类型

（3）隔墙

当沉井的尺寸较大时，为减小井壁的挠曲应力，常用一道或几道内墙把沉井分隔成几个井孔，这样既减小了井壁跨度，又增加了沉井的整体刚度。隔墙一般受力较小，其厚度常用60～100cm。隔墙底面标高应比井壁刃脚底面高出50cm以上，以减小下沉的阻力。隔墙下部开设1.0m×1.2m

的过人孔，以便井内工作人员通行或排水。

(4)井孔

井孔的主要作用是用作排土的工作场所和通道。井孔尺寸应满足取土机具所需的净空和除土范围的要求，其宽度（直径）一般不小于3m。井孔的布置应与沉井中心线对称，便于均匀挖土、均匀下沉以及纠偏所需。

(5)凹槽

凹槽设在取土井孔下端近刃脚处，目的是为了使封底混凝土底面的反力更好的传给井壁，并增强封底混凝土和井壁的联结。如果井孔用混凝土或圬工填实时，则可不设凹槽。凹槽深度一般为0.15~0.25m，高约1.0m。

(6)射水管

当沉井下沉深度大，穿过土层的地质又较好，预计自重不足以克服井壁摩擦力时，可考虑在井壁中预埋射水管组。射水管应均匀布置，以利于控制水压和水量，调整下沉方向。

(7)封底和顶盖

沉井沉至设计标高时进行清基后，便进行浇筑封底混凝土。混凝土达到设计强度后可从井孔中抽干水并填满混凝土或其他圬工材料。如井孔中不填料或仅填以砂砾则需在沉井顶面筑钢筋混凝土盖板。封底混凝土底面承受地基土和水的反力，这就要求封底混凝土有一定的厚度（由应力验算决定或根据经验选定），封底混凝土顶面应高出刃脚根部不小于50cm，并浇灌至凹槽上端。封底混凝土强度等级，对岩石地基用C15；一般地基用C20。顶板厚度一般为0.5~2.0m，顶板混凝土强度等级，对孔中填混凝土时，不低于C20；对钢筋混凝土顶板时，不低于C15。

课题五　涵　洞

【内容提要】 1. 涵洞的组成与分类；2. 涵洞的构造；3. 涵洞长度计算。

【学习目标】

应知：涵洞的类型及构造。

应会：1. 正确识读涵洞工程图；

2. 涵长计算。

一、涵洞的组成与分类

涵洞主要是为渲泄地面水流（包括小河沟）而设置的横穿路基的小型排水构造物。按《标准》规定：单孔标准跨径 $L_k<5$m（管涵及箱涵不论管径或跨径大小、孔数多少）的均称为涵洞。

小桥涵因其数量多，工程量占公路工程比重较大。同时，涵洞的构造简单，造价低，又在小桥涵工程中占有很大的比重，因此小桥涵的设计是否得当，对工程造价和使用效果有很大的影响。

1. 涵洞的组成

涵洞是由洞身及洞口建筑组成的排水构造物，如图4-5-1所示。

a)

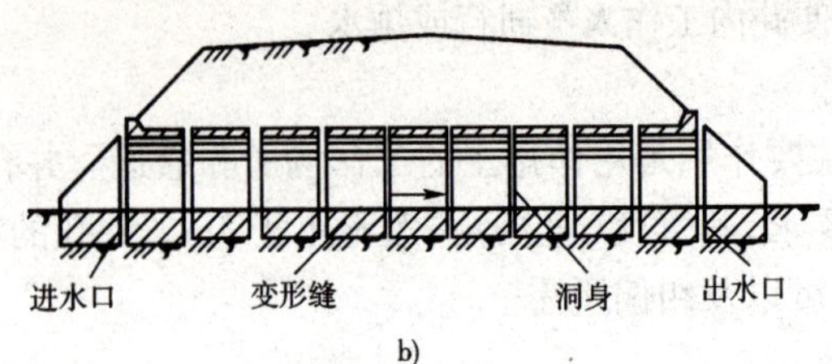

b)

图4-5-1 涵洞的组成部分

a)洞口;b)洞身

洞身是涵洞的主要部分。洞身的作用是承受活载压力和土压力等并将其传递给地基,应具有保证设计流量通过的必要孔径,同时本身要坚固而稳定。

洞口建筑连接着洞身及路基边坡,应与洞身较好地衔接并形成良好的渲泄水流条件。洞口分进水口和出水口两个基本部分。

为了使水流能安全地通过涵洞,减弱对前后涵底的冲刷,需对涵底和进出水口河床一定范围进行加固铺砌,必要时在涵洞前后加设调治构造物和消能设施。

2.涵洞的分类

1)按建筑材料分类

常用的有砖涵、石涵、混凝土涵及钢筋混凝土涵等。

2)按构造形式分类

(1)圆管涵　管涵的直径一般为0.5~1.5m。受力情况和适应基础的性能较好,两端仅需设置端墙,不需设置墩台,故圬工数量少,造价低,但低路堤使用受到限制。

(2)盖板涵　盖板涵在结构形式方面有利于在低路堤上使用,当填土高度较小时可做成明涵。

(3)拱涵　一般超载潜力较大,砌筑技术容易掌握,便于群众修建,是一种普遍采用的涵洞形式。

(4)箱涵　适用于软土地基,但因施工困难且造价较高,一般较少采用。

3)按洞顶填土情况分类

(1)明涵　洞顶无填土,适用于低路堤及浅沟渠处。

(2)暗涵　指洞顶填土大于50cm的涵洞,适用于高路堤及深沟渠处。

4)按水力性能分类

(1)无压力式涵洞　入口处水深小于洞口高度,洞内水流均具有自由水面。

(2)半压力式涵洞　入水口处水深大于洞口高度,水流仅在进水口处充满洞口,而在涵洞的其他部分都具有自由水面。

(3)压力式涵洞　入口处水深大于洞口高度,在涵洞全长充满水流,无自由水面。

(4)倒虹吸管　进出水口设置竖井,水流充满全部涵洞。

二、涵洞的构造

1.洞身

为防止由于荷载分布不均及基底土壤性质不同引起的不均匀沉陷,避免涵洞断裂,将涵洞

沿纵向分为若干段,每段之间以沉降缝分开,基础也同时分开(图4-5-1)。沉降缝间嵌塞浸涂沥青的木板或填塞浸以沥青的麻絮。压力式涵洞除上述处理外,缝隙背面还要用水泥砂浆涂抹,再在全部拱圈或盖板顶面及涵台外侧填筑15cm厚的胶泥防水层。

洞底应有适当的纵坡,其最小值为0.4%,一般不宜大于5%,特别是圆涵的纵坡不宜过大,以免管壁受急流冲刷。当洞底纵坡大于5%时,其基础底部宜每隔3~5m设防滑横墙或将基础做成阶梯形。洞底纵坡大于10%时,涵洞洞身及基础应分段做成阶梯形,如图4-5-2所示。

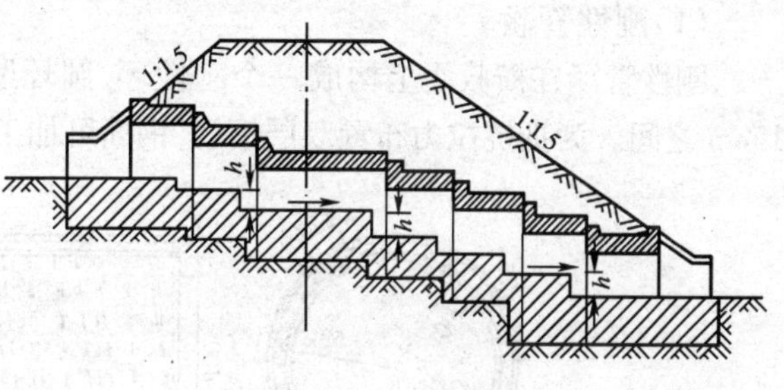

图4-5-2　阶梯形涵洞洞身

一般情况同一涵洞的洞身截面不变,但为充分发挥洞身截面的泄水能力,有时在涵洞进口处采用提高节,如图4-5-3所示。圆形截面不便设置提高节,所以圆形管涵不采用提高节。

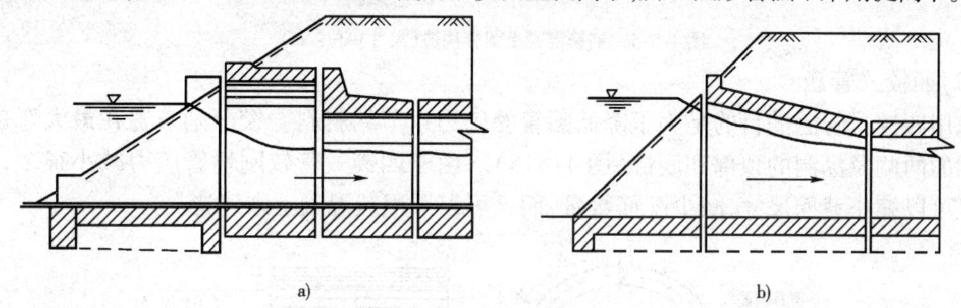

图4-5-3　涵洞的提高节

a)拱涵;b)箱涵

1)圆管涵

圆管涵洞身主要由各分段圆管节和支承管节的基础(或基础垫层)组成(图4-5-4)。

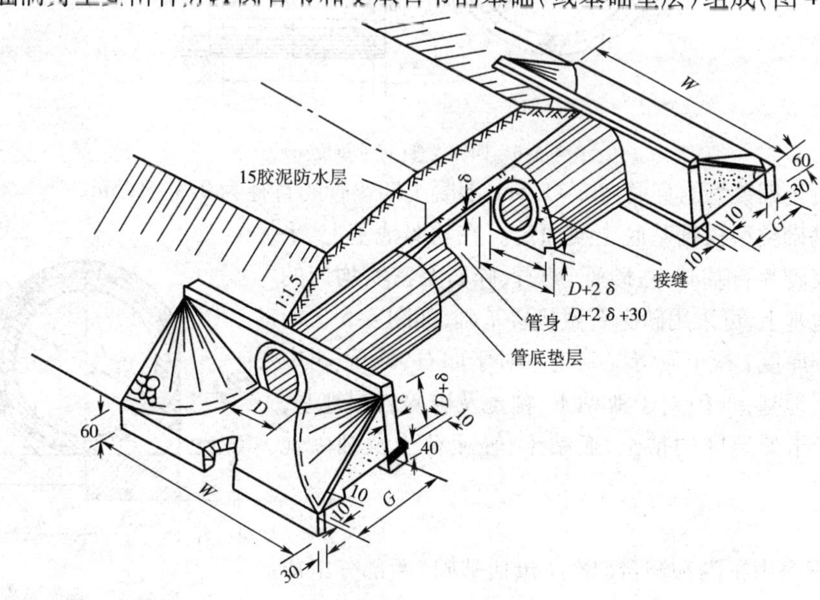

图4-5-4　圆管涵各部分组成(尺寸单位:cm)

圆管涵大多采用钢筋混凝土管涵，管径有0.50m、0.75m、1.00m、1.25m、1.50m及2.00m，一般在工厂预制成长1m的管节，运到现场安装。钢筋混凝土管涵可分为刚性管涵和四铰式管涵。

(1)刚性管涵

刚性管涵在横截面上构成一个刚性环，圆环厚度随直径大小和填土高度而变，一般在8～15cm之间。为抵抗拉力布置双层钢筋，钢筋可加工成一个个圆圈或螺旋箍筋骨架(图4-5-5)。

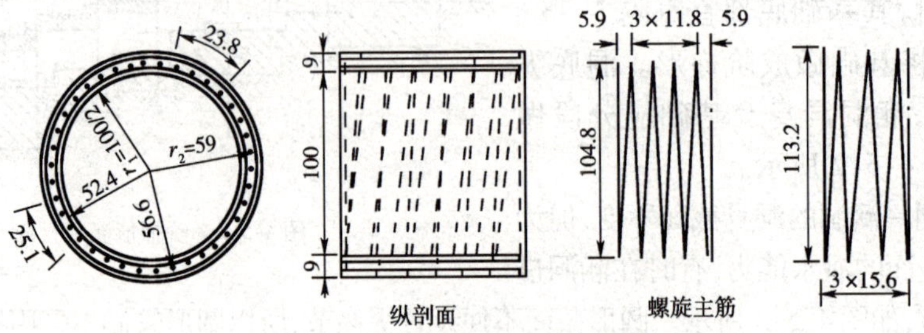

图4-5-5　钢筋混凝土圆管构造(尺寸单位:cm)

(2)四铰式管涵

采用四铰式管涵的目的是为了降低圆管的应力以节约材料。铰分别布置在最大弯矩处，即涵洞的两侧及涵洞的顶部和底部(图4-5-6)。由于四铰式管较刚性管应力减小很多，所以它不仅可以缩小截面尺寸，减少配筋数量，而且可以采用纯混凝土来建造。

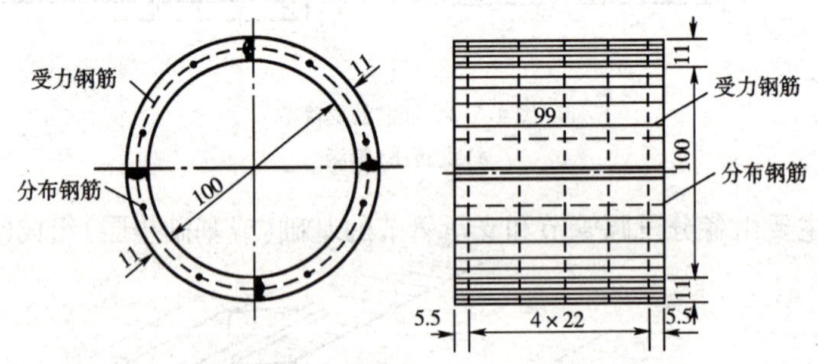

图4-5-6　四铰式管(尺寸单位:cm)

钢筋混凝土四铰管的直径为1～1.5m，混凝土四铰管的直径为0.5～1.5m。

圆管涵基础类型根据基底土质而定。在软弱地基上，采用混凝土或浆砌片石基础；在砂砾、卵石、碎石及密实均匀的粘土或砂土地基上，可采用砂砾石做垫层基础，如图4-5-7所示。垫层基础厚度t视土质情况确定。对于卵石、砾石、粗中砂及整体岩层地基，$t=0$；对于亚粘土、粘土及破碎岩层地基，$t=15$cm；对于干燥地区的粘土、亚粘土、轻亚粘土及细砂地基，$t=30$cm。

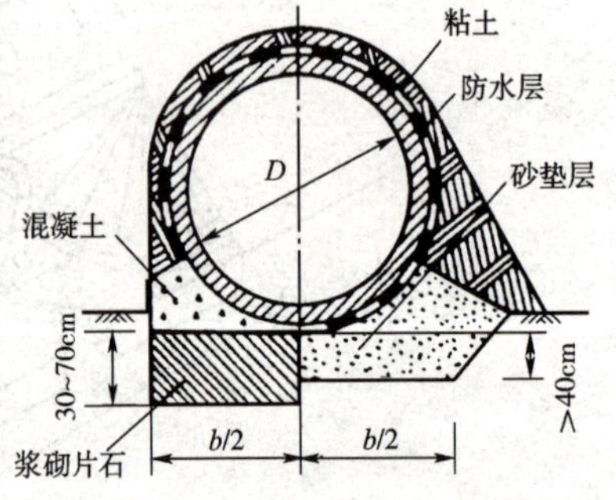

图4-5-7　圆管涵基础

2)拱涵

拱涵的洞身由拱圈和涵台(墩)(包括基础)两部分组成(图4-5-8)。

拱圈是拱涵的承重部分，可由石料、混凝土、砖等材料构成。拱圈常采用等截面圆弧拱，矢跨比常取 1/3～1/4。拱涵的常用跨径为 100cm、150cm、200cm、250cm、300cm、400cm、500cm，相应拱圈厚度为 25～35cm。涵台（墩）身用于支承拱圈，采用内壁垂直的梯形断面。基础有分离式和整体式两种。整体式基础主要用于小跨径以及松软地基上的涵洞。对于大于 2～3m 的涵洞，宜采用分离式基础。当基础采用分离式且涵内流速较高时，可在基础之间地表面加以铺砌。

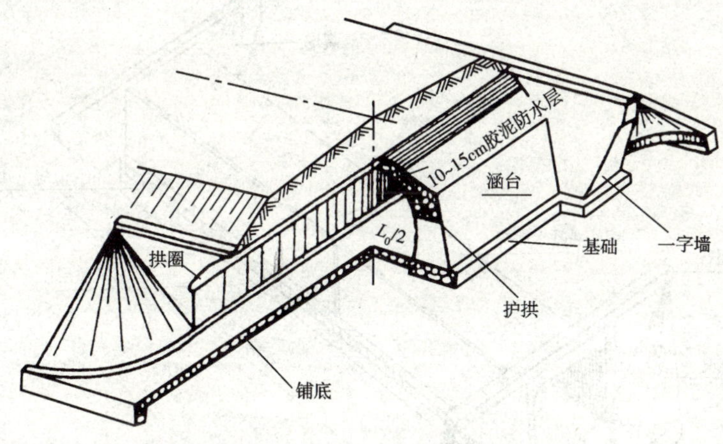

图 4-5-8 石拱涵构造

3）盖板涵

盖板涵洞身由涵台（墩）、基础和盖板组成（图 4-5-9）。

盖板有石盖板和钢筋混凝土盖板。当跨径较小且洞顶有一定填土高度时，可用石盖板；跨径较大时应采用钢筋混凝土盖板。钢筋混凝土盖板厚度随洞顶填土高度与孔径而变，一般在 10～30cm 之间。石盖板的厚度在 15～40cm 之间。圬工涵台（墩）身的临水面一般采用竖直面，背面为竖直或斜坡。涵台的顶面可做成平面，也可做成 L 形，使之在支承板的同时，借助盖板的支撑作用来加强涵台的稳定。基础有分离式和整体式两种。采用分离式基础且涵内水流流速较高时，可在基础之间地面表层予以铺砌，使涵台（墩）基础免受冲刷破坏。

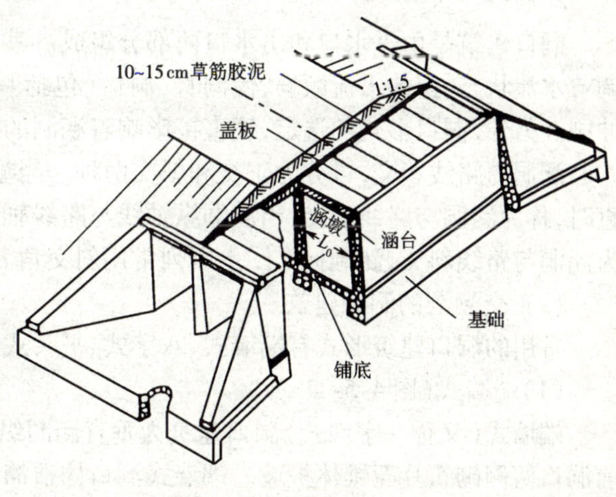

图 4-5-9 钢筋混凝土盖板涵

盖板涵的过水能力较圆管涵大，与同孔径的拱涵相接近，施工期限较拱涵短，但钢材用量比拱涵多，对地基承载力的要求较拱涵低。因此，在要求通过较大的排洪量，地质条件较差，路堤高度较小的设涵处，常采用盖板涵，且常采用明涵。在公路工程中，有孔径 0.75m、1.0m、1.5m、2.0m、2.5m、3.0m 和 4.0m 的标准设计图，可供选用。

4)箱涵

箱涵为整体闭合式钢筋混凝土框架结构,由涵身和基础两部分组成(图4-5-10)。

箱涵涵身由钢筋混凝土构成,洞身断面一般为长方形或正方形。常用跨径为200cm、250cm、300cm、400cm、500cm。涵壁厚一般为22~35cm,内壁面四个角处往往做成45°的斜面,其尺寸为5cm×5cm。箱涵基础一般为双层结构,上层为混凝土结构,厚10cm,下层为砂砾石垫层,厚度为40~70cm。

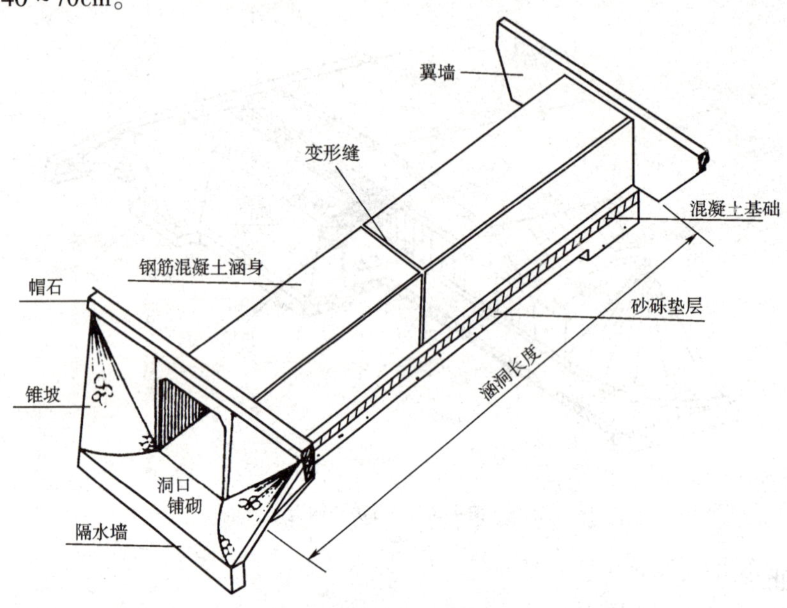

图4-5-10 钢筋混凝土箱涵

2. 洞口建筑

洞口建筑是由进水口和出水口两部分组成。其作用是使涵洞进出水口与路基衔接平顺,调节水流状态,保持水流顺畅,使洞身、洞口(包括基础)、两侧路基以及上下游附近河床免受冲刷。另外,洞口形式的选定,还直接影响着涵洞的渲泄能力和河床加固类型的选用。

涵洞与路线相交,可分为正交和斜交两种。当涵洞沿纵轴线方向与路线轴线方向相互垂直时,称为涵洞与路线正交;当涵洞纵轴线与路线轴线方向不相互垂直时(所夹锐角为α),称为涵洞与路线斜交,涵洞标准图上所列常用斜交角α为75°、60°、45°三种。

1)正交涵洞的洞口建筑

常用的洞口建筑形式有端墙式、八字式、平头式和走廊式(图4-5-11)。

(1)端墙式(图4-5-11a)

端墙式(又称一字墙式)洞口建筑为垂直涵洞纵轴线,用以挡住路堤边坡填土的矮墙。墙前洞口两侧砌筑片石锥体护坡。端墙式洞口构造简单,但水力条件不好,适用于流量较小的人工渠道及不易受冲刷影响的岩石河沟上。

(2)八字式(图4-5-11b)

八字式洞口除有端墙外,端墙前洞口两侧还有张开成八字形的翼墙。翼墙墙身高度随路堤的边坡而变。有时为了缩短翼墙长度,可将端部折成与线路平行的雉墙,雉墙前设锥体护坡,如图4-5-12所示。翼墙敞开角(一边翼墙的迎水面与涵洞轴线之间的夹角)应按水力条件

最适宜的角度设置,进水口处为13°左右,出口处不宜大于10°,但一般都按30°设置。这种洞口工程量小,水力条件好,施工简单,是最常用的洞口形式。

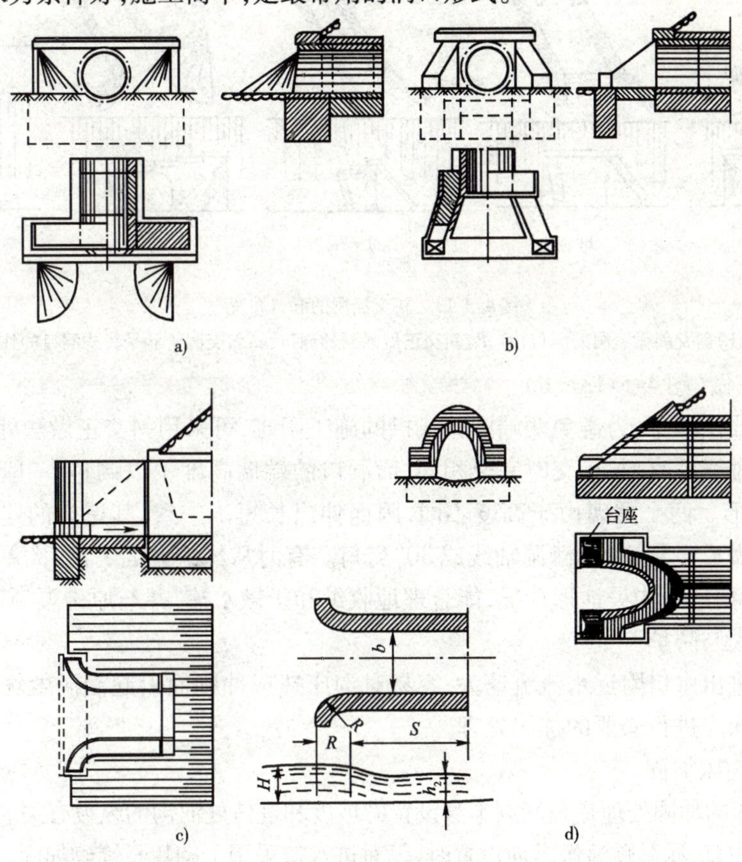

图4-5-11　正交涵洞的洞口建筑

(3)走廊式(图4-5-11c)

走廊式洞口建筑是由两道平行的翼墙在前端展开成八字形或流线形构成的。这种洞口使水位跌落在洞口建筑部分而不必增高节段。但由于施工困难,目前采用较少。

(4)平头式(图4-5-11d)

平头式(又称领圈式)常用于混凝土圆管涵。因需制作特殊的洞口管节,模板耗用较多,但它较八字墙洞口可省材料45%~85%,而渲泄能力仅减少8%~10%。平头式洞口适用水流量不大、流速较小的情况。流速较大时,应对路堤边坡迎水面铺砌加固。当需大批使用圆管涵时,可考虑选用平头式洞口。

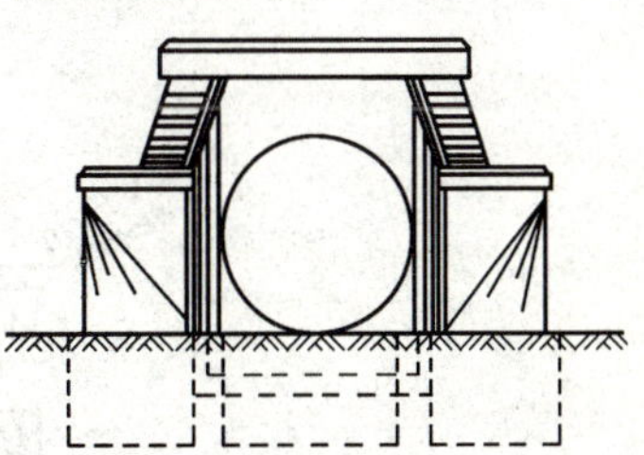

图4-5-12　带雉墙的八字式洞口

2)斜交涵洞的洞口建筑

当涵洞与路线斜交时,其洞口建筑所采用的各种形式与正交时基本相同,根据洞身的构造不同,有两种处理方法。

(1)斜交斜做(图4-5-13a、b)

为求外形美观及适应水流条件,可使涵洞洞身端部与线路中线平行,而与涵洞轴线相交,此种做法称为斜交斜做。对于盖板涵和箱涵,运用斜交斜做法比较普遍。在这种情况下,除洞口建筑外，还须对盖板或箱涵身的两端另行设计，以适应斜边的需要。

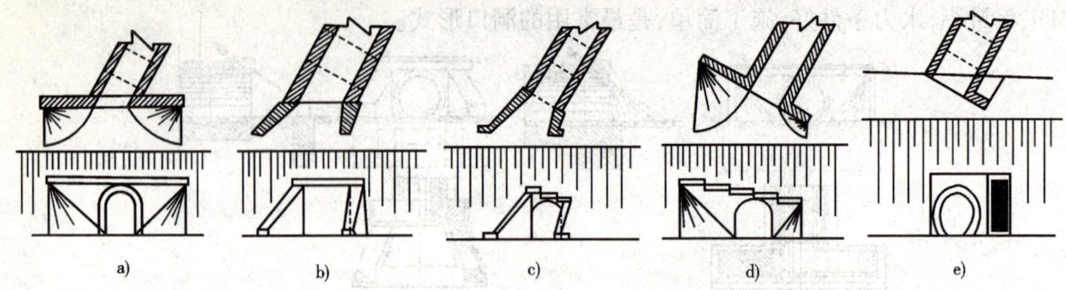

图 4-5-13　斜交涵洞的洞口布置

a)、b)斜交斜做涵洞的洞口；c)、d)斜交正做涵洞的洞口；e)斜交圆管涵平头式洞口的处理

(2)斜交正做(图 4-5-13c、d)

在圆管涵或拱涵中，为避免两端圆管或拱的施工困难，可采用斜交正做法处理洞口。即涵洞端部与涵洞轴线垂直，与正交时完全相同，而洞口的端墙高度予以调整，一般将端墙设计成斜坡形或阶梯形。两个翼墙由于高度不同，因而伸出长短不一致，其尾端的连线应与线路平行。翼墙通常做成正翼墙，与涵洞轴线成 30°交角。有时从经济方面考虑，大翼墙的交角可适当减小，但必须要适合沟渠地形情况，能合理地收纳和扩散水流，并与原沟渠顺适地衔接。

3. 沟床加固与防护

由于涵洞进出水口附近水流流速大，容易对沟床造成冲刷而引起涵洞毁坏，因此，对涵洞的进出水口沟床应进行必要的加固处理。

1)进水口沟床加固

进水口沟床的加固处理是与涵洞本身设置的坡度和进口处河沟的纵坡有关。当河沟纵坡小于10%且河沟顺直，涵洞顺河沟纵向设置时，仅对进水口采用干砌片石铺砌加固。铺砌形式有整体铺砌和局部铺砌两种(图 4-5-14)。当河沟纵坡为 10% ~40% 时，则可采用图 4-5-15 所示的加

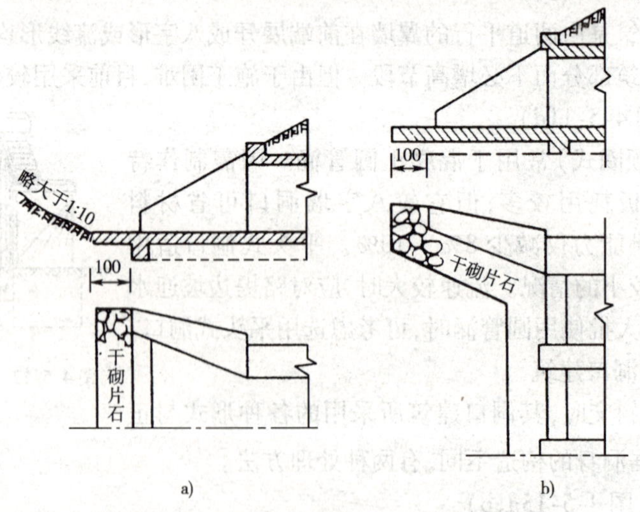

图 4-5-14　平缓沟槽进口铺砌(尺寸单位：cm)

a)整体铺砌；b)局部铺砌

固形式。缓坡涵(洞底坡度小于5%)须在进水口段设置长度约为L_0~$2L_0$(L_0为涵洞孔径)的缓坡段,以防止产生水跃。当涵前河沟纵坡大于50%时,水流流速很大,进水口则需设跌水井和吊沟或U形断面急流槽与天然河沟连接,以削减水流,减缓流速,如图4-5-16所示。

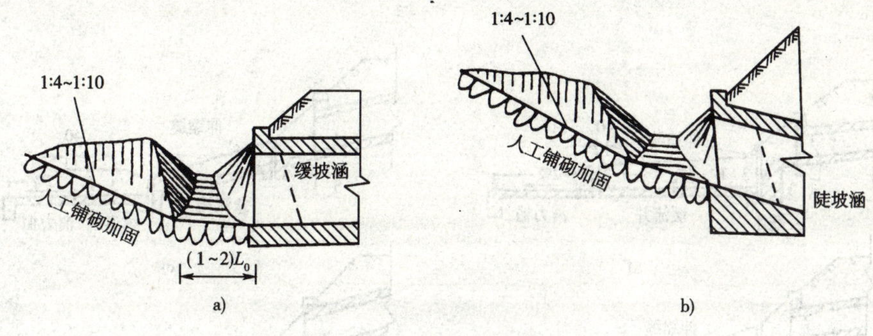

图4-5-15 进水口沟底及沟槽加固

a)缓坡涵;b)陡坡涵

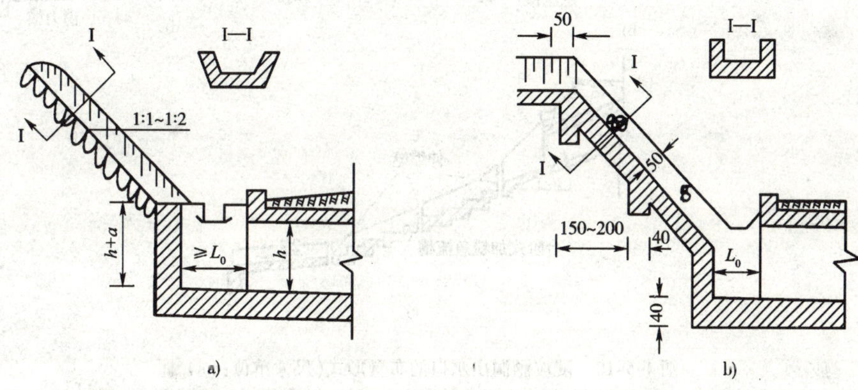

图4-5-16 进水口的跌水措施(尺寸单位:cm)

2)出水口沟床加固

出水口加固防护的设置,应根据地形、地质条件和水流特性选择其类型。

坡度小于15%的天然河沟上设置缓坡涵底(洞底坡度小于5%),出水口流速不大,下游洞口河床可采用一般铺砌形式,在铺砌末端设置截水墙(图4-5-17a)。无压力式涵底下游,为了减小水流速度,可视情况与涵底出水口铺砌相结合设置挑坎(图4-4-17b)。

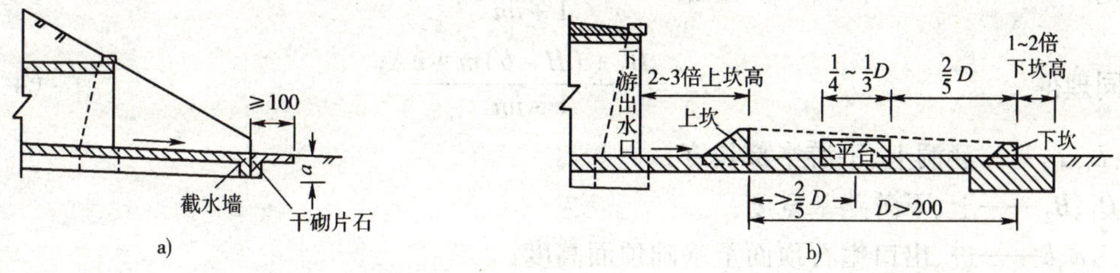

图4-5-17 缓坡涵洞出水口形式(尺寸单位:cm)

a)一般铺砌形式;b)挑坎的一般布置形式

当天然沟槽纵坡大于15%时,须设置陡坡涵洞(洞底坡度大于5%)。陡坡涵洞出水口一般可采用八字翼墙,同时视地形、地质和水力条件,采用急流槽、跌水、消力池、消力槛、人工加糙等消能措施。具体形式和彼此衔接方式根据水力计算确定。图4-5-18所示为几种出水口布置形式。

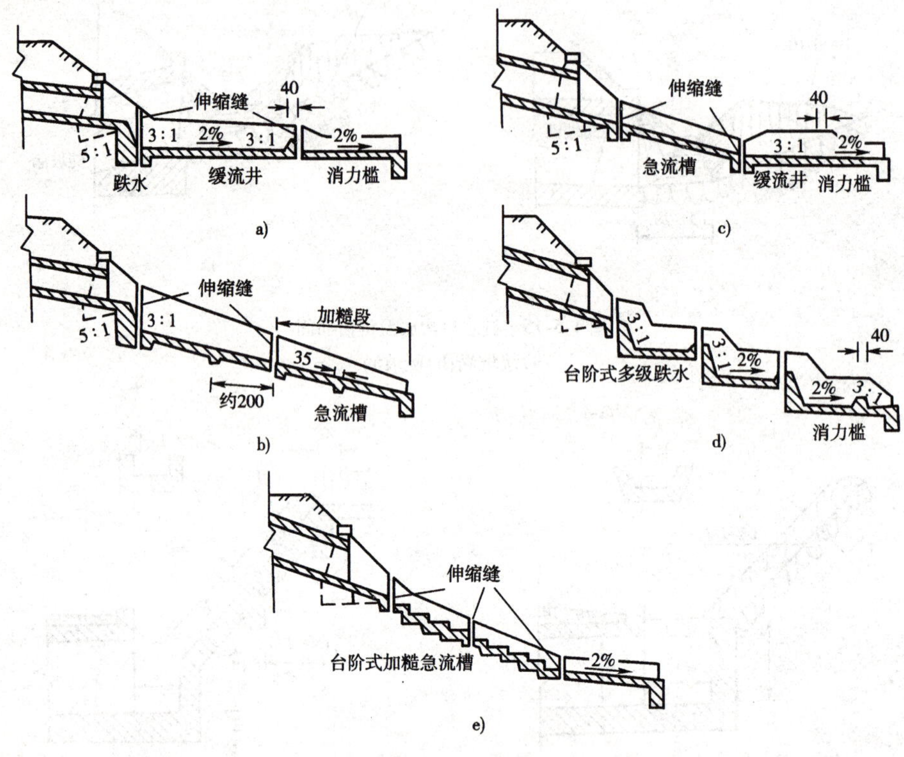

图4-5-18 陡坡涵洞出水口的布置形式(尺寸单位:cm)

三、涵洞长度计算

1. 正交涵洞长度计算

涵洞上游半部的长度和下游半部的长度并不相同,必须分别计算,由图4-5-19可得下列关系:

$$L_1 = B_1 + (H - a - iL_1)m + c$$

则

$$L_1 = \frac{B_1 + (H-a)m + c}{1 + im} \tag{4-5-1}$$

同理得

$$L_2 = \frac{B_2 + (H-b)m + c}{1 - im} \tag{4-5-2}$$

式中:L_1、L_2——涵洞上、下游半部长度;

B_1、B_2——上、下游路基宽度;

a、b——进、出口帽石顶面至基础顶面高度;

c——帽石宽度;

H——路基边缘至涵底中心的距离。

2. 斜交涵洞长度计算

1）斜交斜做（洞口与路线平行）

由图 4-5-19 和图 4-5-20 可得

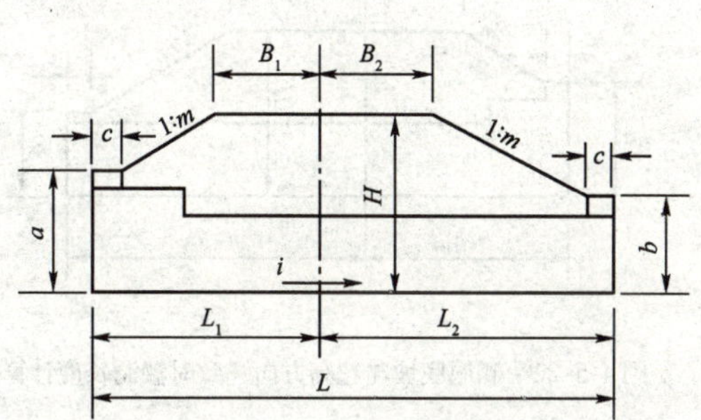

图 4-5-19 正交涵洞长度计算

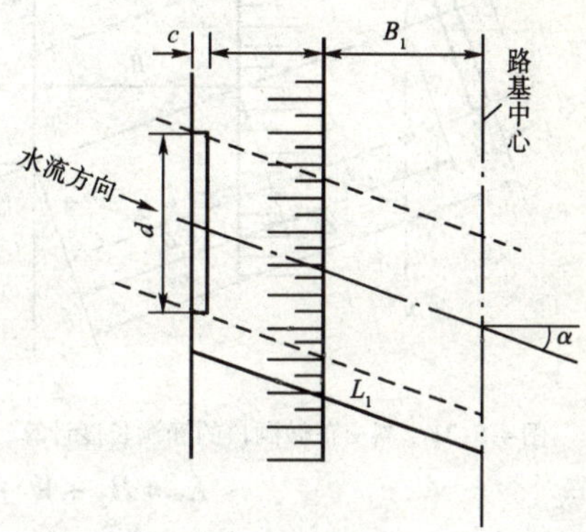

图 4-5-20 斜交斜做洞口的涵洞长度计算

$$L_1\cos\alpha = B_1 + (H - \alpha - iL_1)m + c$$

则

$$L_1 = \frac{B_1 + (H - a)m + c}{\cos\alpha + im} \tag{4-5-3}$$

同理得

$$L_2 = \frac{B_2 + (H - b)m + c}{\cos\alpha - im} \tag{4-5-4}$$

2）斜交正做（洞口与洞身垂直）

由图 4-5-21 可得

$$L_1 = A_1 + A_2 + \frac{B_1}{\cos\alpha} = c + \frac{d}{2}\tan\alpha + (H - \alpha - iL_1)\frac{m}{\cos\alpha} + \frac{B_1}{\cos\alpha}$$

则

$$L_1 = \frac{B_1 + (H - \alpha)m + \dfrac{d}{2}\sin\alpha + c\cos\alpha}{\cos\alpha + im} \tag{4-5-5}$$

同理得

$$L_2 = \frac{B_2 + (H - b)m + \dfrac{d}{2}\sin\alpha + c\cos\alpha}{\cos\alpha - im} \tag{4-5-6}$$

式中：d——帽石长度。

3. 路基有超高加宽时正交涵洞的长度计算

1）i_1 和 i 方向一致时

由图 4-5-22 可得：

$$L_1 = B_1 + (H - \alpha - iL_1 + i_1 B)m + c$$

则

$$L_1 = \frac{B_1 + (H - a + i_1 B)m + c}{1 + im} \tag{4-5-7}$$

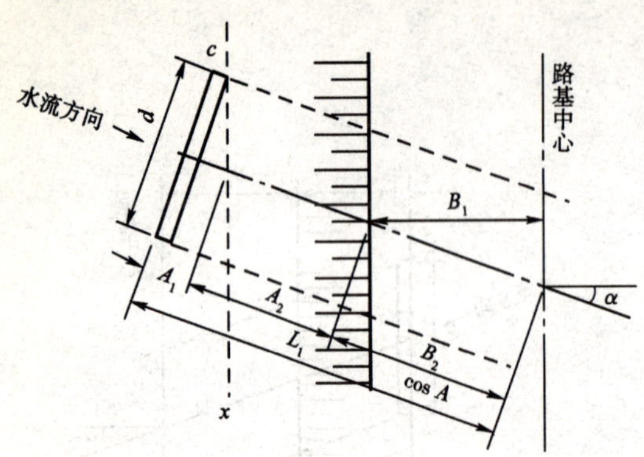

图 4-5-21　斜交正做洞口的涵洞长度计算

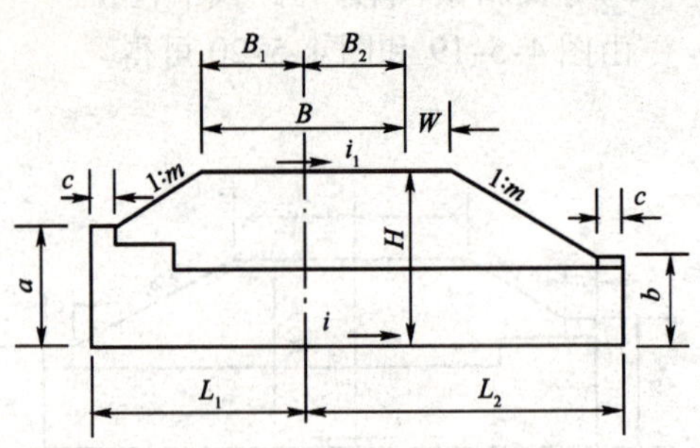

图 4-5-22　涵洞底坡与超高方向一致时涵洞长度计算

$$L_2 = B_2 + W + (H - b + iL_2 - i_1 W)m + c$$

则

$$L_2 = \frac{B_2 + W + (H - b - i_1 W)m + c}{1 - im} \tag{4-5-8}$$

2) i_1 和 i 方向相反时

由图 4-5-23 可得：　$L_1 = B_1 + W + (H - \alpha - iL_1 + i_1 W)m + c$

则

$$L_1 = \frac{B_1 + W + (H - a - i_1 W)m + c}{1 + im} \tag{4-5-9}$$

$$L_2 = B_2 + (H - b + iL_2 + i_1 B)m + c$$

则

$$L_2 = \frac{B_2 + (H - b + i_1 B)m + c}{1 - im} \tag{4-5-10}$$

4. 涵洞与路线斜交，考虑路基纵坡影响时涵洞长度计算

由图 4-5-24 可得：

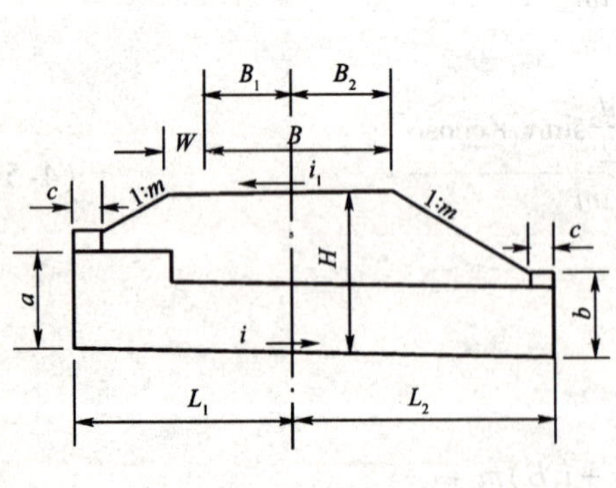

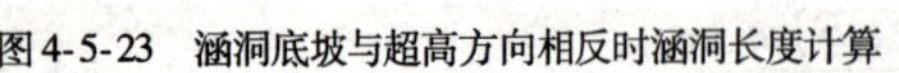
图 4-5-23　涵洞底坡与超高方向相反时涵洞长度计算

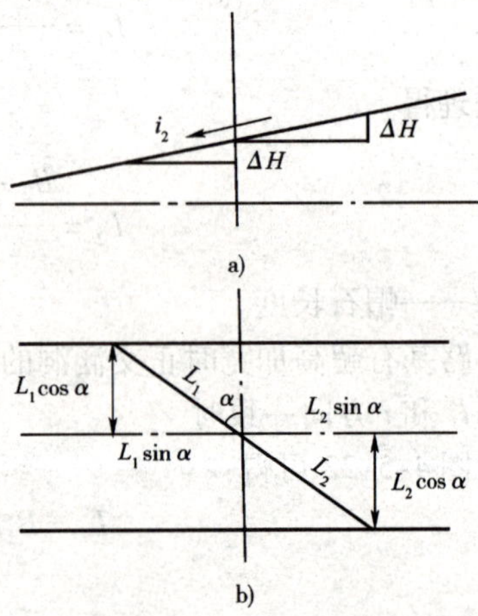

图 4-5-24　考虑纵坡影响的斜交斜做涵洞长度计算
a) 路基纵断面；b) 涵洞平面布置

$$\Delta H = L_1 i_2 \sin\alpha$$

由式(4-5-3)可得

$$L_1 = \frac{B_1 + (H - a - L_1 i_2 \sin\alpha)m + c}{\cos\alpha \pm im}$$

或

$$(\cos\alpha \pm im)L_1 + L_1 i_2 m\sin a = B_1 + (H - \alpha)m + c$$

则

$$L_1 = \frac{B_1 + (H - a)m + c}{\cos\alpha \pm im + i_2 m\sin\alpha} \tag{4-5-11}$$

由式(4-5-4)可得

$$L_2 = \frac{B_2 + (H - b + L_2 i_2 \sin\alpha)m + c}{\cos\alpha \mp im}$$

或

$$(\cos\alpha \mp im)L_2 - L_2 i_2 m\sin\alpha = B_2 + (H - b)m + c$$

则

$$L_2 = \frac{B_2 + (H - b)m + c}{\cos\alpha \mp im - i_2 m\sin\alpha} \tag{4-5-12}$$

单元五　公路交叉

公路与公路或公路与铁路等相交部位称为交叉口。交叉口是公路的一个重要组成部分，是道路交通的咽喉。相交道路的各种车辆和行人都要在交叉口汇集、通过和转换方向，它们之间必然会相互影响和干扰，不但会降低车速、阻滞交通，降低通行能力，而且也容易发生交通事故。此外，在交叉口处的周期性刹车、起动，对于燃料、车辆机件和轮胎的消耗都很大。因此，正确地规划和设计交叉口，并合理地组织交通，以保证安全行车和提高道路通行能力，具有十分重要的意义。

路线交叉包括公路与公路交叉、公路与铁路交叉、公路与乡村道路交叉以及公路与其他管线的交叉等。路线与路线在同一高程上交叉称为平面交叉；路线与路线在不同高程上交叉称为立体交叉。除了公路与公路、公路与铁路或公路与乡村道路，既可以采用平面交叉也可以采用立体交叉外，公路与其他各种管线交叉都只能采用立体交叉。在公路与各种线路交叉中，最常见的和最复杂的是公路与公路交叉，因此，本单元只介绍公路与公路交叉。

课题一　平面交叉

【内容提要】 1. 平面交叉的基本要求；2. 平面交叉的类型与适用条件。

【学习目标】

应知：平面交叉的类型及适用条件。

平面交叉是常见的公路交叉形式。《标准》规定：公路与公路交叉，除高速公路不准采用平面交叉外，一级公路可少量采用平面交叉，其他各级公路可采用平面交叉。由于平面交叉的来往车辆在同一平面上通过，因而形成较多的交叉点和交织点，且有行人等的影响，因此有车速低、易产生交通阻滞和交通事故等缺点；但它形式简单，造价低，占地少。

一、平面交叉的基本要求

平面交叉是公路网中的节点，其位置和形式的选定直接影响路网整体效益的发挥以及交通安全。因此，设计交叉口时应符合如下要求：

(1)平面交叉位置的选择，应综合考虑公路网现状和规划、地形和地物等因素。

(2)平面交叉的形式，应根据相交公路的功能、交通量、交通管理方式、地形、用地条件和

工程造价等因素而确定。

(3)平面交叉选型和设计中,应优先保证主要公路或主要交通流的畅通,尽量减少冲突点,缩小冲突区,并分散和分隔冲突区。

(4)平面交叉范围内相交公路的设计速度,原则上应与该公路的设计速度相同。当两相交公路的等级相同或交通量相近时,平面交叉范围内的直行行车道的设计速度可适当降低,但不得低于路段设计速度的70%。并应对右转弯和左转弯车道的设计速度加以控制,即右转弯车道的设计速度不宜大于40km/h,左转弯车道的设计速度不宜大于20km/h。

(5)相交公路在平面交叉范围内应有良好的线形和视距。平面交叉范围内的路段宜采用直线,纵面应尽量平缓。相互通视点至路口的距离应能满足各自公路等级所规定的视距要求,并保证两相邻岔路间,各交叉公路的停车视距范围内应能互相通视,如图5-1-1所示。

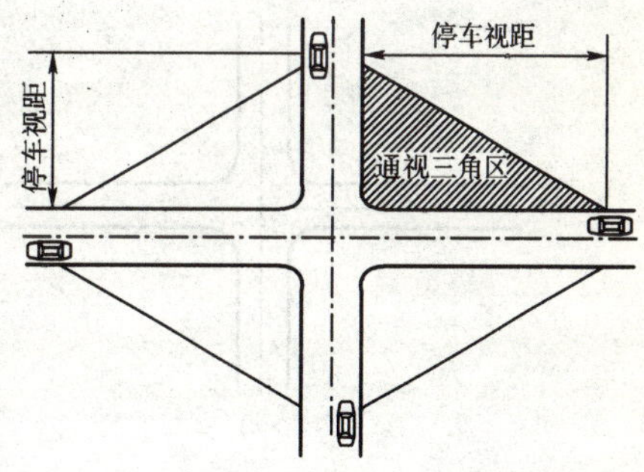

图5-1-1　平面交叉视距三角形

(6)平面交叉的交角宜为直角。当必须斜交时,其锐角不小于70°。当受地形条件及其他特殊情况限制时,交角应不小于60°。

(7)交叉口的立面布置要符合行车舒适、排水畅通的要求。

(8)一、二级公路的平面交叉,根据需要应设转弯车道、变速车道、交通岛或加铺平缓的转角。转弯车道的宽度一般为3m,并根据各公路的等级设置适当的缓和段。

(9)一、二级公路平面交叉(包括出、入口在内)的最小间距应符合表5-1-1的要求。

平面交叉最小间距　　表5-1-1

公路等级	一级公路			二级公路	
公路功能	干线公路		集散公路	干线公路	集散公路
	一般值	最小值			
间距(m)	2000	1000	500	500	300

(10)公路平面交叉范围内,应设置限速标志和指路标志。

(11)平面交叉的岔路一般不得多于四条;采用环形交叉时,岔路不宜多于五条。

二、平面交叉的类型与适用条件

1.平面交叉按其构造组成的不同可分为渠化交叉和非渠化交叉;按几何形状的不同,可分为T形交叉、十字形交叉和环形交叉。

1)非渠化平面交叉

当设计速度较低,交通量较小的双车道公路相交,可采用非渠化平面交叉;如图5-1-2所示。

(1)主要公路的设计速度≤60km/h,或设计速度为80km/h,但交通量较小,次要公路为县乡公路或四级公路的T形交叉,当转弯交通量较小时可采用图5-1-2a)所示的非加宽T形交叉。

(2)当主要公路的设计速度为80km/h,次要公路为县乡公路或四级公路的T形交叉,当转弯交通量较大而导致直行车辆的过分减速时,应采用加宽式T形交叉。当主要公路右转交通量较大时,可采用图5-1-2 b)的形式;当左转弯交通量较大时,应采用图5-1-2c)的形式。

(3)县乡公路或三、四级公路相交的十字交叉,可采用图5-1-2d)所示的非加宽十字交叉。

(4)当主要公路的设计速度为80km/h,次要公路为县乡公路或三、四级公路且转弯交通量不大的十字交叉,可采用图5-1-2e)所示的加宽十字交叉。

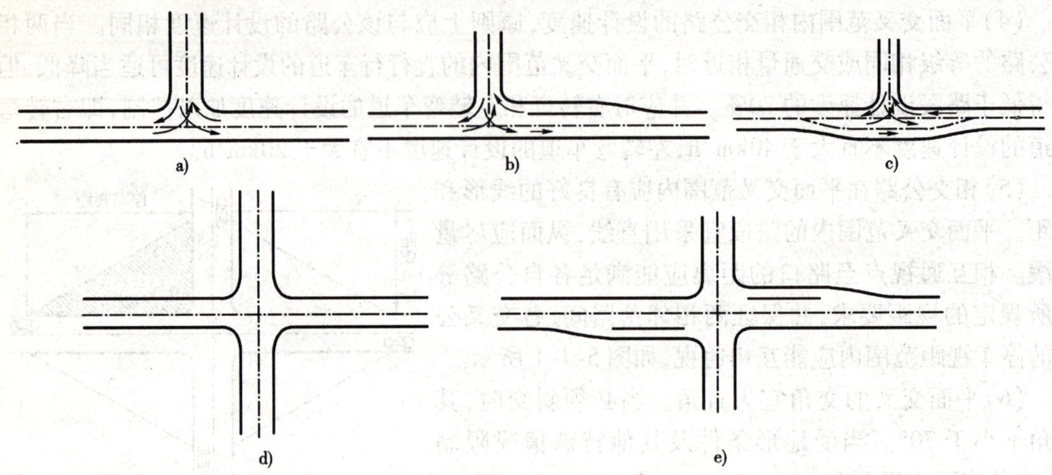

图5-1-2　非渠化平面交叉的形式

a)非加宽T形交叉;b)加宽式T形交叉(增辟减速车道);c)加宽式T形交叉(增辟左转减速车道);d)非加宽十字交叉;e)加宽式十字交叉

2)渠化平面交叉

相交公路等级较高或交通量较大的平面交叉,应采用由分隔岛、导流岛来指定各向车流行径的渠化交叉,如图5-1-3所示。

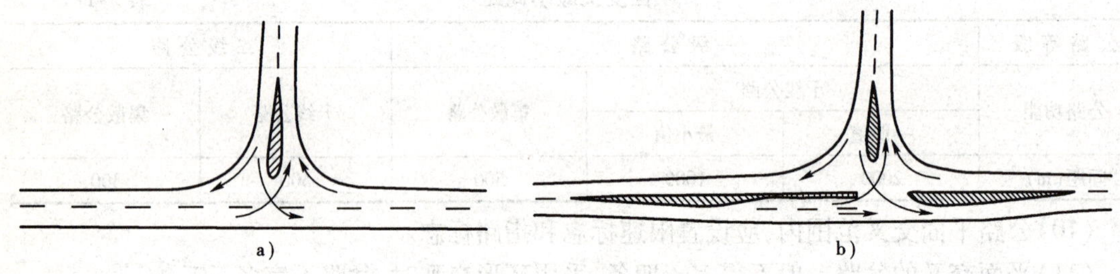

图5-1-3　只设分隔岛的渠化T形交叉

(1)主要公路为二级公路的T形交叉,当直行交通量不大,而与次要公路间的转弯交通量占相当比例时,可采用图5-1-3a)所示的只在次要公路上设分隔岛的渠化T形交叉。当主要公路的直行交通量较大时,则采用图5-1-3b)所示的在主要公路和次要公路上均设分隔岛的渠化T形交叉。

(2)主要公路为四车道公路,或设计速度≥60km/h且有相当比例转弯交通量的二级公路,或是与互通式立交直接沟通的双车道公路的T形交叉应采用图5-1-4所示的设置导流岛的渠化T形交叉。

当主要公路为双车道公路时,应根据左右转弯交通量的平衡与否而选用图5-1-4a、b、c)所示的某种渠化布置方式。主要公路上的分隔岛宜为隐形岛。

当主要公路为四车道时,应采用图5-1-4d)所示的渠化布置方式。而次要公路上的导流岛

可根据左右转弯交通量情况作图5-1-4a、b)所示的变通处理。主要公路上的分隔岛应为实体岛。

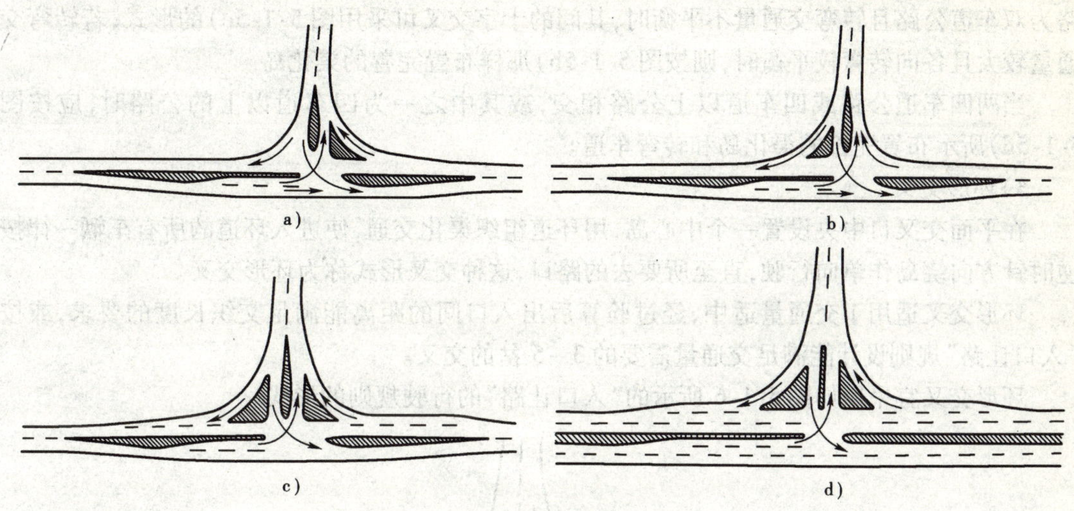

图5-1-4　设导流岛的渠化T形交叉

(3)主要公路为四车道公路以及设计速度为80km/h的双车道公路,或虽然设计速度为60km/h,但属区域干线的双车道公路,其上的十字交叉应采用图5-1-5所示的渠化交叉。

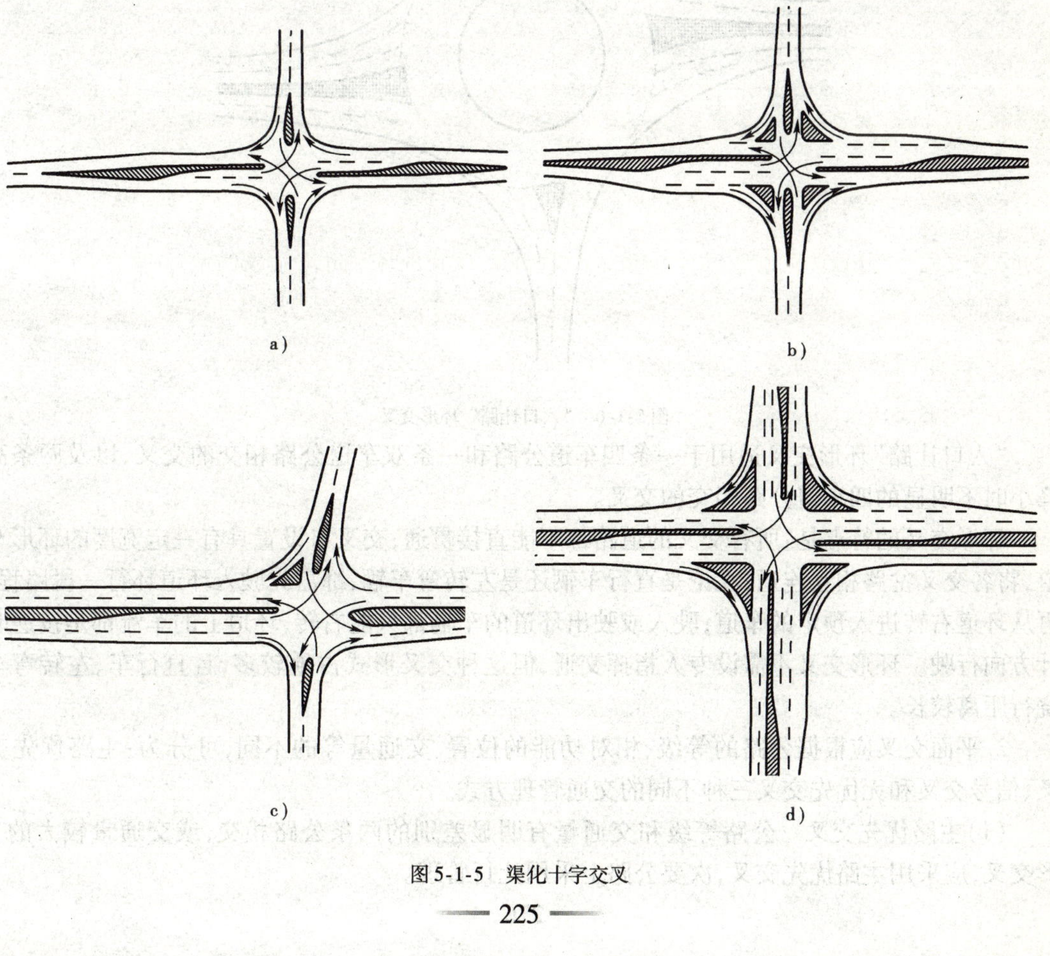

图5-1-5　渠化十字交叉

当主要公路为四车道公路，或虽为双车道公路，但交叉所在的局部路段为四车道，次要公路为双车道公路且转弯交通量不平衡时，其间的十字交叉可采用图5-1-5c)的形式；若转弯交通量较大且各向转弯较平衡时，则按图5-1-5b)那样布置完善的渠化岛。

当两四车道公路或四车道以上公路相交，或其中之一为四车道以上的公路时，应按图5-1-5d)所示布置完善的渠化岛和转弯车道。

3)环形交叉

在平面交叉口中央设置一个中心岛，用环道组织渠化交通，使进入环道的所有车辆一律按逆时针方向绕岛作单向行驶，直至所要去的路口，这种交叉形式称为环形交叉。

环形交叉适用于交通量适中，经过验算后出入口间的距离能满足交织长度的要求，或按"入口让路"规则设计能满足交通量需要的3~5岔的交叉。

环形交叉宜采用如图5-1-6所示的"入口让路"的行驶规则的形式。

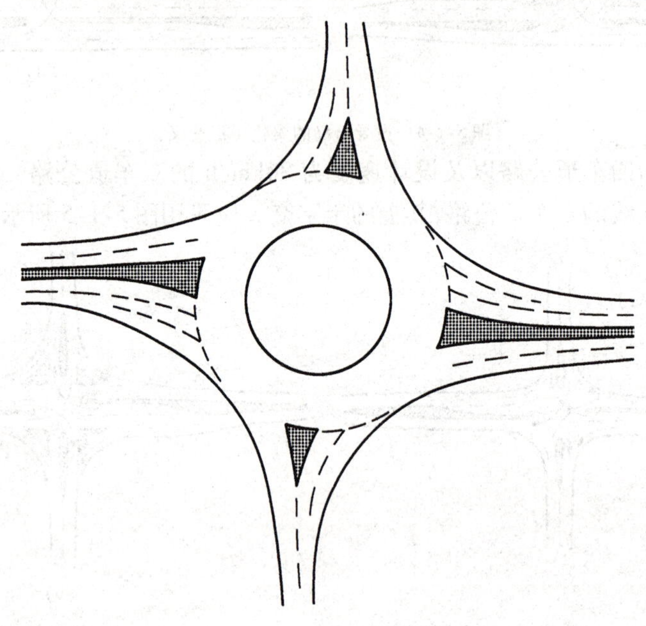

图5-1-6 "入口让路"环形交叉

"入口让路"环形交叉适用于一条四车道公路和一条双车道公路相交的交叉，以及两条高峰小时不明显的四车道公路相交的交叉。

环形交叉的特点是：所有交叉的道路都不能直接贯通，交叉口设置具有一定宽度的环形车道，将各交叉岔路相互连通；无论是直行车辆还是左转弯车辆，都需先驶入环道环行一段路程，再从环道右转进入预定的车道；驶入或驶出环道的车辆都只能右转，环道上的车流都是按逆时针方向行驶。环形交叉不需设专人指挥交通，但这种交叉形式占地较多，且直行车、左转弯车绕行距离较长。

2.平面交叉应根据公路的等级、相对功能的位置、交通量等的不同，可分为：主路优先交叉、信号交叉和无优先交叉三种不同的交通管理方式。

(1)主路优先交叉　公路等级和交通量有明显差别的两条公路相交，或交通量较大的T形交叉，应采用主路优先交叉，次要公路上采用让行管理。

(2)无优先交叉　一般适用于相交公路的等级均低且交通量较小时,应采用无优先交叉。

(3)信号交叉　满足下列条件时,应采用信号交叉。

①两条交通量均大且等级相同、功能相同的公路相交的交叉,难以用“主路优先”的规则管理时,应采用信号交叉。

②两相交公路虽有主次之别,但交通量均大(如主要公路双向交通量为 600 辆/h,次要公路单向交通量为 200 辆/h)时,应采用信号交叉。

③主要公路交通量相当大(如 900 辆/h),而次要公路尽管交通量不大,但采用“主路优先”规则管理时,次要公路上的车辆由于难以遇到可供驶入的主流间隙而引起不可接受的交通延误,或出现冒险驶入长度不足的主流间隙而危及安全时,应采用信号交叉。

④两相交公路的交通量虽未达到上述程度,但由于有相当数量的行人和非机动车穿越交叉而引起交通延误,甚至阻塞以及交通事故时,应采用信号交叉。

⑤环形交叉的某些入口因交通量大而会出现过多的交通延误时,应采用信号交叉。

课题二　立体交叉

【内容提要】 1.立体交叉的主要组成;2.立体交叉的基本要求;3.立体交叉的形式与适用条件。

【学习目标】

应知: 立体交叉的形式及适用条件

立体交叉包括公路与公路的立体交叉和公路与铁路的立体交叉两大类。而公路与公路的立体交叉,通过在交叉处设立交桥和匝道,把相交公路的交通流从空间上加以分离。即一条路在桥上通过,另一条路在桥下通过。公路立体交叉可使各方向车流在不同标高的平面上行驶,使交叉公路的直行车辆畅通无阻,消除或减少公路在平面交叉时出现的冲突点和交织点;保证车流安全迅速通过交叉口,大大提高了交叉口处的通行能力、行车速度,减少延误;节约了运行时间和燃料消耗;控制了相交道路车辆的出入,减少对高速公路的干扰;为高等级公路的快速、安全、经济、舒适提供了保证。但立体交叉与平面交叉相比较,立体交叉技术复杂,占地面积大,造价高。因此,立体交叉一般在下列情况设置。

(1)高速公路与其他公路相交时,必须采用立体交叉。

(2)一级公路同交通量大的其他公路交叉时,宜采用立体交叉。

(3)二、三级公路间的交叉,在交通条件需要或有条件的地点,可采用立体交叉。

一、立体交叉的主要组成

立体交叉的交通组织方式不同,其组成部分也有不同,互通式立体交叉通常由跨线桥、主线、匝道、出口与入口及变速车道等几部分组成,如图 5-2-1 所示。

1.跨线桥(或地道)

跨线桥是立体交叉的主要组成部分,是实现车流分隔的主要构筑物。有上跨式和下穿式两种,设于地面以上的称为跨线桥(上跨式),设于地面以下的称为地道(下穿式)。跨线桥设

计除满足一般桥跨结构要求外,还应满足桥下净空要求和桥面净宽的规定,并合理选择桥跨结构的形式。在保证车辆快速、安全、舒适行驶的条件下,力求轻巧、美观大方,并与周围自然景观协调一致。

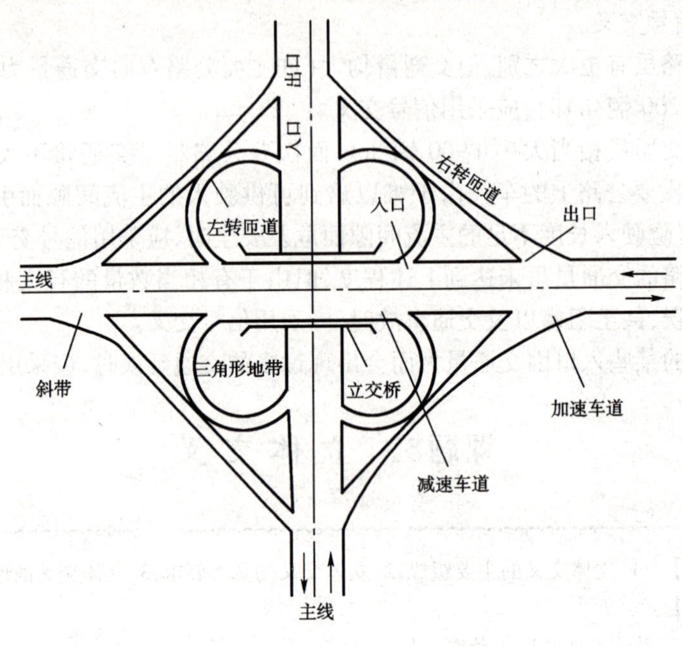

图 5-2-1 互通式立体交叉的组成

2. 主线

主线是指相交公路的直行车道,它是组成立交的主体。主要包括引道和引道以外的直行路段。

3. 匝道

匝道是连接相交公路供左右转弯车辆行驶的道路,按其转向的不同分为右转匝道和左转匝道。匝道与主线的交点称为匝道的端点。

4. 出口与入口

由主线驶出,进入匝道的路口称为出口;由匝道驶出,进入主线的路口称为入口。互通式立体交叉的出、入口,一般情况下应设在主线行车道的右侧。出口位置应易于识别,一般情况下,将出口设置在跨线桥等构造物前,入口应设在主线的下坡路段。

5. 变速车道

由于匝道上的车速低于主线的车速,因此,为适应车辆变速行驶的需要,在匝道与主线的连接部位需设变速车道。变速车道作为出入主线的咽喉路段,有着独特的功能和要求。由主线驶入匝道时车辆需减速,反之,由匝道驶入主线车辆需加速。出口端称为减速车道,入口端称为加速车道,如图 5-2-2 所示。

变速车道分为直接式和平行式两种,如图 5-2-2 所示。当变速车道为单车道时,减速车道宜采用直接式,加速车道宜采用平行式;当变速车道为双车道时,加、减速车道均应采用直接式。

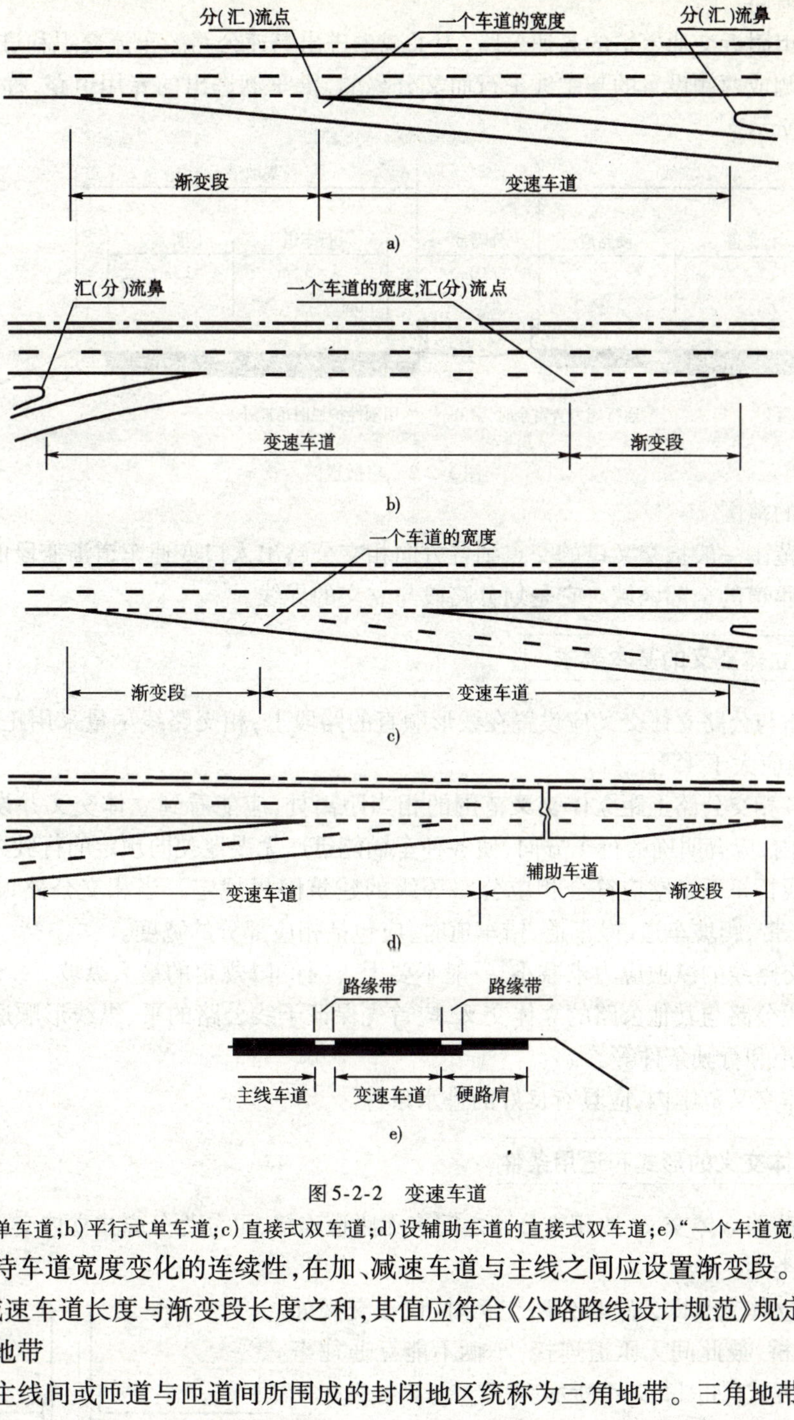

图5-2-2　变速车道

a)直接式单车道;b)平行式单车道;c)直接式双车道;d)设辅助车道的直接式双车道;e)"一个车道宽度"的断面

为了保持车道宽度变化的连续性,在加、减速车道与主线之间应设置渐变段。变速车道长度为加速、减速车道长度与渐变段长度之和,其值应符合《公路路线设计规范》规定值要求。

6. 三角地带

匝道与主线间或匝道与匝道间所围成的封闭地区统称为三角地带。三角地带可作为交叉口的绿化、美化和照明设施的布置等用地。

7. 辅助车道

辅助车道是指高等级公路与次要道路相交时,在分、合流点附近主线一侧增设的车道。目的是使匝道与高等级公路车道数平衡和维持其服务水平。

8. 集散道路

位于城市附近交通繁忙的高速公路，为了减少进出高速公路的车流交织和进出口数量，在高速公路一侧或两侧设置的与主线平行而又分离的，供车辆进出的专用道路，称为集散道路，如图 5-2-3 所示。

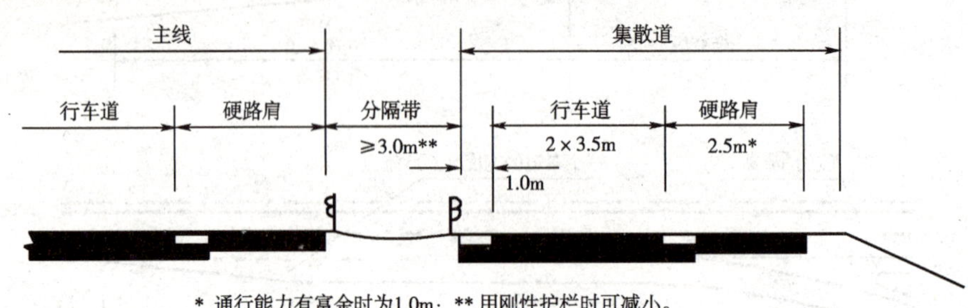

图 5-2-3　集散道路

9. 立交的范围

立交的范围一般指交叉口的交点到各方向相交公路出入口变速车道渐变段的顶点间所包围的主线和匝道的全部区域。它是划分路段与立交的界线。

二、立体交叉的基本要求

(1)公路与公路立体交叉应设置在线形顺直的路段上，相交路线尽量采用正交；当必须斜交时，交叉角应大于45°。

(2)在各相交公路上距立体交叉范围的相当距离处，应能看到立体交叉并设置标志。立体交叉范围内，应有明确的行车方向，使各种车辆能迅速无误地驶向预定的行驶方向。

(3)跨线桥桥下净空应符合相应公路等级的建筑限界规定。当相交公路设有加减速车道、紧急停车带、爬坡车道、慢车道、错车道时，应包括相应部分的宽度。

(4)相交路线的纵坡应力求减小，一般不要大于《标准》规定的最大纵坡。

(5)干线公路与其他公路的立体交叉，应首先保证干线公路的平、纵线形顺适、平缓，以及有良好的视距和行驶条件等。

(6)立体交叉范围内，应具有良好的排水条件。

三、立体交叉的形式和适用条件

公路与公路立体交叉，按相交公路之间有无匝道连接，可分为分离式立体交叉和互通式立体交叉两大类型。

分离式立体交叉即公路与公路交叉时，仅在交叉处设一座跨线桥，彼此间无匝道连接，车辆不能互通往来的立体交叉方式，如图 5-2-4 所示。

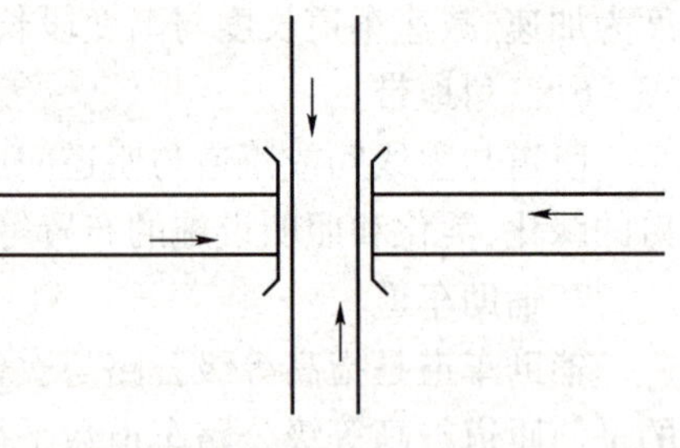

图 5-2-4　分离式立体交叉

互通式立体交叉如图 5-2-5 所示。按交通功能的不同，互通式立体交叉可分为枢纽互通式立体交叉和一般互通式立体交叉两类。

枢纽互通式立体交叉是相交道路的车流全部在空

间分离的交叉。它是一种比较完善的高级形式,匝道数与转弯方向数相等,各转向都有专用匝道。适用于高速公路之间及高速公路与一级公路、一级公路与一级公路相交时,可采用枢纽互通式立体交叉。

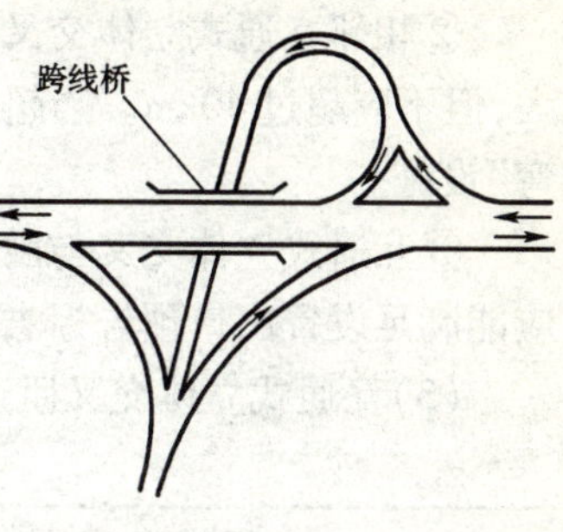

图 5-2-5　互通式立体交叉

一般互通式立体交叉适用于高速公路、一级公路与其他公路相交叉时或其他公路之间的互通式立体交叉。这种交叉中允许在匝道上设置收费站,除高速公路上的出入口以外,允许有平面交叉。

1. 互通式立体交叉

1)互通式立体交叉的设置条件

①高速公路间及其与一级公路相交时,需设置互通式立体交叉。

②高速公路、一级公路与通往(市)县级及其以上城市或其他重要的政治、经济中心的主要公路相交处,需设置互通式立体交叉。

③高速公路、一级公路与通往重要工矿区、港口、机场、车站和游览胜地等的主要公路相交处,需设置互通式立体交叉。

④高速公路同通往重要交通源的公路相交而使该公路成为其支线时,需设置互通式立体交叉。

⑤两条一级公路相交处,需设置互通式立体交叉。

⑥一级公路上,当平面交叉的通行能力不能满足需要或出现频繁的交通事故时,需设置互通式立体交叉。

2)互通式立体交叉的基本要求

互通式立体交叉除应满足公路立体交叉的基本要求外,还应满足下列要求:

(1)互通式立体交叉区域应具有良好的通视条件。匝道全长范围内应具有大于表 5-2-1 所列的停车视距的要求。

匝道停车视距　　表 5-2-1

设计速度(km/h)	80	70	60	50	40	35	30
停车视距(m)	110 (135)	95 (120)	75 (100)	65 (70)	40 (45)	35	30

(2)间距应符合下列要求:

①相邻互通式立体交叉的间距不应小于 4km。当受地形条件或其他特殊情况限制,其间距可适当减小,即上一互通式立体交叉加速车道终点至下一互通式立体交叉减速车道起点之间的距离不得小于 1000m,如图 5-2-6 所示。且应设置完善、醒目的标志、标线和视线诱导标等交通安全设施;否则,应合并设置为复合式互通式立体交叉。

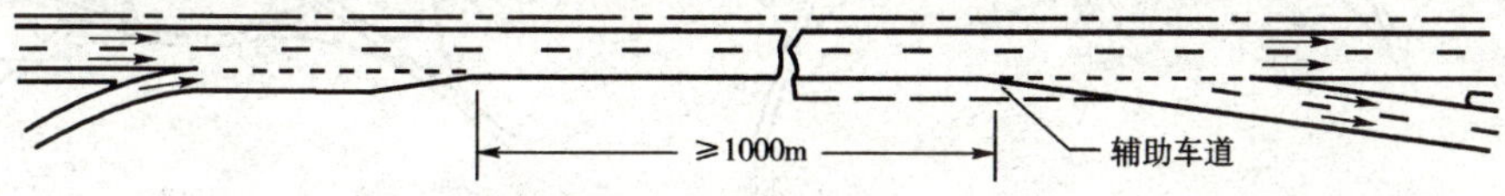

图 5-2-6　条件受限制时互通式立体交叉的最小间距

②相邻互通式立体交叉的最大间距不宜超过 30km。在人烟稀少地区,其间距可适当加大,但不应超过 40km。当超过这一最大间距时,应在适当位置设置与主线立体分离的"U 形转弯"设施。

③互通式立体交叉与服务区、停车区、公共汽车停靠站、隧道等其他重要设施之间的距离应能满足设置出口预告标志的需要。

(3)互通式立体交叉匝道设计速度应符合表 5-2-2 的规定。

互通式立体交叉匝道设计速度 表 5-2-2

匝道形式		直连式	半直连式	环形匝道
匝道设计速度(km/h)	枢纽互通式立体交叉	80、60、50	80、60、50、40	40
	一般互通式立体交叉	60、50、40	60、50、40、	40、35、30

(4)匝道车道数应根据匝道交通量和匝道长度确定。主线与匝道或匝道与匝道的分、合流连接部,应保持车道数的平衡。

(5)互通式立体交叉范围内,主线线形的主要技术指标应满足表 5-2-3 的要求。

互通式立体交叉范围内主线的线形指标 表 5-2-3

设计速度(km/h)			120	100	80	60
最小平曲线半径(m)		一般值	2000	1500	1100	500
		最小值	1500	1000	700	350
最小竖曲线半径(m)	凸形	一般值	45000	25000	12000	6000
		最小值	23000	15000	6000	3000
	凹形	一般值	16000	12000	8000	4000
		最小值	12000	8000	4000	2000
最大纵坡(%)		一般值	2	2	3	4.5(4)
		最大值	2	2	4(3.5)	5.5(4.5)

注:当主线以较大的下坡进入立交,且所接的减速车道为下坡,同时后随的匝道线形指标较低时,主线的纵坡不得大于括号内的值。

3)互通式立体交叉基本形式及适用条件

(1)喇叭形立体交叉

喇叭形立体交叉,按主要公路的左转弯出口在跨线结构物之前和之后可分为 A 型和 B 型两种,如图 5-2-7 中 a)和 b)所示。一般情况下宜采用 A 型。因地形、地物的限制或左转进入主线的交通量远大于左转驶离主线的交通量时,宜采用 B 型,但双车道匝道不应布置为环形匝道。喇叭形立体交叉是三路交叉的代表形式。

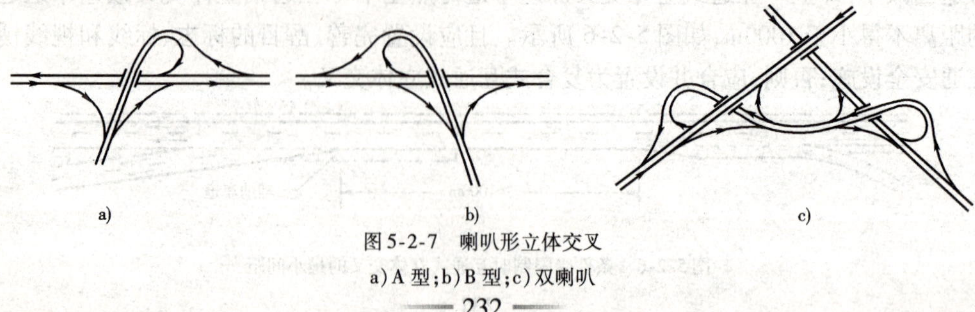

图 5-2-7 喇叭形立体交叉

a)A 型;b)B 型;c)双喇叭

喇叭形立体交叉适用于T形交叉或收费公路的十字交叉。双喇叭互通式立体交叉，如图5-2-7c)，适用于高速公路与一级公路或交通量大的二级公路相交时，匝道上设有收费站的一般互通式立体交叉。

喇叭形立体交叉是用一个小型匝道和一个外环道来实现左转弯运行，无冲突点和交织点，通行能力大；行车安全；只有一座桥或地道，造型美观，工程量小，行车方向容易辨别。但环形匝道半径小，绕行路线长，使车速和通行能力受到一定的限制。

(2)直连式T形立体交叉

如图5-2-8所示，适用于出入交通量相对较少或左转弯速度较低的枢纽互通式立体交叉。两条高速公路相交时，也可采用直连式立交。

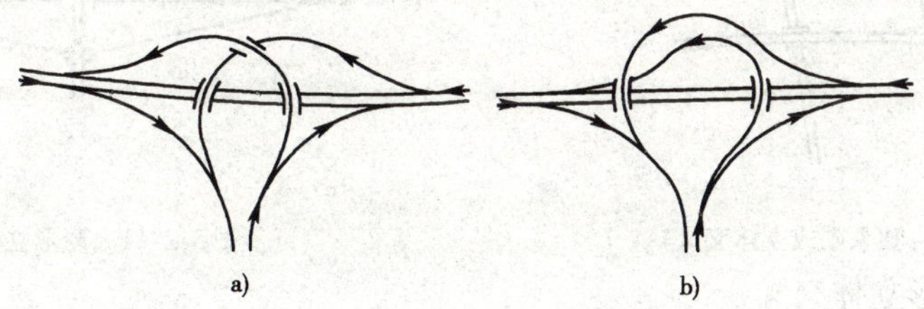

图5-2-8　直连式T形立交

a)三处跨线桥；b)两处跨线桥

(3)Y形立体交叉

Y形立体交叉如图5-2-9所示，适用于右转弯速度高，且交通量大的枢纽互通式立体交叉。从交通运行角度来考虑，图5-2-9b)的布置比图5-2-9a)的为优。

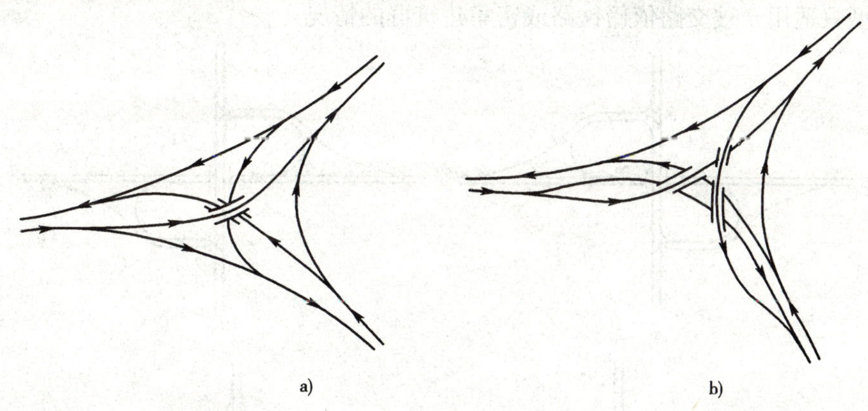

图5-2-9　Y形立体交叉

a)左转匝道全为直连式的；b)左转匝道兼有直连式和半直连式的

(4)独象限式立体交叉

独象限式立体交叉是只在一个象限中布置双向匝道的立交，适用于转弯交通不大的一般互通式立体交叉，如图5-2-10所示。属于地形需要而设互通式立体交叉时，也可采用匝道布置简单，造价低廉的独象限式立体交叉。

非控制出入的公路相交时，若采用平面交叉会因标高相差悬殊而导致引道的纵面衔接或立面处理困难而需付出相当投资时，可考虑设置独象限立交。此外，独象限立交还可作为分期建设的首期工程。

(5)菱形立体交叉

如图5-2-11所示,这种形式的立体交叉能保证主线直行车辆快速通畅,而次线与匝道连接处为平面交叉,因此影响了次线的通行能力和行车安全。但占地面积少,造价低,形式简单且运行路程短捷。适用于出入交通量较小、匝道上无收费站的一般互通式立体交叉。属于地形需要而设互通式立体交叉时,也可采用匝道布置简单,造价低廉的菱形立体交叉。

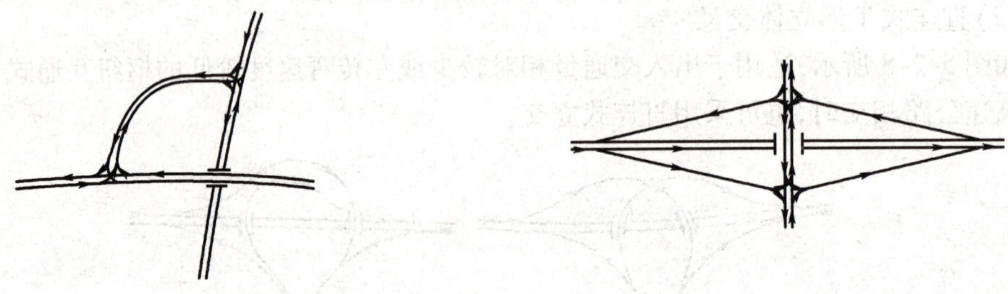

图5-2-10 独象限式立体交叉　　图5-2-11 菱形立体交叉

(6)半苜蓿叶形立体交叉

按匝道布置形式可分为三类,即主要公路的出口在跨线构造物之前的A型,如图5-2-12a)所示;出口在跨线构造物后的B型,如图5-2-12b)所示;以主要公路为对称轴布置匝道的A-B型,如图5-2-12c)所示。它们适用于出入交通量较小的一般互通式立体交叉。

A、B两种形式的选择主要取决于转弯交通的特点和用地条件。当转弯交通量不平衡时,应以平面交叉中的冲突最少作为匝道布设象限选择的原则。

A-B型只适用于被交路依傍铁路或密集建筑群的情况。

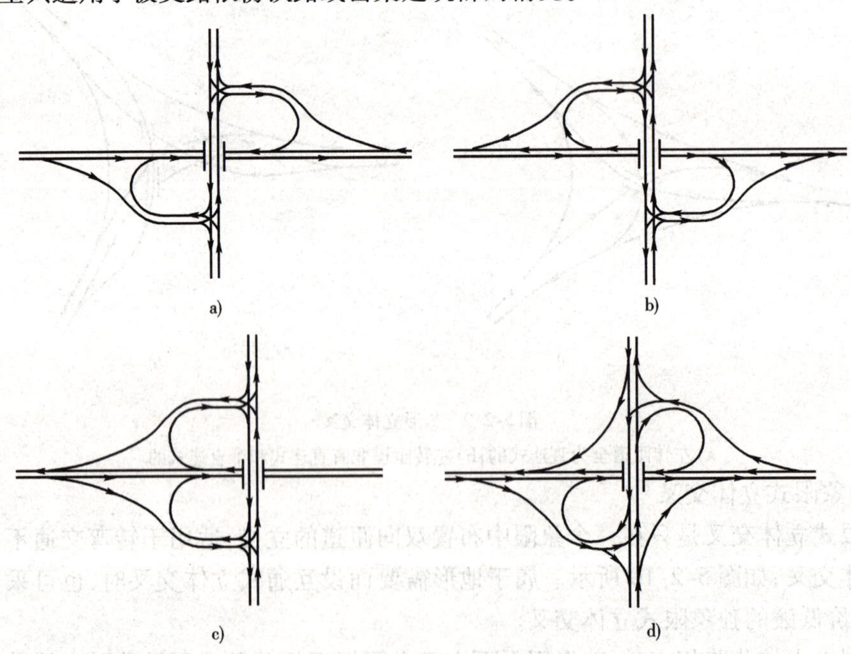

图5-2-12 半苜蓿叶形立体交叉

a)A型;b)B型;c)A-B型;d)附加右转弯匝道

半苜蓿叶形立体交叉中，在不设环形匝道的象限内增加右转弯匝道，如图 5-2-12d），适用于不设收费站的一般互通式立体交叉。

（7）苜蓿叶形立体交叉

如图 5-2-13 所示，是一种完全互通的设备完善的立体交叉系统，在中央修建跨线桥。其主线和匝道所组成的图形很像一片苜蓿叶，故称为苜蓿叶形立体交叉。其特点是所有匝道的流入端和流出端部单独设置，右转出口十分明显；所有的左转弯都用右转弯代替；被交公路上不设平面交叉，通行能力大，交通安全可靠，车速高；但占地面积大，造价高，左转车辆绕行距离长。适用于左转交通量较小的一般互通式立体交叉，枢纽互通式立交应尽量避免采用这种形式。

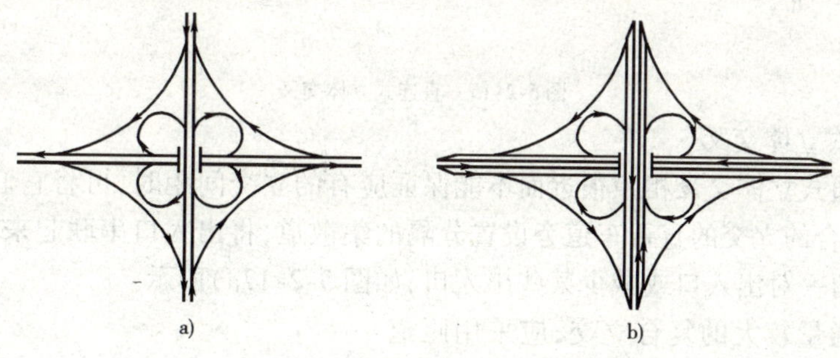

图 5-2-13　苜蓿叶形立体交叉

（8）环形立体交叉

如图 5-2-14 所示，它是用一个公用的环道来实现各方向车辆左转的立体交叉，分两层式和三层式两种。其特点是：

①结构紧凑，占地少；

②环道半径较大，左转车辆行车方向明确，行车条件好；

③构造物较多，造价高，左转车辆绕行距离长；

④环道上有交织段，对行车速度及通行能力的影响较大。

环形立体交叉适用于主要道路与一般道路交叉、多路交叉及左转弯交通量不多的情况。

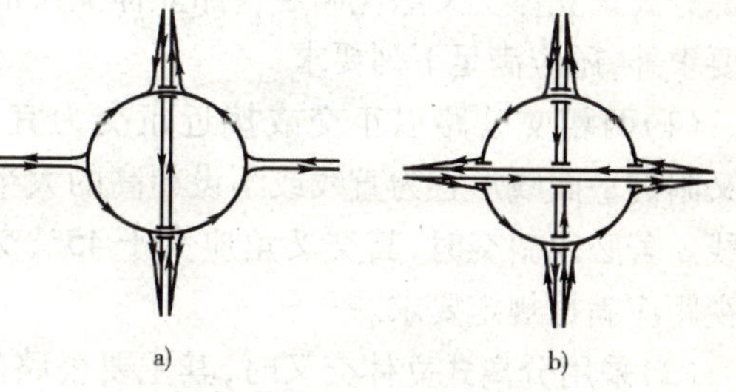

图 5-2-14　环形立体交叉

a）两层；b）三层

（9）直连式立体交叉

左转弯全部采用半直连式或同时有直连式匝道，如图 5-2-15 所示。适用于各左转弯交通量均大的枢纽互通式立体交叉。

涡轮形立交（图 5-2-15b、c）是直连式立交中左转弯匝道平面指标较低的一种，适用于转弯速度较低的枢纽互通式立体交叉。

（10）混合式立体交叉

左转弯匝道既有环形匝道，又有半直连式匝道，如图 5-2-16 所示。其中，环形匝道不超过两条,而且应布置在对角象限中。适用于一个或两个左转弯交通量较小的枢纽互通式立体交叉。高速公路与一级公路相交或两条一级公路相交时,也可采用混合式立体交叉。

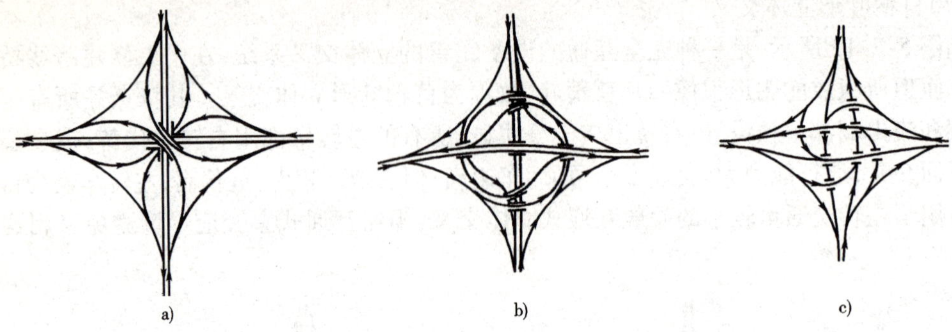

图 5-2-15 直连式立体交叉

(11)复合式立体交叉

当两处互通式立体交叉相距很近而不能保证应有的立交间距时,可将它们复合成一个立交,亦即在被复合的立交的直行车道旁设置分隔的集散道,将出入口串联起来,使主线一个行驶方向上只保留一对出入口或减少某些出入口,如图 5-2-17a)所示。

对出入交通量较大的复合立交,应采用匝道间的立体分离等措施来避免所有交织或高速公路间的主流匝道上的交织,如图 5-2-17b)所示。

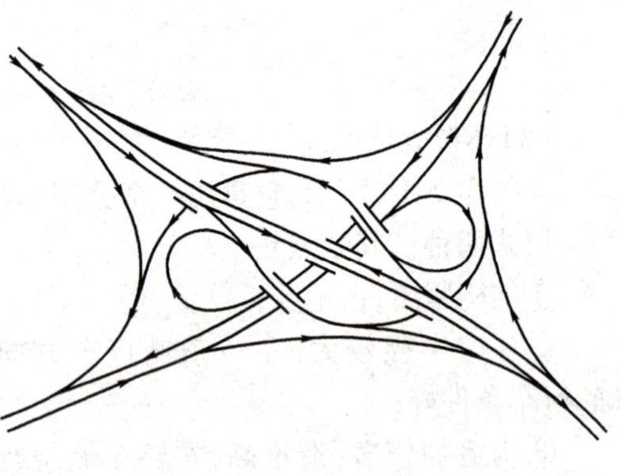

图 5-2-16 混合式立体交叉

2. 分离式立体交叉

1)分离式立体交叉的基本要求

分离式立体交叉除应满足公路立体交叉的基本要求外,还应满足下列要求:

(1)两相交公路以正交或接近正交为宜,且交叉附近平面线形宜为直线或不设超高的大半径曲线。若必须斜交时,其交叉角应大于 45°,交叉处视距应满足规定要求。

(2)采用分离式立体交叉时,其主要公路的平、纵线形应保持直捷、顺适。两相交公路不得因增设立交而使平、纵面线形过于弯曲、起伏。

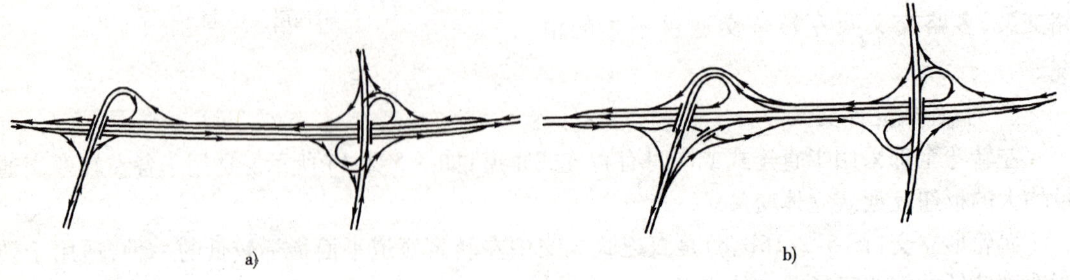

图 5-2-17 复合式立体交叉

(3)主线采用上跨或下穿对工程造价和环境的影响很大,应根据相交公路的功能、等级并

结合当地的地形和地质条件，经多方综合分析比较后确定。应使整个工程造价最低、占地与拆迁数量最少。

(4)主线下穿时，跨线桥及引道工程的主要技术指标应满足被交公路的有关规定。

(5)跨线桥桥下净空及布孔，除应符合相应公路等级的建筑限界规定外，还应满足桥下公路的视距及对前方信息识别的要求，其结构形式应与周围环境相协调。

(6)分离式立交跨线桥的桥面雨水应通过管道引至桥下排水沟，不得散排至桥下公路路面。跨线桥桥下公路的排水应尽可能采用自流排水。

(7)跨线桥的桥型设计应注重美学要求，桥型应简洁、明快、轻巧，跨径配置应和谐、悦目，并同周围环境相协调。

2)分离式立体交叉的适用条件

(1)高速公路与其他公路交叉时，除因交通转换所需而设置互通式立体交叉外，其余交叉均必须设置分离式立体交叉。

(2)一级公路与直行交通量较大的公路相交叉时，在不考虑交通转换或地形条件适宜时，宜应采用分离式立体交叉。

(3)二、三、四级公路间的交叉，直行交通量很大或地形条件适宜且可不考虑交通转换时，宜应采用分离式立体交叉。

单元六 公路沿线设施

【内容提要】 1.公路沿线设施的种类及要求;2.各种公路沿线设施的作用。

【学习目标】

应知:公路沿线设施的基本知识。

公路沿线设施是公路交通安全、管理、服务、环保等设施的总称,其范围包括:交通安全设施、交通管理设施、公路沿线附属设施和公路的绿化、美化等。公路沿线设施是公路的组成部分,它对提高公路的服务性能、保障行车安全和交通畅通具有十分重要的意义。

一、交通安全设施

交通安全设施是用来标明公路边缘及线形,诱导驾驶员的视线,防止车辆驶出路外,保证行人安全以及起隔音、遮光等作用,并且保证公路交通安全,提高公路服务质量的安全设施。它主要包括安全护栏、标柱、隔离设施、防眩设施、视线诱导设施、照明设施、平曲线反光镜、安全岛、人行天桥、人行地道、分隔带等。

1.安全护栏

安全护栏是诱导驾驶员视线、防止运行中失控车辆驶出路外或驶入对向车道或人行道,以增加驾驶员和乘客的安全感,减轻车辆、乘客和构造物的损坏程度,控制行人随意横穿公路,保障行人安全的设施。它设置在高速公路的中央分隔带及高速公路、一级公路的路基边缘及其他各级公路的高路堤、桥头引道、极限最小半径的平曲线、陡坡、依山傍水等路段的路基边缘。

1)按护栏设置位置分类

公路护栏按设置位置的不同可分为路侧护栏、中央分隔带护栏和桥梁护栏等。

(1)路侧护栏　指设置于公路路肩上的护栏。其目的是防止失控车辆越出路外,保护路外建筑物的安全,避免碰撞路边其他设施。

(2)中央分隔带护栏　指设置于公路中央分隔带内的护栏,其目的是防止失控车辆穿越中央分隔带闯入对向车道,并保护中央分隔带内的构造物。

(3)桥梁护栏　是指设置于桥梁上的护栏,其目的是防止失控车辆越出桥外。

2)按护栏受力特点分类

护栏按受力特点的不同分为刚性护栏、半刚性护栏和柔性护栏。

(1)刚性护栏　它是一种基本不变形的护栏结构。混凝土护栏是刚性护栏的主要形式,

它是一种以一定形状的混凝土块相互连接而组成的墙式结构。它利用失控车辆碰撞其后爬高并转向来吸收碰撞能量。如图 6-1-1 所示为混凝土护栏的构造形式。

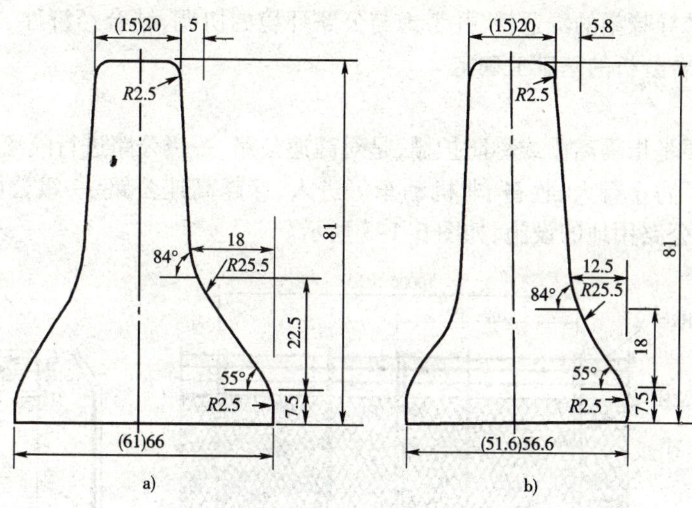

图 6-1-1　混凝土护栏(尺寸单位:cm)

a)基本型混凝土护栏;b)改进型混凝土护栏

(2)半刚性护栏　它是一种连续的梁柱式护栏结构,具有一定的刚度和柔性。波形梁护栏是半刚性护栏的主要代表形式,它是一种以波纹状钢护栏板相互拼接并由立柱支撑而组成的连续结构。它利用土基、立柱、波形梁的变形来吸收碰撞能量,并迫使失控车辆改变方向,如图 6-1-2 所示为路侧波形梁护栏的横断面结构图。

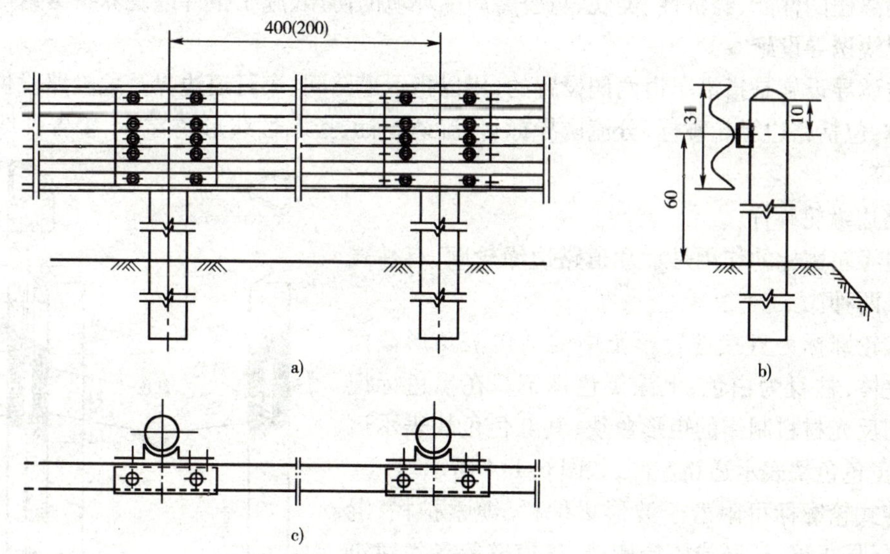

图 6-1-2　波形梁护栏横断面(尺寸单位:cm)

a)立面图;b)侧面图;c)平面图

(3)柔性护栏　它是一种具有较大缓冲能力的韧性护栏结构。缆索护栏是这种护栏的主要代表形式,它是一种以数根施加初张力的缆索固定在立柱上而形成的结构,它主要依靠缆索的拉应力来抵抗车辆的碰撞，以吸收碰撞能量。

护栏形式的选择，应针对每条公路的具体情况，充分比较各种护栏的性能，分析行驶安全感、压迫感、视线诱导瞭望的舒适性，并考虑与公路环境的协调，结合经济性、施工条件及养护维修等因素，在综合分析的基础上确定。

2. 隔离设施

隔离设施主要是指隔离栅或称防护栅，是对高速公路、一级公路进行隔离封闭的人工构造物。其目的是为了防止行人、牲畜、非机动车等进入、穿越高速公路、一级公路或其他禁入区域，防止非法侵占公路用地的设施，如图 6-1-3 所示。

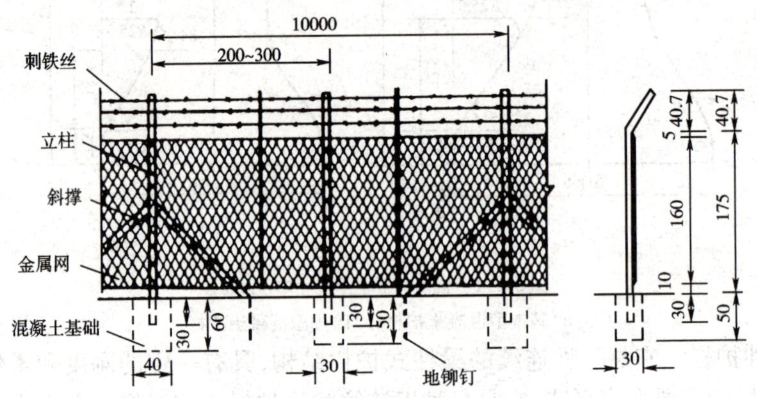

图 6-1-3　隔离栅（尺寸单位：cm）

隔离设施一般有金属网、钢板网、刺铁丝网和常青绿篱等几种形式。隔离栅的形式选择必须考虑隔离栅的性能、经济性、美观、与公路周围环境的协调、施工条件以及养护维修等因素。

3. 视线诱导设施

视线诱导设施是指沿车道两侧设置的，用以指示道路间、车行道边界及危险路段位置的设施的简称，包括路边缘轮廓标、分流诱导标、合流诱导标、指示性线形诱导标、警告性线形诱导标、标柱等。

1）路边缘轮廓标

路边缘轮廓标的作用是示意道路边缘轮廓，有柱式和附着式两种。

柱式轮廓标为直接埋置于土中的圆角三角形截面的空心柱体，柱身为白色，上涂黑色标记。在黑色标记中间为用反光材料制作的矩形色块，其红色色块表示道路右侧，黄色色块表示道路左侧，如图 6-1-4 所示。

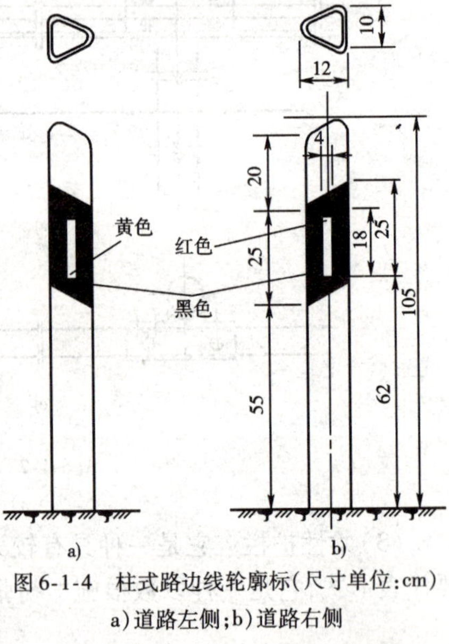

附着式轮廓标可附着于波形梁护栏、缆索护栏、混凝土护栏、挡土墙、桥墩或桥台侧墙、隧道壁等各类建筑物上。它有三角形、梯形、圆形等多种形状，均由反射器、支架和连接件构成。反射器的颜色仍然是红色表示道路右侧，黄色表示道路左侧，如图 6-1-5 所示。其中图 6-1-5a）为附着于波形梁护栏中间槽内的轮廓标，图

图 6-1-4　柱式路边线轮廓标（尺寸单位：cm）
a）道路左侧；b）道路右侧

6-1-5b)为安装于波形梁护栏立柱顶端上的轮廓标。

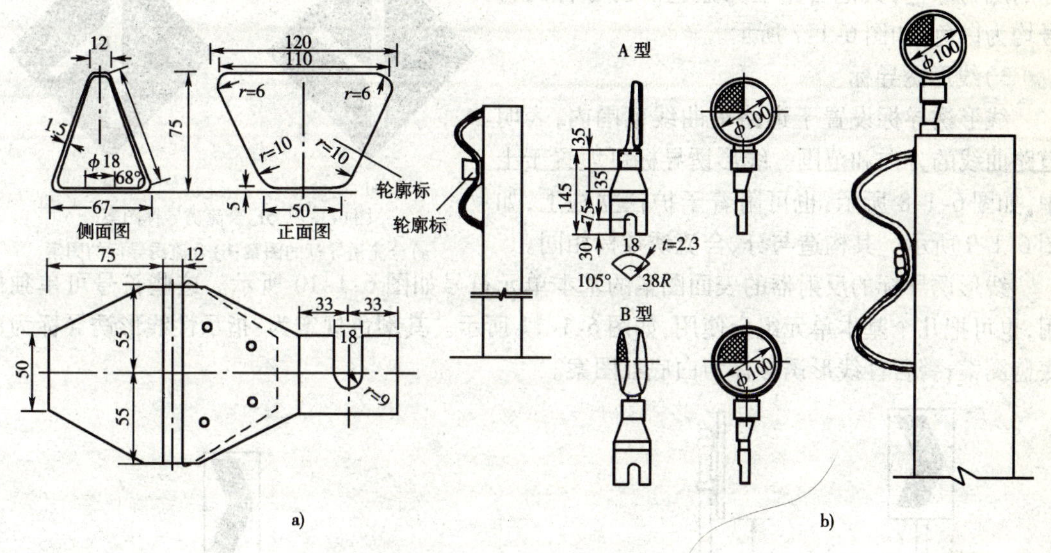

图 6-1-5　附着式路边缘轮廓标(尺寸单位:cm)

a)附着于波形梁中间;b)附着于立柱顶端

2)分、合流诱导标

分、合流诱导标的作用是示意道路的分流或合流,它可独立设置于土中,也可附着于护栏的立柱上。设置于土中的分、合流诱导标,其构造由反射器、底板、立柱、连接件和基础等组成,如图 6-1-6a)所示。附着于护栏立柱上的分、合流诱导标的构造见图 6-1-6b)所示。

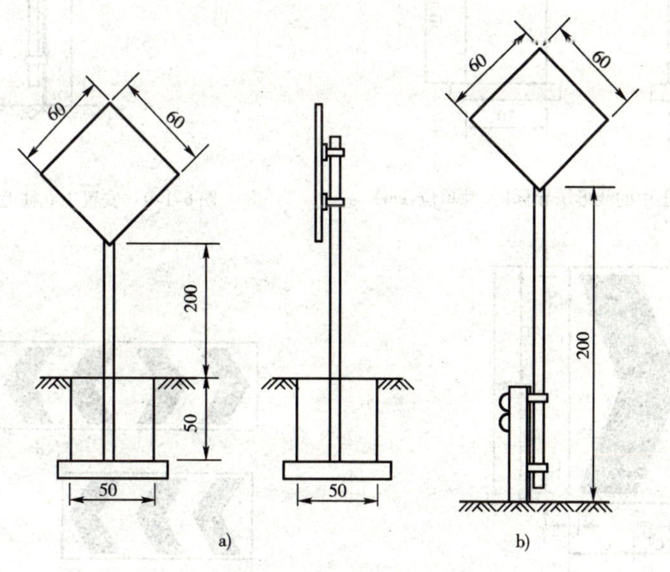

图 6-1-6　分、合流诱导标构造(尺寸单位:cm)

a)分、合流诱导标的构造;b)附着于护栏上的分、合流诱导标

分、合流诱导标的颜色规定为：高速公路诱导标的底为绿色，其他公路上为蓝色。诱导标的符号均为白色，如图6-1-7所示。

3）线形诱导标

线形诱导标设置于道路平曲线范围内，表明道路曲线的方向和范围。线形诱导标可埋置于土中，如图6-1-8所示；也可附着于护栏立柱上，如图6-1-9所示。其构造与分、合流诱导标相同。

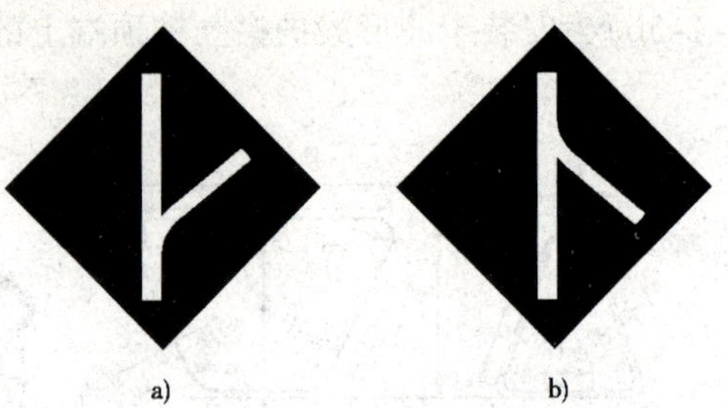

图6-1-7　分、合流诱导标图案

a）分流诱导标的图案；b）合流诱导标的图案

线形诱导标的反射器的表面图案的基本单元符号如图6-1-10所示。这些符号可单独使用，也可把几个基本单元组合使用，如图6-1-11所示。其颜色规定为：指示性线形诱导标为白底蓝图案；警告性线形诱导标为白底红图案。

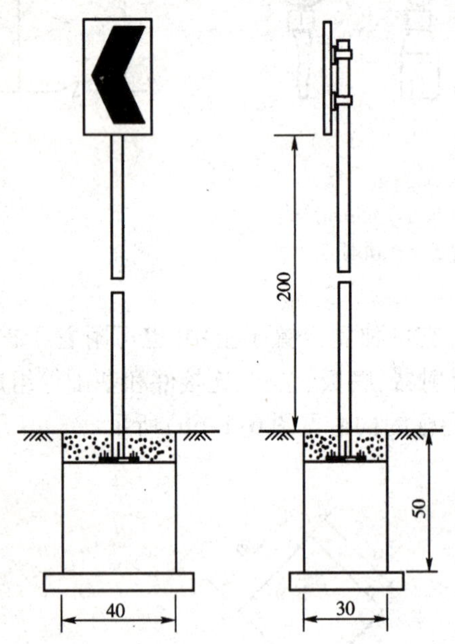

图6-1-8　埋置于土中的线形诱导标（尺寸单位：cm）

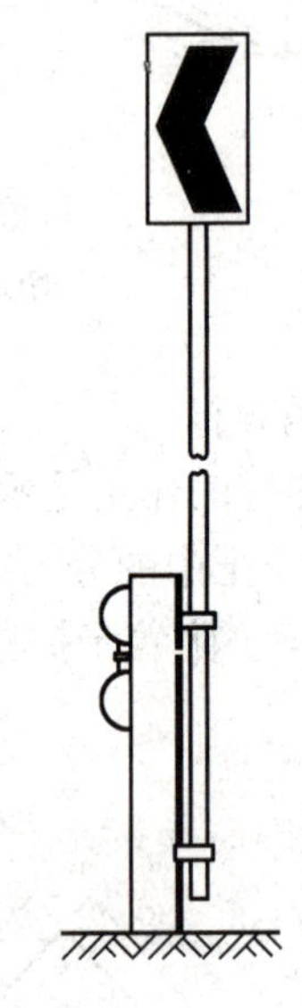

图6-1-9　安置于立柱上的线形诱导标

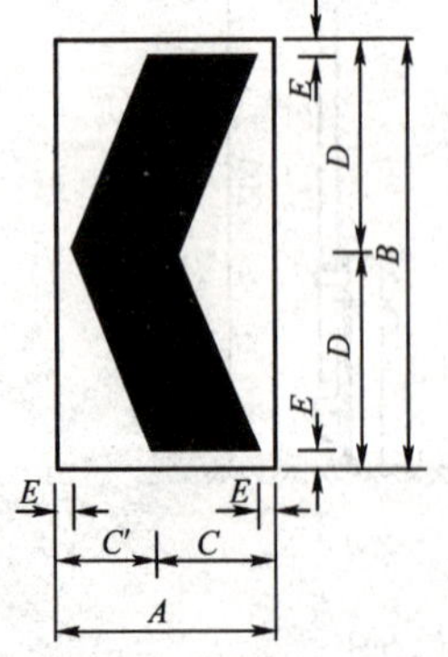

图6-1-10　线形诱导标图案基本单元

图6-1-11　线形诱导标图案组合

4)标柱

标柱分示警标柱和道口标柱两种。

(1)示警标柱　它是设置在漫水桥和过水路面两侧以及平原地区路堤高4m以上、山岭地区路堤高6m以上路段和危险路段,以标明公路边缘及线形的示警标志。

(2)道口标志　它是设在公路沿线较小交叉口两侧标明平面交叉位置的设施。

制作标柱的材料可采用金属、钢筋混凝土、水泥混凝土、木材或石材等。标柱的间距为6~10m,其断面面积为15cm×15cm,标柱应高出地面80cm,高出地面的部分一律涂以间距为20cm,顶端为红色的红白相间的油漆,如图6-1-12所示。

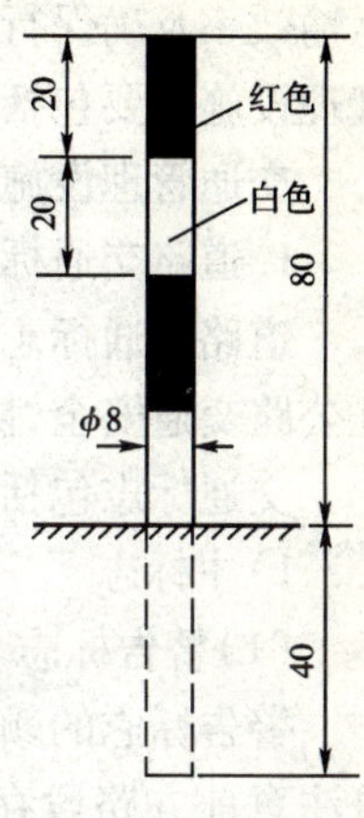

图6-1-12　标柱(尺寸单位:cm)

4. 防眩设施

防眩设施是设置于道路中央,以防止夜间行车不受对向车辆前照灯灯光眩目的构造物。防眩措施一般采用下列两种形式:

(1)防眩板(网)。防眩板可直接埋置于中央分隔带的土中或混凝土中,也可设置在波形梁护栏的横梁上,如图6-1-13所示。或设置在混凝土护栏上,如图6-1-14所示。

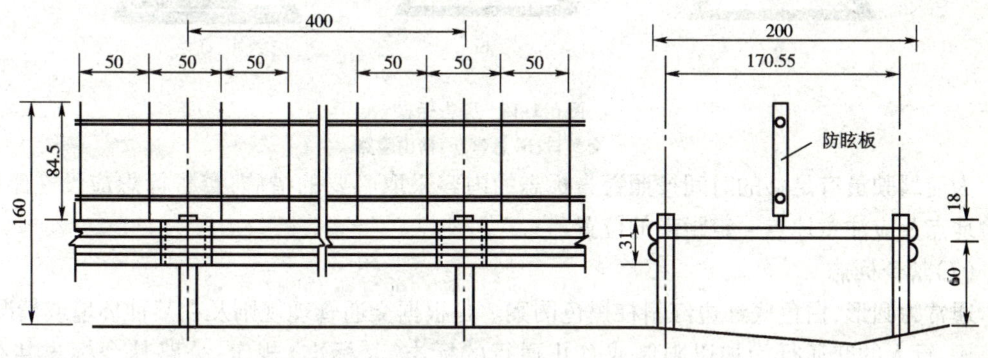

图6-1-13　波形梁护栏上防眩板构造图(尺寸单位:cm)

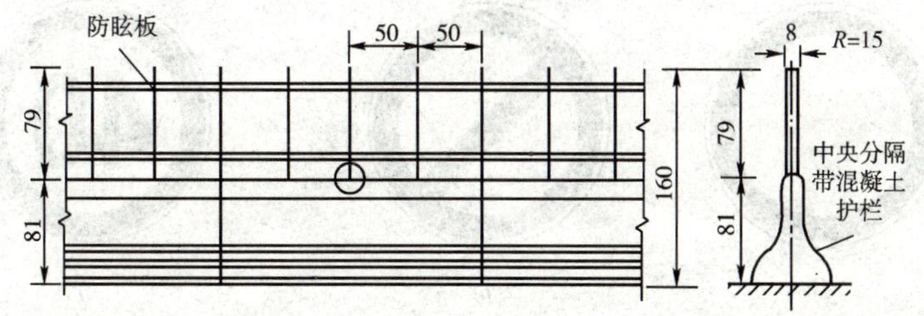

图6-1-14　混凝土护栏上的防眩板构造图(尺寸单位:cm)

(2)种植植物(灌木)。植物可以一定间距种植,也可采用密集式种植。

二、交通管理设施

公路交通管理设施是保证车辆高速、安全行驶的必要条件。公路管理的好坏,对发挥公路运输效率及确保行车安全影响极大,因此,各级公路应按规定设置必要的交通管理设施。交通管理设施主要包括交通标志、交通标线和标记、交通监控设施、收费设施等。

交通管理设施要与有效的管理手段相配合,才能充分发挥其效能和作用。

1. 道路交通标志

道路交通标志是用图形符号、颜色和文字向交通参与者传递特定信息,用于管理交通、保证公路交通安全,协助车辆顺利通行的交通设施。

交通标志包括主标志和辅助标志两大类。

1)主标志

(1)警告标志

警告标志的颜色为黄底、黑边、黑色图案,形状为等边三角形,顶角朝上。用于警告驾驶人员注意前方路段存在的危险及应采取的措施。《标准》规定:警告标志共有 30 种,如交叉路口、急弯、傍山险路等标志,如图 6-1-15 所示。

a)

b)

c)

图 6-1-15 警告标志

a)交叉口;b)急弯;c)傍山险路

为使驾驶员有足够的时间按照警告标志的内容采取必要的措施,警告标志应设在距路口危险地点及应注意地点一定距离的位置。

(2)禁令标志

通常为圆形,白色底红边红斜杠黑色图案。是根据交通管理规则及在某种环境或情况下,对车辆、行人的交通行为加以限制或禁止通行的标志。《标准》规定:公路禁令标志共有 42 种,如禁止通行、禁止停车、速度限制等标志,如图 6-1-16 所示。

a)

b)

c)

图 6-1-16 禁令标志

a)禁止通行;b)禁止停车;c)速度限制

(3)指示标志

通常为圆形、矩形,蓝色底白色图案,是指示车辆、行人行进或停止的标志。《标准》规定:公路指示标志共有 29 种,如直行、左转、右转、靠右侧或靠左侧道路行驶等标志,如图 6-1-17

所示。

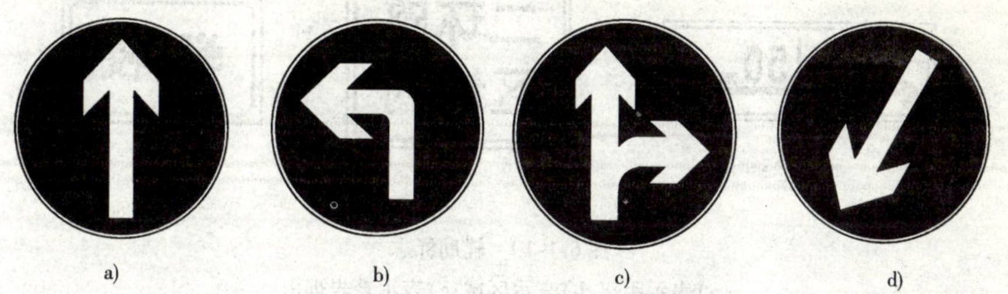

图 6-1-17　指示标志

a) 直行标志；b) 左转标志；c) 直行和右转标志；d) 靠左侧道路行驶标志

(4) 指路标志

指路标志是传递道路方向、地点、距离信息的标志。指路标志主要包括：里程碑、百米桩、公路界碑、分界牌、指路牌、地点识别标志、交叉路口标志、分界标志及高速公路和一级公路中途出入口、服务区预告标志等 9 类。指路标志的形状，除地点识别标志、里程碑、分合流标志外，其他指路标志牌的形状均为长方形和正方形。

指路标志的颜色，一般道路采用蓝色底白色字符；高速公路采用绿色底白色字符（旅游区标志为棕色底白色图案）。指路标志共有 9 类 22 种，如图 6-1-18 所示。

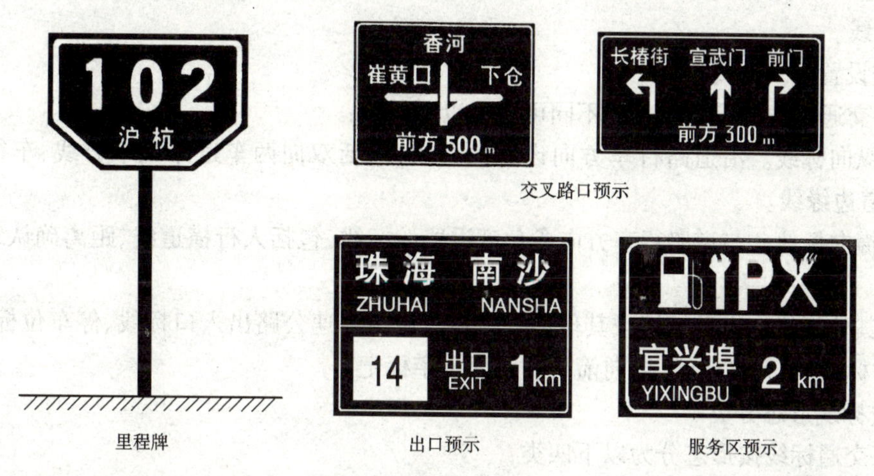

图 6-1-18　指路标志

2) 辅助标志

辅助标志为附设于主标志下起辅助说明作用的标志，为长方形，白底黑字黑边框。可分为表示时间、表示车辆种类、表示区域或距离、表示警告禁令理由等，如图 6-1-19 所示。

道路交通标志除上述标志外，还可根据需要设置一些国家标准中规定的法令性标志以外的示警桩、导向标、情况告示标、施工标志等属告示性和警告性的标志。另外，在高速公路和一级公路上还可设置因交通、道路气候等状况变化而可改变显示内容的可变化信息标志。

2. 道路交通标线

道路交通标线是由标划于路面上的各种线条、箭头、文字、立面标记、突起路标和轮廓标等所构成的交通安全设施。其作用是配合标志牌对交通进行有效的管制和引导，指引车辆分道

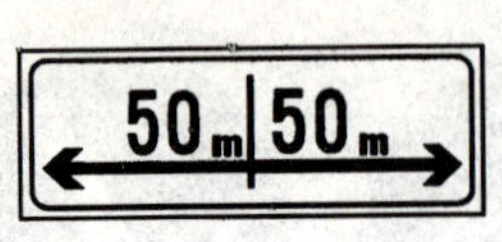

a)

b)

c)

图6-1-19 辅助标志

a)表示距离;b)表示区域;c)表示警告理由

行驶,以达到通畅和安全的目的。可以与标志配合使用,也可单独使用。高速公路、一、二级公路和城市快速路、主干路应按《标准》设置反光交通标线,其他道路可根据需要按《标准》设置标线。

1)按功能分类

②道路交通标线按功能不同分为以下三类:

(1)指示标线。指示车行道、行车方向、路面边缘、人行道等设施的标线。

(2)禁止标线。告示道路交通的遵行、禁止、限制等特殊规定,车辆驾驶人及行人必须严格遵守的标线。

(3)警告标线。促使车辆驾驶人及行人了解道路上的特殊情况,提高警觉,准备防范应变措施的标线。

2)按设置方式分类

道路交通标线按设置方式的不同可分为以下三类:

(1)纵向标线。沿道路行车方向设置的标线,包括双向两车道路面中心线、车行道分界线、车行道边缘线。

(2)横向标线。与道路行车方向成角度设置的标线,包括人行横道线、距离确认线和其他标线等。

(3)其他标线。字符标记或其他形式标线。包括高速公路出入口标线、停车位标线、港湾或停靠站标线、收费岛标线、导向箭头和路面文字标记。

3)按标线形态分类

道路交通标线按形态分为以下四类:

(1)线条。标划于路面、缘石或立面上的实线或虚线。

(2)字符标记。标划于路面上的文字、数字及各种图形符号。

(3)凸起路标。安装于路面上,用于标示车道分界、边缘、分合流、弯道、危险路段、路宽变化、路面障碍物位置的反光或不反光体。

(4)路边线轮廓标。安装于道路两侧,用以指示道路方向、车行道边界轮廓的反光柱。

4)道路交通标线的标划区分

(1)白色虚线。划于路段中时,用以分隔同向行驶的交通流或作为行车安全距离识别线;划于路口时,用以引导车辆行进。

(2)白色实线。划于路段中时,用以分隔同向行驶的机动车和非机动车,或指示车行道的

边缘;设于路口时,可用作导向车道线或停止线。

(3)黄色虚线。划于路段中时,用以分隔对向行驶的交通流。划于路侧或缘石上时,用以禁止车辆长时在路边停放。

(4)双白虚线。划于路口时,作为减速让行线;设于路段中时,作为行车方向随时间改变之可变车道线。

(5)双黄实线。划于路段中时,用以分隔对向行驶的交通流。

(6)黄色虚实线。划于路段中时,用以分隔对向行驶的交通流。黄色实线一侧禁止车辆超车、跨越或回转,黄色虚线一侧在保证安全的情况下准许车辆超车、跨越或回转。

(7)双白实线。划于路口时,作为停车让行线。

3. 其他交通管理设施

1)交通监控设施

交通监控是现代化交通管理系统中不可缺少的环节。它可获悉公路上发生的偶然事件,以帮助公路管理人员及时采取措施疏导交通,保证交通正常运行。目前已使用的交通监控设施有:交通流检测器、电视监控、电话等。

2)收费设施

公路收费设施是除收费站建筑以外,还包括:收费车道设备、车道控制计算机系统、收费员、终端、电动栏杆和车辆检测器等。此外,收费设施还有票据打印机、票额显示器、通话设备、信号灯、报警装置等。

三、公路沿线附属设施

1. 服务设施

所谓服务设施是指设置在公路上,为公路的使用者提供服务的服务区。高速公路应根据交通量大小、路段的长度、沿线的景观及地形情况,选择适当地点设置服务区,并合理确定服务区的功能和规模。一级公路、二级公路可视实际需要设置简易的服务设施。

公路服务设施的功能是否完善,造型是否新颖独特,都会直接影响使用者对整条公路的印象。同时,这些设施与所有使用公路的驾乘人员的生活密切相关,因此这些设施的重要性不言而喻。

1)综合性服务站

综合性服务站是服务项目比较齐全的地方。它包括停车场、加油站、修理厂、餐厅、旅馆、邮电、通讯、休息室、公共厕所、小卖部等。这种服务站实质上是一个生活小区,因此要有完善的供水、供电设备。

2)小型休息点

小型休息点多数是以加油站为主,附设有公共厕所、电话、小块绿地、小型停车场等。汽车在此停留的时间约为20min 左右。

3)停车场

停车场是专为旅客、驾驶员休息、观赏景点或车辆临时检修而设置的。停车场内应设有厕所、休息室、小卖部、加油站、公用电话和绿化布置等。停车场的大小应根据停车数量、车辆类型、停车方式等因素确定。

2. 公路管理房屋

公路管理房屋包括生产、生活用房及场地，如办公楼、宿舍楼、职工食堂、锅炉房（浴室）、车库、配（发）电房、水塔、泵房、污水处理房等。它应以布局合理、设施适用、环境整洁、方便生产与生活为原则，根据不同等级公路管理工作的具体内容、劳动组织、机械配备等，在适宜的地点设置。

四、公路美化

公路的环境美化是保证高速行车舒适和驾驶员在视觉上、心理上协调的重要环节。高等级公路在设计、施工、养护、管理的全过程中，除满足工程和交通的技术要求外，都要以美学观点加以比较，经过多次调整、修改，使公路与当地的自然风景相协调而成为优美的彩带。

高等级公路的平、纵曲线应力求平缓舒适，其边坡要平缓圆滑，使与地形融为一体；沿线尽量保留风景树木及配合沿路景色，合理利用地形，避免破坏生态平衡；桥梁及立体交叉设计要综合考虑线形及当地自然环境，通过透视图，选择符合当地景观的优美线形和结构，并利用桥头及立体交叉周围进行绿化及设置雕塑小景，使公路更加优美壮观。沿线各种设施如护栏、标志、照明等亦要与当地景观相协调，先进行美术设计，再做结构设计。

施工中应尽量利用条件，创造风景区。如利用取土坑改造成游泳场或湖泊，周围种树绿化，再配以凉亭、长椅和小型停车场，供驾驶员和乘客休息和观光，既可增加景点，又能消除人为破坏自然遗留的迹象；还可利用弃土堆和防护墙加以绿化，再配以小休息室和护栏改造成为观景台。

目前，我国大力推广的 GBM 工程就是一项实施具有中国特色的公路标准化（B）、美化（M）的工程。它的特点是将建筑工程学与心理学融汇于自然景观之中，将人、车、路三者与大自然紧密结合，按照标准化、规范化和美化的要求，精心设计、精心施工和科学管理的过程。它突出表现了公路自身的线形美、造型美、路面清洁、交通流畅等特点，是一项集建筑工程学、交通工程学、建筑艺术学、公路美学、园艺学、管理学及交通心理学于一体的系统工程。

公路绿化是公路美化的重要内容，是国土绿化的重要组成部分。公路绿化对保持生态平衡、防止环境污染和水土流失、保护公路、美化和丰富公路景观、改善公路沿线环境都有十分重要的意义和作用。公路绿化还有利于诱导驾驶员的视线，利于安全行车。

公路绿化时，应根据公路所在区域的自然条件、经济条件及公路的等级确定绿化栽植的方式，要有针对性地选择绿化植物品种，做到乔木与灌木、针叶与阔叶、常青与落叶、木本与草本及花卉结合，并借助公路沿线的自然景观，设计各种绿化造型以及凉亭、雕塑、池塘、花坛、草坪等，以丰富公路景观。

（1）山区　应发展具有防护效能的绿化工程，如防护林带、灌木、草皮护坡等，以减轻降雨径流、防止水土流失，保护山坡及路基边坡不致坍塌。

（2）平原区　应配合农田园林化的总体要求，一般可栽植 2～3 行防护林带，以消除风、沙、雪、水和噪声的危害。在交叉路口、桥梁和隧道两端及分隔带，应栽植观赏灌木、矮林、花木或多年生宿根植物，以改善行车环境，美化路容。

（3）草原区　应在路线两侧栽植防风、防雪为主的防护林带，以含蓄水分，减缓水土流失，防止风、雪侵蚀危害路基。

(4)风沙危害地区　应栽植耐干旱、根系发达、固沙能力强的树种，以营造公路防风、固沙林带为主，在有能力及条件许可时，应适当扩大绿化范围。

(5)盐碱区　应选择耐烟碱、耐水湿的浅根性树种，栽植行数较多的林带或灌木，还可配合挖排碱沟，以降低地下水位，改善土壤结构。

(6)旅游区　通往名胜古迹、风景疗养区及重要港口、水库、机场等的公路，应以美化为主，营造风景林带，培植有观赏价值的果树、常绿树、灌木、花卉等。

(7)我国南方地区气候温暖，自然景色宜人，公路沿线有许多可利用的自然景色，人工造景只作为补充手段。在北方公路绿化时，则应该“因地制宜，因路制宜，宜乔则乔，宜灌则灌，宜花草则花草”以人工造景或仿效大自然景观进行绿化为主。

(8)对基层养护单位的庭院绿化及收费站、停车场等景点周围区域的绿化都应按园林绿化要求，采用具有观赏价值的草坪、宿根花卉、树篱、常绿树球花灌木等进行绿化和美化点缀，有条件的还可利用假山、水景、花坛等多种形式，构成立体绿化艺术群。

(9)各级公路的绿化要因路就势，按功能定位。要做到点、线、面相结合，全面发展，各具特色，防止形式和内容上的雷同。

高速公路绿化时，应按“近花草，中灌木，远乔木”的顺序，由路两侧向外展开，突出花、草、及灌木，以乔木为陪衬。高速公路的绿化以美化路容为主，兼顾防护功能。一级公路的平原区绿化以人工造景为主。可采用不同树种、不同高度、不同树形分段或分组进行栽植。在山区，则以自然景观与人工造景相结合进行绿化。二级公路绿化应尽量采用乔木与灌木分段相间进行栽植或株间混交进行绿化，避免单一品种长距离栽植的单调形式。

(10)互通式立体交叉范围内栽植树木时，应栽植不同树种以作为该互通式立体交叉的特征标志；在出、入口处应栽植引道视线的树木；在出口一侧可栽植灌木以缩小视野，间接引导驾驶者降低车速；在匝道转弯处所构成的三角区内只可种植花、草；平曲线内侧栽植灌木时，应满足视距要求，并起诱导视线的作用，如图6-1-20所示。

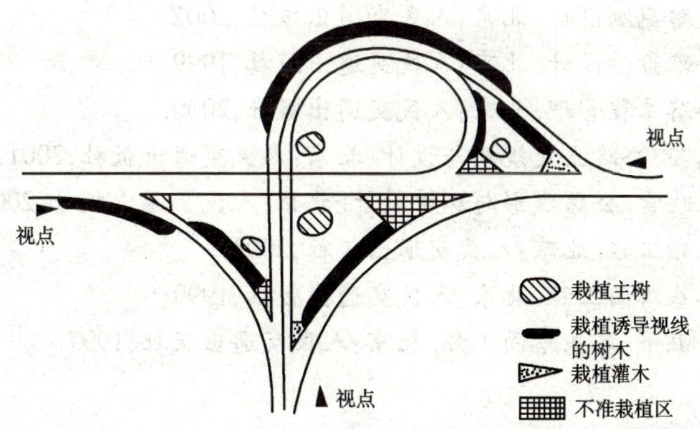

图6-1-20　互通式立体交叉处的绿化

要真正搞好公路绿化，应将公路绿化工程与公路建设同步进行规划、设计、施工和验收，要培养和组织专业绿化队伍，负责绿化工程的施工和日常养护工作，真正做到“栽、管、护”密切结合，实现美化公路，提高公路使用效率的目的。

参考文献

[1] 刘效尧,赵立成.公路桥梁设计手册:梁桥(下册).北京:人民交通出版社,2004.
[2] 徐光辉,胡明义. 公路桥梁设计手册:梁桥(上册).北京:人民交通出版社,2004.
[3] 顾懋清,石绍甫.公路桥涵设计手册:拱桥(上册).北京:人民交通出版社,2000.
[4] 顾安邦,孙国柱.公路桥涵设计手册:拱桥(下册).北京:人民交通出版社,2000.
[5] 江祖铭,王崇礼.公路桥涵设计手册:墩台与基础.北京:人民交通出版社,2000.
[6] 交通部第二公路勘察设计院. 公路设计手册:路基.北京:人民交通出版社,1997.
[7] 姚祖康.公路设计手册:路面.北京:人民交通出版社,1998.
[8] 叶国铮,姚玲森,李秩民.道路与桥梁工程概论.北京:人民交通出版社,1999.
[9] 范立础. 桥梁工程.北京:人民交通出版社,2004.
[10] 李亚东.桥梁工程概论.成都:西南交通大学出版社,2004.
[11] 强士中.桥梁工程.北京:高等教育出版社,2004.
[12] 白淑毅. 桥涵设计.北京:人民交通出版社,2002.
[13] 房贞政.桥梁工程.北京:中国建筑工业出版社,2004.
[14] 周传林. 公路小桥涵设计:北京:人民交通出版社,2003.
[15] 邵旭东.桥梁工程.北京:人民交通出版社,2004
[16] 李朝晖. 公路工程基础.北京:人民交通出版社,2001.
[17] 任保欢. 公路概论.北京:人民交通出版社,2000.
[18] 张雨化.道路勘测设计.北京:人民交通出版社,2002.
[19] 朱永明.公路勘测设计.北京:人民交通出版社,1999.
[20] 李宗佳.公路工程管理.北京:人民交通出版社,2000.
[21] 乔翔,蔺惠茹.公路立交规划与设计.北京:人民交通出版社,2001.
[22] 刘朝晖,张映雪.公路线形与环境设计.北京:人民交通出版社,2001.
[23] 陈晏松.基础工程.北京:人民交通出版社,2003.
[24] 邓学钧.路基路面工程.北京:人民交通出版社,1999.
[25] 夏连学,赵卫平.路基路面工程.北京:人民交通出版社,1997.